高等院校工商管理系列
精品规划教材

INTERNATIONAL ENTERPRISE MANAGEMENT

国际企业管理

乐国林　主编
王璟珉　张党珠　陈公行　副主编
刘振　孙秀明　艾庆庆　等参编

机械工业出版社
China Machine Press

图书在版编目（CIP）数据

国际企业管理 / 乐国林主编 . —北京：机械工业出版社，2017.4（2023.1 重印）
（高等院校工商管理系列精品规划教材）

ISBN 978-7-111-56562-8

I. 国… II. 乐… III. 跨国公司 – 企业管理 – 高等学校 – 教材 IV. F276.7

中国版本图书馆 CIP 数据核字（2017）第 059964 号

  国际企业是全球经济贸易互联互通中最活跃的力量，它塑造了全球商业竞争和消费的生态格局，同时也在国际化和全球化进程中形成复杂、多元和演化的经营管理系统。随着国际企业全球经营商业生态格局的形成与演变，国际企业管理，业已成为一个跨越贸易学、管理学、经济学、组织行为学、文化学、投资学等学科领域的独立分支，越来越受到经济管理学者和国际管理实践者的重视。此外，放眼当下中国企业群雄竞逐全球市场，争相海外投资并购的时代，国际经营管理的知识与人才日益成为中国企业急需增强的软实力。

  基于此，本书以我国企业海外开拓为视角，突出"国际视野，行动导向，中国起点，全球成长"的设计特征，按照企业跨国经营的"认知→分析→决策→行动→协调 / 组织"的知识建构逻辑，向读者阐述国际企业经营管理的系统性知识，讲述中国企业国际化的"故事"，并探索分析全球互联时代国际经营管理的趋势特征，使其具有国际经营与管理的系统分析和构架能力。

  本书可以作为工商管理和国际贸易类专业本科生、研究生的教材，也可以作为国际企业管理人员培训和工作的参考用书。

出版发行：机械工业出版社（北京市西城区百万庄大街 22 号 邮政编码：100037）
责任编辑：宋　燕　　　　　　　　　　　　责任校对：李秋荣
印　　刷：北京捷迅佳彩印刷有限公司　　　版　　次：2023 年 1 月第 1 版第 4 次印刷
开　　本：185mm×260mm　1/16　　　　　印　　张：22.25
书　　号：ISBN 978-7-111-56562-8　　　　定　　价：45.00 元

客服电话：(010) 88361066　68326294

版权所有·侵权必究
封底无防伪标均为盗版

前　言

国际企业是催生和改变全球商业结构与经济版图中最活跃的力量,它们也一直是改变各个国家产业经济形态、助力东道国经济发展的旗手,成为全球各国招商引资的"座上宾"。因此,国际企业作为一种全球经济现象,引起经济学、管理学、贸易学、金融学等多个学科学者的关注。不同学者对国际企业的价值和知识的阐述不仅存在学科差异,还存在使用对象理解的差异,即"用户"理解的差异。当前,许多教材对国际企业管理内容设计更强调了知识的学科完整性,站在知识者的立场来思考和写作。其优点是学生能够较为全面地了解这门知识,其不足在于学生学完这门课程后,对跨国经营管理没有贴近实际的完整体验和实践感。如果考虑到学科不同所带来的知识素材剪裁差异,这种完整体验与操控感的不足更加突出。

另一方面,随着中国企业海外并购异军突起和"一带一路"的建设,中国企业逐渐成长为跨国公司乃至全球性公司,日益成为全球商业竞争格局的"新常态",其对国际经营管理知识和人才的需求将越来越强劲。作为一门主要以中国学生为主的课程,讲述中国企业跨国经营的"故事",培养中国企业跨国经营的"操盘手",是国际企业管理知识传播者的使命与责任。

基于此,我们以我国企业海外开拓为视角,突出"国际视野,行动导向,中国起点,全球成长",尝试帮助那些准备或已经在海外开拓经营的学习者和职业经理人:具备思考和布局全球经营的决策能力,掌握国内外、公司内外异质化组织或个体之间关系的组织协调能力,了解中国企业国际化经营管理的现状与问题,认识互联网时代全球经营管理面临的新问题和新趋势。因此,本书适合经济管理专业本科、研究生、MBA、MIB和跨国经营人员教学和阅读。

在教材整体结构设计方面,本书按照企业海外开拓者,开展国际经营管理时"认知→分析→决策→行动→协调/组织"这一逻辑来展开。

第一,作为海外经营开拓者,应对国际企业的知识理念有所了解,打破国内企业的经营管理思维定式,确立"国际化"角色定位。因而有"第一篇国际经营认知",包括:国际企业管理导论、国际经营与管理理论等内容。

第二，企业国际经营面临最大的挑战和不确定性是异质化的经营管理环境。作为海外开拓者，在海外乃至全球市场和投资布局中，首要考虑的应当是分析和判断全球和东道国的环境。在一定程度上，可以说一家国际企业如果能适应动态复杂的海外商业、文化、政治和法律环境，那么其海外经营就是成功的。因此，设置"第二篇国际环境适应"，包括：国际经营环境与风险、跨文化管理、国际经营伦理与公共事务管理等内容。

第三，国际经营与投资对任何企业而言都是战略性决策，任何好的国际经营理念和理性的环境评估最终都要落实到企业国际经营的战略筹划与设计上。"第三篇国际战略筹划"通过跨国战略管理与实施、跨国进入与模式选择等内容向致力于海外经营的读者讲述跨国战略布局与行动的方法。

第四，国际企业管理终究是对经营活动的有效组织与管理，国际经营活动是企业国际化的基础价值链。经营活动是国际企业海外战略落地基本业务单元，从产、供、销的物化流程来看，它至少包括国际企业生产运营管理、国际企业的供应链与物流管理、国际企业营销和品牌管理三个模块，而这正是本书"第四篇国际经营活动"所包含的内容。

第五，国际企业的复杂性不仅指的是其外部经营环境和业务的复杂性，也指的是其内部组织管理的复杂性。如何组织控制好一个异质性人员、环境、资源、利益等构成的国际化实体，并激发其高效运行和目标达成的行动，这对任何国际性的领导者和管理者而言，都是一个巨大的挑战。"第五篇国际管理活动"从国际企业组织设计、国际人力资源管理、国际企业财务管理、互联网时代的国际经营管理新动向等方面，帮助海外经营管理者理解和把握国际企业的内部组织与管理。

本书由来自6所高校在国际商务、国际贸易和企业管理专业领域，从事国际企业管理核心内容教学的教师组成的跨校团队共同编写，力求发挥不同院校该领域教师各自的优势。教材编写前，大纲设计五易其稿，内容也多次增删修改，并以讲义的形式在国际商务2014级学生课程中试用，又做了进一步修订。我们力图不断完善，奉献集体智慧与上佳成果给广大教师与读者。

本书由乐国林任主编，王璟珉、张党珠和陈公行担任副主编，刘振、孙秀明、艾庆庆等共同主编写，具体编写分工如下：

第1章、第11章：乐国林（青岛理工大学）；

第2章、第8章：孙秀明（青岛理工大学）、艾庆庆（青岛理工大学）；

第3章：张党珠（天津师范大学）、乐国林；

第4章：张晴（山东财经大学）；

第5章：居岩岩（山东商业职业技术学院）、王璟珉（山东财经大学）；

第6章、第14章：刘振（青岛理工大学）、李志刚（中国海洋大学）、乐国林；

第7章：王璟珉（山东财经大学）；

第9章：陈艳（青岛理工大学）；

第10章：范雅楠（青岛理工大学）；

第12章：陈公行（青岛黄海学院）、薛静（青岛理工大学）；

第13章：毛淑珍（青岛理工大学）、张党珠（天津师范大学）。

在本书的编写过程中，我们的研究生也参与了部分章节写作和资料搜集工作，具体分工如下：王菲，第1章；高艳，第3章；肖珂，第5、7章；厉超，第11章；陈敏，第12章；刘偲萌、邓宏超、刘璐，第13章。

本书由乐国林最后统稿，四位主编共同进行审校，范雅楠与孙秀明老师，刘常兰、窦晓铭、高艳、陈敏等同学参与了书稿校订工作。感谢机械工业出版社编辑对教材选题和写作给予的大力支持和建议，感谢山东省名校工程项目和青岛市高职重点项目的支持，感谢青岛理工大学国际商务2014级等同学对讲义版的聆听和建议！欢迎广大教师和读者批评指正，为教材的完善惠赐佳议。

编者

2016年11月29日

目　录

前言

第一篇　国际经营认知

第1章　国际企业管理导论 ········ 2
　学习目标 ········ 2
　开篇引例：全球化的制胜之道："因地制宜"本土化 ········ 2
　1.1　国际企业的内涵与特征 ········ 3
　1.2　国际企业的产生和发展 ········ 5
　1.3　全球互联时代的国际企业 ········ 13
　1.4　中国企业国际化步伐 ········ 19
　本章小结 ········ 28
　关键术语 ········ 28
　复习思考题 ········ 28
　应用案例：郭广昌的反向整合全球资源的国际化观 ········ 28
　参考文献 ········ 30

第2章　国际经营与管理理论 ········ 31
　学习目标 ········ 31
　开篇引例：摩托罗拉从世界第一到两次甩卖 ········ 31
　2.1　国际贸易相关理论 ········ 32
　2.2　外国直接投资理论 ········ 38
　2.3　跨国成长竞争理论 ········ 44

2.4　发展中国家企业跨国经营理论 ········· 52
本章小结 ········· 55
关键术语 ········· 56
复习思考题 ········· 56
应用案例：日本国际企业的衰败潮 ········· 56
参考文献 ········· 57

第二篇　国际环境适应

第3章　国际经营环境与风险 ········· 60
学习目标 ········· 60
开篇引例：小米进军印度遭"封杀" ········· 60
3.1　国际经营环境概述 ········· 61
3.2　国际经营环境的评价方法 ········· 66
3.3　国际风险的识别与防范 ········· 73
3.4　中国企业国际经营的环境适应风险 ········· 79
本章小结 ········· 84
关键术语 ········· 84
复习思考题 ········· 84
应用案例：Uber国际化进程的悲与喜 ········· 85
参考文献 ········· 87

第4章　跨文化管理 ········· 88
学习目标 ········· 88
开篇引例："小联合国"公司员工的一次培训调查 ········· 88
4.1　文化与跨文化 ········· 89
4.2　跨文化管理理论 ········· 91
4.3　跨文化管理模式 ········· 96
4.4　跨文化沟通与谈判 ········· 99
4.5　中国公司跨文化管理实践 ········· 105
本章小结 ········· 107
关键术语 ········· 108
复习思考题 ········· 108
应用案例：三洋跨文化管理的思考 ········· 108
参考文献 ········· 109

第5章　国际经营伦理和公共事务管理 … 110

- 学习目标 … 110
- 开篇引例：国际品牌的"质量门"是疏忽还是其他原因 … 110
- 5.1　跨国经营伦理概述 … 111
- 5.2　跨国经营伦理准则与伦理管理 … 115
- 5.3　国际企业的公共事务管理概述 … 118
- 5.4　国际企业公共事务管理决策与行动 … 122
- 本章小结 … 124
- 关键术语 … 124
- 复习思考题 … 125
- 应用案例：富士康公司员工"跳楼"之殇 … 125
- 参考文献 … 126

第三篇　国际战略筹划

第6章　跨国战略管理与实施 … 128

- 学习目标 … 128
- 开篇引例：企业国际化是"借鸡生蛋"还是"养鸡生蛋" … 128
- 6.1　国际企业战略概述 … 129
- 6.2　国际企业战略实施 … 132
- 6.3　跨国联盟的建立与管理 … 136
- 6.4　跨国并购与整合 … 140
- 6.5　中国企业的跨国战略实践 … 145
- 本章小结 … 149
- 关键术语 … 150
- 复习思考题 … 150
- 应用案例：万达集团并购AMC … 150
- 参考文献 … 152

第7章　跨国进入与模式选择 … 153

- 学习目标 … 153
- 开篇引例：联想创造新契机：收购摩托罗拉 … 153
- 7.1　企业国际化进入概述 … 154
- 7.2　企业国际化进入模式类型 … 155
- 7.3　国际进入模式选择与影响因素 … 163

本章小结	170
关键术语	170
复习思考题	170
应用案例：马来西亚南北高速公路BOT项目	171
参考文献	171

第四篇　国际经营活动

第8章　国际企业生产运营管理 …… 174

学习目标	174
开篇引例：麦当劳和肯德基开店选址的秘诀	174
8.1　国际企业生产运营概述	175
8.2　国际企业生产系统的规划与设计	177
8.3　国际企业的技术转移	181
8.4　全球生产网络中的中国企业	186
本章小结	191
关键术语	192
复习思考题	192
应用案例：美国波音公司的全球运营管理	192
参考文献	194

第9章　国际企业供应链与物流管理 …… 195

学习目标	195
开篇引例：小店中的可口可乐	195
9.1　跨国供应链与物流管理概述	196
9.2　全球供应链战略管理	200
9.3　国际物流管理	206
本章小结	213
关键术语	213
复习思考题	214
应用案例：惠普的全球供应链战略管理	214
参考文献	216

第10章　国际企业营销和品牌管理 …… 217

学习目标	217

开篇引例：苹果与三星的品牌价值塑造	217
10.1 国际市场营销战略	219
10.2 国际市场营销策略	223
10.3 国际品牌概述	229
10.4 国际品牌管理策略	231
10.5 中国企业国际市场开拓	234
本章小结	238
关键术语	239
复习思考题	239
应用案例："华为"品牌国际化的启示	239
参考文献	240

第五篇　国际管理活动

第11章　国际企业组织设计 …… 244

学习目标	244
开篇引例：雀巢集团的组织结构	244
11.1 国际企业组织概述	245
11.2 国际企业的组织结构形式	252
11.3 国际企业组织的控制与协调	260
11.4 中国跨国公司的组织发展	265
本章小结	267
关键术语	268
复习思考题	268
应用案例：从海尔自营体看组织架构进化	268
参考文献	270

第12章　国际人力资源管理 …… 271

学习目标	271
开篇引例：三星Note7事件后的员工"下跪门"事件	271
12.1 国际人力资源管理概述	272
12.2 国际人力资源选拔与培训发展	277
12.3 国际人力资源的薪酬与激励	282
12.4 国际人力资源的劳资关系	288
12.5 中国跨国公司的人力资源管理	291

本章小结 294
关键术语 295
复习思考题 295
应用案例：苹果利润下滑的祸：iPhone工人背后 295
参考文献 296

第13章　国际企业财务管理 297

学习目标 297
开篇引例：西门子公司的财务管理战略 297
13.1　国际企业财务管理概述 298
13.2　国际企业资金管理 301
13.3　国际企业的融资管理 303
13.4　国际企业外汇管理 307
13.5　国际税收及其管理 311
本章小结 317
关键术语 318
复习思考题 318
应用案例：吉利控股系列跨国并购与融资 318
参考文献 319

第14章　互联网时代的国际经营管理新动向 320

学习目标 320
开篇引例：最大的互联网零售公司在华尔街鸣钟上市 320
14.1　互联网对企业国际经营的整体影响 321
14.2　全球互联与跨国经营转型创新 328
14.3　互联网时代的国际化组织创新 333
14.4　全球互联时代的新生代国际企业 336
本章小结 339
关键术语 339
复习思考题 339
应用案例：《捕鱼达人》——陈昊芝 339
参考文献 341

PART 1 第一篇

国际经营认知

企业跨国经营管理面对的不仅仅是地域文化环境的置换，更是理念与知识的更新。国际企业的学习与实践首先应从对其内涵与理论的了解与掌握开始。本篇包括国际企业管理导论、国际经营与管理理论两方面内容。

第 1 章
国际企业管理导论

学习目标

- 掌握国际企业的内涵与特征。
- 理解企业国际经营的动机,了解国际企业发展的历史。
- 准确理解经济全球化、互联网对国际企业的影响。
- 了解中国企业国际化的现状与问题。

开篇引例:全球化的制胜之道:"因地制宜"本土化

对于各大跨国企业而言,"因地制宜"本土化显然是全球企业在各地成功的基石。沃尔玛国际业务首席执行官、亚洲总裁兼首席执行官斯科特·曾林思(Scott Price)表示,作为零售业的巨头,他深知"我们所卖的产品大多数都是在当地市场上销售的,在中国南方卖的东西不能放到北方去卖,在一个市场之内也存在非常当地化的需求,要因地制宜。"

对于因地制宜的方式,波士顿咨询公司(BCG)全球主席汉斯-保罗·博克纳(Hans-Paul Bürkner)先生对第一财经记者解释道:"在进入不同国家的时候需要深刻地接受不同的喜好。如果你在消费品行业,那你就需要看当地的需求,比如中国人不喜欢喝威士忌;如果你属于制造业,也许你需要收购当地的品牌;如果是机械行业,那么就只需要开设工厂为外国市场进行生产;而如果是服务行业,那可能还需要当地的人员。"

美赞臣营养品公司首席执行官卡斯帕·贾克布森(Kasper Jakobsen)同样认为,"最终在我看来所有的企业都是当地化的企业,每一次的销售都是卖给当地人,你的价值观、业务系统、业务流程也许是全球的,因为你可以从一个国家转到另一个国家,但是最终我们需要当地人去执行它,在当地取得销售,这样才能成功,这是我对全球化的看法。"

资料来源:如何成为优秀的全球化公司 [N/OL]. 第一财经日报, [2016-03-25]. http://money.163.com/16/0325/14/BJ0RL50U00253B0H.html

【请思考】
企业走出国门经营是否需要入乡随俗?

在全球每个开放的经济体当中,来自不同国家和地区的跨国公司,已嵌入全球开放经济与市场的各个角落,它们按照市场经济的规则,通过研发、生产和交易把地球上的各种资源"搬运"到全球不同市场当中,并从中获取利润和占据有利的市场地位。国际企业是当今全球互联经济中最为基础而又最为活跃的全球化"经济细胞",关于它的内涵与特征还有许多有待揭开的面纱。

1.1 国际企业的内涵与特征

国际企业是近代以来世界经济领域中不可或缺的一股力量,它们不仅带给世界新颖的产品,改变各国人民的生产生活方式,也影响着各国商业竞争和生产经营方式。

1.1.1 国际企业的含义

国际企业(international corporation)也被称为跨国公司(transnational corporation)、多国公司(multinational corporation)、多国企业(multinational enterprise)、全球公司(global corporation)或国际公司(international corporation),这些称谓在内涵上存在一定的差异,比如,全球公司强调国际企业的国际化程度显然要高于其他称谓,但总体而言以上称谓含义的内在共性远胜于其差异性。

关于国际企业的内涵,学界和业界都有不同的说法。比如:李兰甫在《国际企业论》中提出:凡牵涉或跨越两个或更多国家的企业活动,无论是由私人企业或由国有企业新建的都可以称之为国际企业。英国经济学家邓宁(Dunning)认为:跨国公司是指对在一个以上国家的增值财产拥有全部或部分所有权,并进行控制和管理的任何公司。1983年,联合国跨国公司中心对国际企业的定义是,由分设在两个或两个以上国家的实体组成的企业,而不论这些实体的法律形式和活动范围如何,这些企业的业务是通过一个或多个决策中心,根据一定的决策体制经营的,可以具有一贯的政策和共同的战略,企业的各个实体由于所有权或其他的因素,使得其中一个或一个以上的实体能对其他实体的活动施加重要影响,尤其是在分享知识、资源和分担责任方面。许晖提出:国际企业是指在当今科学技术发展和国际分工深化的条件下,利用资金、技术、管理和组织等方面的优势,通过对外投资,在国外设立分支机构和被控制的子公司,形成生产、销售、研发和经营的世界网络,实行全球战略,从事国际生产和其他经营的国际组织。

实际上,国际企业的界定应当有广义和狭义之分,广义的国际企业可以包括有国际业务的企业、依靠国外资源而开展业务的企业和主要面向国际在多国开展业务的企业。而狭义的国际企业主要是指:具有共同的战略和决策协调体系,在两个或两个以上国家或地区从事投资经营活动,且海外经营足以影响公司业绩与竞争力的企业。狭义的国际企业正是本书所指的国际企业。

1.1.2 国际企业的特征

企业经营活动的实践,尤其是对国际经营和国内经营的比较,我们能够发现国际企业具有如下特征。

1. 经营战略的全球性

尽管企业在开始的时候都是以母国为立足点,并有一个母公司作为战略主导,但由于公司的经营业绩、营业收入、投资方向越来越依靠海外市场的贡献,因此,公司的目标设定、资源配置、经营活动的开展、管理体系的设计都必须以全球视角、多元环境来思考和制定。

2. 经营资源的国际性

由于依托海外市场作为公司上游或下游的来源，企业的经营主体越来越多地嵌入多国乃至全球大市场中，因此，国际企业的经营资源自然而然地具有鲜明的国际特征。生产制造性的国际企业可以靠近不同国家市场或依据不同地区的生产成本来选择生产营运中心或工厂；高新技术的国际企业可以根据不同国家地区的高技能人才的存量和增量来分布国际性的研发中心。总之，国际企业是通过协调配置和充分发挥国际性资源的优势来创造经营价值。

3. 经营环境的复杂多样性

国际经营显然要比单一的国内经营要面对更加复杂的经营环境、多样化的市场、投融资与汇率的风险、难以预测的政策环境。复杂多样的环境为企业的海外经营创造产品、投资、创业的机会。例如，20世纪80年代，中国吸引外资的优惠政策和许多保税区的设立，就为西方发达国家打开拥有13亿人口的中国市场和转移剩余生产力提供了机会。2008年的金融危机中，中国汽车市场成为福特汽车公司唯一正向增长并为母公司贡献了50%以上收入的单一市场。当然，复杂多样的经营环境更为跨国公司带来了不确定性和风险。例如，非洲许多国家不稳定的政治局势、复杂激化的部族和种族矛盾、独特的工作和生活文化常为中国公司在非洲的发展带来了难题和风险。

4. 组织控制的集中性

无论国际企业采用多么全球化的战略设计、多样化的经营资源和多元化的投资经营手法，也无论各个国际企业在产业类型与结构、员工来源与结构、所有权性质与治理结构等方面多么不同，国际企业作为一个完整的组织都必须坚持用"一个声音"向世界发声，而不是发出浑浊矛盾的杂音。也就是说，国际企业应具有一个统一协调的决策控制中心，在产权结构上坚持母公司的法人权力主导，母公司在投资、生产、竞争、市场布局、企业文化、利润分配、产业布局等方面具有一锤定音的决策权。在此前提下，各东道国公司或子公司根据不同地区市场和投资环境制定相应的经营策略和行动方案。

1.1.3 国际企业标准

一家公司在国外有业务、有海外经营收入是否就是国际企业？从国外进口原材料，其产品主要在国内销售的公司，就不是国际企业？有海外子公司并有较多外籍员工的公司就是国际企业吗？这些有关国际企业判别的疑难实际上涉及我们对国际企业标准的理解。根据许多国际组织、专家学者有关国际企业的界定的分析，界定一家公司是否为国际企业主要有以下三个标准。

1. 结构性标准

结构性标准主要是指这家企业的跨国程度、所有权性质或对海外公司的控制程度。企业的跨国程度一般是指国际经营涉及的海外国家或地区的数量，海外地区分支机构的数量与规模。美国的杰特列夫·瓦格茨认为：只要企业有25%以上的股份投资于生产性子公司，而这些子公司分布在6个以上国家，这样的企业就属于国际企业。

企业的所有权性质标准主要涉及企业的法人组织形态的国际性。企业的海外经营不是以海外代理、分公司经营为主，而是成立独资公司、合资公司、合营合作公司，也包括通过海外资本市场收购海外公司。这类海外所有权性质的企业越多,则其国际化程度越高。

对海外公司的控制程度主要是指企业对海外子公司、合资合作公司的经营权的掌控能力。如果一家跨国公司虽然有多家海外机构,但其对海外公司的控制权比较弱,无法对海外机构的资金流、债务、产业投资、市场运作进行指挥和控制,则其海外经营和国际性将有名无实。

2. 营业实绩标准

企业的海外经营无论有多么大的地域规模,要成为真正的国际企业,仍然要靠经营业绩来确定其地位。国际企业的营业实绩指的是企业的海外经营成果,包括海外资产、销售额、利润、海外雇员人数等,必须达到和超过其母公司总体经营成果的25%,才能称之为国际企业。一般而言,海外的收入、销售额、利润占比是最经常使用的指标。

在营业实绩基础上,许多研究成果进步提出了国际企业的"跨国(化)指数"(transnationality index,TNI)这一国际化水平的评价准则。跨国指数的公式化表达为:

$$\text{跨国指数} = \frac{\left(\dfrac{\text{国外资产}}{\text{总资产}} + \dfrac{\text{国外销售额}}{\text{总销售额}} + \dfrac{\text{国外雇员数}}{\text{总雇员数}}\right)}{3 \times 100\%}$$

根据联合国贸易发展组织发布的《世界投资报告》的数据,全球最大的100家跨国公司的跨国指数不断提高。在1994年前后,这些跨国公司平均跨国指数为40%多一点,到2010年,这100家最大的跨国公司平均跨国指数已经超过60%,其中80家公司的跨国指数超过50%。以2011年进入世界500强公司前10名的企业为例,皇家荷兰壳牌、埃克森美孚、BP、雪佛龙、丰田等公司的跨国指数均超过50%。近年来,随着中国企业国际化步伐的加快,中国企业的国际化指数业已显现,根据中国企业联合会发布的"2015中国100大跨国公司"的数据,这100家中国最大的跨国公司平均跨国指数为13.66%,不过和世界最大的100家跨国公司平均指数还相差甚远。而中国2015年跨国指数比较高的公司有:浙江吉利控股集团有限公司(68.91%)、宁波均胜电子股份有限公司(63.43%)、中国中化集团公司(57.03%)、广东省航运集团有限公司(56.05%)等。

3. 行为特性标准

国际企业除了在结构和业绩方面有硬标准外,在公司的组织行为方面也应当具有一定的"国际范",这种组织行为方面的标准主要是指:①公司的决策具有跨国性和全球性思维而不是母国母公司利益思维,重大的经营、投资、人力和公共政策都是从母子公司一体、全球多国角度来定位和推行的;②公司的语言和沟通方式具有国际性、无障碍性、标准性,这样的沟通有利于减少公司内部信息传递失真,整合统一管理方式,保持和提高经营效率;③公司文化的开放性,在保持公司文化整体性风格的前提下,公司能够针对不同国家、不同市场和用户、多国籍员工,建立多样化的经营管理亚文化,并吸收异质性的优秀文化因子来丰富国际企业的公司文化。

1.2 国际企业的产生和发展

管理发展的历史告诉我们,企业实际上就是一个生存、发展、做大做强的过程,就是一个从无到有、从小到大、由弱变强的过程,也是一个从国内地区企业到国内大型企业,发展到国际化企业和全球企业的趋势,这些是企业发展的基本法则,也是适应经济全球化、区域发展一体化以及分工专业化的战略抉择。

1.2.1 国际化动机与国际企业产生

一个国内企业走向国际经营，从一国市场走向多国乃至全球市场不是偶然的，除了国内与国际客观的政治与经济环境和条件、企业自身具备的能力等客观因素外，还有走向国际化，成为跨国公司的必然动机因素。

1. 增强竞争能力的战略动机

在市场竞争激烈的产业，许多国内企业不仅要面对本土公司在价格、细分市场、产品结构、规模经济方面的贴身肉搏，还要面对外资公司在品牌、营销布局、定价权、技术优势、综合运营能力方面的挤压。为了增强应对产业内竞争对手的挑战，国内企业必须通过参与国际市场分工，寻求国外市场和资源，通过产业链资源的内外优化，减轻国内竞争压力，获得更广泛的收入来源，提升自身的品牌竞争力。以海尔、TCL为代表的中国家电企业的国际化就体现了这种增强竞争能力的战略动机。

2. 降低成本的战略动机

降低成本特别是生产成本是许多公司到海外投资的其中一个主要动机。企业国际化对成本的主要贡献表现在降低劳动力成本、运输成本和环境成本等方面。获取廉价劳动力，降低企业的人力成本，对于那些需要大量人力的制造业跨国公司而言，无疑是首要动机。中国成为"世界工厂"的主要原因之一在于中国充分的人口红利和良好的基础教育给跨国公司带来了大量便宜好用的劳动力，而随着2010年以后中国人口红利的逐步消失和新劳动法的实施，这一成本优势逐渐消失。一些跨国公司寻求到海外经营的重要动机是在东道国投资经营能够大大降低商品的运输成本，通过东道国的生产然后转运到第三国，运输费用要大大低于从本国生产运输到其他国家和地区的费用。一些国家（主要是发达国家）的跨国公司，其生产具有高污染、高耗能的特征，在其本国生产将面临高环境成本和高额的处罚，甚至被关停，而亚非拉的许多发展中国家为了吸引投资，拉动经济，环保意识淡漠，能够容许这些跨国公司转移生产。

3. 拓展更广泛海外市场的战略动机

对多数跨国公司尤其是以消费者作为最终市场的公司而言，能够在全球范围内满足多种市场的需求，绕过贸易壁垒，获得全球范围的消费者购买力，不断扩展其利润市场，成为全球竞争的"玩家"，是所有试图走向国际化的公司梦寐以求的。20世纪80年代初，美国的快餐行业竞争十分激烈，快餐企业的年收入增长不断降低，于是，美国的肯德基、麦当劳、必胜客等公司纷纷登陆俄罗斯、中国、韩国、日本等新兴市场，受到这些国家消费者的欢迎，为这些公司的发展注入了生机。通过海外市场的投资生产，许多原来靠出口打入东道国市场的公司有效地突破了这些国家的高关税和限额配置等贸易壁垒的限制，增强了产品在东道国的品牌影响力和价格竞争力。另外，许多企业走向海外经营还可能是因为国内市场已经走向饱和或国内市场狭窄，不足以消化多个企业生产同类产品所造成的产能过剩，因而必须选择海外经营来转移过剩产能。如今许多中国企业走向国际化就有消化过剩产能的重要动因。

4. 获取更多的海外投资收益的动机

在信息发达、网络便捷和全球资本流动的时代，国际化的金融资本的跨境流动变得更加方便快捷，各种投资和投机机构与公司可以使用的隐秘手段和工具也更加多样化，许多国家本身的资本市场、债券市场非常发达，产业变革所需的资金需求旺盛，投资机会层出不穷。

这些十分吸引那些在国内积累了大量的闲散资金和丰厚资本的公司参与到全球金融和资本市场的欲望，通过跨国投资理财，增强公司盈利手段与能力。许多跨国公司都结合自己的特点参与到多个国家的股市、债市、汇市等市场中。例如，日本的软银在阿里巴巴的大规模融资阶段成为该公司的最大债主，当阿里巴巴成功在美国上市时，软银总裁孙正义赚得盆满钵满。美国的通用汽车公司推出汽车消费金融贷款，为汽车消费者提供消费金融信贷，不仅增强了通用系列汽车的消费者吸引力和购买力，而且获得了丰厚的信贷理财收益。

1.2.2 早期的国际企业

国际企业最早出现于19世纪中后期，是资本主义发展到垄断阶段的产物。这一阶段，资本输出成为资本主义经济发展的重要特征，少数资本主义国家的垄断企业和垄断财团通过对外设立子公司，进行跨国性生产和经营，取得了远远高于国内生产经营的巨额利润，国际企业由此产生。国际企业首先在经济比较发达的欧洲国家和美国出现，其中比较有代表性的有三家，1865年，德国的弗里德里克·拜耳化学公司在美国纽约的奥尔巴尼创建了一家制造苯胺的工厂；1866年，瑞典的阿弗孙·诺贝尔公司在德国的汉堡兴办了制造甘油炸药的工厂；1867年，美国胜家缝纫机公司（见图1-1）在英国的格拉斯哥创办了缝纫机装配厂，进行跨国的生产和经营。这些公司是早期国际企业的雏形。国际企业以世界市场作为其获取利润的对象，并夺取资源，开拓和占领世界市场，把资本主义生产扩大到世界范围，进行世界范围的剩余价值的生产。

图 1-1　美国的第一家跨国公司胜家缝纫机公司（Singer）

早期国际企业出现的原因主要在于第二次科技革命使工商业具有了规模化集中的条件。

第一，第二次科技革命出现了一系列的新兴工业部门，如电力、石油、化工和汽车以及钢铁制造业等，要求生产和资本集中。

第二，避开关税及其他贸易限制。到国外目标销售市场建立生产基地，就地生产和供应，绕开关税和其他贸易壁垒，是刺激早期国际企业出现的一个重要原因。

第三，交通运输工具的变革以及电话、电报等通信手段的发展，缩小了国与国之间的空间距离。

第四，争夺世界市场。各国垄断资本对世界市场的争夺是制造业向海外扩张的又一原因。

1.2.3 第一次世界大战前后的国际企业

从国际企业的产生到第一次世界大战前夕，国际企业取得了初步发展。19世纪中期，随着美国机器工业的大力发展，厂商开始到国外寻求市场，进行产品出口，继而到国外投资设厂。受到美国胜家缝纫机在海外办厂的刺激，通用电气等企业也纷纷到国外投资建厂。到第一次世界大战前夕，通用电气已经在加拿大、英格兰、法国、德国和日本开展了相关的制造业务，并在墨西哥、南非、澳大利亚都拥有子公司和办事处。

这期间，美国烟草公司也垄断了国内市场并开始向外扩张，为了应付国外的高关税，先后在澳大利亚、加拿大、日本和德国建立子公司。后来，美国的威斯汀豪斯电气公司、爱迪生电灯公司、福特汽车公司（见图1-2）、伊斯特曼·柯达公司、美孚石油公司等也纷纷走向海外市场，将其新产品和新技术在国外投资生产和应用，开展国际化经营，成为现代国际企业的先驱。

当时，对外直接投资的特征主要是：投资集中于铁路、采矿业和制造业；投资地区主要为落后地区；投资重心由各自的殖民地陆续向一些欧洲国家和美国扩展。总的来说，资本输出的兴起为国际企业的形成奠定了物质基础。当然，第一次世界大战以前世界范围内从事跨国经营的企业数量还很少，对外直接投资额也不大，跨国公司处于萌芽阶段。

据估计，到第一次世界大战之前，美国在海外拥有的制造业子公司已达122家，欧洲大陆国家为167家，英国有60家。1870～1914年，在所有国家中，就对外直接投资和海外业务的数量而言，英国

图1-2 美国福特汽车公司1903年的流水线

居于榜首，美国位居第二位，法国和德国分别处于第三位和第四位。1914年，世界对外直接投资存量为143.02亿美元，其中英国为65亿美元，占45.45%，英国仍然是当时世界上最大的对外直接投资者；美国居于第二位，总额为26.52亿美元，占18.54%。

在两次世界大战之间，国际企业的发展进入低谷期。从整体上看，全球对外资本输出总额增幅不大，但对外资本输出绝对额却增加了两倍。从国与国的比较来看，英国的发展相对缓慢一些，但仍是最大资本输出国，而美国的发展则相对较快。具体表现在：一是全世界对外资本输出由1914年的143亿美元增至1938年的263.5亿美元，其中英国由65亿美元增至105亿美元，仍居世界榜首，但比重已由45.45%降至39.8%，优势大大下降；而美国则由26.52亿美元增至73亿美元，比重由18.54%增至27.7%，从原来的第四位升至仅次于英国的第二位。二是科学技术的发展拓宽了新的生产领域，使国际企业的投资范围进一步扩大，对外资本输出的行业增加，对制造业投资比重有较大提高，尤其是美国的变化最为明显。美国1914年的对外资本输出以矿业居首位，1940年即以制造业居首位。三是在这一时期，大部分向外扩张的国际企业均属于技术先进的新兴工业企业，为了增强国际竞争能力，往往先在国内进行兼并以壮大实力，再向外扩张，不断在海外建立子公司。英国国际企业在海外的子公司由140家增至251家，欧洲其他国家由175家增至402家，美国由118家增至779家。

在这个阶段，外国直接投资有了相当快的增长，比第一次世界大战前增加了2倍。制造业吸引了更多的外国直接投资，制造业的跨国公司发展迅速，越来越多的西方国家大公司开始在海外建立子公司。据统计，在这个阶段共有1 441家西方国家的公司进行了对外国直接投资。在这一时期，全球对外投资速度下降，国际企业虽然有所发展，但整体发展速度仍然较慢。

1.2.4　第二次世界大战后国际企业的发展

第二次世界大战后，国际企业进入高速发展时期，世界经济一体化的程度不断提高，全球对外投资的比重也不断增加，跨国公司不仅在数量上大大提高，还在规模上大大增强。据

联合国的资料显示，20 世纪 50 年代以来，特别是美国的国际企业得到了长足的发展。美国的经济实力骤然增长，在资本主义世界经济中占有全面的优势。

第二次世界大战后，现代跨国公司首先在美国获得空前的发展，对美国乃至世界经济的发展起到了举足轻重的影响。例如：美国埃克森美孚石油公司 2005 年的销售额达到 3 590 亿美元，而当年泰国、尼日利亚和智利的国内生产总值仅分别为 1 679 亿美元、1 124 亿美元和 1 152 亿美元。据有关资料显示，在全球 7 万多家跨国公司中，按海外资产排列的最大的 100 家跨国公司中，排在前十名的跨国公司所拥有的海外资产高达 1.7 万亿美元，约占 100 家最大跨国公司海外总资产的 36%。这表明海外资产、国际生产和销售的集中程度很高，且主要掌握在大型跨国公司手中。第二次世界大战后，跨国公司主要分布在发达国家，特别是美国、日本等，同时伴随着经济全球化的影响，发展中国家的企业实力也不断增强，可以说跨国公司促进了生产要素在全球范围内的配置流动，加快了企业资本国际化和生产国际化的进程。

第二次世界大战后国际企业迅速发展的原因，也是第二次世界大战后对外投资迅速发展的原因。总结起来主要有以下几点：

第一，第二次世界大战后科学技术革命的发展。20 世纪 50 年代以来，出现了以电子为代表的第三次科技革命，使得科学技术广泛用于生产，新兴部门也应运而生，这大大促进了企业生产力的发展，相对应的企业要实现生产国际化和销售国际化。总之，科学技术革命的发展为跨国公司奠定了物质基础。

第二，国际化进程的加剧促使国际分工水平提高。第二次世界大战后，国际分工在广度和深度上进一步发展，各国之间的分工已经不仅仅局限于部门与部门之间的分工，国际经济的联系也不仅仅局限于生产领域。国际分工趋向于内部分工、产品分工的专业化，大大促进了生产的专业化和资本国际化。

第三，第二次世界大战后国际市场的激烈竞争。第二次世界大战后初期，美国经济占据市场领导地位，自 20 世纪 70 年代以来，西欧、日本等国家经济得到发展，冲击了美国占有绝对优势的地位，激烈的市场竞争极大地促进了国际企业的发展。

第四，生产和资本的集中程度加强。生产和资本的集中迫切要求到国外寻找有利的投资场所和销售市场，大型企业应运而生。

第五，通信技术的进步缩短了空间距离。科学技术的进步为通信技术的发展奠定了技术基础，因特网通信技术打破了各国时空的限制，使得国与国之间的距离缩短，为各国的经济联系提供了必要的保证。

1.2.5　21 世纪的国际企业的发展

受 20 世纪末出现的新技术革命和不断深化的国际分工理念和经济全球化趋势的影响，国际企业进入 21 世纪后，发展势头更为迅猛。

2000~2007 年，尽管全球外国直接投资流入量有过短暂的下滑，但是也连续保持了 5 年的增长，在 2007 年年底时达到 18 330 亿美元，远远高于 2000 年创下的历史最高水平。尽管 2007 年下半年开始出现金融危机和信贷危机，但在三大类经济体——发达国家、发展中国家以及转型期经济体（东南欧国家和独立国家联合体）中，外国直接投资的流入量都在继续增长（见表 1-1）。

与跨国投资增长同步的是跨国公司涉足的领域正在扩大。在联合国贸易发展会议的非金融跨国公司世界 25 强排名中，制造业和石油公司，如通用电气、英国石油公司、壳牌、丰田和福特汽车，仍然位居前列（见表 1-2）。

表1-1 1995~2007年按区域和选列国家列出的外国直接投资流入量

区域经济体	外国直接投资注流入量（10亿美元）							外国直接投资流出量（10亿美元）						
	1995~2000（年平均值）	2002	2003	2004	2005	2006	2007	1995~2000（年平均值）	2002	2003	2004	2005	2006	2007
发达经济体	539.3	442.9	361.1	403.7	611.3	940.9	1247.6	631.0	483.2	507.0	786.0	748.9	1087.2	1692.1
欧洲	327.9	316.6	279.8	218.7	505.5	599.3	848.5	450.9	279.9	307.1	402.2	689.8	736.9	1216.5
欧洲联盟	314.6	309.4	259.4	214.3	498.4	562.4	804.3	421.6	265.6	285.2	368.0	609.3	640.5	1142.2
日本	4.6	9.2	6.3	7.8	2.8	-6.5	22.5	25.1	32.3	28.8	31.0	45.8	50.3	73.5
美国	169.7	74.5	53.1	135.8	104.8	236.7	232.8	125.9	134.9	129.4	294.9	15.4	221.7	313.8
其他发达国家	37.1	42.6	21.8	41.3	1.7	111.3	143.7	29.2	36.0	41.8	58.0	-2.1	78.4	88.3
发展中经济体	188.3	171.0	180.1	283.6	316.4	413.0	499.7	74.4	49.6	45.0	120.0	117.6	212.3	253.1
非洲	9.0	14.6	18.7	18.0	29.5	45.8	53.0	2.4	0.3	1.2	2.0	2.3	7.8	6.1
拉丁美洲和加勒比	72.9	57.8	45.9	94.4	76.4	92.9	126.3	21.1	12.1	21.3	28.0	35.8	63.3	52.3
亚洲和大洋洲	106.4	98.6	115.5	171.2	210.6	274.3	320.5	51.0	37.3	22.5	89.9	79.5	141.1	194.8
亚洲	105.9	98.5	115.1	170.3	210.0	272.9	319.3	51.0	37.2	22.5	89.9	79.4	141.1	194.7
西亚	3.3	5.5	12.0	20.6	42.6	64.0	71.5	0.9	3.2	-1.9	7.7	12.3	23.2	44.2
东亚	70.7	67.7	72.7	106.3	116.2	131.9	156.7	39.6	27.6	17.4	62.9	49.8	82.3	102.9
中国	41.8	52.7	53.5	60.6	12.4	72.7	83.5	2.0	2.5	2.9	5.5	12.3	21.2	22.5
南亚	3.9	7.1	5.9	8.1	12.1	25.8	30.6	0.3	1.8	1.6	2.3	3.5	13.4	14.2
东南亚	28.0	18.1	24.6	35.2	39.1	51.2	60.5	10.2	4.7	5.3	17.0	13.8	22.2	33.5
大洋洲	0.5	0.1	0.4	0.9	0.5	1.4	1.2	0.0	0.0	0.0	0.1	0.1	0.0	0.1
东南欧和独联体（转型经济体）	7.3	11.3	19.9	30.4	31.0	57.2	85.9	2.0	4.6	10.7	14.1	14.3	23.7	51.2
东南欧	1.2	2.2	4.1	3.5	4.8	10.0	11.9	0.1	0.5	0.1	0.4	0.3	0.4	1.4
独联体	6.1	9.1	15.8	26.9	26.1	47.2	74.0	1.9	4.1	10.6	13.8	14.0	23.3	49.9
全球	734.9	625.2	561.1	717.7	958.7	1411.0	1833.0	707.4	537.4	562.8	920.2	880.8	1323.2	1996.6
备注：占全球对外直接投资流量的比例（%）														
发达经济体	73.4	70.8	64.4	56.2	63.8	66.7	68.0	89.2	89.9	90.1	85.4	85.1	82.2	84.8
发展中经济体	25.6	27.4	32.1	39.5	33.0	29.3	27.3	10.5	9.2	8.0	13.0	13.3	16.0	12.7
东南欧和独联体（转型经济体）	1.0	1.8	3.5	4.3	3.2	4.0	4.7	0.3	0.9	1.9	1.5	1.6	1.8	2.5

资料来源：贸发会议《2008年世界投资报告：跨国公司与基础设施的挑战》，附表B.1和外国直接投资跨国公司数据库（www.）

表1-2 2006年按国外资产排名的非金融跨国公司世界25强[1]

排名:国外资产	排名:TNI[2]	排名:II	公司	母经济体	行业	资产(百万美元)国外	资产总计	销售额(百万美元)国外	销售额总计	雇员数(百万美元)国外	雇员数总计	TNI[2](%)	子公司数目国外	子公司数目总计	II
1	71	54	通用电气	美国	电器和电子设备	442 278	697 239	74 285	163 391	164 000	319 000	53	785	1117	70
2	14	68	英国石油公司	英国	石油开采/提炼	170 326	217 601	215 879	270 602	80 300	97 100	80	337	529	64
3	87	93	丰田汽车公司	日本	机动车辆	164 627	273 853	78 529	205 918	113 967	299 394	45	169	419	40
4	34	79	皇家荷兰/壳牌集团	英国 荷兰	石油开采/提炼/分销	161 122	235 276	182 538	178 845	90 000	108 000	70	518	926	56
5	40	35	埃克森美孚公司	美国	石油开采/提炼/分销	154 993	219 015	252 680	365 467	51 723	82 100	68	278	346	80
6	78	64	福特汽车公司	美国	机动车辆	131 062	278 554	78 468	160 123	155 000	283 000	50	162	247	66
7	7	99	沃达丰集团	联合王国	电信	126 190	144 366	32 641	39 021	53 138	63 394	85	30	130	23
8	26	51	道尔达	法国	石油开采/提炼/分销	120 645	138 579	146 672	192 952	57 239	95 070	74	429	598	72
9	96	36	法国电力公司	法国	水、电、气供应	111 916	235 857	33 879	73 933	17 185	155 968	35	199	249	80
10	92	18	沃尔玛	美国	零售	110 199	151 193	77 116	344 992	540 000	1 910 000	41	146	163	90
11	37	34	西班牙电信	西班牙	电信	101 891	143 530	41 093	66 367	167 881	224 939	69	165	205	80
12	77	88	德国公用事业公司	德国	水、电、气供应	94 304	167 565	32 154	85 007	46 598	80 612	51	279	590	47
13	86	82	德意志电信	德国	电信	93 438	171 421	36 240	76 963	88 808	248 800	46	143	263	54
14	58	63	大众汽车	德国	机动车辆	91 823	179 906	95 761	131 571	155 935	324 875	57	178	272	65
15	73	57	法国电信	法国	电信	90 871	135 876	30 448	64 863	82 148	191 036	52	145	211	69
16	90	61	康菲石油	美国	石油开采/提炼/分销	89 528	164 781	55 781	183 650	17 188	38 400	43	118	179	66
17	56	89	雪佛莱	美国	石油开采/提炼/分销	85 735	132 628	111 608	204 892	33 700	62 500	58	97	226	43
18	11	75	本田汽车有限公司	日本	机动车辆	76 264	101 190	77 605	95 333	148 544	167 231	82	141	243	58
19	36	62	苏伊士	法国	水、电、气供应	75 151	96 714	42 002	55 563	76 943	139 814	69	586	884	66
20	45	48	西门子公司	德国	电器和电子设备	74 585	119 812	74 858	109 553	314 000	475 000	66	919	1224	75
21	10	11	和记黄埔	中国香港	多元化经营	70 679	87 146	28 619	34 428	182 149	220 000	82	115	125	92
22	84	85	莱茵集团	德国	水、电、气供应	68 202	123 080	22 142	55 521	30 752	68 534	47	221	430	51
23	9	7	雀巢公司	瑞士	食品和饮料	66 677	83 426	57 234	78 528	257 434	265 000	83	467	502	93
24	62	36	宝马公司	德国	机动车辆	66 053	104 118	48 172	61 472	26 575	106 575	56	138	174	79
25	51	33	宝洁公司	美国	多元化经营	64 487	138 014	44 530	76 476	101 220	138 000	59	369	458	81

资料来源:贸发会议《2008年世界投资报告:跨国公司与基础设施的挑战》,附表A.1.15。

注:[1]除非另有说明,所有数据都基于公司年报,子公司数据基于邓白氏公司企业数据库。
[2]TNI是跨国性指数的缩写,以下列三种比率计算的平均值:国外资产占总资产的比率、国外销售额占总销售额的比率、国外雇员占总雇员的比率。
II是基础设施的缩写,国外子公司数目占子公司总数目的比率。

不过，在 1997~2007 这十年中，服务业跨国公司，包括基础设施跨国公司的地位越来越显著：2006 年 100 强中有 20 家是服务业跨国公司，而 1997 年仅有 7 家。

在经历了 21 世纪初的发展小高潮后，全球的跨国投资和跨国公司的海外经营扩张随着 2008 年全球性金融危机和经济衰退，进入一个相对低迷的时期。2014 年全球外国直接投资规模仅有 1.26 万亿美元，比上年下降 8%，是 2009 年以来的最低水平。2015 年全球跨国投资经营呈现一定的复苏迹象。根据联合国贸易和发展会议发布的报告，2015 年全球外国直接投资流量增长 36%，增至约 1.7 万亿美元，为 2007 年以来最高水平，新一轮跨境并购是推动外国直接投资增长的主要力量。其中，2015 年中国吸引的外国直接投资约为 1 360 亿美元，较 2014 年增长约 6%，达到历史新高。

伴随着网络技术、工业智能、全球激烈竞争和发展中国家公司的集体崛起，21 世纪初的国际企业的发展呈现了一些新的趋势，比如：

第一，跨国公司纷纷组建战略联盟，实行兼并强化竞争力。

为了在全球市场谋求发展壮大，跨国公司利用自身的优势，采取整体收购、重组控股收购、增资控股收购以及股票认购收购等多种并购方式，在国外大力开展兼并、收购业务，不断实行产业整合，扩大经营规模。兼并、收购和战略联盟，不是企业间的单纯业务交易，而是一项有关企业战略、文化、人员以及数据信息等资源的全方位整合。

第二，跨国公司发展战略全球化、研究开发国际化。

目前，跨国公司的贸易量已占全球贸易总额的 40%。跨国公司内部及互相贸易占世界贸易量的 60% 以上。跨国公司实行的全球贸易策略，既拓展了自己的发展空间，又有力地促进了全球市场。体系的形成，推动了经济全球化发展。在 2002~2004 年期间涉及全世界研发活动的 1 773 个外国直接投资项目中，大多数（1 095 个）实际上是在发展中国家或东南欧和独联体实施的。

第三，"互联网+"和"工业智能化"正在推动跨国公司战略经营和生产运营的全球变革。

互联网在制造业领域的应用日益广泛深入，推动生产制造向着数字化、网络化、智能化方向发展。工业信息系统通过互联网实现互联互通和综合集成，促进机器运行、车间配送、企业生产、市场需求之间的实时信息交互，原材料供应、零部件生产、产品集成组装等全生产过程变得更加精准协同。微软公司认为，传统工业与信息产业结合带来产业升级革命性飞跃的一个关键节点，跨国公司正在经历的"数据经济"时代，云平台是其中关键的基础设施，微软件早在 2008 年就布局"微软云"。截至 2016 年年底，微软云平台已经服务于全球 65 000 家企业客户，包括和 1 000 家中国企业结成云合作伙伴。

第四，服务业成为跨国公司投资的主要行业。

跨国公司海外投资开始愈加重视服务业投资活动，跨国投资结构也由单一的制造业投资向制造业与服务业的综合投资转移。20 世纪 70 年代初，服务业跨国投资占世界外国直接投资总流入存量的 25%，而到 20 世纪 80 年代中期已达 40%；近 20 年来更是迅猛发展，世界服务业外国直接投资流量已由 1990 年的 1 180 亿美元，增至 2009 年的 8 000 多亿美元。⊖服务业跨国投资趋势已日益明显，且不仅局限于金融、保险等与服务贸易密切相关的行业，更向物流、通信、咨询等商务服务及公共服务业转移。例如，2015 年万达总裁王健林宣布要实现从房地产制造行业向服务型国际企业转变，加快发展文化旅游、金融产业、电子商务 3 个产业，到 2020 年形成商业、文旅、金融、电商基本相当的四大板块，彻底实现转型升级。

⊖ 杜丽虹. 服务业跨国公司投资动因理论前沿研究 [J]. 经济理论与经济管理，2010(8): 32-37。

1.3 全球互联时代的国际企业

20世纪以来，经济全球化的趋势不断加强，跨国公司逐渐成为全球化进程中的主角，它在全球生产、贸易、投资和技术开发中的地位，充分表明其在经济全球化中的作用。

1.3.1 经济全球化与国际企业

1. 经济全球化的含义

"全球化"的概念最早是由美国经济学家西奥多·莱维特（Theodore Levitt）在《市场的全球化》（1983）中提出的，用以概括商品、服务、资本和技术在世界生产、消费和投资领域的国际性发展与扩散。可见全球化的概念首先指的是经济活动的全球化，反映的是世界范围内经济资源、商务活动、商品市场、商业规则等经济要素从国内走向国际和全球的进程与变化。

虽然经济全球化成为大众所知的经济管理概念，但目前对于这一概念的内涵认知仍然存在不同见解。一般来说，经济全球化是指各个国家和经济组织通过参与国际分工和国际交换，使商品、资本、信息、技术、服务、人才等经济要素在全球范围内加速流动，从而实现全球范围的最佳商业利益和经济资源配置优化。经济全球化，其核心是资本的全球流动。资本流动到哪个国家，哪个国家的工业化进程就会加快，工业化是每个国家富国富民的必由之路。贫穷的国家都是农业国，传统农业不需要资本就可以从土地上种植出来，而要发展工业就必须有资本，工业的资本可以来自农业，但是从农业中积累工业资本是非常缓慢的，捷径是从发达国家引进资本。这就是我们常说的"招商引资"。中国的改革开放，适逢经济全球化浪潮，中国遂成为全球最大的受益者。资本的天性就是追求利润，中国巨大的市场、廉价的劳动力对资本具有巨大的吸引力，中国因此成为"世界工厂"。

经济学家托马斯·弗里德曼在《世界是平的》的一书中把从1492年到当前的经济全球化划分为三个阶段。

（1）1492~1800年，经济全球化的1.0阶段，主要是哥伦布远航、郑和下西洋开启的新旧世界的经济贸易联系。通过早期的航运将亚洲和欧洲的商品转运到远航发现的各个地区，同时，西欧的西班牙、英国、葡萄牙等航运与经济发达的国家也开启了殖民贸易和罪恶的奴隶贸易。

（2）1800~2000年，经济全球化的2.0阶段。这一时期的全球化进程取决于蒸汽机、电力、通信和自动化领域的技术革命，既加速了全球商品、信息、人员、资本的流动，也大大降低了上述经济要素的流动成本，从而极大地推动了企业跨国经营的速度和力度，涌现了一大批在全球范围内具有影响力的跨国公司和全球公司，经济全球化日渐形成并走向成熟。

（3）2000年至今，经济全球化的3.0阶段开启。弗里德曼认为以互联网技术为基础的全球化，让整个世界被夷平了，"地球村"成为现实，凡是互联网普及之地，任何个体，不论地域角落、肤色、民族、职业、年龄，甚至文化程度都可以参与到全球经济活动中。Facebook、阿里巴巴、人人网等新的公司和网络社交方式的出现，让全球经济活动、信息选择与透明化、商业交易更加便利和快捷。

值得注意的是，经济全球化虽然推动了世界的发展，但反全球化和去全球化力量与全球化力量的抗衡也一直没有停止过。一些经济学家指出，全球化实现了资本的利润最大化，但是利润分配不公：发达国家分得多，发展中国家分得少；纵向比，发展中国家发展了，但是横向比，与发达国家的差距更大了。与此同时，跨国公司对资源、市场的垄断进一步加剧。劳工组织指出，国际货币基金组织、世界银行、世贸组织帮助跨国公司进行全球化，把制造业转移到成本更低的发展中国家，导致发达国家制造业萎缩、工人失业，又迫使发展中国家同意降低工人待遇，造成世界范围内的贫富悬殊。世界上最大的反全球化组织是"人民全球行动"，它于1994年1月1日《北美自由贸易协定》生效的当天在墨西哥南郊的哈帕斯州成立。其宗旨是发动全世界的工人、农民、青年学生反对全球化和自由贸易。2002年1月31日～2月5日，在世界经济论坛于美国纽约召开的同时，反全球化的世界社会论坛在巴西阿雷格里港召开。在巴西这边的世界社会论坛与在美国的世界经济论坛进行远程对话。世界社会论坛反对"由自由市场控制"的全球化，反对"新自由主义的过分做法导致的灾难、不平等和不公正现象"。

2. 经济全球化的度量

经济全球化作为当今世界的经济现象，全球各个地区、组织、个体都参与其中，都力图在竞争合作中获得更好的位次。而从世界范围来看，经济全球化的连接一般都经历了从贸易到要素最后到生产与市场全球化的过程，评估一个国家或地区，甚至一个组织的全球化程度与能力，也主要是从这三个方面来考察。

（1）贸易系数。贸易系数，也称为对外贸易依存度，指的是世界进口或出口总额占世界经济活动总量的百分比。其中，进口总额占GNP或GDP的比重称为进口依存度，出口总额占GNP或GDP的比重称为出口依存度。对外贸易依存度反映一国对国际市场的依赖程度，是衡量一国对外开放程度的重要指标。一个国家贸易全球化程度衡量：一是该国进出口总额/世界进出口总额；二是该国进出口总额/当年国民生产总值。它是对经济全球化进行度量的一个最为直观的工具，是经济全球化最明显的标志。世界部分国家/地区2000～2012年货物和服务进出口占GDP比重见表1-3。

表1-3　世界部分国家/地区2000～2012年货物和服务进出口占GDP比重　　（单位：%）

国家或地区	货物和服务出口占国内生产总值比重			货物和服务进口占国内生产总值比重		
	2000	2010	2012	2000	2010	2012
世界	26.0	28.8	30.3	25.8	28.6	30.3
中国	23.3	29.4	27.3	20.9	25.6	24.5
孟加拉国	14.0	18.4	23.2	19.2	25.0	32.1
文莱	67.4	81.4	81.4	35.8	32.9	31.2
柬埔寨	49.9	54.1	54.1	61.8	59.5	59.5
印度	12.8	22.0	24.0	13.7	26.3	30.7
印度尼西亚	41.0	24.6	24.3	30.5	22.9	25.9
以色列	37.3	35.0	36.2	37.5	33.2	36.0
日本	10.9	15.2	14.7	9.4	14.0	16.7
哈萨克斯坦	56.6	44.0	47.6	49.1	29.2	30.3
韩国	38.6	49.4	56.3	35.7	46.2	52.6
加拿大	45.6	29.1	30.0	39.8	31.0	32.0

(续)

国家或地区	货物和服务出口占国内生产总值比重			货物和服务进口占国内生产总值比重		
	2000	2010	2012	2000	2010	2012
墨西哥	30.9	29.9	32.7	32.9	31.1	33.8
美国	11.0	12.3	13.5	14.9	15.8	16.9
阿根廷	10.9	17.5	15.8	11.5	15.0	14.1
巴西	10.0	10.9	12.6	11.7	11.9	14.0
委内瑞拉	29.7	28.5	26.2	18.1	17.6	24.2
捷克	60.9	66.6	78.0	63.1	63.2	72.4
法国	28.8	25.5	27.4	27.8	27.8	29.7
德国	33.4	47.6	51.8	33.1	42.0	45.9
意大利	26.8	26.6	30.3	25.8	28.5	29.2
荷兰	70.1	78.7	88.0	64.5	70.6	79.6
波兰	27.1	42.2	46.7	33.6	43.5	46.4
俄罗斯	44.1	29.2	29.6	24.0	21.1	22.3
西班牙	29.1	27.4	32.7	32.2	29.5	31.9

资料来源：节选自国家统计局编：国际统计年鉴（2014），http://data.stats.gov.cn/lastestpub/gjnj/2014/indexch.htm.

从整个世界范围来看，各国的贸易依存度呈不断提高的趋势。根据有关历史资料和世界银行的统计，1820~2011年，世界贸易系数从1%上升到41%，其中，发达国家贸易系数已经达到38.4%，发展中国家更是高达51%。就我国而言，2013年我国外贸进出口总额超过4万亿美元，位居世界第一，而我国对外贸易的货物与服务贸易依存度，从20世纪80年代的平均19.7%，上升到90年代的平均34.3%，并在2006年达到峰值65.17%，此后虽有所回落，但2014年我国对外贸易依存度仍超过41.5%（见图1-3）。

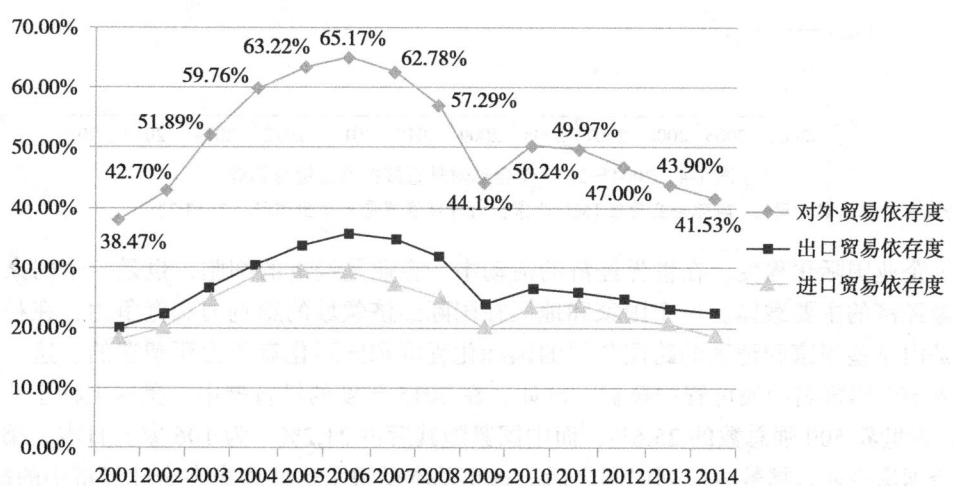

图1-3 2001~2014年我国贸易系数变化

资料来源：钱声勇．探寻贸易融资转型方向[J]．中国外汇，2016，Z1:98-101．

（2）全球经济要素流量。经济要素流量指的是通过外国直接投资（foreign direct

investment, FDI）实现的生产要素在国家间转移的数量。经济要素主要包括资金、技术和人力资源，核心的是资本流动，即对外投资。国际贸易的主要作用在于将各国产业不同生产力的生产要素进行国际流通配置，从而解决各国经济规模与价值的增长问题。而全球性的经济要素流动，则恰好有助于解决这个问题，即各国生产要素通过跨国和全球性流动，进行分工合作，使产业发展的不同要素在母公司所在国与各东道国之间进行组合配置，从而使全球性经济要素通过流动得到最佳资源配置。

全球经济要素的流量核心是对外投资所带来的全球资本的流动，资本的流动引起或加快了其他生产要素的全球化流动。因此，吸引或推动海外投资就是衡量一个国家和组织全球化能力极为重要的指标。许多国家试图在招商或推动企业海外投资中增强自身在全球经济中的影响力（见图1-4）。就中国而言，改革开放，尤其是加入WTO使中国吸引到大量的外国投资，2014年，中国成为全球第一大外资流入国；2015年，中国吸引的外国直接投资约为1 360亿美元，较2014年增长约6%，达到历史新高。世界500强公司中已有约490家在中国投资，跨国公司在华设立的研发中心、地区总部等功能性机构已经达到1 600余家。○在引进外资的同时，中国企业也开始纷纷走出国门，加大对海外投资的力度。根据商务部统计，2004～2013年间，中国对外直接投资从450亿美元升至6 130亿美元，增长了13.7倍，2015年中国对外直接投资存量首次超过万亿美元大关。目前中国企业投资地遍布全球近80%的国家和地区。截至2014年年底，1.85万家境内投资者设立对外直接投资企业近3万家，分布在全球186个国家（地区）；投资行业分布广泛，门类齐全，第三产业投资流量、存量均超七成。○

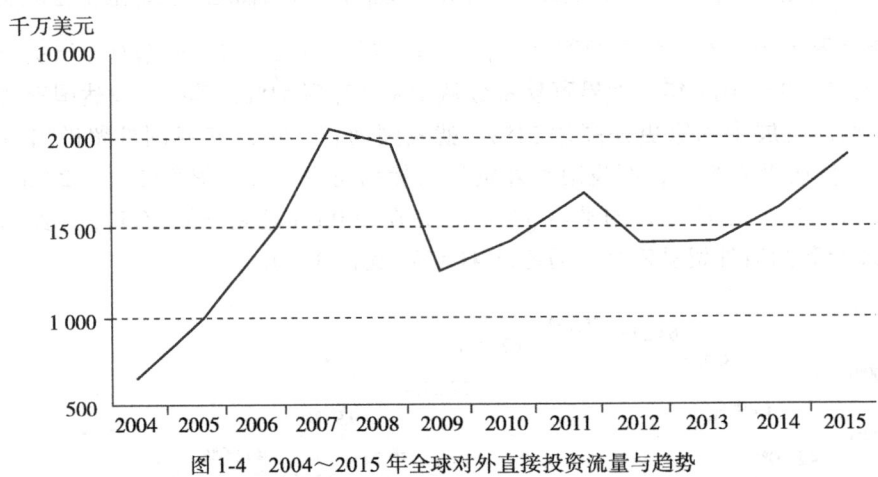

图1-4　2004～2015年全球对外直接投资流量与趋势

资料来源：程立茹，周煊.国际企业管理[M].北京：对外经济贸易大学出版社，2013:32.

（3）企业国际化程度。在世界经济的活动中，企业是经济的细胞，也是一个国家和地区参与全球经济的主要载体。一个国家和地区在国际经济领域的影响力和竞争力，在相当大的程度上是由这些国家和地区的跨国公司的国际化程度和国际化竞争力所塑造的。这一点从各国在世界500强排名中便可管中窥豹。例如，在2015年度的排行榜中，美国上榜企业数量为128家，占世界500强总数的25.6%，而中国紧随其后占21.2%，为106家。日本、德国、英国等其余国家企业入榜数量位列中国之后。这也基本反映了这些国家在全球经济中的影响力。

○ 新华网.世界500强公司中已有490家在中国投资.2012年6月，http://finance.ifeng.com/roll/20120622/6645088.shtml。
○ 人民日报海外版.中国对外投资居世界前列（热点聚焦）.2015年9月，http://news.ifeng.com/a/20150918/44680374_0.shtml。

通常而言，反映一国跨国公司的国际化程度的主要指标包括：跨国经营企业的数目和规模，经营活动的主要领域，国际分工中所处的地位，员工国际化的复杂度等。

3. 经济全球化中的国际企业

在经济全球化过程中跨国公司起着举足轻重的作用，它们既是全球化的推动者之一，也是全球化形成和演变的主力军之一。

（1）国际企业实行的全球经营战略，是加快经济全球化进程的重要基础。企业竞争力是产业竞争力乃至国家竞争力的重要体现。跨国公司是现代企业的主力军，是世界各国综合国力和竞争力的重要组成部分。当前国与国的经济竞争，正在通过跨国公司实行的全球经营战略，以前所未有的规模和激烈程度在全球范围展开。根据市场的变化和竞争的需要，一些著名跨国公司立足全球，对生产经营实行全球性战略安排，把别国的市场和资源纳入其全球性的安排之中。为了实现其全球经营战略，许多跨国公司把本国的跨国公司变为世界范围的总公司，在全球范围内设置生产基地和销售机构，建立国际商务信息网络，构建全球研究开发体系，积极参与国际经济合作与竞争。在实施全球经营战略过程中，跨国公司积极推进海外公司本地化，以赢得所在国政府和公众的认可和支持，提高企业的知名度和竞争力；推进经营资源国际化，促进经营管理知识、技术专利、营销方法、融资渠道、信息网络和管理组织等经营性资源向所在国转移，提高当地管理人员掌握和运用本公司经营资源的能力。

（2）国际企业进行的国际性投资，是加快经济全球化进程的有利条件。国际性投资是开展国际经济技术合作的基础。随着世界经济的加快发展，跨国公司已成为国际性投资的主要载体。跨国公司的国际性投资，一方面是向全球扩张金融资本、垄断世界市场的实际需要，另一方面是生产国际化、社会化的必然要求。一些大型跨国公司纷纷向国外开展大规模、系统化投资，在国外设立投资性控股公司，统一管理投资企业。跨国公司对外直接投资具有明显的连锁竞争效应，只要有一个跨国公司向外投资扩张，同行的跨国公司为了保住自己国内外的资源和市场份额，也会竞相向国外投资扩张。所以，近些年来，跨国公司以长远发展为目标，应对市场变化和竞争对手而实行对外投资的战略性意图非常明显，投资势头日益强劲。增加对外投资的主要目的，是通过对外投资为自己更便捷地获取当地的资源和市场。

（3）国际企业开展的跨国兼并和收购，是加快经济全球化进程的有效手段。跨国公司之间的兼并、收购以及战略联盟，是 20 世纪后期经济全球化的重要特征，是国际经济激烈竞争的产物和结果。为了在全球市场谋求发展壮大，跨国公司利用自身的优势，采取整体收购、重组控股收购、增资控股收购以及股票认购收购等多种并购方式，在国外大力开展兼并、收购业务，不断实行产业整合，扩大经营规模。兼并、收购和战略联盟，不是企业间的单纯业务交易，而是一项有关企业战略、文化、人员以及数据信息等资源的全方位整合。通过兼并、收购，使被兼并、收购的企业的法人地位、治理结构、文化理念和管理机制、业务方向等都发生了根本性变化。跨国兼并、收购是跨国公司获得别国有形和无形资产及竞争战略优势最迅速、最有效的手段。实际上，跨国公司是推动国际化生产的国际型企业。国际生产的扩张和格局，在很大程度上是由跨国公司的兼并、收购推动的。

（4）国际企业开展的国际贸易，是加快经济全球化进程的强大动力。国际贸易的发展，为经济全球化进程提供了动力。目前，国际企业已成为国际贸易的主体。跨国公司开展的国际贸易，不仅使货物和资源跨国界流动日益增强，而且也使不同国家市场和生产日益变得相互依存，经济资源如商品、资本、劳动力、信息、技术等通过国际贸易超越国界被重新配置的范围越来越广。实际上，全球最重要的工业和第三产业都已纳入跨国公司的一体化国际生产和流通服务之中。近些年跨国公司的国际性贸易迅速发展，贸易规模和领域不断扩大，促进了全球和一些地区生产、消费的发展。目前，跨国公司的贸易量已占全球贸易总额的40%。跨国公司内部及互相贸易占世界贸易量的60%以上。

1.3.2　互联网与国际企业的机会和挑战

"互联网转型"是当下中国和世界商界最热门的商业情境用语，它显示了互联网技术社会嵌入所带来的各个领域的颠覆性改变。当前中国常用"互联网+"来代表借助和嵌入互联网思维来开展公司经营的商业和经济模式。"互联网+"代表一种新的经济形态，即充分发挥互联网在生产要素配置中的优化和集成作用，将互联网的创新成果深度融合于经济社会各领域之中，提升实体经济的创新力和生产力，形成更广泛的以互联网为基础设施和实现工具的经济发展新形态。"互联网+"不是简简单单的"+互联网"，是移动互联网、云计算、大数据、物联网等与现代制造业的结合，是对传统行业的颠覆和改造，从网络游戏、电子商务、互联网金融行业的兴起，从众筹到大生态。

当互联网社会的商业价值尚未完全凸显时，一些企业家和公司已经成为"互联网+"商业的弄潮儿：马化腾看到了互联网社交，因而有了QQ和微信；扎克伯格看到了世界互联的需求，因而有了Facebook的横空出世；雷军看到粉丝的"生产力"，因而有了小米手机和小米生态圈……

互联网成就了许多新生企业，也让许多传统实体经营企业和曾经辉煌的跨国公司遭遇了不适和挫败感。2009年，全球500强企业韩国SK电讯在华投资5亿元人民币成立千寻网，目标是进军B2C领域，希望打造中国最大的以服装、鞋帽、饰品等时尚商品为主的网络品牌服装商城。千寻网虽然曾拥有超过300个独立供应商，能为消费者提供超过27万种商品，但其发展历尽坎坷，上线不足两个月，主帅郭洪驰离职，此后又遭遇SK电讯集团的舍弃，最终沦落到被京东商城收购的下场。赛迪经略数据调查显示，近200家传统企业中，96%以上企业都受到了互联网的较大冲击，渠道、营销方面的冲击尤为严重。目前能将互联网资源充分利用，并为其利润空间添砖加瓦的企业不超过5%；约20%的企业在积极借助互联网发力，寄希望于未来的盈利；而超过75%的传统企业仍然感到茫然，在继续加大投入。

尽管在互联网商业的初期，许多国际和国内企业遭遇了经营不适和挑战，但从长期来看，互联网将带给国际企业更多的机会。第一，互联网让国际企业更符合跨国公司开放包容的特性。互联网全天候、全连接、社交开放性的特征，让国际企业在研发项目开放、人才和知识共享、资源的社会共享、商业市场开发方面具有更多的选择和发现的空间。在社会层面，全球前十大互联网公司都是平台型或具备开放平台特征的企业。例如，淘宝网、eBay等企业，以平台方式提供信息、支付、信用、云计算、物流等一系列基础设施服务，支持数百万小微企业和个人创业者，开创了"巨型平台+小微企业"的先河。

第二，互联网让国际企业更方便跨界连接实现协同共赢。跨国公司本就是"跨界"经营的公司，只不过这个跨界首先指的是跨越国界，然后是跨越心理和文化的边界。而互联网频繁出现的跨界经营、跨界合作的现象，与国际企业的跨国投资，有异曲同工之妙，它也需要跨越经验、心理和文化定式，跨越时空的边界限制，用更加开放的心态和机制，与商业伙伴或新商业实体协同融合，实现跨越式发展。

第三，国际企业更有条件让不同国度的"用户"成为公司创新和市场变革的"推手"。互联网追求"用户思维"，站在用户对商品与服务使用的场景方面来考虑产品开发，把产品最方便地提供给用户，为用户提供更加体贴的服务。更进一步，互联网经营更能推动让消费者和用户成为公司产品创意、研发创新、市场变革的共同设计者、共同革新者、商业利得的受益者。而国际企业由于其拥有众多"异质"文化的用户，这些拥有异质性资源的用户，往往比同质文化的用户具有更加强大的创造性，能够创造出更加适合全球各个市场的产品，成就全球互联网用户思维与用户市场。

1.4 中国企业国际化步伐

随着全球经济、市场和竞争的一体化趋势增强，特别是中国经济实力和中国企业竞争自信的增强，越来越多的中国本土企业不再满足于国内经营，或从国外获得订单并将产品售卖国外的经营现状，而将企业发展的眼光投向国外乃至全球市场，开启了从资源、市场到资本、人才、研发的国际化和全球化的进程。

1.4.1 中国企业国际化概述

21世纪以来，国际经济和商业最重要的现象之一，便是新兴经济体改变了全球经济版图中的权重，以及中国工商业开启了全球化的步伐。2009年，中国推出了一则30秒的商业广告，试图打造和巩固"中国制造"在全球市场上的声誉。短片展示了中国制造的运动鞋、冰箱、MP3播放器、服装和飞机，并且强调了这些产品背后的美式设计、欧洲品质、硅谷技术、法国时尚以及来自世界各地的工程师力量，进而宣传在全球化大背景下，"中国制造"产品是世界上各个贸易体共同分工协作、盈利共享的结果。一则体现中国制造的国际背景的广告，只是中国公司国际化的缩影。我国于2000年提出实施"走出去"战略，中国企业对外投资开始快速增长的国际化步伐。2015年，我国对外非金融类直接投资创下1 180.2亿美元的历史最高纪录，同比增长14.7%，实现中国对外直接投资连续13年增长，年均增幅高达33.6%，预计到2025年将达到3 000亿美元以上的对外投资规模。

1. 中国企业国际化的阶段

经济全球化背景下，一国拥有的跨国公司数量和规模是衡量其经济发展水平的重要标志，也是该国赢得国际竞争优势、获取支配全球资源权利的重要工具。随着经济持续快速增长，许多中国企业的国际竞争能力迅速提升，形成了一大批资本实力雄厚、技术管理水平先进和具备"走出去"能力的企业，有可能成长为具有全球影响力的跨国公司。从1979年北京友谊商业服务公司在日本成立中国的第一家境外合资企业开始，中国企业正式拉开了跨国经营的序幕。中国企业的国际化过程可以大致分为三个阶段。

第一阶段是20世纪80年代的出口阶段（export），主要是各类进出口和外贸企业，严格意义上讲这并不是国际化企业，只是简单地进行来料加工或进出口贸易，不存在去国外管理业务和人员的需要。

第二阶段是 20 世纪 90 年代末期到 21 世纪，有些中国企业已经不满足于做进出口，这时兴起了像华为、海尔这样的企业，到国外市场设厂，在当地招聘员工，国际化的人力资源问题开始出现，但因为尚局限于生产职能和规模，所以人力资源管理的问题可能还不明显，这时期一些中国企业逐步进入国际化阶段（international）。

第三阶段是真正意义上的全球化企业（global），是能够比较好地在全球整合资源，并且建立了全球化的企业文化。以典型的跨国企业 IBM 为例，可能总部的职能（如财务、供应链、研发等）就会分散在不同国家，整合了无边界、无国界的总部资源。当然中国企业绝大多数离该阶段还有不少距离，处在国际化的初期——跨国阶段（multinational），其国际化主要集中在生产、采购流程，有些企业可能已拓展到市场营销甚至研发，这时我们就会看到更多的人力资源管理问题了。

2. 中国企业国际化的特点

近年来，中国企业在海外投资经营当中逐渐呈现出如下特点：

（1）对外投资规模不断扩大。中国企业海外投资的热度和重要地位不断增强（见表 1-4），2010 年中国对外直接投资数额首次超过日本、英国等传统对外投资强国，上升到世界第五位，到 2015 年我国的对外直接投资已经位居世界第二位。在世界经济艰难复苏，全球外国直接投资流量下降的情况下，我国不断深化体制机制的改革，积极推动"一带一路"建设，加快投资便利化进程，出台了一系列政策措施，企业"走出去"的动力日益增强。从趋势上看，我国企业"走出去"将迎来黄金时代。

表 1-4 2005～2014 年中国对外直接投资流量、世界占比及位次

年 份	流 量（亿美元）	世界占比（%）	世界位次
2005	122.6	1.45	18
2006	211.6	1.50	13
2007	265.10	1.21	13
2008	559.10	2.80	12
2009	565.30	4.83	5
2010	688.11	4.69	5
2011	746.54	4.36	9
2012	898.04	6.52	3
2013	1 078.04	7.64	3
2014	1 160.00	8.57	3

资料来源：《2013 年度中国对外直接投资统计公报》，中国统计出版社 2014 年 9 月版。

（2）跨国并购逐渐成为海外投资的重要方式。从投资方式角度来看，并购已经成为中国企业走出去的主要方式。2011 年，以并购方式实现的直接投资 222 亿美元，占我国同期对外投资总额的 37%。2004～2014 年的 10 年间，中国企业海外并购数量年均复合增长率达到 9.5%，交易规模年均复合增长率为 35%。仅在 2014 年，中国企业在海外已完成的并购数量就有 154 起，交易规模高达 261 亿美元（见图 1-5）。获取海外先进技术、营销网络、开发资源能源，已经成为企业海外投资并购的重点。并购领域主要涉及采矿业、制造业、电力生产和供应业、交通运输业、批发零售业等。

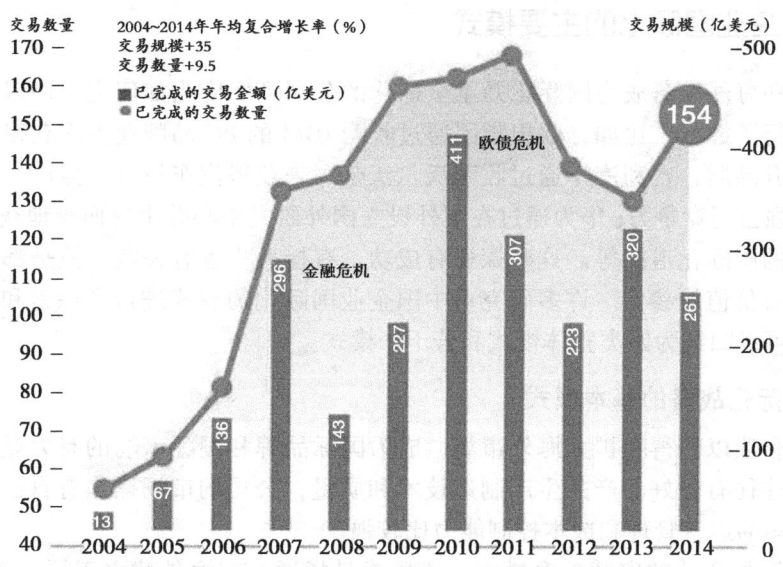

图 1-5 2004～2014 年中国海外并购交易数量及规模

资料来源：波士顿咨询公司和中国发展研究基金会．乘风破浪正当时——中国企业海外并购的势与谋，2015 年 3 月，http:bcg.com

（3）国有企业是主体，民营企业开始提速。从投资主体角度来看，中国的对外直接投资主体存在以下几种模式：第一，专门实行跨国经营的外贸公司，如中国材料进出口总公司、中国化工进出口总公司等；第二，大型国有生产企业或企业集团，如中钢集团、中煤集团、中石油等；第三，大型国有建筑类企业集团，如中铁十六局集团、中国建设总公司等；第四，大型国有金融机构，如中国金融投资管理公司、中国国际信托投资公司等；第五，市场领先的民营企业，如吉利汽车、三一重工等。目前，国有企业仍然为海外投资主体，占海外投资总额的 75% 以上，但民营企业在海外投资中明显提速。根据中国与全球化智库（CCG）数据库，2015 年中国民营企业对外投资呈现爆炸式增长，同比增加 295%，相当于 2013 年的 3 倍，占当年总投资案例数的 69%。[⊖]

（4）企业走出去从获取资源市场升级到产业与资本国际化。我国 2000 年提出实施"走出去"战略，主要是基于经济全球化和中国入世的考虑，多数企业跨国经营主要是为了寻求市场、资源和技术发展，企业多数是自发地、零散地"走出去"。而当前的企业国际化越来越走向产业链整合、资本化投资、全球化经营体系的布局。企业跨国投资经营成为中国对外开放升级版的国家战略之一。据统计，2015 年，我国企业共对"一带一路"相关的 49 个国家进行了直接投资，投资额合计 148.2 亿美元，同比增长 18.2%。同期，我国企业投向交通运输、电力、通信等优势产业直接投资累计约 116.6 亿美元，同比增长 80.2%。装备制造业对外直接投资 70.4 亿美元，同比增长 154.2%。[⊖]企业走出去正从 1.0 版升级到 2.0 版。

⊖ 王辉耀，孙玉红．中国企业全球化报告（2015），社会科学文献出版社，2016 年。
⊖ 经济参考报．2015 年我国企业对外投资存量首超万亿美元．2016 年 01 月 18 日，http://finance.sina.com.cn/money/lczx/2016-01-18/details-ifxnrahr8462000.shtml。

1.4.2 中国企业国际化的主要模式

中国企业到海外经营成为国际化乃至全球化的公司到底应当如何走？许多国际化的先驱中国公司都进行了探索。比如，联想集团通过收购 IBM 的 PC 品牌业务来获得更广阔的国际市场渠道和提升品质；吉利汽车通过收购沃尔沃公司来获得汽车设计、生产、制造和研发方面的技术并增强公司竞争力；华为通过在国外设立国外研发中心并由易而难地获得市场的"农村包围城市"的国际化道路等。这些探索有成功、有挫折，也有失败，但是都为中国企业的国际化提供了有价值的参考。许多研究对中国企业国际化的模式进行了探索和归纳，总体而言，这些模式可以归纳为四类整体模式和若干子模式。

1. 市场国际化战略的基本模式

这类中国企业以获得和扩大海外市场，成为国际品牌和国际市场的有力竞争者为首要目标，这类公司往往有较好的产品生产制造技术和质量，公司的市场操作有自己较为成功的经验和方法，公司的运营管理和成本控制能力比较强。

（1）新建海外企业的安营扎寨模式。该模式是指通过在海外建立工厂，实现企业研发、生产、销售三位一体的本土化发展模式。该模式的典型代表包括海尔、福耀玻璃、海信、三一重工等。以海尔为例，海尔先后在美国、欧洲等地建立了三位一体的本土化格局。其中，海尔美国的设计、营销、生产中心分别位于洛杉矶、纽约、南卡罗来纳州。海尔欧洲的研发、生产、营销中心分别位于德国纽伦堡、意大利和波兰、法国巴黎。海尔通过设计开发符合当地人需求特点的家电产品，更好地满足市场需要，提高了产品的竞争力，同时树立了企业形象，推广了自己的品牌。其不足之处在于国外公司的员工多为当地聘用，除存在文化差异外，成本压力也较大。

（2）收购获得海外品牌的借船出海模式。该模式即通过并购国际知名企业的某个部门，以获得其成熟的品牌、技术、渠道等资源，从而实现企业的国际化。例如，万向集团和联想的模式。舍勒公司始建于 1923 年，是美国汽车市场上的三大零部件生产供应商之一。1994 年以后，舍勒经营业绩下滑，万向最终以 42 万美元收购了舍勒公司的品牌、技术专利、专用设备及市场网络等主要资产，使万向集团在美国市场获得了直接销售渠道和当地品牌。此后，万向又先后收购了 8 家海外公司，进一步扩大了自己的渠道。

（3）并购或合资整合品牌和资源的合并成长模式。该模式通过跨国并购或合资国外公司，将国内企业和受并购企业放在一个盘子里，重新整合品牌、资源推动公司在海外快速成长的模式。2004 年，TCL 与阿尔卡特成立合资公司（简称 TAMP）。TAMP 成立后，TCL 手机全球排名一度由 15 位上升为第 7 位。

2. 技术国际化战略的基本模式

过去中国企业多通过在国内合资、合作，以"市场换技术"的方式获得技术。随着中国企业参与国际分工的逐步深入，一些企业，尤其是高新技术类企业，开始通过主动走出去的国际化方式获得技术。技术国际化战略模式主要有三种途径。

（1）通过收购国外拥有先进技术和研发能力的公司实现技术国际化。例如，2012 年，在吉利谋求转型的这一年，李书福与美国福特汽车在瑞典哥德堡正式签署收购沃尔沃的协议，吉利以 18 亿美元获得沃尔沃轿车公司 100% 的股权以及相关资产。吉利和沃尔沃在研发领域的协同布局，让吉利的触角真正伸入了国际化研发体系。2013 年 2 月，吉利汽车和沃尔沃汽车联手在瑞典哥德堡成立了吉利控股集团欧洲研发中心（China Euro Vehicle Technology，CEVT），并于当年 9 月 13 日开始试运营。通过 CEVT，吉利汽车和沃尔沃汽车将联合开发新一代中级车模块化架构（CMA 平台）和相关部件，以满足吉利汽车和沃尔沃汽车未来的市场需求。借助平台化的优势，吉利汽车可以借助新开发的模块化架构大幅度提升未来产品的品质和性能；沃尔沃汽车则可以借助集团的资本投入推进前沿技术的落地；同时还可以从吉利汽车在亚洲地区的配套体系中选择优秀供应商，从而对零部件采购进行系统性优化，实现更健康的成本结构。

（2）通过在海外设立研发机构，吸引国际化人才在东道国或区域中心所在地开展研发和技术创新。例如，华为在研发基地的布局上，为配合市场全球化的进展，华为不断推进产品研发的全球化。如今，华为在全球不同区域建立了 40 多个能力中心、30 多个共享中心，在印度、美国、瑞典、俄罗斯建立了自己的研究所，引入国际先进的人才、技术进行全球化合作，为华为总部的产品开发提供支持与服务，形成规模化联动效应。

（3）与海外机构、公司合作开展研发和技术合作。例如，2015 年 6 月，中芯国际集成电路制造有限公司，与全球领先的信息和通信解决方案供应商华为、全球领先的微电子研究中心之一比利时微电子研究中心（IMEC）、全球最大的无晶圆半导体厂商之一高通全球贸易有限公司（Qualcomm Global Trading Pte），共同投资中芯国际集成电路新技术研发（上海）有限公司，开发下一代 CMOS 逻辑工艺，打造中国最先进的集成电路研发平台。此项目是集成电路制造企业与国际业界公司、研究机构合作模式上的重大突破，充分整合了国际产业链的上下游公司、国际尖端研发力量等优势资源。中芯国际将有权获得新技术研发公司开发的先进工艺节点量产技术的许可，这些技术可以应用于中芯国际目前及未来的各种产品，提升中国集成电路制造业的核心竞争力。

3. 资源国际化战略的基本模式

这类企业国际化的主要内容是获得或控制境外自然资源，战略目的是满足国内市场需求，提高企业在国内的资源供给能力；引进海外资源，利用国内生产能力，满足国际市场的需求；利用海外资源和海外生产能力，开拓海外市场。

全球资源供给地理分布的不均衡性、资源市场的开放性和资源开发的科技性，决定了资源型行业是一个高度国际化的行业。目前中国企业资源的国际化获取越来越多样，但主要还是以能源、矿业、钢铁等战略性资源为主。例如（见表 1-5），2014 年 4 月，五矿并购拉斯邦巴斯项目就是我国矿产资源企业海外资本运营成功的典型案例；2013 年中海油并购尼克森更是中国企业完成的一宗最大的海外资本运营案例之一，收购金额高达 151 亿美元。根据《2013 年度中国对外直接投资统计公报》显示，2013 年我国对外直接投资中租赁和商务服务业、采矿业、金融业位列前三名。2014 年，我国采矿业对外直接投资流量与存量同比分别增长 0.81% 和 10.52%。中国矿业联合会发布的《2014 年中国企业境外固体矿产投资报告》显示，2014 年中国企业境外固体矿产协议投资额 108.34 亿美元，同比增加 109.6%。投资金额中，作为资本运营主要手段的并购金额 85.48 亿美元，占 78.9%，同比增加 254.84%。⊖

⊖ 派智库. 我国矿产资源企业国际化发展的资本运营风险研究。

表1-5　2011～2014中国矿业企业10亿美元以上海外并购事件

时　间	并购事件	交易金额
2011-02-25	中石化集团17.65亿美元收购APLNC15%股权	17.65亿美元
2011-09-30	五矿资源私有化AVM	13.30亿美元
2011-10-09	中国石化集团全资收购DAY	22.00亿美元
2011-11-04	中国石化集团51.56亿美元收购GALP资产	51.56亿美元
2011-12-20	竞矿澳洲借壳CCL上市	21.65亿美元
2012-01-03	中国石油进一步收购阿萨巴斯卡油砂资产	13.20亿加元
2012-02-03	中国石化集团收购戴文能源相关资产	22.00亿美元
2012-01-31	中国石油收购RDSA资产	82.05亿元
2012-02-21	中国海洋石油14.67亿美元收购TL.W资产	14.67亿美元
2012-07-01	梦兰星河能源收购伊玛达石油天然气75%股权	19.80亿美元
2012-07-23	中国石化集团15亿美元收购塔里斯曼能源	15.00亿美元
2012-07-23	中国海洋石油151亿美元全资收购尼克森	151.00亿美元
2012-12-12	中国石油集团以16.3亿美元收购布劳斯LNC项目股权	16.30亿美元
2013-01-31	中化集团拟17亿美元收购Welfcamp40%股权	17.00亿美元
2013-02-25	中国石化集团10.2亿美元收购切萨皮克油气资产	10.20亿美元
2013-08-30	中国石化集团收购阿帕奇埃及石油资产	31.00亿美元
2014-04-14	五矿资源收购秘鲁Las Bamhas铜矿	29.86亿美元

资料来源：派智库.我国矿产资源企业国际化发展的资本运营风险研究，http://www.piffle365.com/plus/view.php?aid=78720

在对国际化资源的运营上，过去许多中国企业在获得国际化资源后，通常是将这些资源运回国内加以储存、生产和利用，主要还是满足国内需要为主。而现在许多资源型中国企业国际化后，不是把资源运回国内，而是把设备供应出去，油田附近建炼油厂、矿山附近建钢铁厂，把资源转化为产品后部分直接在国际市场销售。例如，国电集团计划利用旗下龙源电力在美国和南非开发建设上千兆瓦风电场；大唐集团联合天威保变、澳大利亚能源企业CBD Energy，计划8年内投资60亿澳元在澳大利亚建设风能和太阳能发电厂。这种下沉到当地进行资源深加工才是真正意义上的跨国经营，而以前买资源运回来只是初级阶段。○

不过，出于对战略资源重要性的考虑，海外市场普遍对中国国有企业的并购保持高度的警惕性和严格审核，这也是造成国有企业海外能源并购屡屡失利的重要原因。例如：中国铝业增股力拓、中色集团收购澳大利亚稀土矿业公司等均以失败告终。

4. 资本国际化战略的基本模式

中国企业在高速成长过程中需要不断补充资本资源。1993年青岛啤酒率先开启了内地企业海外上市的大门。之后，中国国有企业和民营企业各种方式的海外上市日益增加，并呈逐年递增趋势。根据企业背景和上市目的的不同，中国企业资本国际化的主要模式有以下三种。

（1）大型国有企业境外上市融资。该模式是中国大型国有企业在特定背景下将改制、融资和国际化结合起来的特殊模式，既包括一些包袱沉重的老的国有企业，也包括一些新的国有企业。常用的上市方式有境内注册企业在境外上市，最典型的方式是发行H股，即在内地

○ 王思远.中国资源型企业的国际化新方案.环球企业家，http://bschool.hexun.com/2011-05-16/129634552.html.

注册的企业直接在香港市场发行股票；境内公司在境外注册并上市，典型方式是在香港发行红筹股，即国有企业在境外注册新公司并在香港联交所上市。有些企业在境内外都上市。青岛啤酒是第一家赴境外上市的公司。青岛啤酒股份有限公司前身为国有青岛啤酒厂，始建于1903年，1993年6月16日公司注册成立，同年公司股票分别在香港和上海上市，成为国内首家在两地同时上市的股份有限公司。

（2）民营企业绕道境外上市融资。中国民营企业境外上市基本都是市场化运作的，主要是境外注册企业上市和境外借壳上市。民营企业倾向采用"绕道"途径，与过去国内上市给民营企业机会不多有关。境外注册企业直接上市的路径是：实际控制人先明确哪些业务、资产到境外上市；然后造壳，即在境外的避税岛等注册一个或若干相互关联的壳公司；接着实施资产跨境转移，即境内企业将所控制的境内资产从法律上全部转由壳公司所控制，然后壳公司将境内资产证券化，在境外上市募集资金；最后，上市公司以外商投资或外债形式将大部分募集资金调回境内使用。1993年，国有企业青岛啤酒挂牌香港股市，拉开了内地企业境外上市的序幕，至今已有一百多家中国企业在香港、纽约、伦敦等证券市场上市。2014年中国企业境外上市96起，其中香港上市72起，美国上市15起，其余市场9起。

（3）新技术公司与海外资本共成长。互联网、新型能源领域的一批新技术公司，往往是在风险投资的支持下成长的，因此其上市和公司成长密切相关：首先，在成长的不同阶段有不同的风险资本参与，这些资本一般倾向于上市退出，多种原因使得它们对境外上市尤其青睐；这些公司具有新技术特征，一般都处于新兴行业；这些公司具有特定的商业模式，一般在国外可以找到比较对象，海外投资者容易理解；公司有特定的商业概念，该概念是资本市场尤其是海外资本市场当前的热点，资本市场对其估值较高，但错过了热点周期，公司的市场价值就会大打折扣。这些新技术公司从创立时的风险投资到最终海外上市，始终与国外资本共舞。新浪、百度都是该模式的代表。

2014年9月，阿里巴巴集团在纽约证券交易所挂牌，218亿美元的IPO筹资额使之成为美国历史上规模最大的IPO交易，使中国概念公司海外上市达到新的高峰。当前许多民营企业海外上市融资主要以VIE结构上市为主。所谓VIE（variable interest entity）结构上市，即可变利益实体，又称协议控制，是指被投资企业拥有实际或潜在的经济利益，但该企业本身对此经济利益并无完全的控制权，而实际或潜在控制该经济利益的主要受益人（primary beneficiary）需要将此VIE做并表处理。VIE架构得到了美国GAPP的认可，专门为此创设了"VIE会计准则"。据不完全统计，在纽约证券交易所和纳斯达克上市的200多家中国企业中，有95家使用VIE架构，包括：新浪、网易、百度、携程、盛大、优酷、唯品会、去哪儿、汽车之家，以及上市不久的京东、阿里巴巴。2004年，多家风险投资公司完成了对百度的投资，其中有全球最大的搜索引擎公司Google和美国前三大风险投资商之一的DFJ。2005年8月，百度在美国纳斯达克挂牌上市，成为纳斯达克第22只中国概念股。由于华尔街热衷于寻找下一个Google，百度成为投资者心目中的"中国的Google"。公司发行价为27美元，收盘于122.54美元，市盈率超过2 000倍，公司的市场价值达到40亿美元。

除了上述模式外，对从事海外工程建设和劳务服务的公司而言，对外承包工程是一种比较传统的模式，主要是到海外市场去承揽工程。这可以充分利用中国的资金优势和劳动力优势。

对外劳务合作模式是企业利用中国劳动力资源的比较优势来组织劳务出口。该模式与对外承包工程模式联系密切，2013年我国承包工程项下的派出人员约占对外劳务合作派出人员的 51.4%。我国目前已有一批在国际上能排上名的中国跨国承包公司，其中入选 2013 年 ENR 全球最大 250 家国际承包商的企业有 55 家，包括中交集团、中国水利水电建设股份有限公司、中国建筑工程总公司等。

国际市场上，各国为应对危机采取了各种刺激经济的措施，包括改善公共基础设施等，这些工程将为对外承包业务提供市场机会；我国政府也在财税、信贷等政策层面对这些企业给予支持。

1.4.3 中国企业国际化问题

随着中国改革开放政策的升级、"一带一路"建设，中国政府和企业加大了对海外投资的力度，本土公司纷纷走出国门，在国外投资设厂，收购国外公司资产，成为当前全球经济发展中耀眼的"中国力量"。然而，在中国企业的海外投资经营中处处暗藏着暗礁和风险，中国企业的跨国经营能力当前仍存在许多经营和能力方面的问题。正如中国经济贸易促进会副会长王文利曾指出的："中国企业在海外投资总体来讲是不成功的。中国有 2 万多家企业在海外投资，90% 以上是亏损的。"⊖ 总结相关研究结果，当前中国企业走出去经营存在的主要问题包括如下几个方面。

1. 对外投资目标不清晰

从全球国际直接投资的动机来看，无非包括以下几种类型：一是成本寻求型；二是市场寻求型；三是要素（资源）寻求型；四是技术寻求型；五是政策寻求型。我国企业对外投资有的动机明确，但也有些企业缺乏对外投资的长期发展战略，目标不清晰，为了"走出去"而"走出去"，存在随机性，缺乏科学论证。一些企业不熟悉国际投资方面的法律、会计、资产评估等相关信息服务，前期准备工作不充分，对当地的文化没有深入的了解，对境外经营过程中可能遇到的困难也考虑不周全，实现对外投资目标的路径不清楚，结果往往造成投资失败。

2. 对外投资整体效益不高

从对外直接投资绩效指数（OND），即一国对外投资流量占世界对外投资流量的份额与该国国内生产总值占世界生产总值的份额的比率，可以看出，我国对外投资的绩效还处于低位。一般而言，OND 越大，一国对所有权优势和区位优势的利用越充分，对外直接投资绩效越高。如果某国的 OND 为 1，意味着该国对外直接投资的绩效达到世界平均水平；如果某国的 OND 大于或小于 1，意味着该国的绩效高于或低于世界平均水平。根据 2011 年中国商务统计年鉴计算，2009 年发达经济体的 OND 指数为 1.11，发展中经济体为 0.72，我国为 0.69。我国的对外投资绩效指数在全球排名比较靠后，远低于世界平均水平，甚至低于发展中国家的平均水平。较低的对外直接投资绩效指数表明中国的海外企业缺乏核心竞争力，对外直接投资项目的技术含量不高、效益较差。这与中国企业处于全球分工产业价值链低端、总体技术水平不高、缺乏创新力及管理经验、国际竞争力不强有密切的关系。

3. 参与国际市场的竞争能力较差

从中国企业拓展市场方式来看，贸易方式仍居主导地位。尤其是在拓展国际市场过程中：

⊖ 环球网. 中国有 2 万多家企业在海外投资 90% 以上亏损，2015 年 2 月 .http://finance.huanqiu.com/roll/2015-02/5630116.html。

出口贸易甚至是间接出口仍是最主要的拓展方式。长期以来，中国大多数企业规模小、资金少、技术力量薄弱，与国外技术力量相比，所占比重很少。显然，在这种情况下，中国企业无法同竞争力强、资金雄厚、市场占有率高的跨国公司相比，其国际市场竞争能力差的弱点也充分显露出来，进而成为中国企业国际化发展的一个重要障碍。

与此同时，中国企业国际化经营的最大风险是不熟悉、不了解国际市场的游戏规则。在经济全球化的形势下，一些旧有经营思想仍然存在。其次是国际品牌缺失，中国品牌在海外市场缺乏知名品牌，有专家说，全球经济一体化的价值体系在未来将由品牌所决定。

4. 管理水平和并购整合能力较低

我国企业在大型投资管理、大型投资资本运作方面都缺乏相关经验，既缺乏整体的企业模式运营经验，又缺乏掌握这些经验的人才。我国企业现有的海外投资，多数不是由于企业国际化经营所需，而是中国式企业在国外的翻版。这直接导致了海外投资企业在直接面对国际市场时，却按本土化的模式进行管理。企业产权关系模糊，财务管理不规范，经营机制未能与当地市场的运行规则和国际经贸惯例接轨，存在管理上"水土不服"、对市场反应滞后等现象。另一方面，并购整合过程中文化差异大，导致并购效果不理想，甚至最后以失败告终。对于缺乏海外并购经验的中国企业而言，在并购发生及整合过程中，习惯性使用中国思维来管理被并购的欧美企业，极易引起公司内部员工的误解和不满，导致重要人才的流失，而文化差异体现最明显的是在白领密集型行业（如金融保险行业）中，文化差异和价值观是最难磨合的东西。

5. 高端人才极端匮乏

由于本土人士的经验、能力有限，在海外并购中，中国企业只能依靠外国的投行及律师事务所；并购之后，需要全力留住人才。专业知识匮乏，谈判能力有限，中国企业并购，通常是代价高昂且缺乏相应的风险分担机制。以中投公司为例，其入股黑石与摩根士丹利的条件明显逊于同期发生的淡马锡入股美林以及巴菲特入股高盛。近年来，中投公司引进了一批"海归"，人才状况有所改善。然而，整体而言，这些人才还处于成长期，与海外顶尖高手过招的能力有待提高。2011 年，中投境外投资亏损 4.3%，创四年来最差业绩。虽说世界其他主权财富基金业绩也均有不同程度的下降，但中投的业绩落后于绝大多数主权基金却是不争的事实。再以中信证券并购里昂证券为例，2015 年，里昂证券有很多员工离职，中信证券尝试各种办法挽留，但效果甚微。在豪掷 79 亿元人民币之后，中信得到了里昂的招牌，却得不到最重要的人才资产，经营前景堪忧。

6. 缺乏全面信息服务网络

随着经济的发展和不断现代化，经济信息已经成为构成现代化大生产活动不可缺少的生产要素。现代社会进入信息爆炸时代，谁能快速、全面地掌握全球的经济信息、科技信息，谁就能把握了解国际国内经济发展的脉搏。被称为"第四次技术革命"的电子技术的迅速发展，全球性的信息化发展，使得企业能迅速了解国际市场变化情况。波士顿咨询集团的调查资料显示，只有 8% 的亚洲企业全面实施了电子商务战略。调查报告的作者之一吉姆·海默林（Jim Hemerling）说："企业如果不加紧发展电子商务，就会被逼出局。然而，在这方面行动迅速的企业实在少之又少。"但是，由于中国企业国际化的时间比较短，中国的信息服务网络尚未形成并发挥作用。这局限了我们对国外商情和商机的把握，使得我们对国外商情知之甚少，从时间上很难及时准确地反馈，从而阻碍了企业国际化发展的进程。

本章小结

在两个以上国家投资经营且其具有较为系统化的海外经营战略的企业就是国际企业。国际企业具有经营战略的全球性、经营资源的国际性、经营环境的复杂性、组织控制的集中性等特点，它是经济全球化的主要推手，其产生有多种动机。从经济发展史来看，国际企业发展到今天经历了四个阶段，而在全球互联时代，国际企业的发展正从第四代向5.0版发展，全球化和万物互联为国际企业的发展、竞争带来新的机遇与挑战。在21世纪初，全球公司与市场领域一个里程碑式的事件便是中国企业在全球的崛起，中国企业的海外投资和并购保持了两位数的增长速度，目前我国的对外直接投资投资额已经跃居世界第二位。我国企业的海外投资模式或动机总体上有市场国际化、技术国际化、资源国际化和资本国际化这四种战略模式。虽然我国企业国际化步伐在加快，但我国企业海外经营仍然处于一个不断学习的阶段，还存在对外投资目标不清晰、整体效益不高、管理水平较低、并购整合能力不足、高端人才短缺等问题。

关键术语

国际企业　跨国指数　经济全球化　贸易系数要素流量　中国企业国际化模式

复习思考题

1. 国际企业的含义，国际企业的标准有哪些？
2. 企业为什么要去国外经营？
3. 第二次世界大战后的国际企业经历了哪些发展？
4. 跨国公司对经济全球化的作用体现在哪些方面？
5. 互联网带给国际企业的挑战和机会有哪些？
6. 中国企业国际化特点有哪些？

应用案例

郭广昌的反向整合全球资源的国际化观

在2014年亚太经合组织（APEC）领导人会议周期间，参会嘉宾、复星集团董事长郭广昌接受《中国证券报》的独家专访。郭广昌表示："中国应当运用已经取得的优势，反向整合全球资源，参与到全球竞争中去。这是当下包括中国政府、中国企业界都应该思考的逻辑。"作为较早实践国际化战略的中国企业家之一，郭广昌认为，在新一轮全球化浪潮中，中国企业家应当高屋建瓴，更为大胆地思考如何反向整合全球资源为我们所用。

反向整合全球资源为我所用

在郭广昌看来，之前30余年中国经济最大的动力来源之一是融入全球经济，但这种融入在某种意义上是被动融入。全球跨国企业把中国资源作为全球资源配置的一个组成部分，把中国作为生产基地、原料基地和销售市场。"如果还是停留在这样的水平上，我们不可能成为全球强有力的经济体。反向整合全球资源为我们利用，而不是被动地作为被整合者，才是我们的未来。"

他进一步表示，包括复星在内的诸多中国企业就反向整合全球资源都在进行不同的实践。比如，华为通过技术提升，将产品销售到全球，在全球布局技术和研发资源；再比如，联想和TCL是在其他国家产业转移的过程中收购一些适合中国发展的产业，从而实现全球化布局。阿里巴巴在美国上市引发全球资本市场震动，除了阿里巴巴和淘宝在中国的发展，更重要的事情恰恰就是阿里巴巴和淘宝的全球化。

"如果下一步他能够把渠道网络、物流等方面全球化之后，意味着什么呢？我想，这将意味着中国中小制造企业能够更快地为全球服务，能够直达全球各个家庭。举个例子，现在俄罗斯的老大妈们，尽管在淘宝上买东西要等一两个月，但是淘宝在俄罗斯每年的销售额也已经有几十亿元人民币了，而且上升势头很快。更进一步来说，过去在我们这里卖1元人民币、俄罗斯老大妈到商场买至少要1美元的东西，现在通过淘宝、阿里巴巴，她们也可以只用1元人民币就能买到。这样一来，跨境电商其实极大地创造了价值，提升了效率。从更深意义上讲，我们的中小企业能通过这个电商平台一步实现国际化，能够让我们富余的制造业迅速跟全球消费者链接在一起。"

寻找大格局下的"痛点"解决之道

具体到复星整合全球资源的模式，郭广昌表示，复星的发展战略十分明确，即坚持双轮驱动，一轮是"以保险为核心的综合金融能力"，另一轮则是"植根中国、有产业深度的、得益于中国发展动力的全球投资能力"。为实现更多"中国动力嫁接全球资源"的投资案例，从投资角度而言，最重要的是考虑两个命题：一是大的格局；二是在大逻辑下如何解决存在的"痛点"。

郭广昌表示，作为一家投资型集团，最需要解决的痛点是资金成本。从世界范围看，美国、欧洲、日本等经济体都是低利率，而中国是高利率。一般民营企业的资金成本高达7%~9%，比海外竞争对手高出不少。因此，降低投资成本非常重要。

"为什么我们崇尚巴菲特模式？因为巴菲特的投资在很大程度上运用了保险浮存金，因为保险业务本身也是赚钱的，所以保险资金对他来说相当于是负利率。"郭广昌表示，复星之所以要用保险资金来配套投资，最大的原因就是想解决资金成本的"痛点"。以复星收购的葡萄牙保险公司为例，其通过保险产品所获得资金的成本在1.5%左右，而国内是5%~7%。

另一个需要解决的"痛点"是："去全球投资，你凭什么？"当诸多竞争对手都想要投资同一个项目，如何与它们竞争？自身的优势在哪里？怎么解决竞争性的品牌定位问题？想来想去，最有优势的就是能帮助被投企业在中国的发展。在复星的全球化实践之初，就明确了这样的定位，成为一家能帮助投资对象在中国发展的投资者。经过了几年的实际运作，这一品牌形象逐步清晰，一些项目也自然地想到复星。

对于未来的投资方向，郭广昌表示，中国的发展趋势中很明显的一点是中产阶层正在崛起，在13亿人中未来一半左右可能成为中产阶层，这将带动消费极大提升。复星说"根植于中国动力"，根本上说就是要投资于受益于中产阶层消费崛起的一些行业。这其中"哪些是在风口的行业"，旅游、养老、医疗、文化娱乐包括游戏等，都是值得投资的行业。在这个大格局下，再找到这些行业"痛点"的解决之道，进而迅速占领这些行业的核心点。

资料来源：郭广昌.反向整合全球资源推进国际化[J].中国证券报.http://www.cs.com.cn/xwzx/cj/201411/t20141107_4556948.html

讨论题

1. 如何理解郭广昌的反向整合全球资源？
2. 中国企业想反向整合全球资源需要解决什么问题？

参考文献

[1] 王辉耀. 中国企业国际化十大模式. [J/OL]. 环球视野, [2015-02-09]. http://www.globalview.cn/html/economic/info_1146.htm.

[2] 中国有2万多家企业在海外投资90%以上亏损 [J/OL]. 国际金融报, [2015-02-09]. http://finance.huanqiu.com/roll/2015-02/5630116.html.

[3] 王思远. 中国资源型企业的国际化新方案 [J/OL] 环球企业家, [2011-05-16]. http://bschool.hexun.com/2011-05-16/129634552.html.

[4] 2015年我国企业对外投资存量首超万亿美元 [J/OL]. 经济参考报, [2016-01-18]. http://finance.sina.com.cn/money/lczx/2016-01-18/details-ifxnrahr8462000.shtml.

[5] 周英峰. 世界500强公司中已有490家在中国投资 [J/OL]. 新华网, [2012-06-22]. http://finance.ifeng.com/roll/20120622/6645088.shtml.

[6] 罗兰. 中国对外投资居世界前列（热点聚焦）[J/OL]. 人民日报海外版, [2015-09-18]. http://news.ifeng.com/a/20150918/44680374_0.shtml.

[7] 程立茹，周煊. 国际企业管理 [M]. 北京：对外经济贸易大学出版社，2013.

[8] 如何成为优秀的全球化公司？[J/OL]. 第一财经日报, [2016-03-25]. http://money.-163.com/ 16/0325/14/BJ0RL50U00253B0H.html.

第2章
国际经营与管理理论

学习目标

- 掌握国际贸易的经典理论。
- 掌握外国投资理论。
- 理解跨国公司成长、竞争相关理论。

开篇引例：摩托罗拉从世界第一到两次甩卖

20年前，摩托罗拉（Motorola）一直是引领尖端技术和卓越典范的代表，享有全球最受尊敬公司之一的尊崇地位。它一度前无古人地每隔10年便开创一个工业，有的10年还开创两个。但当这些工业兴盛起来，进入寡头竞争的成熟阶段之后，它却遭遇一次又一次的重大挫败。

翻看摩托罗拉的历史，从1928年创立，光荣和梦想一路伴随着摩托罗拉通信，其在技术上开创了IT和通信行业无数个第一。在其80多年的历史中，摩托罗拉屡屡出现失误，但又能奇迹般地复活甚至复兴。

如果说iPhone代表了一种时尚，那摩托罗拉则代表了一个时代。摩托罗拉生产第一代模拟手机时，木材加工厂起家的诺基亚尚未涉足无线通信。20世纪90年代，摩托罗拉的战略重心已经由半导体工业转移至方兴未艾的无线通信业。"模拟机时代是摩托罗拉的天下，他们垄断了近100%的市场份额。他们的销售人员都是坐在办公室里，经销商找关系托门路排队全款来提货。"而诺基亚当时的处境与摩托罗拉有着天壤之别。1996年，摩托罗拉创新性地推出了历史上第一款折叠手机——StarTac 328掌中宝，颠覆了传统手机厚重的观念，除了体积小巧之外，还配有多种彩色外壳。这款世界上曾经销量最高的手机，即使拥有众多后继者，但仍然成为我们难以割舍的记忆。摩托罗拉成为当之无愧的世界通信No.1。

然而进入21世纪的第一个10年，摩托罗拉的科技、领先光环快速黯淡，其市场日益被诺基亚、三星等后方手机通信公司所超越，并在2008年，摩托罗拉净亏损额达到41.6亿美元，当时摩托罗拉欲抛售手机业务，没有一个厂家愿意接盘。时光熬到2011年摩托罗拉移动公司（Motorola Mobility）从当时陷入困境的通信公司摩托罗拉（现在称为摩托罗拉系统公司，Motorola Solutions）剥离。7个月后，也就是2011年8月，谷歌以每股40美元的价格收购摩托罗拉移动，总额约为125亿美元。

然而，谷歌的接盘并没有让摩托罗拉"旧日辉煌重现"，而是让其更加名存实亡。2014年1

月30日,联想集团正式宣布斥资29亿美元收购摩托罗拉移动业务并在年内完成并购。但是联想集团收购摩托罗拉后依旧"拖拖拉拉",不知所终。2015年7月,联想集团和被收购的摩托罗拉移动,共交付了1 620万部智能手机,与2014年同期相比,两者在智能手机交付量方面下滑了33.3%,而在全球市场份额上,两者第二季度的合计份额仅仅为4.8%。

对于摩托罗拉的落败,其当年的董事会认为主要原因是公司内部封闭的工程师文化太重,没能适应手机市场由技术驱动向市场拉动的大势。也有许多人认为摩托罗拉在押宝手机技术、设计和创意的未来方面出现了重大失误,而在其没落的时代,苹果手机却把握了消费者对未来技术、创意和设计的消费期待。有一些人认为,摩托罗拉大企业文化和内部管理是导致其没落的重要因素,公司没有把网络技术和手机技术融合起来的计划。这两个部门在进行完全独立的运作,朝着完全不同的方向发展。还有一些人慨叹:它让人们见识了一家拒绝开放式竞争的精英型企业如何在新的游戏规则中进退失据;以及一场笨拙的自救,如何非但没有除其积弊,反而自乱阵脚导致速败。

【请思考】

查阅资料思考,摩托罗拉的经营为什么会从世界第一到低价甩卖?

在全球经济一体化下,国际化经营与管理逐渐成为越来越多的企业所面临的问题。尤其是对发展中国家的企业来说,近些年刚刚开始大规模的国际化进程,在跨国经营上还很缺乏相应的知识和经验积累。对已有国际经营与管理理论的梳理与学习,可以帮助企业理解与掌握企业国际经营与管理中的常见问题与基本规律,也可以指导企业在国际化实践中采取适当的策略与行动。通常,国际经营与管理涉及国际贸易、外国直接投资、跨国成长、发展中国家企业跨国经营等内容。围绕这些内容,理论界展开了深入研究,形成了众多具有影响力的理论。本章将重点介绍国际贸易、外国直接投资、跨国成长竞争以及发展中国家企业跨国经营四个方面的经典理论内容。

2.1 国际贸易相关理论

国际贸易相关理论立足于较为宏观的视角,对跨国贸易发生的机理进行分析,可以帮助我们理解跨国企业如何选择生产和销售地点才能具有竞争力,政府会制定什么样的贸易政策,以及这些政策对企业可能产生怎样的影响。

通常认为,国际贸易理论始于重商主义,大致经历了古典贸易理论、新古典贸易理论、新贸易理论与新兴古典贸易理论四个阶段,形成了许多独特的观点与流派。其中,比较经典的主要是绝对优势理论、比较优势理论和要素禀赋理论。

2.1.1 绝对优势理论

绝对优势理论(theory of absolute advantage)也称为绝对成本论,是由著名的英国经济学家亚当·斯密于1776年在《国民财富的性质和原因的研究》一书中批判重商主义时而提出的。所谓绝对优势,是指如果一国相对另一国在某种商品的生产上有更高的效率,则称该国在生产这一产品上具有绝对优势。绝对优势理论强调国际分工应以产品的绝对成本为依据,并且

只有在自由贸易的条件下,各国才能充分享受到地域分工的利益。绝对优势理论主要包含以下三个观点:

第一,国际贸易是社会分工的必然结果。亚当·斯密认为,分工可以提高劳动生产效率,增加社会财富。国际分工是各种分工形式中的最高阶段,如果一个国家专门从事出口自身具有生产优势的产品,而进口那些其他国家具有生产优势的产品,则两国的国民收入能得到最大化。下面以两个国家两种产品模型来说明这一点。

假定世界上只有两个国家:本国和外国,以生产棉布和葡萄酒为例。两个国家两种产品的劳动生产率存在差异,本国生产葡萄酒的劳动生产率(单位劳动投入的产出量)为8,生产棉布的劳动生产率为20;外国生产葡萄酒的劳动生产率为12,生产棉布的劳动生产率为10。因此,本国在棉布的生产上有绝对优势,外国在葡萄酒的生产上有绝对优势,如表2-1所示。

表2-1 国际分工之前两国的劳动投入和产出

产品及劳动生产率 国别	葡萄酒		棉布	
	劳动投入量	产出量	劳动投入量	产出量
本国	15	120	5	100
外国	10	120	10	100

资料来源:亚当·斯密.国富论[M].北京:中国华侨出版社,2010.

按照绝对优势的专业化分工原则,本国应该把全部生产要素都用于生产棉布,而外国应该把全部生产要素都用于生产葡萄酒,国际分工将导致两国的产出发生变化,如表2-2所示。虽然整个世界葡萄酒的产出量仍是240,但是棉布的产量增加到400,比分工之前增加了200单位。这说明国际分工使两国的资源得到了更有效的利用。

表2-2 国际分工之后两国的劳动投入和产出

产品及劳动生产率 国别	葡萄酒		棉布	
	劳动投入量	产出量	劳动投入量	产出量
本国	0	0	20	400
外国	20	240	0	0

资料来源:亚当·斯密.国富论[M].北京:中国华侨出版社,2010.

假定两国之间开放贸易,每个国家都会从各自的利益出发,进口较便宜的产品,以从贸易中获益。假定本国用200单位棉布与外国120单位葡萄酒进行交换(如表2-3所示),与没有国际分工和国际贸易相比,本国和外国的消费量各增加了100单位棉布。因此,两国开展国际贸易后都从中获得利益。

表2-3 开展国际贸易后两国的消费

产品消费量 国别	葡萄酒消费量	棉布消费量
本国	120	200
外国	120	200

资料来源:亚当·斯密.国富论[M].北京:中国华侨出版社,2010.

第二,一个国家的优势来自于多方面且可以通过学习来提高。斯密认为,一个国家的优势来自于两个方面：自然优势和后来获得的优势。前者是自然所固有的，如气候、土壤、矿藏以及其他非人力所能控制的相对固定的环境等；后者是后来获得的，如劳动熟练程度和技术等。自然优势和后来获得的优势可以使一个国家在特定商品的生产方面节约劳动时间，形成成本优势，从而在国际市场上具有价格优势。斯密还认为，对外贸易可以促使较不发达的农业国学习和采用先进的生产技术，从而使它们在制成品生产和出口方面也将具有优势。尤其从长期来看，外贸不仅有助于提高国内的分工程度和劳动生产力水平，而且还可以提供吸收外国先进技术的机会，缩小与贸易国之间的技术差距。

第三，一个国家可以选择自由贸易或者对特定商品征收适度关税等不同贸易政策。斯密认为，自由贸易能有效地促进生产的发展和产量的提高，一切限制贸易自由化的措施都会影响国际分工的发展，并降低社会劳动生产率和国民福利。因此，他主张自由贸易政策，反对国家对外贸的干预。但这并不意味着国家完全对国际贸易失去控制，而是应当按照具体情况对于不同商品实行自由贸易或者征收适度的关税。亚当·斯密把进口物品分为两类：一类是生活必需品和制造品的原料；另一类主要是进口奢侈品。对于第一类物品，应当使其自由输入，这样能够从不同方面降低本国产品的生产成本，因而有利于扩大本国制造业在国际市场上的优势。对于第二类物品，应当征收适度的关税，以保证国家的财政收入不会由于自由输入必需品和原料而遭受损失。因为征收的关税主要由中产阶级及以上的人民负担，所以无须担心这样会导致本国货币工资水平的上升而削弱本国产品在国际市场上的竞争能力。

绝对优势理论作为最早解释国际贸易产生原因的理论，在历史上起过进步作用。该理论揭示了分工对于提高生产力的巨大作用，并指出各国之间应根据各自的优势进行分工，自由的国际贸易对各国都是有益的，强调了国际贸易的重要性。这对推动国际贸易理论与实践的发展都起到了一定的推动作用。

但绝对优势理论也存在一定局限性。按照亚当·斯密的观点，在确定从事国际贸易的绝对优势时，要将本国某种产品的成本与国外同样产品的成本直接进行比较，以成本的绝对高低来决定进出口。只有具有生产成本绝对优势地位的国家参加国际分工和国际贸易才能获得利益，那些在所有产品的生产成本上都处于劣势的国家只能从别的国家进口，而无法获得利益。这说明绝对优势只是一种特殊情形，是一种理想状态，不具有普遍意义。

2.1.2 比较优势理论

比较优势理论（theory of comparative advantage）也称比较成本论，是在绝对优势理论的基础上发展而来，由英国著名经济学家大卫·李嘉图在其代表作《政治经济学及赋税原理》中提出。大卫·李嘉图认为，每个国家不一定要在具有绝对优势的基础上才能生产及出口某种产品，而是只要具有相对优势即可进行生产及出口。也就是说，在进行国际贸易分工时，需遵循"两利取其重，两害取其轻"的原则。下面以两个国家两种产品模型来说明这一点。

以英国和葡萄牙两个国家生产毛呢和葡萄酒为例。假定劳动是两个国家产业部门唯一的生产要素，两个国家两种产品的劳动生产率存在差异，如表2-4所示。按照绝对成本视角来看，葡萄牙生产毛呢和葡萄酒两种产品的成本均低于英国，具有绝对优势。以亚当·斯密的绝对优势理论进行分析的话，葡萄牙可生产两种产品出口至英国，而英国因为不具有绝对优势则不能参与国际分工，只能从葡萄牙进口毛呢和葡萄酒。

表 2-4　国际分工之前两国生产单位产品劳动生产率比较

国别及劳动生产率 产品	英　国		葡　萄　牙	
	劳　动　量	相　对　优　势	劳　动　量	相　对　优　势
生产单位毛呢	100 人年	1.11（100/90）	90 人年	0.90（90/100）
生产单位葡萄酒	120 人年	1.50（120/80）	80 人年	0.67（80/120）

资料来源：彼罗·斯拉法. 李嘉图著作和通信集（第 1 卷）[M]. 北京：商务印书馆，1992.

但从相对成本视角来看，虽然无论生产毛呢还是葡萄酒，英国比葡萄牙都没有优势，但在劣势中比较而言，英国生产毛呢比生产葡萄酒的劳动生产率要高；葡萄牙在两种产品的生产上都具有优势，但在优势中比较而言，生产葡萄酒比生产毛呢的劳动生产率更高。这就使得两国之间能够形成国际分工和国际贸易，因为对于葡萄牙来说，与其挪用种植葡萄的一部分资本去生产毛呢，还不如用这部分资本生产葡萄酒，由此可以从英国换得更多的毛呢。

表 2-5　国际分工之后两国生产单位产品劳动生产率比较

国别及劳动生产率 产品	英　国		葡　萄　牙	
	劳　动　量	相　对　优　势	劳　动　量	相　对　优　势
生产单位毛呢	220 人年	2.20（220/100）	0	0
生产单位葡萄酒	0	0	170 人年	2.215（170/80）

资料来源：彼罗·斯拉法. 李嘉图著作和通信集（第 1 卷）[M]. 北京：商务印书馆，1992.

李嘉图理论认为，一国出口劳动生产率相对高的产品，进口劳动生产率相对低的产品，即一个国家的生产模式由比较优势来确定。在实现国际分工与国际贸易之后，两国在劳动投入量不变的情况下，产出量将增加，英国增产 0.2 单位的毛呢；葡萄牙增产 0.125 单位的葡萄酒，如表 2-5 所示。

比较优势理论的主要贡献在于证明了国际贸易具有广发、普遍的基础，任何类型的国家都具有参与国际贸易的可能性，这点恰恰是弥补了绝对优势理论的不足。此外，比较优势理论使得比较成本作为国际交换的特殊原则，开拓了产品成本比较的新颖视角，使得国与国之间不再单纯地进行产品绝对成本的比较，而是将比较成本作为国际分工的依据。

但是，比较优势理论也不可避免地存在一些不足与缺陷：第一，整个分析都是采用的静态分析方法，排除了成本的变动、技术进步、资本积累、经济发展等动态变化因素。第二，理论假设中只涉及两种产品，比较优势结果较易得出，但若将产品类型扩大到多种，比较成本优势较难确定，甚至会得出截然相反的结论。第三，比较优势理论把劳动生产率的国别差异看成是外生的，仅解释了劳动生产率差异如何引起国际贸易，但没有进一步解释造成各国劳动生产率差异的原因。

2.1.3　要素禀赋理论

要素禀赋理论（factor endowment theory），也称为赫克歇尔 – 俄林理论，简称赫 – 俄理论（H-O theory）。1919 年，瑞典经济学家伊莱·赫克歇尔在其著名论文《对外贸易对收入分配的影响》中，提出了要素禀赋论的基本论点。之后，伯蒂·俄林继承其师赫克歇尔的论点，在其 1933 年出版的《域际贸易和国际贸易》中深入探讨了国际贸易产生的深层原因，正式创立了要素禀赋理论。1941年,美国著名的经济学家萨缪尔森和斯托尔伯在《实际工资和保护主义》一文中,用数学方法论证了俄林提出的自由贸易引起的生产要素价格均等化理论,使H-O理论得以不断完善。为此,国际贸易界有时又将俄林的生产要素自然禀赋论称之为"赫克歇尔-俄林-萨缪尔森模式(H-O-S模式)"。

H-O模型的内在逻辑关系可如下表示:要素的自然禀赋→要素供给→要素的相对丰饶程度→要素相对价格→价格差→国际贸易。该理论认为,一国应出口具有比较优势的产品,即出口需在生产上密集使用该国相对充裕而便宜的生产要素的产品,而进口需在生产上密集使用该国相对稀缺而昂贵的生产要素的产品。换言之,劳动力丰富的国家出口劳动密集型商品,而进口资本密集型商品;资本丰富的国家出口密集型商品,进口劳动密集型商品。下面以两个国家两种生产要素生产两种产品的模型来说明这一点。

假定:①只有两种生产要素,即劳动力和资本。②只有两种商品X、Y,且X是劳动密集型商品,Y是资本密集型商品。要素密集是通过对两种商品生产中投入的资本—劳动比率进行比较而确定的,资本—劳动比率高的为资本密集型商品,资本—劳动比率低的为劳动密集型商品。③只有两个国家A、B,且A国劳动力充裕,B国资本充裕。要素充裕是通过对两国生产要素相对价格(或生产要素总量)相对比例进行比较而确定的,A国的资本价格与劳动力价格之比大于B国(或者A国的资本总量与劳动力总量之比小于B国),则A国劳动力充裕,B国资本充裕。

如图2-1所示为A、B两国国际贸易前的均衡。图中横轴表示X商品的数量,纵轴表示Y商品的数量;曲线U_A、U_B分别是A、B两国的社会无差异曲线,即能带来一国相同效用满足程度的两种商品不同数量组合的点的连线;曲线AA'和BB'分别是A、B两国的生产可能性边界,由于A国劳动力充裕、B国资本充裕,而X商品劳动密集,Y商品资本密集,因此,A国生产商品X较多,B国生产商品Y较多,这样曲线AA'平而宽,曲线BB'陡而窄。

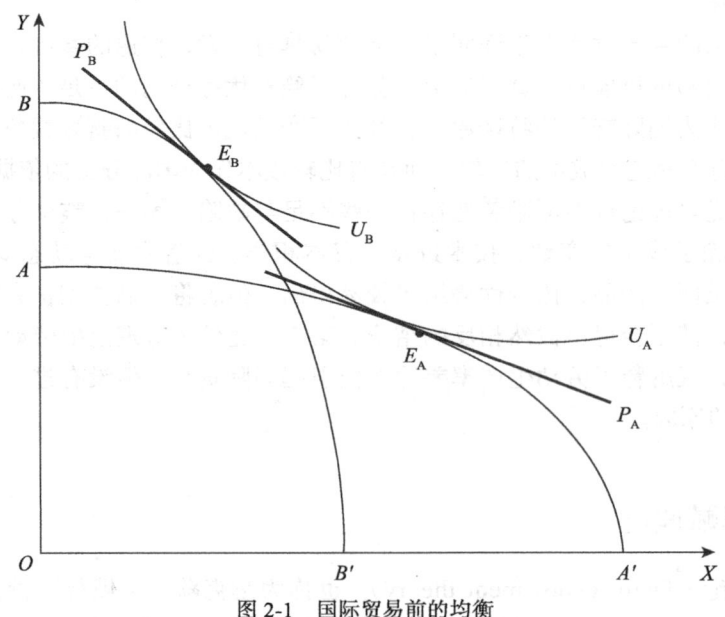

图2-1 国际贸易前的均衡

图2-1中,社会无差异曲线U_A、U_B分别与曲线AA'和BB'相切于E_A、E_B点。E_A、E_B

分别表示国际贸易前 A、B 两国各自生产与消费均衡时的生产量和消费量。过 E_A 点且相切于曲线 AA' 的切线斜率为 P_A，它是 A 国的 X 商品的相对价格（即 P_X/P_Y），过 E_B 点切相切于曲线 BB' 的切线斜率为 P_B，它是 B 国的 X 商品的相对价格。图中显示过 E_A 点的切线比过 E_B 点的切线平坦，这意味着 P_A 小于 P_B，即 A 国的 X 商品的相对价格小于 B 国的 X 商品的相对价格，也就是说，A 国在 X 商品上具有相对优势，B 国在 Y 商品上具有相对优势。A 国出口 X 进口 Y，B 国出口 Y 进口 X，两国都是出口密集使用其相对充裕的生产要素的商品，而进口密集使用其相对缺乏的生产要素的商品。下面用图 2-2 进一步说明各国进行国际贸易时的进出口商品数量和来自国际贸易的利益。

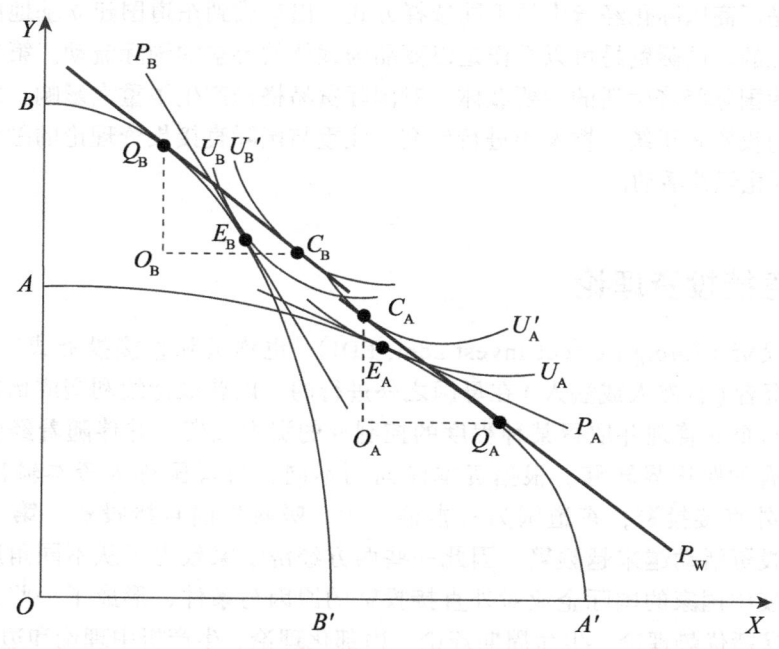

图 2-2　国际贸易后的均衡

当 A 国出口 X 进口 Y，B 国出口 Y 进口 X 时，A 国逐步增加 X 的生产、减少 Y 的生产；B 国逐步增加 Y 的生产、减少 X 的生产。A 国的生产点沿曲线 AA' 从 E_A 向 X 轴方向移动，B 国的生产点沿曲线 BB' 从 E_B 向 Y 轴方向移动。这使得 A 国的 X 商品的相对价格上涨，过生产点的曲线 AA' 斜率变大；B 国的 X 商品的相对价格下跌，过生产点的曲线 BB' 斜率变小。当两国 X 商品的相对价格都变成 P_W 时，生产点的移动就停止。这时斜率为 P_W 的直线分别于曲线 AA' 和 BB' 相切于 Q_A、Q_B 点，Q_A、Q_B 分别为国家 A、B 国际贸易后的生产点。斜率为 P_W 的直线同时还会分别与社会无差异曲线 U_A'、U_B' 相切于 C_A、C_B 点，C_A、C_B 点所表示的 X、Y 商品的数量为国家 A、B 的消费量。均衡时生产量与消费量之间的差别就是国际贸易量。即 A 国的消费点 C_A 是通过出口 Q_AO_A 段的 X、进口 O_AC_A 段的 Y 来实现的，B 国的消费点 C_B 是通过出口 Q_BO_B 段的 Y、进口 O_BC_B 段的 X 来实现的，并且 $Q_AO_A=O_BC_B$、$O_AC_A=Q_BO_B$。A、B 两国均通过国际贸易提高了本国的消费水平，获得了来自国际贸易的利益。

要素禀赋理论从更深层次对国际贸易产生的原因进行了剖析，是现代国际贸易理论的新开端。不同于绝对优势理论和相对优势理论所假设的物物交换，要素禀赋理论采用货币交换进行分析，更加贴近现实。此外，要素禀赋理论指出了生产要素在国际贸易中的重要性，为政府制定国际贸易政策提供了重要依据。

但要素禀赋理论也存在一定的局限性。该理论的假设与分析也都是建立在静态分析上，将技术进步、规模经济等动态因素排除在外，不符合国际贸易实际情况。虽挖掘出要素禀赋是决定国际贸易产生的原因，但未弄清楚在国际贸易背后，真正起作用的是经济、政治和社会力量。

传统的国际贸易理论将贸易与投资问题孤立地进行研究。经济全球化使人们认识到贸易与投资实际上是厂商国际化经营中的不同选择方式，出口或到东道国建立基地所需考虑的因素实际上是相似的，国际贸易可以看作是以商品为载体的要素的国际流动。第二次世界大战后跨国公司成为国际经济生活的主要载体，对国际贸易格局产生了重大影响。因此，一些学者开始将贸易与投资置于统一框架中进行研究，注重与国际直接投资理论的融合，开始关注企业层面的国际化经营活动。

2.2　外国直接投资理论

外国直接投资（foreign direct investment, FDI），也称国际直接投资或对外直接投资，是指一国的投资者（自然人或法人）在母国之外进行的，以获取持续利润或稀缺生产要素为目的，通过参与企业管理并取得某种程度的控制权的资本投资，并伴随着经营能力、技术知识等资源组合的跨国界转移。根据资本流向的不同，将母国称为资本输出国，国际直接投资就是对外直接投资；东道国为资本输入国，吸收外国直接投资。第二次世界大战后，外国直接投资活动越来越频繁，因此一些西方经济学家致力于从不同角度探讨与解释发达国家与发展中国家的国际企业对外直接投资的原因与条件，形成了一些经典的理论流派，主要包括垄断优势理论、生命周期理论、内部化理论、生产折中理论和边际产业扩张理论等。

2.2.1　垄断优势理论

早期的国际投资研究中，一些学者认为国际直接投资产生的原因是因为各国间存在利率差，但这仅仅解释了借贷资本的跨国流动，还不能全面、准确地解释国际直接投资行为。1960年，美国麻省理工学院教授斯蒂芬·海默（Stephen Hymer）在其博士论文《国内企业的国际经营：对外直接投资经营的研究》中最早提出，美国企业对外直接投资行为的根本原因是垄断优势，之后经过不断地深入研究，最终提出垄断优势理论。

1. 理论假设与主要观点

海默通过对美国企业的实证研究，发现美国之所以能在国外设立子公司，主要来自两个原因：结构性市场的不完全以及垄断优势，市场的不完全性是对外直接投资的根本原因，同时跨国公司的垄断优势是对外直接投资获利的条件。

（1）市场具有不完全性。传统的国际投资理论大多以完全竞争市场为假设前提，但现实的市场并不存在完全竞争条件，而是一种不完全竞争市场，这就使得一些跨国公司能够拥有并保持其垄断优势。市场的不完全性产生于四个方面。

第一，产品市场不完全。这主要与商品特性、商标、特殊的市场技能或价格联盟等因素有关。

第二，生产要素市场的不完全。这主要是特殊的管理技能、在资本市场上的便利及受专利制度保护的技术差异等原因造成的。

第三，规模经济引起的市场不完全。

第四，由于政府的有关税收、关税、利率和汇率等政策原因造成的市场不完全。

（2）垄断优势。所谓的垄断优势，主要体现在规模经济、技术、资本、组织管理等多个方面。

第一，市场垄断优势，如产品性能差别、特殊销售技巧、控制市场价格的能力等。

第二，生产垄断优势，如经营管理技能、融通资金的能力优势、掌握的技术专利与专有技术。

第三，规模经济优势，即通过横向一体化或纵向一体化，在供、产、销各环节的衔接上提高效率。

第四，政府的课税、关税等贸易限制措施产生的市场进入或退出障碍，导致跨国公司通过对外直接投资利用其垄断优势。

第五，信息与网络优势。企业利用其中政府、社会和市场中具有独特的或预先可获得或排他性占有的有价值商业信息和网络，从而得到或维持垄断优势。

2. 垄断优势理论的意义及局限性

垄断优势理论对企业对外直接投资的条件和原因做了科学的分析和说明。该理论的最大贡献在于将研究从流通领域转入生产领域，打破了传统国际投资理论分析的假设前提，突破了国际资本流动导致对外直接投资的传统贸易理论框架，突出了知识资产和技术优势在形成跨国公司中的重要作用。此外，该理论以新颖的视角对美国企业国际投资现象进行了分析，开创了以国际直接投资为对象的新研究领域，使国际直接投资的理论研究开始成为独立学科，为以后国际直接投资理论的发展奠定了坚实的基础。

但该理论也存在一些局限性：

（1）垄断优势理论仅立足于发达国家——美国，不适用于发展中国家对外投资行为的分析，缺乏普遍意义。

（2）该理论侧重的是国际直接投资能够发生的条件，未对国际直接投资发生的动因进行剖析，并且缺乏对外直接投资流向的产业分布或地理分布的解释。

（3）该理论偏重于静态研究，忽略了时间因素和区位因素在对外直接投资中的动态作用。

2.2.2 产品生命周期理论

1966年，美国哈佛大学教授雷蒙德·弗农（Raymond Vernon）发表了一篇名为《产品生命周期中的国际投资与国际贸易》的论文，在垄断优势理论的基础上，以产品生命周期的视角对国际直接投资的动机、时机与区位选择进行了深入阐述。弗农引入时间变量，采取动态分析的方法，指出产品都存在一个生命周期，并将其划分为产品创新阶段、产品成熟阶段和产品标准化阶段。在不同阶段，产品及市场都具有不同的特征（见表2-6），因此企业应根据产品所处的生命周期阶段采取相应的生产、销售、对外直接投资策略。

表 2-6 产品生命周期各阶段的特点

	主体及生产区位	技 术 特 点	市 场 特 点
新产品阶段 （国内生产阶段）	新产品发明国家国内生产	技术垄断 但不稳定	以国内市场为主，产品的价格需求弹性低 国外市场采取出口的形式
产品成熟阶段 （海外发达国家设厂）	其他发达国家	生产技术趋于成熟 仿制品出现	竞争开始转向生产成本，力求提高市场占有率
产品标准化阶段 （发展中国家设厂）	发展中国家	产业的各项技术标准化，技术垄断优势消失	竞争的基础是价格，发明国转为进口国

1. 理论假设与主要观点

该理论认为，一种产品与有生命的物体一样，具有诞生、发展、衰亡的生命周期。当一种新产品被引进时，它通常需要高度熟练的劳动力来生产。随着产品逐渐成熟并且获得广泛认可，它就变得标准化了，然后可以使用不熟练的劳动力和大规模生产技术生产该产品，从而原先生产该产品的发达国家所拥有的生产的比较优势就转移到拥有相对廉价劳动力的不发达国家，这可能伴随着发达国家向拥有廉价劳动力的对外直接投资（见图 2-3）。

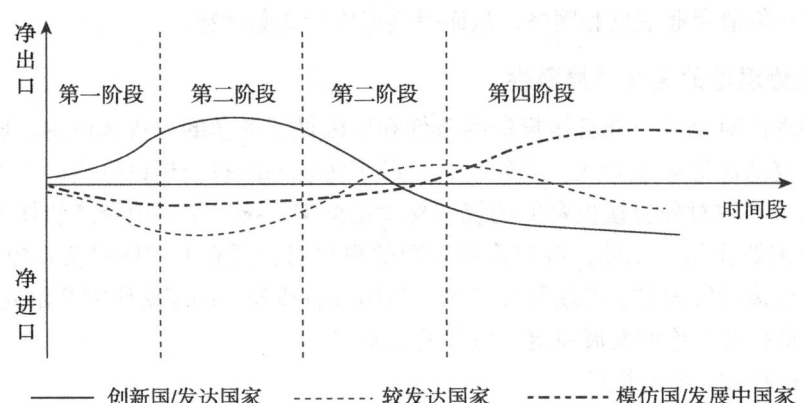

图 2-3 产品生命周期与生产营销转移图

资料来源：章逸然. 中国服务贸易发展的实证研究：基于产品生命周期理论视角 [J]. 重庆邮电大学（社会科学版），2013,25(3):105-111.

（1）产品创新阶段。在产品创新阶段，少数在技术上领先的国家，通过研发首先推出新产品。在该阶段，产品尚未定型，技术也不完善，生产也尚未标准化，生产规模较小。但发达国家公司在该阶段中处于完全的垄断优势地位，因此最佳生产地就是发达国家国内，而销售客户主要目标应该是国内少数高收入群体。

（2）产品成熟阶段。在产品成熟阶段，产品技术得到扩散，市场竞争加剧，企业的技术垄断优势开始下降，寡占市场地位也被削弱。此外，产品定型，随着竞争加剧，企业力图降低成本，寻求规模经济。因此，在该阶段，发达国家企业会采取跨国生产策略，在劳动力、生产要素成本较低的国家建厂或寻求代加工厂；而销售市场也由发达国家国内扩大到其他发达国家，部分销往发展中国家。

（3）产品标准化阶段。在产品标准化阶段，产品的生产技术、特性等都已完全标准化，企业不再拥有垄断优势。随着技术的标准化以及生产者劳动熟练程度的提高，产品成本和价格成为敏感因素。因此，在该阶段，企业最佳的生产基地为拥有低廉成本优势的发展中国家，产品销售的主要客户也转移至发展中国家。

2. 产品生命周期理论的意义及局限性

产品生命周期理论将技术因素引入国际贸易理论当中，使比较优势学说由静态发展为动态，这是国际贸易理论发展的一个进步和丰富。从理论上讲，技术差距决定国际贸易模型，为技术相对落后的国家通过引进成熟技术，并结合本国其他优势参与国际竞争提供了理论依据。

产品生命周期理论主要反映的是美国 20 世纪 50~60 年代的制造业对外直接投资情况，研究对象局限于发达国家，随着世界经济环境的发展变化，其理论和实践的适用性具有一定的局限性。此外，产品生命周期理论虽强调了技术创新的重要性，却未对技术引进、技术扩散的影响进行深入分析，也无法解释发达国家之间产业内的双向投资行为。

2.2.3 内部化理论

自 20 世纪 70 年代中期，以英国里丁大学学者彼得 J. 巴克利（Peter J.Buckley）、马克·卡森（Mark Casson）与加拿大学者拉格曼（A.M.Rugman）为主要代表人物的西方学者，以发达国家跨国公司（不含日本）为研究对象，于 1976 年在《跨国公司的未来》一书中提出了跨国公司的一般理论——内部化理论。内部化理论（internalization theory）又称市场内部化理论，主要是对跨国公司为什么进行对外直接投资以及以何种形式投资最佳进行探讨。

1. 理论假设与主要观点

内部化理论建立在三个假设前提基础上：
（1）企业在不完全竞争中从事经营活动的目的是追求利润最大化。
（2）若中间产品市场（比如生产要素）处于不完全竞争市场时，企业能够通过对外直接投资，创造组织内部市场以弥补外部市场存在的不足。
（3）当内部化跨越了国界就产生了跨国公司。

在以上假设前提的基础上，内部化理论的主要观点可概括如下：

由于市场的不完全，若将企业所拥有的科技和营销知识等中间产品通过外部市场来组织交易，则难以保证厂商实现利润最大化目标；若企业建立内部市场，可利用企业管理手段协调企业内部资源的配置，避免市场不完全对企业经营效率的影响。

企业对外直接投资的实质是基于所有权之上的企业管理与控制权的扩张，而不在于资本的转移。其结果是用企业内部的管理机制代替外部市场机制，以便降低交易成本，拥有跨国经营的内部化优势。简而言之，在市场不完全的情况下，企业为了谋求整体利润的最大化，倾向于将中间产品（原材料、知识、信息、技术、管理等）在企业内部转让，以内部市场来代替外部市场，而企业进行内部化的能力则是其进行对外直接投资的真正动因。

2. 内部化理论的意义及局限性

内部化理论是对外直接投资理论的一个重要转折。以前的国际投资理论多从产品、技术或生产要素的某个方面对跨国公司对外直接投资的原因进行分析，而内部化理论则从比较综合的视角分析对外直接投资的动因，具有一定的普遍适用性。此外，以前的理论的研究对象多为发达国家（主要是美国），而内部化理论则研究各国（主要是发达国家）企业之间的产品交换形式与企业国际分工与生产的组织形式，认为跨国公司正是企业国际分工的组织形式，因而有助于对跨国公司的成因及其对外投资行为的进一步深入理解。

但该理论也存在一定局限性。首先，内部化理论注重对所谓生产组织一般形式的分析，力图解释各国企业的投资动机与决定因素，而忽略了对跨国公司这一典型的国际化垄断组织的行为特征的研究。此外，内部化理论没有对国际直接投资的地理方向和区域分布做出适当的解释，并且它只强调了市场竞争的不完全性对国际直接投资的消极影响，而忽视了市场积极方面对国际直接投资的促进作用。

2.2.4 国际生产折中理论

国际生产折中理论（eclectic theory of international production），也被称为"国际生产综合理论"，是由英国瑞丁大学约翰·邓宁教授在其一篇名为《贸易、经济活动的区位与多国企业：折中理论探索》的文章中所提出的理论，后来又于1981年在其著作《国际生产和跨国企业》中将该理论进一步完善。邓宁教授吸收了过去20多年中各学者关于国际直接投资研究的成果，系统、全面地分析了跨国公司的形成及其对外投资行为，具有较高的概括性和普遍的适用性。

国际生产折中理论认为，企业能够进行对外直接投资的原因是基于三种基本优势：一是所有权优势（ownership）；二是区位优势（location）；三是市场内部化优势（internalization）；可简称为OLI模式。

所有权优势，是指企业所拥有资产及其所有权方面的优势，这种优势是国外其他企业没有或在同等成本条件下无法获得的，包括资产性所有权优势、交易性所有权优势、规模经济优势三种类型。

内部化优势，是指企业为避免外部市场不完全性对企业经营的不利影响，而将所拥有的所有权优势在内部使用所带来的优势，该优势的提出是建立在内部化理论基础上的。

区位优势，是指东道国投资环境和政策方面的相对优势对投资国所产生的吸引力。东道国可以凭借自然资源、低廉劳动力、气候条件等要素禀赋优势吸引投资国企业对其进行直接投资，此外，东道国所提供的税收、贸易、行政效率等法规政策也是吸引跨国公司进行投资的重要区位优势条件。

折中理论进一步认为，所有权优势、区位优势和内部化优势的组合不仅能说明国际企业或跨国公司是否具有对外直接投资的优势，而且还可以帮助企业选择国际营销的途径和建立优势的方式。表2-7是邓宁教授提出的选择方案，对各投资方式的优势进行了比较。

表2-7　各投资方式的优势比较表

方　式	所有权优势	内部化优势	区位优势
对外直接投资（投资式）	√	√	√
出口（贸易式）	√	√	×
无形资产转让（契约式）	√	×	×

注："√"代表具有或应用某种优势；"×"代表缺乏或丧失某种优势。

国际生产折中理论不仅对跨国公司进行对外直接投资的原因进行了综合分析，还对跨国公司采取何种方式参与国际经济活动提出了政策性建议。企业对外直接投资的方式取决于其所拥有的优势种类：如果企业仅拥有所有权优势，那么采取许可证贸易是最佳选择；如果企业拥有所有权优势和内部化优势，则进行商品出口是最佳选择；如果企业拥有所有权优势、内部化优势及区位优势，则可进行对外直接投资。

邓宁的国际生产折中理论吸收与总结了以往国际贸易和投资理论的研究成果，既肯定了绝对优势对国际直接投资的作用，也强调了诱发对外直接投资的相对优势；既继承了海默的垄断优势理论的观点，也吸收了巴克利等人的内部化理论观点，可以说是几乎集西方直接投资理论之大成，克服了传统的对外投资理论只注重资本流动方面的研究不足，将直接投资、国际贸易、区位选择等综合起来加以考虑，使国际投资研究向比较全面和综合的方向发展。但国际生产折中理论仍存在一定的局限性。

一是 OLI 理论强调几种优势因素之间相互依赖、相互决定的关系及其对对外直接投资的共同决定作用，但忽视了这些因素之间的分立关系、矛盾关系对对外直接投资的作用。例如，东道国具有较强的区位优势，外国厂商没有什么厂商特定优势照样可在这样的东道国进行投资；又如，具有很强所有权优势的厂商照样会在区位有劣势的国家里进行投资。这些在不同因素之间存在矛盾关系情况下发生的对外直接投资显然不是 OLI 理论所能够解释的，因此这种综合理论并不具有一般解释力。

二是 OLI 理论虽然是对以往各种理论的综合，邓宁称为"折中主义"，但事实上它并不是完全意义的折中，其基本论点仍然有所侧重，它主要依据的是内部化理论。在厂商特定资产优势、内部化优势和国家区位优势三者相互联系、共同决定的关系中，内部化优势起着核心作用。因此，OLI 理论适宜于解释大规模跨国企业，不适宜于解释中小投资厂商。事实上，OLI 理论仍然是以工业发达国家跨国企业为背景，没有充分注意到新兴工业化国家（20 世纪 60～70 年代的日本、20 世纪 80～90 年代的新加坡和韩国）中小投资厂商的情况，这也使其不能成为国际直接投资的一般理论。

2.2.5 边际产业扩张论

以往的关于国际直接投资理论多以美国为代表的发达国家为研究对象，日本一桥大学的小岛清教授认为各国经济情况不同，根据美国对外直接投资状况研究出来的理论无法解释日本的对外直接投资，因此他以日本对外投资的现实为依据，于 1978 年在其代表作《对外直接投资》一书中系统地阐述了他的对外直接投资理论——边际产业扩张理论。

首先，小岛清指出日本的对外直接投资不同于美国的对外直接投资，具体不同之处如表 2-8 所示。

表 2-8 美国与日本对外投资方式比较

	美 国	日 本
所处部门不同	制造业	自然资源开发
比较优势不同	大型企业、先进技术	中小企业、劳动密集型行业
贸易导向不同	贸易代替型	贸易创造型
投资对象不同	发达或发展中国家	发展中国家

小岛清从国际分工角度解释了日本的对外直接投资，指出对外直接投资应该从本国已处

于或即将处于劣势的产业（即边际产业）依次进行。根据国际分工原则，日本应将失去比较优势的产业转移到国外，而对于具有比较优势的产业则在国内集中发展，使得国内的产业结构更加合理。这就是所谓的"日本式贸易型国际直接投资"。在投资的国别选择上，该理论积极主张向发展中国家工业的投资，并要从差距小、容易转移的技术开始，按次序地进行；并根据对外直接投资的动机将其分为自然资源导向型、劳动力导向型、市场导向型和生产与销售国际化型四种类型。此外，小岛清摒弃了海默的垄断优势理论，认为垄断优势不是企业进行跨国经营的必要条件，无论是投资国还是东道国都不需要有垄断市场，企业比较优势的变迁在对外直接投资方面起着决定性的作用。

小岛清理论在把微观分析作为既定前提的基础上，注重从宏观动态角度来研究跨国公司的对外直接投资行为；该理论以产业的角度进行分析，不同于以往集中于企业的角度，是一种分析视角的创新。边际产业扩张理论是一种符合发展中国家对外直接投资的理论。在国际直接投资理论中，边际产业扩张理论被认为是发展中国家对外直接投资理论的典范，它来源于当时高速发展的日本跨国经营实际状况。正是在这一理论的指导下，日本的对外直接投资大规模发展，带来了日本经济的腾飞，很快，日本即从发展中国家的队伍稳步迈进了发达国家的行列。小岛清的边际产业扩张理论很好地揭示了发展中国家的对外直接投资的原因和行业特点，弥补了原有的国际直接投资理论只能解释发达国家的状况，对我们广大的发展中国家开展对外直接投资指明了方向和道路，有着巨大的借鉴和指导意义。

边际产业扩张理论的缺陷在于，其动态分析仅限于日本及少数欧洲国家的情况。小岛清的理论虽能较好地解释日本企业20世纪60～70年代的国际直接投资行为和东亚地区"雁行模式"的国际分工，但该理论具有较强的时代特色，不能够解释80年代后的日本对外直接投资现象。

2.3 跨国成长竞争理论

国际企业在参与市场竞争中不断地成长与发展，由小到大，由弱到强，这种过程可以称为企业的国际化。企业国际化成长已成为当今很多国家的企业所考虑的发展战略。各国的跨国公司都是在国际化经营的过程中成长起来的，在这个过程中，企业在国际化成长中的环境发生变化，企业的能力也相应地产生变化，才能够更好地、不断地在国际市场上成长。学者们致力于研究企业在国际化过程中依托什么的竞争能力来发展、成长过程又是否遵循某种规律，因此比较经典的关于跨国成长竞争理论包含以下几种：钻石模型理论、价值链理论、企业动态能力理论、企业国际化成长相关理论以及国际新创企业理论。

2.3.1 钻石模型

钻石模型（diamond model），也被称为国家竞争优势理论，是由美国哈佛商学院教授迈克尔·波特教授于1990年在《国家竞争优势》一书中提出的。波特的钻石理论主要以国家的某种产业为研究对象，试图寻求决定产业竞争力的要素有哪些，主要用于分析一个国家如何形成整体优势，从而在国际上具有较强的竞争力。

钻石模型由生产要素、需求条件、相关与支持性产业、企业战略及其结构和同业竞争四种基本要素以及机会和政府两个外生变量组成，如图2-4所示。四种基本要素和两个外生变量会决定和影响国家的某种产业竞争力。

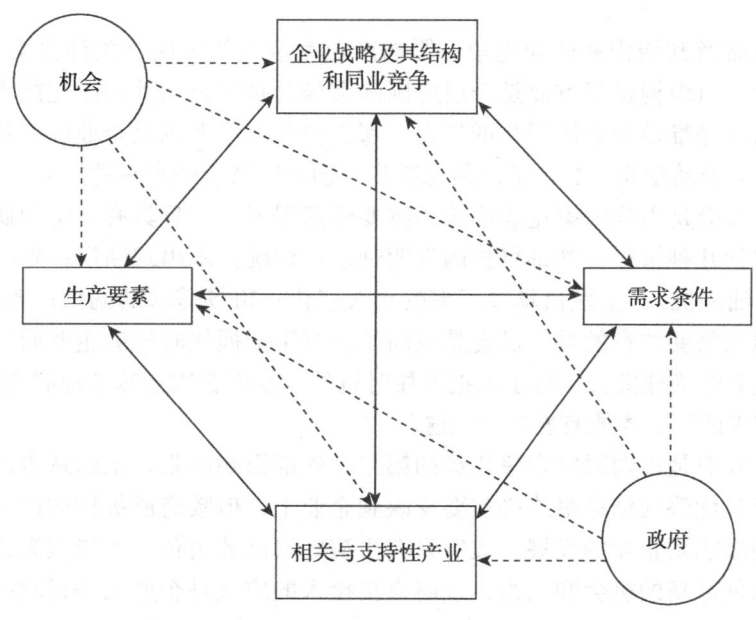

图 2-4　波特的钻石模型

资料来源：迈克尔·波特．国家竞争优势 [M]．北京：华夏出版社，2002．

（1）生产要素。它主要是指影响生产的投入要素，包含初级生产要素和高级生产要素两种。所谓初级生产要素是指生产所需要的天然资源、气候、地理位置、资金、基础设施、非技术工人等；而高级生产要素则泛指现代通信技术、信息、交通、高技术人才、研究机构等，其获得成本要高于低级生产要素，并且很难从外部直接获得，往往需要自己投资创造。随着技术创新重要性的增加，高级生产要素对产业竞争力的影响作用也日益增长，而低级生产要素在塑造产业竞争力方面的重要性在不断降低。

（2）需求条件。需求条件主要是指国内市场的需求。国内市场比国际市场更容易把握，因此在全球性市场的竞争中，国内市场的重要性不容小觑。内需市场是产业发展的动力，主要包括需求的结构、需求的规模和需求的成长。需求结构是指市场需求呈现多样细分状态，这会推动企业不断进行技术创新，从而提高产业竞争力。需求的规模和成长决定了产业发展的壮大与持久性，但是，从长远来看，这种规模效应不如内行而挑剔的客户需求对企业造成的压力大。由精致的专门需求造成的竞争压力，从外部催化出企业进行创新的能力。一旦企业能够满足国内内行而挑剔的客户，那么当企业面对国外或者其他不挑剔的客户时，就会比其他企业具有更大的竞争优势。

（3）相关与支持产业。波特以"产业集群"的视角出发，提出一个国家的相关产业彼此联系、彼此影响，若一个国家的某种产业的相关产业具有竞争优势，那么自然会带动该产业的创新和全球化。这是因为由于是相关产业，产业价值相近，可以共享一些技术、信息等资源，形成强强优势或互补优势。德国的汽车工业之所以在全球富有竞争力，是因为它拥有着强劲的机械制造、设计、零部件等产业的支持；日本的电子琴产业在全球处于领先地位，离不开本国音响器材、消费电子类产品的支持。此外，波特也提出，上游产业具备国际竞争优势对下游产业的发展壮大会产生多方面的积极推动作用，但若下游的相关产业缺乏有效应用相关产业的能力，仅仅依靠上游企业的竞争力，也不足以形成该国在这个产业的国际竞争力。

（4）企业战略及其结构和同业竞争。影响产业竞争力的第四个关键要素就是企业本身。企业在战略管理、组织构建等方面是否适应国际市场会直接影响其国际化能力。另外，如果说国际市场的需求是推动企业国际化的拉力，那么同业竞争者则是企业国际化的推力。强劲的国内竞争对手会推动企业不断追求产品的进步与创新以及管理水平的提高。

（5）机会。机会是影响国家竞争优势的重要外部因素，并且具有一定的偶然性。机遇的形成大体上有以下几种情形：基础科技的发明创造；传统技术出现断层；外因导致生产成本突然提高（如石油危机）；金融市场或汇率的重大变化；市场需求的剧增；政府的重大决策；战争；等等。但是需要注意的是，机会是双向的，对于把握住时机的企业而言，是创造新优势或提升原有优势的绝佳机会，对于未把握住时机的企业而言则意味着原有竞争优势的丧失，只有能满足新需求的厂商才能有发展"机遇"。

（6）政府。政府是影响国家竞争优势的第二大外部影响因素。虽然从事产业竞争的是企业而非政府，竞争优势的创造最终必然要反映到企业上，但政府所提供的产业发展环境、资源、政策等都会影响到企业的发展。政府只有扮演好自己的角色，才能成为扩大钻石体系的力量，政府可以创造新的机会和压力，政府直接投入的应该是企业无法行动的领域，也就是外部成本，如发展基础设施、开放资本渠道、培养信息整合能力等。

与其他国际贸易理论相比，国家竞争优势理论有多方面的重大突破。它不仅对当今国际经济和贸易格局进行了理论上的概括，而且对国家未来贸易地位的变化具有一定的前瞻性，为从事国际贸易理论研究及其政策的制定提供了全新的思路。波特的"集群"观点或相互联系的企业、供应商、相关产业和特定地区的组织机构组成的群体，已经成为企业和政府思考经济、评估地区的竞争优势和制定公共政策的一种新方式。

但钻石模型理论也存在一定的局限性。首先，该理论在解释不同国家、不同经济发展阶段的产业竞争力方面具有局限性。对于解释诸如美国、日本、德国和英国等发达国家的国际竞争力来源很有说服力，但对于小国经济、欠发达国家和发展中国家缺乏一定的解释力，因为它们在现实经济中并不必然具备与波特钻石模型相称的国内经济环境。其次，波特的钻石模型以产业为研究对象，并没有很好地站在企业成长的角度分析企业竞争战略的制定和实施，因此在指导企业竞争力的实践中具有一定的局限性。

2.3.2 价值链理论

钻石模型主要是由国家产业的视角出发对竞争优势进行分析，而价值链理论则立足于企业的微观视角对企业竞争优势进行剖析。价值链理论也是由迈克尔·波特提出的。

1. 理论假设与主要观点

迈克尔·波特认为企业的经营管理活动可以归类为基本活动和支持性活动两大类，其中基本活动包含生产、销售、进料后勤、发货后勤、售后服务，支持性活动则涉及人事、财务、计划、研究与开发、采购等。基本活动和支持性活动构成了企业的价值链，支持性活动起着辅助基本活动的作用。但并不是所有的每个活动环节都创造价值，真正创造价值的活动便是企业价值链上的"战略环节"，即决定企业核心竞争力的重要因素。企业只有了解自己创造价值的关键活动，才能够有的放矢，特别关注和培养在价值链的关键环节，才能获取、保持或提升竞争优势。企业的优势既可以来源于价值活动所涉及的市场范围的调整，也可来源于企业间协调或合用价值链所带来的最优化效益。

图 2-5 是波特价值链的分析方法，基本活动及支持性活动各环节所代表的含义如下：

（1）进料后勤是指与接收、存储和分配相关联的各种活动，如原材料搬运、仓储、库存控制、车辆调度和向供应商退货等。

（2）生产作业是指与将投入转化为最终产品形式相关的各种活动，如机械加工、包装、组装、设备维护、检测等。

（3）发货后勤是指与集中、存储和将产品发送给买方有关的各种活动，如产成品库存管理、原材料搬运、送货车辆调度等。

（4）销售是指与提供买方购买产品的方式和引导它们进行购买相关的各种活动，如广告、促销、销售队伍、渠道建设等。

（5）售后服务是指与提供服务以增加或保持产品价值有关的各种活动，如安装、维修、培训、零部件供应等。

（6）采购是指购买用于企业价值链各种投入的活动，采购既包括企业生产原料的采购，也包括支持性活动相关的购买行为，如研发设备的购买等；另外也包含物料的管理作业。

（7）研究与开发是指每项价值活动都包含着技术成分，无论是技术诀窍、程序，还是在工艺设备中所体现出来的技术。

（8）人力资源管理包括各种涉及所有类型人员的招聘、雇用、培训、开发和报酬等各种活动。人力资源管理不仅对基本和支持性活动起到辅助作用，而且支撑着整个价值链。

（9）企业基础制度支撑了企业的价值链条，如会计制度、行政流程等。

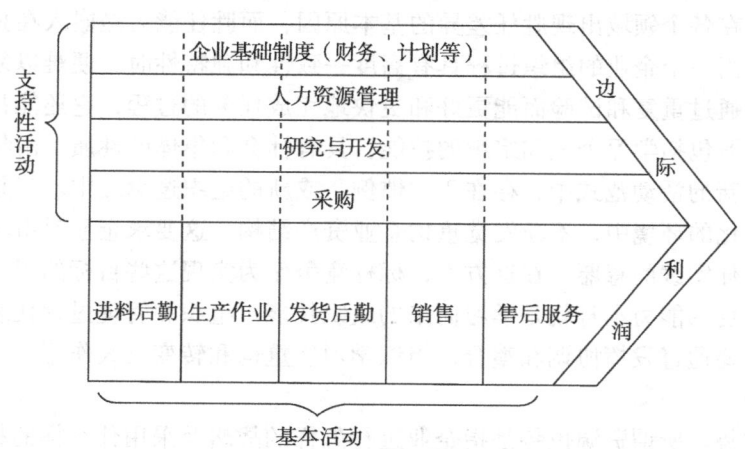

图 2-5 波特的价值链模型

资料来源：王方华，周祖城. 现代企业管理 [M]. 2 版. 上海：复旦大学出版社，2007.

2. 价值链理论的意义及局限性

波特的价值链理论的较大贡献之一是将企业的价值增值过程分解为一系列价值活动并进行描述。价值链理论作为一种强有力的战略分析框架，过去近 20 年中，随着信息技术的发展不断发展创新，已经成为研究竞争优势的有效工具，并在财务分析、成本管理、市场营销等专门领域被广泛吸收和发展。但该理论也存在一定的局限性。波特对于企业价值链的研究局限于概念描述和探讨等定性研究，缺乏深入的量化研究；其次，传统价值链分析注重成本优先而强调分析怎样在运行中控制成本，却忽视了长期利润驱动有时反而须增加成本的可行性分析，注重价值创造而寻求怎样增创收入和扩展在行业中的市场份额，却忽视了总收入增长和市场占有率增长并不意味必然导致利润增长，市场有时固然重要，但利润份额更重要。

2.3.3　企业动态能力理论

与国内经营相比，企业国际化经营面临的环境更加复杂多样、变化莫测，企业在国内市场赖以生存的资源和能力在遭遇了环境变化以后往往不再是企业竞争优势的来源，甚至有可能成为阻止企业进一步成长的障碍。因此，企业在国际化过程中必须对其资源和能力进行动态管理，建立与环境变化相适应的能力体系，才能获得持续的竞争优势。在此背景下，动态能力理论应运而生。动态能力是由大卫•蒂斯等在1994年的《企业动态能力：概述》一文中首先提出的。之后，蒂斯等在1997年的《动态能力与战略管理》一文中，对动态能力理论做了进一步完善。此后，学者们从不同视角对动态能力理论进行了研究，使动态能力理论得到丰富和发展。

所谓动态能力，是指企业为了适应快速变革的外部环境，整合、建立和重组内部和外部组织技能、资源和职能的能力。它具有四大特征，即开拓性、开放性以及复杂性和难以复制性。动态能力较好地诠释了企业是如何创造商业价值的。"流程（process）—位势（position）—路径（path）"模型（简称3P模型）阐释了企业动态能力的形成问题。动态能力是企业适应动态环境变化的需要，其形成受到组织与管理流程、资源位势和发展路径的影响。

（1）组织与管理流程。企业持续竞争优势如何依赖于企业组织和管理过程的状况，可以从该过程的三个主要作用来加以认识：一是协调和整合的作用。管理层在企业内组织营运的方式是导致企业在各个领域出现胜任差异的基本原因，而胜任能力是嵌入在独特的协调和组合方式之中的，当一个企业的组织过程具有高度一致性和独特性时，便难以复制。二是学习的作用。学习是通过重复和试验而能更好和更快地完成任务的过程，它还能帮助企业发现新的机会。组织学习包括学习个人和组织的技能，具有社会和集体的性质。由集体学习所产生的组织知识在于新的活动范式中，存在于"惯例"或新的组织逻辑之中。三是重构和转变的作用。在迅速变化的环境中，不断发觉重构企业资产结构。这要求企业对市场和技术有一定的警觉和采用最佳实践的意愿。在这方面，标杆竞争作为实现这些目标的组织手段是极具价值的。重构和转变的能力本身就是学习而来的组织技能。组织和管理过程代表企业内做事的方式或惯例，主要通过发挥协调和整合、组织学习、重构和转变三大作用，以保证企业获得和维持竞争优势。

（2）资源位势。所谓资源位势是指企业进行怎样的战略及采用什么样的战略内涵，不仅取决于其组织过程，而且还取决于其特定的有形和无形的资产，包括技术资产、互补资产、财务资产、声誉资产、制度资产、市场资产等。从总体上来讲，这些资源的战略意义在于其特定性，即这些资产的形成在很大程度上是企业内生的，是在企业的经营过程中积累起来的。

（3）发展路径。发展路径影响企业能力的作用是通过路径依赖来实现的。企业能够向何处去，受制于它目前的位置和前方的路径，而它目前的位置又是由它走过的路径所塑造的。换句话说，一个企业以前的投资和它所储存的惯例制约着它的未来行为。这是因为学习是局部的，是一个不断反馈和不断评估的过程，所以学习的进行往往围绕着企业正在从事的活动，即学习的机会内生于企业已经从事的活动。由于路径依赖的作用，企业投资行为就会影响企业学习和能力发展的方向。

动态能力作为一种整合、建立以及重构企业内外部胜任力以应对外部环境变化的能力，或重新配置和整合自身资源来应对环境变化的变革导向型能力，被认为是对企业国际化所需能力的最好表征。蒂斯等人的动态能力模型率先建立起一个较完整的企业动态能力的理论框架，在这方面做出了原创性的贡献。相对于传统企业能力理论或其他理论，动态能力理论具有众多创新之处，战略的分析单元转移到企业内部层次（流程）以及纵向问题的研究。

企业动态能力理论虽然经过众多学者的努力取得了丰富的理论成果，但是仍然存在一些不足之处：一是缺乏对企业动态能力清晰的界定。不同学者从不同的视角和各自的研究目的出发对动态能力进行了分析，导致对动态能力的定义、要素、结构、分类等到目前为止仍然非常模糊，一些战略学者对动态能力概念的价值仍然保持怀疑态度。二是缺乏对动态能力演化"黑箱"的系统研究。既然在动态变化的环境下，动态能力对于企业竞争优势至关重要，动态能力会直接和间接地影响到企业绩效，但是一个核心问题仍然存在：动态能力从何而来？又是如何演化的？如果这个问题没有解决，动态能力理论就成了无源之水。

2.3.4 企业国际化成长理论

企业国际化是企业由国内市场向国际市场发展的渐进演变过程，就是在产品及生产要素流动性逐渐增大的过程中，体现在企业进行跨国经营的所有活动方式中，比如产品出口、直接投资、技术许可、管理合同、交钥匙工程、国际分包及特许经营等。瑞典学者约翰逊（Johanson）和瓦尔尼（Vahlne）于1977年发表《企业国际化过程：知识增长与增加外国市场投入的模型》一文，开辟了企业国际化成长过程理论研究的先河。此后，学者们对该模型不断加以修正和发展，使过程理论成为企业国际化成长研究的主流理论之一。该理论认为，企业国际化成长是一个企业渐进地参与国际经营活动的动态过程。在这个过程中，基于不确定性的风险规避，通过经验学习获得的外国市场知识和企业运作知识的增加与企业对该国的决策行为和资源投入相互影响、相互作用，这个因果链就是企业国际化成长的机理所在。

约翰逊和瓦尔尼在分析瑞典企业国际化过程的基础上提出了渐进式企业国际化理论，即乌普萨拉模型（Uppsala model）。企业国际化成长的过程理论建立在企业行为理论与企业成长理论的基础之上，对应着过程理论的两个核心假设：企业有限理性和经验知识的难以转移。除了这两个假设之外，过程理论还包含了其他三个较为隐蔽的假设，即企业的利润最大化动机、国际市场环境不确定以及国际市场投入的转换成本（见图2-6）。

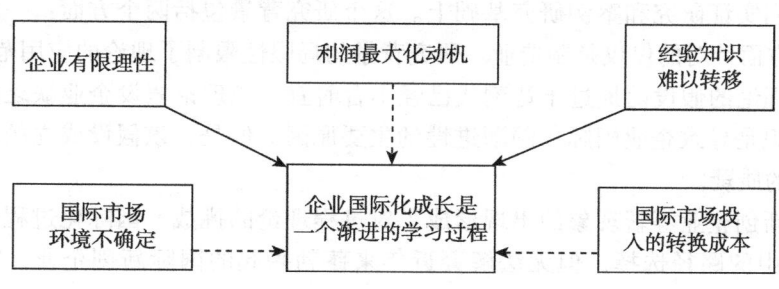

图2-6　企业国际化过程理论的逻辑假设

该模型认为企业开展国际化所经历的国际化过程一般要经历以下几个渐进式阶段：①零出口阶段；②不规则的出口；③利用独立的销售代表或代理商进行出口活动；④建立销售分支机构；⑤在国外建立生产或制造工厂。企业从偶然的产品出口开始国际化，随着出口发展逐渐积累国际化相关经验知识，出口逐渐变成外国代理商形式。随着企业国际化活动时间的增加，企业产品出口量逐渐扩大，企业开始建立海外的销售子公司。最后，企业各方面条件成熟之后，企业开始进行国际直接投资，如图2-7所示。

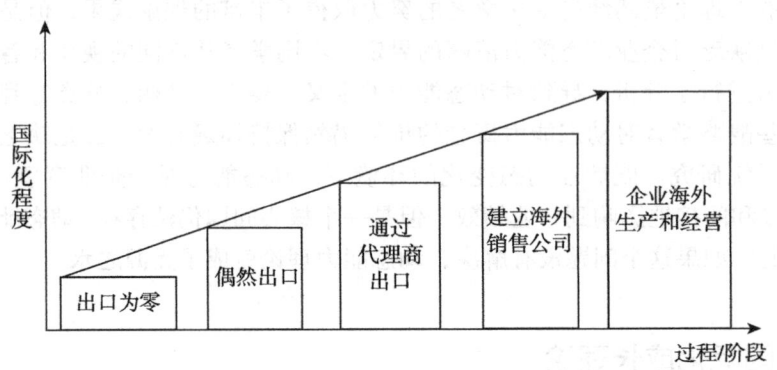

图 2-7　乌普萨拉阶段模型

以上五个阶段是一个连续、渐进的过程，分别表示一个企业的海外市场由浅入深的卷入程度。企业国际化经营的渐进性主要体现在两方面：一是企业市场范围扩大的地理顺序，通常是本地市场→地区市场→全国市场→海外相邻市场→全球市场；二是跨国经营方式的演变顺序，最常见的是纯国内经营、通过中间商间接出口→直接出口→设立海外销售分部→海外生产。企业海外经营活动从第一阶段向第五阶段的演进说明其资源投入量的增加，同时也表明对海外市场信息渠道的控制能力的变化。国际化过程理论强调国际化发展路径的渐进性，通过渐进方式所获得、积累的关于国际经营的知识和经验，使企业获得对国外市场的洞察力，并发展了国际化的专长与技能，从而使它们克服作为"外来企业"的风险和劣势。随着企业"市场知识"的增加，企业的国际化程度也逐渐提高。

企业国际化过程理论是真正意义上解释中小企业国际化的理论，该理论侧重于微观研究，倾向于管理学的研究方式，关心企业的国际化战略，为企业的实际运作提供了具有可行性的建议，相对其他学说而言，操作性较强是其突出的优点。但该理论也不可避免地存在一些局限性：

一是企业国际化过程理论诞生于瑞典的乌普萨拉大学，其理论基础是建立在针对瑞典制造企业的一系列实证研究和案例研究基础上。这个研究背景包括两个方面：一方面研究局限于瑞典；另一方面针对的仅仅是制造业。研究背景的局限性限制了理论的应用范围。

二是过程理论的假设前提过于苛刻或已经不合时宜。该理论假设企业缺乏国际市场知识和国际运作知识是导致企业国际化的渐进性的主要原因。但是，该假设成立的必然性却遭到了后来研究者的质疑。

三是国际新创企业等新现象的出现形成了对过程理论的挑战。国际化过程理论解释了企业国际化过程中的路径选择，但无法解释近年来蓬勃兴起的国际新创企业、"天生全球化"现象。

2.3.5 国际新创企业理论

20世纪90年代初,数十个国家出现了国际新创企业,这些企业成立不久就凭借中小规模快速实现了国际化,并且这一现象的出现极大地冲击了传统国际化理论,并引起了学者的广泛关注。

国际新创企业(international new venture,INV)的概念是由麦克道尔(McDougall)和奥维亚特(Oviatt)于1994年提出的,他们将国际新创企业定义为从诞生开始就积极利用多国资源寻求竞争优势,并在多国出售产品的企业。与国际新创企业类似的一个概念是"天生全球化企业"(born-global),两者之间既存在概念重合,也有所不同。虽然一些新创企业从创立伊始就在多国开展业务,甚至以直接投资的方式进入国外市场,但并不能算得上真正的全球企业,因而"天生全球化企业"的概念对于从事国际化经营的新创企业而言并不是十分确切和适用,准确地说,应当是一种国际性企业。

1. 理论假设与主要观点

企业从诞生到消亡,一般可分成初创期、成长期、成熟期和蜕变期四个阶段。简单来说,新创企业是处于初创期的企业,具体是指从企业创立甚至是从企业创业开始,到企业已经摆脱了生存困境,并基本转化为规范化、专业化管理的过程,即从企业创立到发展演变成大中型企业的过程。新创企业与中小企业并不对等,新创企业是基于企业生命周期阶段性的特征,而后者则更多基于规模的判断。在实证研究中,为了变量的精确测量,企业成立的年龄是新创企业关注的问题之一。而究竟以成立多少年才算是初创期,学术界和实业界并无统一的界定标准。《全球创业观察》(Global Entrepreneurship Monitor)把创业型企业分成新生企业、新创企业和初创企业。新生企业是指三个月以内的企业;新创企业是指3~42个月的企业;初创企业是把新生的和新创的统称为初创,而新创企业的创业者,可能同时在做新生企业。国外学术界较多的学者认为,成立时间为6年或不足6年的企业可以被称为新创企业。

国际新创企业大体上有以下几个特征:

第一,国际新创企业超越了一般企业国际化的过程,在创建初期就利用国际市场和国际资源。传统观点认为,企业国际化必须先立足国内市场,逐步进军国际市场。国际新创企业打破了传统观点,在创业阶段上也不是循序渐进,更多的是实现跨越式扩展,在地域上更多以国际市场为导向。

第二,国际新创企业国际扩展道路更多的是机会导向型创业。新创企业从创业者面临的环境来分,包括迫于困境型和机会导向型两种。前者是创业者在困境中通过创业活动解决面临的困难,后者是创业者发现创业机会,寻求利益而进行的创业活动。与一般企业创业不同,国际新创企业更多的是发现了国际市场上的商业机会进行的创立和扩展。

第三,国际新创企业在创业过程中善于创造性地整合资源。国际新创企业面临的困境比一般新创企业复杂,新创建初期缺少成熟企业的资本、人力、技术等资源优势,所以需要尽可能地利用一切资源来保证新企业成长。同时,国际化的环境促使新创企业突破环境、空间等限制,利用国际市场上流动的资源展开创业。

国际新创企业的产生受多个条件的影响。奥维亚特和麦克道尔于1994年提出了一个理论框架来解释国际新创企业的产生。这个新的框架的理论基础是传统国际商务理论中的交易成本分析、市场缺陷以及交易内部化理论,但也吸收了创业学者所研究的关于企业如何在缺乏关键资源的情况下获得影响力,以及战略管理学者所研究的企业竞争优势如何获得与保持的思想。

根据国际新创企业所涉及的国家数量和从事的价值链活动，学者们将其分为出口或进口型、多国贸易型、地域集聚型和全球型四种。国际新创企业竞争优势来源可以分为企业战略、企业资源、企业能力、企业家精神和网络五个层面。其中，国际化起始时间、产品差异化战略等属于企业战略层面的因素，学习优势属于企业能力层面的因素，而战略层面和能力层面的因素则是企业资源、企业家精神以及网络层面因素综合作用的结果。

国际新创企业的战略实质上就是拥有国际化网络的企业家运用自己的战略决策能力和组织能力对企业资源进行配置的方案。具体战略也许只能在特定时间内对特定类型的企业有效，本身并不具有普遍意义。将具体战略视为国际新创企业竞争优势的来源，可能会对企业实践造成误导。从这个意义上讲，企业战略和企业能力层面的因素都不能被视为国际新创企业竞争优势的来源。企业资源、企业家精神和国际化网络才是国际新创企业竞争优势的来源，它们可以共同解释国际新创企业的战略和能力（尤其是学习能力）形成背景和机理。

2. 国际新创企业理论的意义及局限性

国际新创企业作为一种新的企业国际化现象，在短短 30 年内经历了概念探析→拓展深化→学科交叉综合研究的发展过程，尽管在很多方面的研究还不够成熟，甚至仅仅是个开端，但是在以下几个方面取得了显著的研究成果。

（1）INV 理论重视企业家层面的分析，从行为学角度出发，研究企业家心理特点、社会属性和学习创新能力，重点研究了国际化网络的驱动作用。

（2）出现了综合运用创业理论，如 INV 驱动理论和组织学习理论，既解释了激发企业在国际化环境中快速成长的驱动因素，又揭示出企业开展知识学习与创新从而获得可持续竞争优势的逻辑。

（3）将经济学、国际商务和创业理论融合，同时多视角交叉研究，出现很多不同理论背景下的新观点和新理论。

但是，由于研究时间较短，研究层面分散，仍有进一步探讨深化的空间：

（1）实证研究多集中于小企业，研究对象的选择不够科学，将对企业发展的驱动因素认识产生潜在的偏差。

（2）对 INV 概念尚未有统一明确的界定，概念的边界尚未达成共识，这将对 INV 的研究造成诸多不便，国际商务理论和创业理论无法深层次、全面有机地交叉融合。

（3）在实证研究方法上也存在不足，数据分析较少，有些数据分析仅采用横截面研究方法，无法真正反映创业企业的时间特性。

2.4 发展中国家企业跨国经营理论

第二次世界大战以后，随着跨国公司的迅速发展，西方经济学界对这一领域进行了大量的研究，形成了许多观点各异的跨国公司理论。由于跨国公司活动基本上集中在发达国家，所以所形成的理论都明显带有发达国家的特征。进入 20 世纪 80 年代后，发展中国家的跨国公司，在一些领域与发达国家跨国公司展开了竞争，并对世界经济产生了巨大的影响。发展中国家跨国公司在对外直接投资活动中，出现了投资规模小、产品技术含量低、缺少名牌产品、广告费用支出较少等与发达国家明显不同的特征。这些都对原有的跨国公司理论提出了挑战，同时也对发展中国家跨国公司理论研究起到了促进作用。美国经济学家威尔斯、英国经济学家拉奥等人在发展中国家的经济发展水平与跨国公司直接投资的关系，以及经济落后国家的企业如何拥有竞争优势方面进行了卓有成效的研究。其中比较经典的理论有小规模技术理论、技术地方化理论以及技术创新与产业升级理论。

2.4.1 小规模技术理论

美国经济学家刘易斯 J. 威尔斯 (Louis J.Wells) 于 1977 年在"发展中国家企业的国际化"一文中提出"小规模技术理论"。1983 年威尔斯在其专著《第三世界跨国公司》中，对小规模技术理论进行了更详细的论述。威尔斯认为，发展中国家跨国公司的竞争优势来自低生产成本，这种生产成本是与其母国的市场特征紧密相关的。他从三个方面分析发展中国家跨国公司的比较优势。

第一，拥有为小市场需要服务的小规模生产技术。低收入国家制成品市场的一个普遍特征是需求量较小，大规模生产技术无法从这种小市场需求中获得规模效益，而许多发展中国家正是开发了满足小市场需求的生产技术而获得竞争优势。而这种小规模技术特征往往是劳动密集型的，生产有很大的灵活性，适合小批量生产。根据威尔斯的调查，在泰国的外国公司中，发达国家公司的生产规模比发展中国家公司的生产规模平均大两倍以上。例如，印度尼西亚估计年需求干电池 1 200 万节，而美国在印度尼西亚拥有的干电池企业年产量达 6 500 万节。在生产能力的使用上两者也出现了明显差别。

第二，威尔斯认为发展中国家在民族产品的海外生产上颇具优势。发展中国家对外投资的另一特征表现在鲜明的民族文化特点上，这些海外投资主要是为服务于海外同一种团体的需要而建立的。一个突出的例子是华人社团在食品加工、餐饮等方面的需求，带动了一部分东亚、东南亚国家和地区的海外投资。而这些民族产品的生产往往利用母国的当地资源，在生产成本上享有优势。

第三，低价位产品营销战略。物美价廉是发展中国家跨国公司抢夺市场份额的秘密武器。发达国家跨国公司的产品营销策略往往是投入大量广告费，树立产品形象，以创造名牌产品效应。而发展中国家跨国公司则花费较少的广告支出，采取低价位产品营销战略。

小规模技术理论被西方理论界认为是发展中国家跨国公司研究中的早期代表性成果。威尔斯把发展中国家跨国公司竞争优势的产生与这些国家自身的市场特征结合起来，在理论上给后人提供了一个充分的分析空间，对于分析经济落后国家企业在国际化的初期阶段怎样在国际竞争中争得一席之地是颇有启发的。

但从本质上看，小规模技术理论是技术被动论。威尔斯显然继承了弗农的产品生命周期理论，认为发展中国家所生产的产品主要是使用"降级技术"生产在西方国家早已成熟的产品。再有它将发展中国家跨国公司的竞争优势仅仅局限于小规模生产技术的使用，可能会导致这些国家在国际生产体系中的位置永远处于边缘地带和产品生命周期的最后阶段。同时，该理论很难解释一些发展中国家的高新技术企业的对外投资行为，也无法解释当今发展中国家对发达国家的直接投资日趋增长的现象。

2.4.2 技术地方化理论

英国经济学家拉奥在 1983 年出版的《新跨国公司：第三世界企业的发展》一书中，提出用"技术地方化理论"来解释发展中国家对外直接投资行为。拉奥深入研究了印度跨国公司的竞争优势和投资动机，认为发展中国家跨国公司的技术特征尽管表现为规模小、使用标准化技术和劳动密集型技术，但这种技术的形成却包含着企业内在的创新活动。他认为以下几点是发展中国家企业能够形成地方化技术和发展自己"特有优势"的条件。

第一，在发展中国家，技术和知识的当地化是在不同于发达国家环境的条件下进行的，这种新的环境往往与一国的要素价格及其质量相联系。

第二，发展中国家生产的产品适合于它们自身的经济条件和需求。只要这些企业对引进的技术和产品进行一定的改造，使它们的产品能够更好地满足当地或邻国市场需求，这种创新活动就会形成竞争优势。

第三，发展中国家企业竞争优势不仅来自其生产过程、产品与当地的供给条件和需求条件的紧密结合，而且来自新的创新活动中所产生的技术在小规模生产条件下所带来的更高的经济效益。

第四，第三世界企业仍然能够开发出与名牌产品不同的消费品，特别是当输入国国内市场较大，消费者的品位和购买能力有很大差别时，来自第三世界国家的产品仍具有一定的竞争力。

拉奥的技术地方化理论，对于分析发展中国家跨国公司的意义在于，它不仅分析了发展中国家企业的国际竞争优势是什么，而且更强调形成竞争优势所特有的企业创新活动。在拉奥看来，企业的技术吸收过程是一种不可逆转的创新活动，这种创新往往受当地的生产供给、需求条件和企业特有的学习活动的直接影响。

与威尔斯的小规模技术理论相比，拉奥更强调企业技术引进的再生过程，即欠发达国家的对外国技术的改进、消化和吸收不是一种被动的模仿和复制，而是对技术的消化、引进和创新。正是这种创新活动给企业带来新的竞争优势。虽然拉奥的技术地方化理论对企业技术创新活动的描述是粗线条的，但它把发展中国家跨国公司研究的注意力引向微观层次，以证明落后国家企业以比较优势参与国际生产和经营活动的可能性。

2.4.3 技术创新与产业升级理论

技术创新与产业升级理论（theory of technological innovation and industry upgraded），又称技术累积理论，主要应用发展中国家内生技术创新能力和产业结构阐释发展中国家对外直接投资趋势，认为发展中国家跨国公司对外直接投资受其国内内生技术创新能力和产业结构的影响。英国学者约翰·坎特韦尔（John A.Cantwell）和托伦蒂诺（Paz Estrella Tolentino）在20世纪90年代初期共同提出了该理论，用以解释20世纪80年代以来发展中国家和地区对经济发达国家的直接投资加速增长的趋势。

坎特韦尔和托伦蒂诺主要从技术累积论出发，解释发展中国家和地区的对外直接投资活动，从而把这一过程动态化、阶段化。他们提出了两个基本命题：

一是发展中国家和地区产业结构的升级，说明了发展中国家企业技术能力的稳定提高和扩大，这种技术能力的提高是一个不断积累的结果。

二是发展中国家和地区企业技术能力的提高是与其对外直接投资的增长直接相关的。现有的技术能力水平是影响其国际生产活动的决定因素，同时也影响发展中国家跨国公司对外投资的形式和增长速度。

在上述两个命题的基础上，该理论的基本结论是：发展中国家和地区对外直接投资的产业分布和地理分布是随着时间的推移而逐渐变化的，并且是可以预测的。在产业分布上，首先是以自然资源开发为主的纵向一体化生产活动，然后是进口替代和出口导向为主的横向一体化生产活动。从海外经营的地理扩展来看，发展中国家跨国公司在很大程度上受"心理距离"的影响，其对外直接投资遵循以下的发展顺序：首先是在周边国家进行直接投资，充分利用种族联系；随着海外投资经验的积累，种族因素的重要性下降，逐步从周边国家向其他发展中国家扩展直接投资；最后，在经验积累的基础上，随着工业化程度的提高，产业结构发生了明显变化，开始从事高科技领域的生产和开发活动。同时，为获得更先进复杂的制造业技术，开始向发达国家投资。

该理论解释了20世纪80年代以来发展中国家，尤其是新兴工业化国家和地区对外投资的结构由发展中国家向发达国家、由传统产业向高技术产业流动的轨迹，对于发展中国家通过对外投资来加强技术创新与积累，进而提升产业结构和加强国际竞争力具有普遍的指导意义。

本章小结

国际贸易的经典理论阐释了跨国经营中贸易产生及选择问题。绝对优势理论强调国际分工应以产品的绝对成本为依据，而比较优势理论认为每个国家不一定要在具有绝对优势的基础上才能生产及出口某种产品，而是只要具有相对优势即可进行生产及出口。要素禀赋理论秉持了比较优势的思想，主张一国应出口需在生产上密集使用该国相对充裕而便宜的生产要素的产品，而进口需在生产上密集使用该国相对稀缺而昂贵的生产要素的产品。

跨国直接投资理论阐释了跨国经营中对外直接投资形成与选择的问题。垄断优势理论认为垄断优势是跨国公司对外直接投资获利的条件。产品生命周期理论强调在产品生命周期的不同阶段，不同国家在对外直接投资的动机、时机和区位选择上有所不同。内部化理论认为企业可利用企业管理手段协调企业内部资源的配置，避免市场不完全对企业经营效率的影响。国际生产折中理论认为所有权优势、区位优势、市场内部化优势是对外直接投资的原因，可以帮助企业选择国际营销的途径和建立竞争优势的方式。边际扩张理论指出国际直接投资应该从本国已处于或即将处于劣势的产业（即边际产业）依次进行。

跨国成长竞争理论阐释了跨国经营中产业与企业如何提升竞争力的问题。国家竞争优势理论主要分析一个国家如何形成整体优势。价值链理论强调了企业中真正创造价值的活动，即决定企业核心竞争力的重要因素。动态能力理论突出了企业适应动态环境变化的需要。企业国际化成长理论认为，企业国际化成长是一个企业渐进地参与国际经营活动的动态过程。国际新创企业理论认为，国际新创企业竞争优势来源于企业战略、企业资源、企业能力、企业家精神和网络五个层面。

发展中国家企业跨国经营理论阐释了发展中国家企业如何提高国际竞争力的问题。小规模技术理论发展中国家跨国公司的竞争优势来自低生产成本，这种生产成本是与其母国的市场特征紧密相关的。技术地方化理论认为，发展中国家跨国公司技术的形成同样包含着企业内在的创新活动。技术创新与产业升级理论认为，发展中国家对外直接投资的产业分布和地理分布随着时间的推移而逐渐变化。

关键术语

绝对优势 比较优势 要素禀赋 垄断优势 产品生命周期 内部化优势 区位优势 边际扩张理论 钻石模型 价值链企业 动态能力 乌普萨拉模型 国际新创企业 小规模技术 技术地方化 技术创新与产业升级

复习思考题

1. 简析绝对优势和相对优势理论的联系和区别。
2. 垄断优势的来源有哪些？垄断优势国际投资局限性有哪些？
3. 什么情况下的企业跨国投资可以借鉴内部化理论？
4. 美国和日本对外投资方式的差异在哪，为什么？
5. 简述波特的钻石模型理论？
6. 企业国际化成长一般要经过哪些阶段？
7. 试分析国际新创企业理论对国际投资的观点和价值。
8. 分析发展中国家跨国投资的相关理论和适用条件。

应用案例

日本国际企业的衰败潮

日本在第二次世界大战后几十年的发展中，以奇迹般的速度成长为世界第二贸易大国和投资大国。20世纪70年代日本企业的国际化步伐加快，80年代"全面进攻"美欧亚市场，成长了一批在国际上具有品牌知名度的国际企业，如松下、索尼、丰田、佳能、精工和尼康等。90年代后，日本跨国企业的发展在经历了跨国化后形成了以自身为主体的产业投资模式，并逐渐走向全球化，经营水平和管理模式乃至技术能力基本都达到足以同欧美主要跨国公司相媲美的程度。在日本企业国际化的过程中，形成了支撑日本发展的两大产业：汽车和电子制造。"八大车企"（丰田、本田、日产、铃木、三菱、五十铃、马自达、大发）和"八大电子企业"（日立、松下、索尼、东芝、富士通、三菱、NEC、夏普）是日本的骄傲所在。也正是在这一时期（1992~1998年），日本企业形成第一次在华投资高潮。

然而进入21世纪后，日本国际企业的表现似乎进入了一个衰败期。曾席卷全球市场的日本家电和半导体产业明显衰退。索尼、松下、夏普等家电大企业遭遇巨额亏损，尔必达存储器破产。2008~2014年，日本索尼公司的智能手机、彩电等电子产品的销售持续低迷，已连续6年出现巨额亏损。同为家电类著名跨国公司的松下与夏普，经营状况也不容乐观。2011年，松下投资2 100亿日元、开工仅一年半的尼崎等离子工厂被迫停产。夏普投资4 200亿日元建立世界上最大规模的年产600万台60英寸以上液晶电视面板的工厂，自2011年下半年起该工厂开工率不足五成，出现严重亏损，夏普为此付出了惨痛代价。2016年4月，中国台湾鸿海精密工业股份有限公司与夏普在日本大阪府堺市召开记者会，正式宣布鸿海以3 888亿日元的价格收购夏普，换取夏普66%股权，夏普成为鸿海子公司，这是日本有史以来大型家电企业首次被外资企业收购。日立、东芝、三菱、日本电气等曾经显赫一时的日本家电代表性企业，不是陷入经营困境，就是淡出家电市场另谋生路。在手机业务方面，从2005年日本手机接二连三撤出中国，且在国际市场上的竞争力不足。在目前智能手机市场上，日本高端产品和品牌竞争力不及美国苹果，普及型智能手机的性价比又不及韩国、中国产品。

是什么原因造成日本国际企业出现衰败潮现象的呢？

有观点认为，日元升值、劳工保护、法人税、贸易自由化迟滞、减排压力、电力短缺等压力导致日本的电子产业和汽车业在全球市场上的主导力日益减弱。特别是日元的急速升值，严重影响了其全球竞争力。

还有观点认为，日本产品的质量下降、品牌管理等问题也是导致其产品声誉下降的重要原因。2000年5月，日本东芝笔记本电脑"软驱控制器存在缺陷"的问题被曝光后，东芝公司对美国用户提供购买东芝产品的优惠券以作为补偿的决定，共赔偿约15亿美元，平均每个消费者445美元，而拒绝为中国消费者提供现金补偿。尽管这与我国法律缺陷有很大关系，但却引起国内20余万东芝笔记本用户的强烈抗议，不少国人感到东芝公司这种做法是对中国人的歧视。其实这样的现象并非个例。包括富士通、索尼都发生过质量问题且处理过程中存在着明显的傲慢与偏见。2006年日本厂商的DC（数码照相机）问题不断，尼康电池危机、索尼CCD（电荷耦合器件）质量事件、产品召回公告、NEC（日本电子社团）笔记本电脑全面退出中国市场，再到2007年三洋洗衣机的召回，三洋与海尔联合生产冰箱的合作的解约，日本企业的声誉一落千丈，日本的一些知名品牌慢慢淡出了人们的视野。

一些学者认为，日本国际企业的组织机构是导致其衰败的另一重要原因。日本跨国公司（MNE）的特点是采取集权式组织结构，其中最具战略意义的资产、资源和重大决策都集中在日本总部，而海外业务则被视为向全球提供产品和服务的渠道。通常，它们的创新过程都采用同样的方式，即新产品开发和生产工艺开发活动几乎都在总部进行，之后输出到海外业务部门。日本的跨国企业有时候也会调整创新方式，以满足国外市场的具体需求，但通常都是极不情愿的。20世纪80年代以来，尽管许多日本跨国公司已经在国外设立了研发机构，如出于挖掘研究资源或迎合东道国政治压力的目的（Calmcross, 1994），但是其创新过程的基本结构几乎保持不变。

采用这种集权式的创新方式后，日本跨国企业面临的风险是对国外市场的需求不敏感。当国外市场和本土市场的顾客需求和销售体系都存在差异时，集权式组织结构带来的不适应国外市场的风险更大，因为介于顾客和生产厂家之间的销售体系常常影响消费需求。对于日本的跨国公司而言，如果国外市场的顾客需求和销售体系完全不同于日本本土市场的话，集权式的创新过程往往使得他们很难适应国外市场。同时，这些差异给相对弱小的东道国企业提供了生存空间。它们更熟悉本国的消费偏好和销售体系，也许能够通过提高适应和反应能力赢得更大的市场份额。

讨论题

1. 日本国际企业的国际化过程经历了怎样的一个过程？
2. 日本国际企业出现衰败潮的原因是什么？

参考文献

[1] 韩震. 国际企业管理 [M]. 大连：东北财经大学出版社，2015:34-40.

[2] 马述忠，廖红. 国际企业管理 [M]. 3版. 北京：北京大学出版社，2015.

[3] 盛洪昌. 国际贸易实务 [M]. 4版. 北京：清华大学出版社，2015:10-15.

[4] 原磊，邱霞. 中国企业国际化的回顾与展望 [J]. 宏观经济研究，2009(9):26-32.

[5] 徐宇斐. 国际新创企业的创业导向与绩效：企业国际化学习的中介作用分析 [D]. 杭州：浙江大学，2014.

[6] 薛求知，周俊. 国际新创企业竞争优势形成机理研究 [J]. 外国经济与管理，2007，29(5):1-8.

PART 2
第二篇
国际环境适应

企业国际经营管理面临最大的挑战和不确定性是异质化的经营管理环境。跨国公司或国际经营领袖如果能够适应经营管理环境，做到左右逢源，那么其经营管理就是成功的。国际企业的海外经营管理既要考虑其宏观经营显性环境，更要关注复杂隐性的环境，还要积极参与和融入东道国的环境。本篇包括国际经营环境与风险、跨文化管理、国际经营伦理与公共事务管理三个内容。

第3章
国际经营环境与风险

学习目标

- 掌握国际企业的内涵与特征。
- 理解企业国际经营的动机,了解国际企业发展的历史。
- 准确理解经济全球化、互联网对国际企业的影响。
- 了解中国企业国际化的现状与问题。

开篇引例:小米进军印度遭"封杀"

2014年7月15日,小米公司在印度新德里召开新闻发布会,宣布正式进入印度市场,印度用户可以在印度本土最大的购物网站Flipkart上购买小米手机,随后7月22日,又举行了小米2014年度产品发布会,小米手机进军印度市场正式拉开帷幕。

小米手机试图在印度复制在中国市场创下的神话,然而仅仅5个月之后,2014年12月10日,印度媒体报道,新德里高等法院日前裁定,小米侵犯了爱立信的专利,并下发了禁令,要求小米停止在印度销售和进口手机。需要指出的是,存在争议的这些专利属于标准必要专利(SEP),适用于"公平、合理、无歧视"原则(FRAND)。同时,也是爱立信起诉印度本土智能手机厂商Micromax、Gionee和Intex所涉及的专利。属于FRAND范畴的专利意味着这些专利十分必要,爱立信必须要以合理的价格授权给任何一家公司。业内人士称,很显然小米和爱立信并未对此达成一致。

报道称,爱立信曾在7月份要求小米为这些专利支付费用,但小米并未回复。根据法院的裁定,小米不能向印度出口任何新手机,也不能推广或销售这些产品。这意味着,在解决专利纠纷前,小米不能在印度销售任何手机。

对于这一新闻,国内展开了热议,大家都在讨论国产手机走出国门真的这么难吗?其实不然,有关专家表示小米会出现这一问题,是因为它本身的技术不完善。与国内市场不同,在国际市场当中,国内品牌惯用的模仿、山寨、低价等伎俩完全失效。国外手机市场已经发展得相当成熟,法律也相应更加健全,对技术创新有更高的扶持、支持力度,而对于恶意降价、仿制产品在国际市场中不仅无法开辟市场,反而会引来更多麻烦。如同小米此次在印度遭禁售一样,由于缺乏专利技术积累,遂被爱立信印度公司告上法院遭禁售。据印度媒体报道,这份禁令要求小米暂时不得销售、推广、制造或进口涉嫌侵犯标准关键专利(Standard Essential Patents)的相关产品。

【请思考】

小米手机在印度市场和中国市场的外部环境有何不同?

环境是企业生存和生存经营的基础，对企业发挥着重要影响。每一家企业都必须根据所处的外部环境制定适当的策略，才能在瞬息万变的环境中求得生存和发展。这一点对于国际企业来说更为重要，因为国际企业所面临的环境是更为复杂、多样、快速变化的。为了提高环境适应能力，避免环境的不确定性和不可控性对经营活动的影响，降低国际经营的风险，国际企业必须对国际经营环境进行深入的研究，从而科学、快速地做出战略经营和管理决策与行动，这样才能在国际市场上立于不败之地。

3.1 国际经营环境概述

企业走出国界，进入世界舞台，面临的是陌生而复杂的国际环境。这种环境既给企业发展带来机遇，也带来风险，能否主动积极地适应国际环境、利用并驾驭环境是国际企业能否成功地开展经营活动的十分重要的因素。为了降低企业国际经营的风险，国际企业必须对国际经营环境进行深入的研究，了解国际经营环境的基本概念、构成因素和特点。

3.1.1 国际经营环境的概念

企业环境一般是指各种影响企业经营活动的外部条件和因素的总和。企业环境的范围和复杂程度，与企业经营活动的广度和深度密切相关。国际企业跨越国界的广度和范围决定其面临一个复杂的国际经营环境。此处的国际经营环境是指企业开展国际经营中各种外部因素和条件的总和。在理解国际经营环境的概念时应注意以下几点：

（1）国际经营环境是一种客观存在，它不依赖任何主观意志而改变和转移。

（2）国际经营环境是国际企业存在和发展的基础。国际经营环境为国际企业的生存和发展提供必要的条件，同时也制约着国际企业的生存和发展。

（3）国际企业可以了解、认识和利用国际经营环境。环境的各项要素之间存在着内在的必然联系，其发展变化有一定的规律性。国际企业可以了解和认识国际经营环境的构成要素及其相互联系的特点和规律，并遵循环境发展变化的客观规律性开展经营活动。

对于国际经营环境进行分析，不仅有利于企业制定长期发展战略，还有利于企业及时调整生产活动，更有利于企业制定正确的营销策略。

3.1.2 国际企业经营环境的特点

与国内企业所依存的环境相比，国际企业经营环境更为特殊，同时也更为复杂，主要呈现出如下特征。

1. 环境的复杂多样性

从事国际经营活动的企业需要面临比国内企业更为陌生、复杂的国际经营环境，而且随着地域范围的扩大和进入市场区域的增多，复杂性随之增加，这种环境的复杂性主要是由于国际企业的经营活动需要进入不同的国家和市场，而各国政治体制和经济体制存在差异，需要面对不同的政治体制、法律规则、文化习惯等，这些都对国际经营活动产生影响。

此外，每个国家的经济发展程度不同，使得企业面临的经济环境、交通运输、基础设施条件存在差异，这些也是影响国际经营活动的重要因素。最后，由于各国都有自己的文化传统、价值观念和生活方式，使得各国的社会文化背景存在差异，这些又导致各国的供应商、生产商、消费者和雇员都有不同的行为方式和习惯，成为企业国际化经营中可能遇到的障碍。

2. 要素的相互作用性

环境的各类要素之间能够相互作用、相互影响，甚至产生共变。一些间接环境要素可能会通过直接要素影响国际企业的经营。例如，经济发展状况决定着居民的购买力，制约着市场规模。反过来，直接环境要素的动态发展变化也是间接环境形成的基础。例如，新兴行业的发展促进了国民经济技术水平的提高；市场竞争状态的恶化会促使政府出台规范公平竞争环境的法律法规等。除了直接要素与间接要素的相互作用外，直接要素和间接要素之间也会产生相互作用。

3. 环境的动态变化性

国际经营环境是一个动态系统，表现在其不是一成不变的，而是处于不断运动变化之中。经济要素和国际市场每时每刻都在不断改变，跨国公司的国际竞争对手的技术产品推陈出新越来越快，市场竞争战略与营销手法也在不断变化，投资的进入和推出周期也在不断变化，这些经济要素和市场的动态变化性是任何一个国际企业需要时刻关注的。另一方面，跨国经营涉及多国政治与社会环境，不同国家的政治生态、社会营商环境、人口结构和社会阶层等也处于动态变化中，这些社会政治环境的动态变化必然影响企业的海外经营管理。比如，菲律宾政府在阿基诺三世任总统期间挑起了与中国的领土和领海争端，使两国的投资、贸易、旅游进入"冰冻期"，但在2016年杜特尔特政府上台后，采取睦邻对话的对华外交政策，两国的投资、贸易等呈现回暖的态势。

4. 差异性

不同的国家或地区之间宏观环境存在广泛的差异。各国历史渊源不同，文化的差别和经济状况的差异决定了各国政治制度的不同和立法基础的差别。不同的企业，其微观环境也千差万别。正是由于存在跨国经营环境的差异性，企业为适应不同的环境及其变化，必须采取各有特点和针对性的经营战略。环境的差异性也表现为同一环境的变化对不同企业具有不同的影响。

3.1.3 国际企业经营环境的基本构成

企业经营决策的根本目的是谋求企业外部环境、企业内部条件、企业经营目标三者之间的动态平衡。在这三个因素之间，企业的外部环境是最为活跃的因素，同时也是企业最难驾驭的因素。企业的经营决策归根到底是要适应和服从外部环境的变化，要根据外部环境的变化调整企业的自身条件，必要时，还要顺应环境的变化调整公司的经营目标，以实现三者之间的动态平衡。国际企业的经营决策面临着更为复杂的外部环境，这也决定了国际企业经营管理人员工作的重点必然是解决外部环境变化所带来的问题。

1. 国际企业环境的三层次划分

国际企业环境可划分为三个层次，具体为社会环境、工作环境和内部环境，其中社会环境和工作环境可统称为外部环境（见图 3-1）。

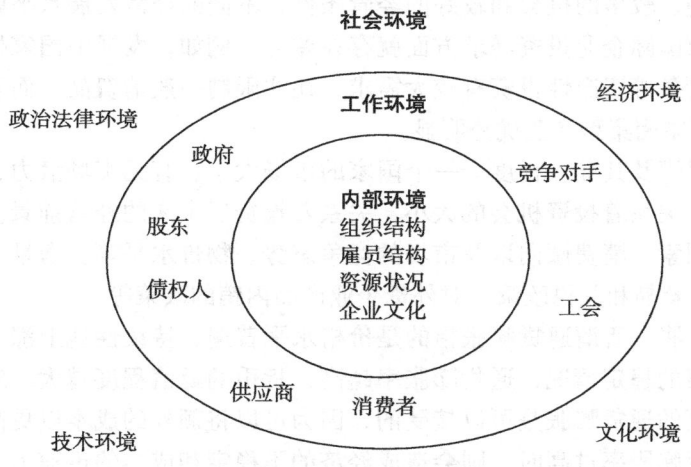

图 3-1　国际经营的环境结构

资料来源：改编自马述忠，廖红．国际企业管理[M]．北京：北京大学出版社，2013.

以下简要分析三种环境因素：

社会环境主要包括政治法律环境、经济环境、技术环境和文化环境。

工作环境，主要是指对国际企业的经营活动直接产生影响的环境因素，通常与企业的生产、经营管理、销售、研发等环节直接相连，企业要获取利润必须面对这些因素并受其影响。这些因素包括国际企业面对的竞争与产业状况、客户与市场状况、供应商、渠道商等。

国际企业的内部环境由组织结构、雇员结构、资源状况和企业文化因素构成。本节所述的国际企业经营环境的构成主要是指外部环境，即工作环境和社会环境。

2. 国际经营的社会环境

在跨国经营中，社会环境对企业外部经营的影响呈现两极表现，要么是隐性软约束，如社会文化、风俗习惯、意识形态、宗教习惯等；要么是刚性硬约束，如法律制度、经济体制、政策限制、技术条件、物质条件等。

在多数情况下，外部环境对跨国经营管理的隐性软约束会更多，它们对跨国企业的影响是隐性的、长远的和深度的。因此，有必要对构成社会环境的经济环境、政治环境、法律环境、技术环境和社会文化环境做较为深入的引介。

（1）经济环境。经济环境是指社会经济状况和国家的经济政策，在国际企业经营必须面对的各种不可控因素中，经济因素的影响至关重要。

第一，经济体制和经济政策。虽然当今世界各个国家普遍实行的是市场经济体制，但不同国家市场经济体制的特点是不尽相同的，市场经济的发展水平也不平衡。经济政策包括贸易和关税政策、经济开发政策和外汇与外资政策。不同的贸易和关税政策对国际投资的影响比较明显，例如有的国家采取自由贸易政策，有的是保护贸易政策；有的采用高关税政策，有的是低关税政策。经济开发政策包括工业化政策、产业开发政策和地区开发政策等。工业化政策的核心是保护本国工业的发展，实行该政策的国家一般都限制成品的出口。产业开发政策常常是提倡优先发展某些特定地区、边远落后地区或重点发展区域而制定的政策。外汇和外资政策直接影响到外国投资者的经济利益，关系到资本能否自由进出、利润和利益能否汇回等问题。

第二,经济发展水平及其发展前景。一般来说,一国的经济发展水平越高,就意味着该国具有较大的市场、较多的机会和较好的经营条件,不同的经济发展水平就意味着不同的经济发展前景,因而国际企业投资需求方面就存在差异。例如,发展中国家处于工业化发展时期,一般对机械设备等资产性投资有较大需求,往往限制一般消费品。而发达国家工业化水平高,高技术、资本密集型产业优势明显。

第三,市场规模及其准入程度。一个国家的市场大小、有无市场潜力、市场对外来商品的准入程度都直接关系着投资机会的大小,关系着投资后未来的经营前景。衡量市场规模的主要指标有人口因素、消费倾向以及市场的竞争态势、物价水平等。衡量市场的准入程度则要看投资所在国的贸易和关税政策、对外资企业产品内销的政策等。

第四,通货膨胀。所谓通货膨胀指的是价格水平普遍、持续性地上涨。通货膨胀率的高低反映了一国币值的稳定情况,通货膨胀率越高,货币的贬值程度越大。对从事国际化业务的企业而言,适度的通货膨胀是可以接受的,因为可以将额外的成本以更高的价格转移到消费者身上,但通货膨胀率过高时,则会造成经济的不稳定和成本的迅速上升,政府为紧缩通货以稳定物价所采取的宏观经济措施也会引起消费需求的迅速下降。

(2)政治环境。政治环境指的是上层建筑和集团行为对社会经济各方面产生作用的诸因素的总和。具体包括以下几个方面:

第一,政治体制。政治体制是指一个国家的国体和政权的组织形式及其有关制度。对国际企业来说,重要的是判定一种政治体制是否有助于维持稳定的政治、经济环境。在一个稳定的集权国家进行生产经营活动不会有很大的风险;而在一个政治体制不稳定的国家,则会给企业的生产经营活动增加不稳定性。

第二,国家安全性。国家安全性主要是指一国在世界上的政治立场所导致的国家安全程度。一国的国际关系现状,是否与别的国家集团结盟,对国际政治事件的态度,这些都会对国家安全造成影响。

第三,政治稳定性。政治稳定性包括国内政局的稳定性、政府结构的稳定性和政策的稳定性。这三者是相互联系的,最终通过政策的稳定性与持续性体现出来。国际企业中长期战略决策与计划的制定与实施直接受到政策的稳定性与连续性的影响。

第四,政府对外资的态度。作为政府,其目标主要有促进经济增长、实现充分就业、保持物价稳定、实现国际收支平衡、合理分配国民收入、引进先进技术等。国际企业在东道国进行投资目标是利用东道国资源、开发东道国市场并获得满意的投资回报等。二者有时会发生冲突,而政府对外资的态度主要反映在政府对外资的政策上,包括政府对外资进入的鼓励与限制程度,对外资提供的便利条件和优惠措施,以及外资政策的稳定性与连续性等。

第五,国际政治关系。国际上国家之间的经济合作,不仅与两国之间的经济关系相关,也与政治关系相关。对于国际企业来说,如果母国和东道国之间关系友好,则企业在东道国的经营就会受到礼遇;如果两国关系正常,对国家企业的投资经营活动就会比较有利;如果两国关系不友好甚至敌对,国际企业在东道国的投资经营活动就会遭受不利对待。

(3)法律环境。法律环境是指本国和东道国颁布的各种法规,以及各国之间缔结的贸易条约、协定和国际贸易法规等。本节所提到的国家法律环境包括三个层次的内容:

第一,关于国际企业对外直接投资和国际经营的法律规定。各个国家普遍实行的商标法、广告法、专利法、竞争法、反倾销法、商品检验法、知识产权保护法、环境保护法、海关税收法以及消费者权益保护法等各种法律规定会对国际企业的投资经营活动都有着深刻的影响。

第二，东道国关于国际企业在本国开展国际经营的法律规定。东道国颁布的投资法、商标法、广告法、专利法、竞争法、劳工法、消费者利益保护条例等法规，这些法规将直接影响到跨国经营过程中投资形式的选择、人事雇佣政策、经营战略与策略制定、企业赋税等。

第三，各种国际法对国际企业进行对外直接投资的法律约束。国际企业在进行对外直接投资和在其他国家开展国际经营时必然要受到一系列国际法的约束和影响。理想状态下，应该存在国际范围内各类活动共同行为准则的一般国际法，但是现实中却是不存在的，因为这种法规的存在要求有一个世界性的立法机构和中央政府来组织制定和实施被各国政府共同承认和接受的法规，但这个条件却难以具备。

（4）社会文化环境。文化从本质上是指特定人群的思维方式和行为特征。与国内企业相比，国际企业在各国社会文化因素的敏感性要强烈的多，在社会文化环境中，对国际企业生产经营过程具有重要影响的因素主要有以下几个方面：

第一，语言。国际企业所面对的国际经济交往和人口流动比国内企业明显增多，因而准确的沟通和流畅的交流对国际企业来说非常重要。国际企业一旦熟悉并掌握了业务伙伴的语言文字和文化传统，不仅能够理解对方想要表达的信息，还能增进彼此间的情感距离。

第二，宗教信仰。在当代，不同的宗教有不同的文化倾向和清规戒律，它影响着人们认识事物的方式、行为准则和价值观念，进一步影响人们的行为动机和习惯。例如不同的宗教节日，人们有不同的消费习惯，可以导致市场上形成各种各样的消费高峰，一定的宗教教义直接导致人们的消费行为和消费模式上的差异。

第三，教育水平。一个国家的教育水平通常反映在国家的教育制度与结构、教育的普及程度、教育与社会的结合程度、国民对教育的态度、人口结构等方面。教育水平与吸引外国直接投资的能力有着密切的关系，影响着投资者在投资水平、投资结构及投资项目上的选择。比如，教育水平低的国家可能刻意追求产品的坚固耐用，而教育水平高的人们可能更看重产品的文化内涵。教育水平高的国家和地区，人口素质相应也高，有利于吸收高水平的投资活动。教育水平和人员素质低下，会导致生产和技术的落后，缺乏合格人才，劳动效率低，影响投资的效益。

第四，价值体系。所有的文化都包括形成规范和标准的价值体系，这种价值体系往往根深蒂固，影响人们看待事物的态度和行为准则。价值体系中的代表因素是价值观和价值取向。人们对于某些行为或现象的好坏，善恶、真假和美丑等的判别都体现出一个人的价值取向，而这又会影响人们的行为选择、消费习惯、工作态度等。

第五，风俗习惯。风俗习惯是人们自发形成的习惯性行为模式，是一定社会中大多数人自觉遵守的行为规范。不同国家、不同地区的社会群体都有自己的风俗习惯，注意这些风俗习惯，并加以合理利用，会给国际企业带来新的商机，而忽视这些，有可能带来的就是灾难。

第六，公众利益与媒体机构影响力。随着社会的发展，公众利益集团和媒体机构的数量和社会政治的影响力都普遍增加。这些团体与机构政府官员对企业进行监督，并且对它们施加压力的能力越来越大，而这会影响到国家的公共关系氛围。

（5）技术环境。国际企业的技术环境是指对企业的国际化经营产生影响和制约作用的各种技术因素的集合。国际企业在重视新技术的研究与开发的同时，在国际化经营中特别强调应用技术的开发和获取，重视技术的商业化问题。技术环境的具体内容主要包括以下几个方面。

第一，基础性技术变革及趋势。国际企业必须清楚地认识到母国与东道国，尤其是东道国，存在任何可能影响企业的新技术或能给某些产业带来革新的基础性技术变革。这些技术变革意味着新材料的出现以及产品、工业和生产效率的改善，某些新的技术突破有可能对许多产业产生重大影响。

第二，技术研究状况。技术研究分为基础技术研究和应用技术研究。但大部分企业没有足够的能力和资源进行基础技术研究，主要是政府、重要的研究中心和高等院校以及某些创新能力极强的跨国公司在推动基础技术的进步。企业所从事的主要是对应用技术的研究。

第三，技术变革的速度。当今时代，虽然技术变革的速度在总体上是越来越快的趋势，但不同行业的速度有所不同。比如，电信和计算机产业的技术变化速度很快，而消费品的生产技术变化相对较慢。国际企业若能跟上技术变化的步伐，则有利于其保持竞争优势。

第四，相关技术法规。一般而言，相关技术法规涉及技术开发与研究、技术引进与输出、技术成果保护等这些法规等。这些对创造良好的技术创新与传播环境很重要。

3.2 国际经营环境的评价方法

企业一旦确定走出国门到海外经营，向海外投资的跨国经营战略，或者扩展其在更多国家投资经营的计划，那么，其首先要考虑的是去哪个国家和地区投资经营，这个国家或地区投资环境蕴含的机会和风险有哪些，是否值得一搏？而要正确、合理地评估东道国投资环境的机会和风险，需要掌握科学评价的方法与工具。

3.2.1 投资环境多因素分析法

投资环境多因素分析法（又称为投资环境等级尺度法或投资环境等级评分法）是由美国经济学家罗伯特·斯托伯（Robert Stobaugh）于1969年提出的。它的思路是从东道国政府对外商投资企业的限制和鼓励政策着眼，将投资环境分解为八项具体指标，即资本外调、外商股权、歧视和管制、货币稳定性、政治稳定性、给予关税保护的意愿、当地资金的可供程度、近五年的通货膨胀率，并给以不同权重，然后对这些指标进行打分，最后将各指标的得分累计相加，得到一个总的分数（见表3-1）。总分数越高，表明投资环境越好，也越适宜投资；反之，分数越低，则投资环境越差，不适合或不能投资。这种方法将定性问题加以量化，因而有利于国际企业对东道国投资经营环境的合理评价。

表 3-1 多因素投资环境评估

投资环境因素	等 级 评 分
1. 资本外调	0～12 分
（1）无限制	12
（2）只有时间上的限制	8
（3）对资本有限制	6
（4）对资本和利润收入都有限制	4
（5）严格限制	2
（6）完全不准外调	0
2. 外商股权	0～12 分

(续)

投资环境因素	等级评分
（1）准许并欢迎全部外资股权	12
（2）准许全部外资股权但不欢迎	10
（3）准许外资占大部股权	8
（4）外资最多不得超过股权半数	6
（5）只准外资占小部分股权	4
（6）外资不得超过股权的三成	2
（7）不准外资控制任何股权	0
3. 歧视和管制	0～12分
（1）外商与本国企业一视同仁	12
（2）对外商略有限制但无管制	10
（3）对外商有少许管制	8
（4）对外商有限制并有管制	6
（5）对外商有限制并严加管制	5
（6）对外商严格限制和严格管制	2
（7）禁止外商投资	0
4. 货币稳定性	4～20分
（1）完全自由兑换	20
（2）黑市与官价差距不超过10%	18
（3）黑市与官价差距为10%～40%	14
（4）黑市与官价差距为40%～100%	8
（5）黑市与官价差距超过100%	4
5. 政治稳定性	0～12分
（1）长期稳定	12
（2）稳定但因人而治	10
（3）内部分裂但政府掌权	8
（4）国内外有强大的反对力量	4
（5）有政变和激变的可能	2
（6）不稳定，政变和激变极可能	0
6. 给予关税保护的意愿	2～8分
（1）给予充分保护	8
（2）给予相当保护，以新工业为主	6
（3）给予少许保护，以新工业为主	4
（4）保护甚少或不予保护	2
7. 当地资金的可供程度	0～10分
（1）完善的资本市场，有公开的证券交易所	10
（2）有少量当地资本，有投机性证券交易所	8
（3）当地资本少，外来资本不多	6
（4）短期资本极其有限	4

(续)

投资环境因素	等级评分
（5）资本管制很严	2
（6）高度的资本外流	0
8. 近五年的通货膨胀率	2~14 分
（1）小于 1%	14
（2）1%~3%	12
（3）3%~7%	10
（4）7%~10%	8
（5）10%~15%	6
（6）15%~35%	4
（7）35% 以上	2
总计	8~100 分

资料来源：曹洪军. 国际企业管理 [M]. 北京：科学出版社，2006.

从斯托伯提出的这种投资环境多因素分析法的表格中可以看出，其所选取的因素都是对投资环境有直接影响的、为投资决策者最关切的因素，同时又都具有较为具体的内容，评价时所需的资料易于取得又易于比较。在对具体环境的评价上，采用了简单累加记分的方法，使定性分析具有了一定的数量化内容，同时又不需要高深的数理知识，简单易行，一般的投资者都可以采用。在各项因素的分值确定方面，采取了区别对待的原则，在一定程度上体现出了不同因素对投资环境作用的差异，反映了投资者对投资环境的一般看法。

在分析的八项内容中，首先是币值稳定程度和每年通货膨胀率，占全部评分总数的 34%，说明投资者十分重视东道国的币值稳定程度。严重通货膨胀是指两位数值以上的通货膨胀，严重的通货膨胀会使投资者出现投资贬值，有很大的投资风险，甚至会让投资者却步。其次是资本外调、政治稳定、允许外国投资者的所有权比例和外国企业与本地企业之间的差别待遇，这四项各占评定总分的 12%。这四项关系到资本能否自由出境、跨国公司和东道国企业之间的竞争条件以及对企业所有权与经营权能否控制，对投资者来说，实际上是投资的安全程度和对企业所有权与经营权的控制程度，因此这四项共占评定总分的 48%。最后是给予关税保护的态度和当地资本市场的完善程度，这两项分别占评定总分的 8% 和 10%，所占比重较轻。

3.2.2 多因素评估法

这种方法是香港中文大学闵建蜀教授提出的。他将投资环境分为以下 11 类：政治环境；经济环境；财务环境；市场环境；文化环境；基础设施；技术条件；辅助工业；法律制度与法制；行政机关的效率；竞争环境。其中每一类因素又由一系列子因素决定，如评价政治环境的子因素包括政治的稳定性、国有化的可能性、当地政府的外资政策等；评价经济环境的子因素包括经济增长速度和物价稳定程度等；财务环境包括资本与利润外调是否自由、对外汇价变动趋势、涉外税收政策、集资与借款的可能性等。在将东道国的上述有关资料收集齐备后，专家们可采用五分制方法分别评定各类投资环境因素的得分，即判断该国某种投资环境因素应属以下何种情况：优、良、可、差、劣。在此基础上，再用下式计算投资环境总分：

$$投资环境总分 = \sum_{i=1}^{n} W_i (5a + 4b + 3c + 2d + 1e)$$

式中　　i——个别投资环境因素；

　　　　n——投资环境因素个数；

　　　　W——个别投资环境因素的权数；

　　　　a、b、c、d、e——代表优、良、中、差、劣五种情况下的评价意见百分比。

假设投资环境评价结果如表3-2所示，从表中可以看出，表中所列国家的投资环境属于中等（总分为3），可以考虑作为投资点。如果环境越接近5，则反映投资环境越好，反之越接近1，说明投资环境越不好。

表 3-2　投资环境评估示例

投资环境	权　数	投资环境情况					评分
		5（优）	4（良）	3（中）	2（差）	1（劣）	
政治环境	0.15	0.15	0.30	0.35	0.15	0.05	0.50
经济环境	0.10	0.30	0.30	0.25	0.10	0.05	0.37
财务环境	0.15	0.05	0.20	0.30	0.40	0.05	0.42
市场环境	0.10	0.10	0.20	0.30	0.30	0.10	0.25
文化环境	0.05	0.05	0.20	0.20	0.30	0.25	0.29
基本建设	0.05	0.10	0.30	0.20	0.20	0.20	0.14
技术条件	0.05	0.10	0.25	0.35	0.20	0.10	0.15
辅助工业	0.10	0.05	0.15	0.30	0.40	0.10	0.27
法律制度与法治	0.10	0.10	0.15	0.30	0.35	0.10	0.28
行政机关效率	0.05	0.20	0.30	0.30	0.10	0.10	0.17
竞争环境	0.10	0.10	0.30	0.30	0.20	0.10	0.16
总计	**1.00**						**3.00**

采用多因素评估法有三个显著的优点：一是它所考虑的投资环境因素较全面，对于被等级尺度法忽略的若干重要因素也进行了评价，减少了片面性和局限性。二是充分考虑了投资环境评价中的各种不同意见，在此基础上确定各项因素的得分，这有利于提高评估结论的正确性。三是考虑了各种投资环境因素在整个投资环境系统中的地位和作用，同时还可以结合投资项目的性质和投资者的实际需要灵活确定各环境因素的权数，从而能为投资决策提供更加实用和可靠的依据。

3.2.3　国别冷热比较法

国别冷热比较法是美国专家利特瓦克和拜廷在《国际经营安排的理论结构》论文中提出的一种综合评价经营环境的方法。冷热比较分析法是以"冷""热"因素来表述环境优劣的一种评价方法，既把各个因素和资料加以分析，得出"冷""热"差别的评价。他们将经营环境概括为七大因素，即政治稳定性、市场机会、经济发展和成就、文化一元化、法令障碍、实质障碍和地理及文化差距。前四个因素越高，表明经营环境越有利（被称为环境越"热"）；

后三个因素越高,表明经营环境越不利(被称为环境越"冷");介于两者之间,则经营环境中等。

(1)政治稳定性。它是指东道国有一个由社会各阶层代表所组成的,为广大群众所拥护的政府。该政府能够鼓励和促进企业发展,创造出良好的适宜企业长期经营的环境。当一国政治稳定性高时,这一因素为"热"因素。

(2)市场机会。拥有广大的顾客,对外国投资生产的产品或提供的劳务存在尚未满足的需求,并且具有切实的购买力。当市场机会大时,为"热"因素;反之,为"冷"因素。

(3)经济发展和成就。一国经济发展程度,效率和稳定形式是影响投资环境的另一因素。经济发展快和成就大,为"热"因素;反之,为"冷"因素。

(4)文化一元化。一国国内各阶层民众的相互关系、处世哲学、人生观和奋斗目标都要受传统文化的影响。文化一体化程度高为"热"因素;反之,为"冷"因素。

(5)法令阻碍。一国的法律繁杂,并有意或无意地限制和阻碍现有企业的经营,影响今后企业的投资环境。若法令阻碍大,为"冷"因素;反之,为"热"因素。

(6)实质阻碍。一国的自然资源和地理环境往往对企业的经营产生阻碍,实质阻碍大时,为"冷"因素,反之,为"热"因素。

(7)地理及文化差距。两国距离远,文化迥异,社会观念及语言文字的差别有碍思想交流。地理及文化差距大,为"冷"因素;反之,为"热"因素。

从评估结果得知,当政治稳定性高、市场机会大、经济发展快且稳定、文化统一、法令限制小、实质阻碍小、地理及文化差距不大时,它们就是有利于投资的"热"因素,具有这些条件的国家即为"热国",否则就是"冷"因素和"冷国"。在上述七大基本因素中,每个因素又可分为若干子因素,通过对这些子因素做出"冷""热""温"的对比分析,就可以进一步确定该基本因素的优劣程度。在综合分析评价的基础上,应选择"热"因素多的国家作为投资地点。"冷热"国对比法侧重于投资环境的宏观因素的考察,而对于微观因素考虑不多,这是它的一个主要缺陷。

3.2.4 准数分析法

这种方法是国内学者林应桐提出的。他根据各种投资环境因素的相关特性,对在投资建设与生产经营活动中起不同效用的因素进行了归纳分类(见表3-3),形成了"投资环境准数"的数群概念,为评价和改善投资环境提供了一种新的思路和方法。

表3-3 投资环境要素评价分类表

项目要素	代号	内涵	评分
1. 投资环境激励系数	K	①政治经济稳定;②资本汇出自由;③投资外交完善度;④立法完备性;⑤优惠政策;⑥对外资兴趣度;⑦币值稳定	0~10
2. 城市规划完善度因子	P	①有整体经济发展战略;②利用外资有中长期规划;③总体布局的配套性	0~1
3. 税利因子	S	①税收标准;②合理收费;③金融市场	0.5~2
4. 劳动生产率因子	L	①工人劳动素质和文化素养;②社会平均文化素质;③熟练技术人员、技术工人数量	0~1

(续)

项目要素	代号	内涵	评分
5. 地区基础因子	B	①基础设施、交通、通信、电力等；②工业用地；③制造业基础；④科技水平；⑤外汇资金充裕度；⑥自然条件；⑦第三产业水平	2～10
6. 效率因子	T	①政府机构管理科学化程度；②有无完善的涉外服务体系；③咨询体系；④管理手续简化程度；⑤信息资料提供系统；⑥配套服务系统；⑦生活环境	0.5～2
7. 市场因子	M	①市场规模；②产品对市场占有率；③进出口限制；④人、财、物供需市场开放度	0～2
8. 管理权因子	F	①开放城市自由权范围；②"三资"企业外资股权限额；③"三资"企业经营自主权程度	0～2

资料来源：聂名华.投资环境评价方法的比较研究[J].数量经济技术经济研究，1991(01):66-72.

上述八大要素与准数值"N"的关系，用下式表示

$$N=\frac{KB}{ST}(P+L+M+F)+X_0$$

式中 X_0——其他机会性因素，其值可为正或负。

运用这种方法，可以较便利地评价投资环境的优劣。如果一国投资环境准数值越高，表明该国投资环境越佳，对外资的吸引力越大。

采用准数分析法评价投资环境的主要原则和特点：一是以国际资本动向、本地发展战略的特色为主要依据；二是注意各种投资环境要素之间的有机关联性及其动态性，避免机械评分法的不足；三是决策者可以比较方便地利用准数值，从全局高度考察投资环境的优越程度；四是评价的因素较全面，既有宏观因素又有微观因素，既有硬环境因素又有软环境因素，这有利于防止评价结论的片面性而导致投资决策的失误。

3.2.5 体制评估法

这种方法是香港学者阎建蜀提出的。他认为一国的投资环境是否良好，事实上与其政治、经济、司法体制是否健全有极大关系。如果一国的整个体制不健全，所采取的鼓励外资政策就会像在一个身体衰弱的人身上打兴奋针剂一样，只能收到一时之效，而缺乏长久效果。对于东道国来说，改善个别投资环境因素只是"治标"的办法，努力健全整个体制才是"治本"的对策。因此要正确、合理地评价投资环境，就不能仅限于各种投资优惠措施的比较，而应着重评价政治、经济、司法体制对投资环境的影响，一般可采用以下五条评估标准：

第一，稳定性，主要是指政府机构、政策和法令、经济与社会发展、生产要素及资源供应等方面都应稳定。

第二，灵活性，是指企业在根据市场需要做出转变调整时，不会受到政治、经济、法制体制上的障碍，生产要素和产品的价格都能灵活反映有关市场的供求状况，原材料及元件市场的发展已趋完善。

第三，经济性，是指当地的劳动生产力、工资、各种租税、土地费用等具有国际竞争

力,当地的原材料及元件的供应价格也具有国际竞争力,从而能使外商投资企业降低经营成本。

第四,公平性,表现在政府对待外商投资企业与本国企业一视同仁,无歧视态度,不多征收税款与费用,同时还要保持涉外政策及法令的一致性。

第五,安全性,是指在当地投资无国有化的危险,资金与利润的外调有保障,产品设计与新技术的发展受到专利权的保护,当外国投资者与当地生产经营者之间发生矛盾或冲突时应有法律调解,当地法院的判案应具有客观性。

这五条标准反映了一个国家政治与行政管理体制、经济体制、司法体制的完善程度和运行效率,它对外商投资的政治风险、财务风险、商业风险将产生直接影响,从而会对外商投资的中间目标(如降低成本、发展市场、接近原料供应产地、实现企业增长)和最终目标(利润)发生作用。这种作用过程可表示为:政治、经济、法治体制的情况→外资风险→外商的中间投资目标→外商的最终投资目标。根据上述五条评估标准,各给一比重及评分,即可算出某国投资环境应得分数,从而为投资决策提供比较科学的依据。

3.2.6 道式评估法

道氏评估法又叫道氏公司动态分析法。它是美国道氏化学公司根据自己在海外的经历提出的。道氏公司认为,投资者在国外投资所面临的风险分为两类:一是正常企业风险或称竞争风险。例如,自己的竞争对手也许会生产出一种性能更好或价格更低的产品。这类风险存在于任何基本稳定的企业环境之中,它们是商品经济运行的必然结果。二是环境风险,即某些可以使企业所处环境本身发生变化的政治、经济及社会因素。这类因素往往会改变企业经营所遵循的规则和采取的方式,对投资者来说,这些变化的影响往往是不确定的,既可能是有利的,也可能是不利的。

据此,道氏公司把影响投资环境的诸因素按其形成的原因及作用范围的不同分为两部分:企业从事生产经营的业务条件和有可能引起这些条件变化的主要压力。这两部分又分别包括40项因素。在对这两部分的因素做出评估后,提出投资项目的预测方案的比较,可以选择出具有良好投资环境的投资场所。基本内容如表3-4所示。

表3-4 道氏公司投资环境评估因素

企业业务条件	引起变化的主要压力
评估以下因素: (1)实际经济增长率 (2)能否获得当地资产 (3)价格控制 (4)基础设施 (5)利润汇出规定 (6)再投资自由 (7)劳动力技术水平 (8)劳动力稳定 (9)投资刺激 (10)对外国人的态度 … (40)	评估以下因素: (1)国际收支结构及趋势 (2)被外界冲击时易受损害的程度 (3)经济增长相对于预期 (4)舆论界领袖观点的变化 (5)领导层的稳定性 (6)与邻国的关系 (7)恐怖主义 (8)经济和社会进步的平衡 (9)人口构成和人口趋势 (10)对外国人和外国投资的态度 … (40)

(续)

有利因素和假设的汇总	预测方案
对上面两项进行评价后，从中挑出8～10个在某个国家的某个项目能获得成功的关键因素（这些关键因素将成为不断查核的指数或继续作为国家评估的基础）	提出4套国家/项目预测方案： （1）未来7年中关键因素造成的"最可能"方案 （2）如果情况比预期得好，会好多少 （3）如果情况比预期得差，会差多少 （4）会使公司"遭难"的方案

资料来源：曹洪军. 国际企业管理 [M]. 北京：科学出版社，2006:67.

道氏评估法分四个步骤：

第一步，评估影响企业业务条件的各个因素。

第二步，评估引起变化的各个主要压力因素。

第三步，在前两步的基础上，进行有利因素和假设条件的汇总，从中指出8～10个能获得成功的关键因素。

第四步，在确定各关键因素及其假设条件后，提出四套项目预测方案。第一套是根据未来7年各关键因素"最可能"的变化而提出的预测方案；第二套是假设各关键因素的变化比预期得好而提出的"乐观"预测方案；第三套是假设各关键因素的变化比预期得差而提出的"悲观"预测方案；第四套是各关键因素变化的最坏、可能导致公司"遭难"的预测方案。在各个预测方案提出之后，请专家对各个方案的可能出现的概率进行预测，从而作为决策的参考。

3.3 国际风险的识别与防范

企业跨国经营通常都将面对复杂而不确定的环境因素影响，从而面临各种不同的国际风险。换句话说，跨国经营本身就是一种冒险行为，风险越高，可能经营收益越高。国际经营者必须学会和处置的是如何及早识别国际风险，提前做好国际经营风险的防范，并掌握临场应对国际风险的能力和手段。

3.3.1 国际风险的界定及分类

1. 国际风险的内涵

众多的国际化研究学者对国际风险认识有一个逐渐深入的过程，在此过程中，对风险和不确定性这两个不完全相同但又密切相关的概念都有不同的界定。对国际风险的认识，国际风险研究的著名学者米勒指出，"风险"一般是由一些因素构成，包括公司内部和外部因素，这些因素会对公司经历的风险造成影响，因此，"风险"这个词实际上是指不确定性的来源。米勒认为，尽管不确定性无法事先预期，也不能完全用数量统计的方法测算出其统计分布的特征，但人们还是能够通过对它们的分类、解析来了解它们发生的原因、影响因素、变化特征等，以决定相应的策略选择。为了避免混淆，米勒及随后一些研究国际风险的国外学者大多用"不确定性"来代替"风险"，而国内学者大多直接使用"风险"作为研究对象。无论使用哪个术语，学者们的研究目的都是一样的，即对企业进入国际市场时所面临的风险进行分类，以及从不同角度探讨国际风险的相关问题。

2. 国际风险的分类

从不同学者对国际风险的分类和界定可以看出，一方面，风险和不确定性并未得到明确的区分，甚至二者存在等同性；另一方面，国际风险有着多种类型，应该系统地对其进行分类。鉴于此，本书以米勒（1992）提出的一体化国际风险感知模型为基础，将所有风险分为宏观环境风险（社会一般环境风险）、中观环境风险（行业环境风险）和微观环境风险（企业内在环境风险），如图 3-2 所示。

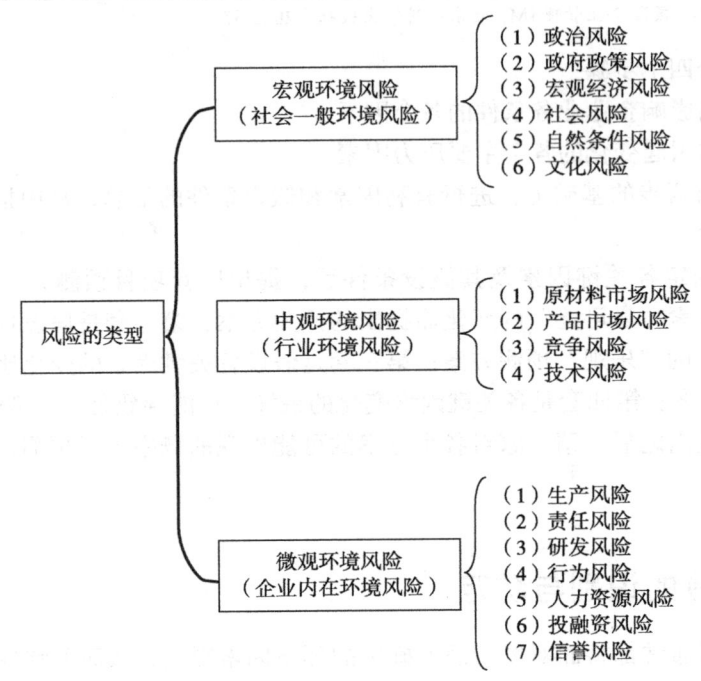

图 3-2　国际风险的分类

资料来源：改编自许晖，李巍．国际企业管理 [M]．北京：中国人民大学出版社，2011:108．

（1）宏观环境风险。具体如下：

1）政治风险。狭义的政治风险是指因政治制度的变化和政治斗争而可能导致企业利润的损失，如战争、革命、暴乱、核心领导人物的更替等。例如，2011 年 3 月以来叙利亚局势持续紧张，国内多地武装冲突不断。中国在叙利亚的企业业务受到极大影响，一些公司纷纷压缩在叙规模，逐步撤出人员。中石油、中石化在叙利亚东北部的矿井停工，只有极少数的中资企业选择留守。广义的政治风险则不仅包括狭义的政治风险，还包括政府的政策风险。本书采用狭义定义以使政府区别于政治。

2）政府政策风险。政府政策风险是指影响商业环境的政府政策的不稳定性，其中包括无法预期的财政和货币改革、价格控制、贸易壁垒水平的变化、国有化的威胁、政府规章制度的变化。政策风险主要源于各国贸易摩擦的加剧、反倾销案件的增多以及技术性贸易壁垒的存在。例如，商务部数据显示，入世以来至 2013 年 4 月，我国共遭遇 842 起贸易救济调查，涉案金额 736 亿美元。2014 年上半年，我国共遭受 53 起贸易救济调查，涉案金额 52.9 亿美元。

3）宏观经济风险。宏观经济风险是指经济活动和物价水平波动可能导致的企业利润损失。价格波动一般表现为投入和消费者产品相对价格的波动，通货膨胀的发生，汇率和利率的不确定性波动。

4）社会风险。社会风险是指当人们面对与其自身价值观不相符的信仰、价值观时，可能会产生社会危机，如社会动荡、暴乱、游行或小规模恐怖行动等。例如，自2012年9月中旬开始，由于中日两国在钓鱼岛问题上的外交冲突升级，中国消费者对日本产品的购买意向显著受到影响，马自达当月在华销量同比减少35%，三菱汽车当月在华销量同比减少62.9%。

5）自然条件风险。自然条件风险是指影响经济产出的自然现象。严重的自然灾害可能会破坏大量的商业活动，并极大地减少公司在受影响地区的生产能力。例如2011年3月，日本发生里氏9.0级地震和海啸，造成全球保险业赔偿高达600亿美元，并且给欧洲的航空业带来巨大影响，还对中国旅游业产生巨大影响。

6）文化风险。文化风险是指企业在国际化经营过程中，由于文化因素环境的复杂性、不确定性，使企业实际收益与预期收益目标相背离，甚至导致企业经营活动失败的可能性。例如作为一个新的驻华跨国子公司，由于需要优秀员工的加入以求经营能够尽快地进入轨道，BAC公司采用了美国文化中强调个人能力和竞争的人力资源管理方法，如果业务人员工作绩效达不到，则会在1~3个月内被解雇，这与中国文化中注重人的长久发展的理念相违背，这最终导致了公司的人员流动率在最初达到20%以上，即便留下的员工也充满了危机感。

（2）中观环境风险。具体如下：

1）原材料市场风险。它是指原材料的获取和投入生产构成中存在的不确定性，涉及数量、质量、时间等要素。原材料市场风险主要源于生产者供应的转变、其他使用者对投入物需求的变动。我国海关总署数据显示，2013年全年，中国铁矿石的总进口量达到8.19亿吨，创铁矿石进口量的历史新高，与此同时，2012年中国铁矿石对外依存度超过了70%。国际铁矿石价格的波动，不但会影响钢铁企业，还会传导到建筑和制造行业，最终引发消费类商品的价格波动。

2）产品市场风险。它是指产品需求、客户偏好等未预料的改变，或替代品及互补产品有用性的改变。产品市场风险与消费者有着密切的关系，产品是否满足消费者习惯和适用条件的变化、在产品周期内消费者偏好是否发生变化等是企业经营的一种显著性风险因素。

3）竞争风险。它是指由于无法预测产品市场中可获得的产品数量和类型，企业可能遭受到来自同行业厂商的竞争压力。竞争对手数量过多、实力过强以及不正当竞争行为都是企业经营的风险因素。2010年，我国光明食品集团全力竞购的澳大利亚西斯尔旗下糖业及可再生能源业务部门，在万众期盼中被半路杀出的新加坡丰益国际集团揽入旗下。一位光明内部人士称此次竞购失败，恐因澳大利亚政府干预，担心澳糖被光明收购之后会影响澳大利亚糖业定价。

4）技术风险。它主要是指东道国市场上主要技术变动的频率。其中，技术扩散风险是影响比较重大的风险之一，技术扩散风险是指构建企业竞争优势的专有知识被技术接受方或合资方不正当利用的风险。除此之外，还包括国际企业在技术研发中的各种风险。2013年9月3日，微软完成对诺基亚的收购，此举宣告在2008年全球手机市场上占有40%份额的商业巨头退出了历史舞台。诺基亚的失败原因有很多，其中最重要的一点就是技术上的失利。

（3）微观环境风险。具体如下：

1）生产风险。生产风险是对运营不确定性（劳动力不确定性、公司投入物供应的不确定性以及生产不确定性）的相关探讨。生产风险包括由于机器失灵导致的产出变化，还包括其他随机因素，如扰乱生产过程的事件。

2）责任风险。责任风险主要是指企业在生产、销售过程中因负担产品质量、环境污染、人身安全等责任而面临的风险。消费者使用公司产品有可能导致起诉生产者，公司还可能承担某些外部影响的法律责任。

3）研发风险。研发风险是指当投资于研发时，就会出现完成项目和项目产出特定时间框架的不确定性。跨国公司在网络效应的作用下，其技术研发的组织形式发生了重大变化，会根据不同东道国的优势，将研发活动扩散到其他区位。但是由于人力资产容易流失，国际企业在研发人员的投入上就具有很大的不确定性。例如，被收购企业的主要研发人员，可能不喜欢收购企业制定的战略方向，或者被收购后，原有企业文化丧失，所有这些因素都可能导致主要研发人员的流失。

4）行为风险。行为风险与企业员工的本位主义行为息息相关。有学者指出，管理者的层级越高，越倾向于冒险；权力越大的管理者表现出越高的风险行为；教育水平越高的管理者越爱冒险；越小公司的管理者越爱冒险。

5）人力资源风险。由于国际人力资源管理所面临的环境与国内的环境有明显不同，具有更大的不确定性，因此在人力资源管理的职能实现方面也可能引致风险，具体包括：人员配备引致的风险；业绩评估和薪酬管理引致的风险；培训和开发引致的风险。

6）投融资风险。它是指企业跨国产业投资和融资过程中因政治、汇率、利率、资本管制、法律环境和信息不对称等带来的海外资本风险。通常把由于政治、汇率、利率以及税收政策等因素变动造成的融资目标实现的不确定性称为海外融资风险，而将因缺乏对海外投资环境、投资项目的有效评估，致使海外投资决策的盲目性，称为海外投资风险。

7）信誉风险。由于客户或自身信誉问题导致企业收益受损，即为信誉风险。信誉风险问题主要涉及资金回收问题，对国际企业来说由于时空距离限制，其对客户的控制能力很低，业务运作在很大程度上依赖于信任。

3.3.2 国际经营风险感知与识别

1. 风险感知与风险识别

一般来说，人们对于风险都会有一个感觉和认识的过程。国外的一些学者通常用"risk perception"（风险感知）来界定这个过程。而国内的一些学者则将感知和认识风险的过程定义为"风险感知"，但是对风险感知的认识和理解也存在很大差异。本书综合众多学者的观点，将风险感知的主要定义整理如表 3-5 所示。

表 3-5 风险感知的定义

学者与年代	定义与说明
鲍尔（Bauer）(1960)	风险感知是在产品购买过程中，顾客因无法预料购买结果而产生的一种不确定性的感知
乔纳（Jonah）(1986)[①]	风险感知为感知到某些行为及情境可能导致的危险性
茨维特科维奇（Cvetkovich）和厄尔（Earle）(1992)	风险感知是一种社会性建构，个体根据不确定性及模糊的资讯进行推测并得出结论
罗娜·弗林，等（Rhona Flin et al.）(1996)	人类评估日常可能遭遇的风险时，并非凭借理性且科学化的衡量标准，而是采取主观的量化评估，并以其所感知的结果从事各种活动

(续)

学者与年代	定义与说明
黄懿慧（1994）[②]	风险感知是人类在了解某特定风险之后，透过直觉评估风险的过程
王介民（1997）	风险感知是对于事故的潜在危险，有着整体性的了解和共识
伦纳特·吉柏格（Lennart Sjiiberg）（2002）[③]	风险感知是人们对未来损失的判断，受到态度、一般风险敏感性和对特定风险因素的反应影响，它是智力判断的结果，和感情因素相关性较小
麦克尔-肯尼迪（McColl-Kennedy）、珍妮特（Janet）和理查德（Richard）（2004）	风险感知是一项社会性行为，是个体依据不确定性及模糊的资讯对客观风险进行推测并得出结论

资料来源：改编自许晖，李巍. 国际企业管理[M]. 北京：中国人民大学出版社，2011:119.

注：① Jonah, B.A., Accident Risk and Risk Taking Behaviour among Young Drivers.Accid.Anal.Prev.1986, 18(4): 255-271
② 黄懿慧. 科技风险与环境抗争——台湾人民风险认知个案研究[M]. 台北：五南图书出版公司，1999.
③ Lennart Sjiiberg, Policy Implications of Risk Perception Research:A Case of the Emperor's New Clothes[J]. Risk Management, 2002(4).

综合上述定义，本书将风险感知定义为个体对存在于外界各种客观风险的感受和认识，且强调个体由直观判断和主观感受获得的经验对个体认知的影响。

与风险感知研究相似的另一个研究领域便是"风险识别"，国内学者对风险识别的研究比较多，经过长期探讨，大家对风险识别定义达成普遍的共识，即风险识别是认识和发现所考察事物在一定时期内遭受某类风险损失的存在性或潜在隐患，并通过一定的程序、方法，系统、全面地分析产生风险的原因和风险损失对所考察事物或对其主体影响的大小。

2. 国际风险识别

企业在国际化进程中必然感知到来自宏观环境、行业环境和企业内部环境引致的国际经营风险，如能发现和识别国际风险并采取防范监测措施将有助于企业全面清晰地认识国际经营风险，更能降低国际风险带来的影响进而提升企业的国际化绩效，因此构建国际风险识别机制成为国际风险管理的重要内容之一。

风险识别是风险管理的第一步，也是风险管理的基础。只有在正确识别出自身所面临的风险的基础上，人们才能够主动选择适当有效的方法进行处理。想要进行国际风险识别，则必须构建合适的风险识别机制，此机制不仅是为了使企业更有效地识别风险，还应包含大部分企业在实际中可操作的内容。

国际风险识别机制应是一个可以利用的有机系统，风险识别主体可利用它进行识别其可能面临的各种风险，并充分分析各种风险因素间的相互关系。风险识别工作的主要对象是国际风险，所做的工作不仅包括制定最初的风险清单、对清单进行分析判断，还要根据风险的性质、特征，企业需对清单上涉及的风险进行分类，在分类的基础上考察目标风险的来源、发生概率、影响程度及损失暴露等风险因素。

由此可知，国际风险识别机制是指风险识别的各组成部分及其之间的相互关系和变化特征。国际风险识别过程、机制及方法模型如图3-3所示，国际风险识别机制的构建由三个模块组成。

首先，确定风险识别主体。不同的识别主体所关注的风险不同，根据风险管理的经典文献，本书把风险识别主体分为国家、行业和企业三个层次。在研究中，企业作为风险识别的主体成为研究的焦点。

其次，在确定风险识别主体之后，要进行风险识别方法的筛选。识别方法对整个风险识别起到辅助作用，是风险识别的工具。识别方法的筛选可以从学科适用性和理论实用性两方面考虑。不同的识别主体可以根据自身所处的行业特点选择风险识别的适用方法。同时，在企业进行风险识别之前要选定识别不同阶段适用的方法。也就是说，风险识别方法不仅是风险识别过程的辅助手段和工具，更在不同的识别阶段为风险识别过程明确了具体的要求和方向。

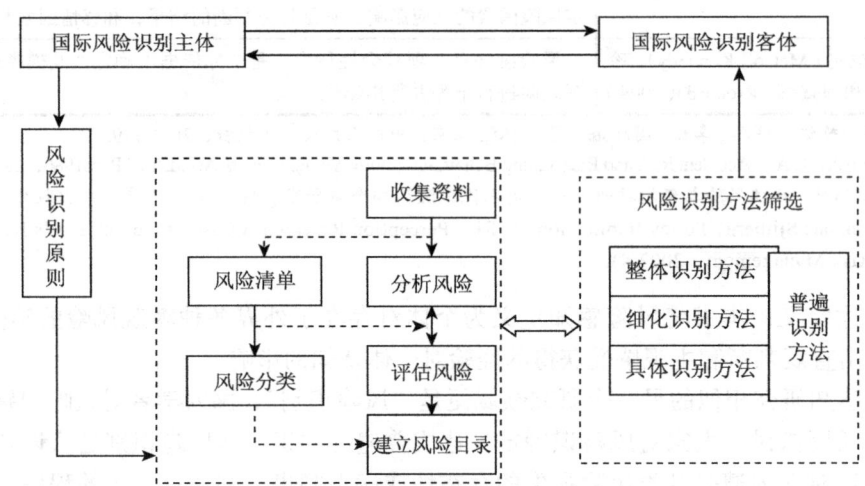

图 3-3　国际风险识别过程、机制及方法模型

资料来源：改编自许晖，李巍. 国际企业管理 [M]. 北京：中国人民大学出版社，2011:124.

最后，也是国际风险识别的主要部分，即风险识别流程。风险识别活动的全部内容都包括在这个流程中。风险识别流程经历了一个由收集资料→分析风险→评估风险→评价风险→建立风险目录的过程，这是一个概念上的过程。图 3-3 中流程部分虚框的实箭头表示的就是实现流程的途径。这个方法主要用"分析风险"和"评估风险"的流程中。从收集资料到建立风险清单再到风险分类，最终建立风险目录是一个实际操作的过程，这个过程在流程框中用虚箭头表示。

3.3.3　国际经营风险的防范

尽管企业在国际化道路上可能面临来自不同层面的风险，但在全球化的大潮之下，被动逃避将会使企业变得更加无所适从，只有充分地构建起全方位、立体化的国际风险防范策略，使企业在遭遇国际风险时能及时有效地启动风险防护网，积极主动地融入国际化浪潮中，才能在国际竞争立于不败之地。

企业国际风险防范策略的具体分析如下。

1. 母国政府层面的风险防范策略

（1）提供宏观政策指导。政府对企业走出去战略的支持是多方面的，根据走出去战略的宏观目标，通过支持具有战略意义的投资实现政府的政策意图。企业的境外投资有自己的利益动机，有时与国家目标相一致，有时则相背离。这就需要政府部门通过对企业境外投资活动涉足的国家、产业、规模和合作对象选择等进行指导和协调，并在审批时加以把握，将企业对外投资的微观目标与国家的宏观目标进行有效协调。

（2）完善海外投资保险制度。与国内投资相比，海外投资面临着更大的风险和不确定性。单凭企业的力量无法有效地抵御和规避这些风险，因此，一些国家政府纷纷建立境外投资风险保障机制，以政府之力为企业解除跨国经营的后顾之忧。

（3）提供金融及财政支持。国家开发融资和担保机构应为走出去的企业，特别是对体现国家重大利益的投资活动提供贷款、投资担保，发挥出口信用保险的制度，对有较大宏观效益和涉及国家长远战略的境外投资，要在可能范围内予以鼓励和支持。

2. 海外经营行业协会层面的风险防范策略

行业协会是一种民间性组织，它不属于政府的管理机构系列，而是政府与企业的桥梁和纽带。

（1）信息支持。对于国内企业的对外直接投资，行业协会应予以更广泛的信息支持。例如，协助海外经营的企业进行当地市场调研，组织建立国外工业园区或国外工商协会，协调企业在国外的公共关系。

（2）市场支持。行业协会在市场支持方面，可以创办出版物，在国外举办博览会、展销会及有关工商业的报告会、研讨会，邀请大使馆官员、相关专家、企业家等参与，提高行业和相关企业的知名度，创造商业机会。

（3）承担监督指导者的职责。行业协会应制定协会章程，规范企业行为，代表经营组织与政府主管部门进行对话，及时反馈行业企业国际化经营中所面临的问题，协助政府制定相关法律、法规及各项管理办法和行业发展战略。

3. 企业层面的风险防范策略

（1）认真进行市场调研，加强可行性研究。跨国公司的可行性研究是对具体的对外投资项目所做的可行性分析。在进行对外直接投资时，企业首先要对东道国的投资环境进行分析，这是从宏观上对东道国的跨国经营风险所做的可行性研究，在分析的基础上，提出国别评价报告，说明东道国在跨国经营风险方面的客观状况。

（2）运用调整型手段，建立快速反应体系。在对外直接投资的过程中，由于各方面因素的变化，会出现许多难以预料的情况，因此跨国公司要建立一套有弹性的调整手段，强化其快速反应功能，随时采取调整措施，以保证对外直接投资目标的顺利实现，它主要包括调整投资主体、投资对象、投资方式、投资战略等调整手段。

（3）强化财务预测功能，建立财务风险监测机制。企业财务预测是对未来融资需求以及营运资本需求量的估计，准确的财务预测对于防范财务风险具有重要作用。企业可以通过财务预测了解自己的财务需求，提前安排融资计划，并根据融资计划，安排企业生产经营和投资，从而将投资和融资联系在一起。同时，建立风险监控机制，对可能发生的、已发生的与预期不符的变化及时进行反馈和修正，将风险降到最低程度。

3.4 中国企业国际经营的环境适应风险

经济全球化方兴未艾，世界变得越来越平坦的同时，更新变化的速度也越来越快。在快速变化的国际市场中，国际化的双刃剑效应越来越明显，国际化带给企业全球范围内进行资源寻租和整合机会的同时，国际环境的不确定性也使企业时刻可能卷入国际风险的旋涡。尤其是对于中国企业,国际化之路才刚刚开始,而摆在中国企业面前的也并非通往国际市场的康庄大道,应时刻警惕并积极预防国际风险的侵袭。采用恰当的策略对各种风险进行防范,对于每一个想在国际市场中有所作为的企业来说都必不可少。

3.4.1　中国企业走出去的环境适应风险概述

企业国际化经营是经济全球化的必然趋势,是企业发展到一定阶段的必然选择。国际化经营是减少贸易摩擦、避开贸易壁垒的一条有效途径,在开展国际经营活动中,中国企业会面临各种各样的风险,根据风险环境的变化适时调整经营战略是中国企业走出去的必经之路。

中国企业国际化经营中不可避免地要遇到企业一般经营状况中的各种风险,风险类型主要体现在以下几个方面。

1. 政治风险

中国企业国际化过程中面临诸多风险,但是政治风险已成为中国企业走出去过程中不可忽视的重要一环。福布斯中文网发布的《2011年福布斯中国海外直接投资国家(地区)风险排行榜》分析了当时中国海外直接投资的184个国家和地区,认定风险级别最高的国家和地区有37个,从政局稳定指标来看,最不稳定的国家主要有阿富汗、苏丹、刚果民主共和国等。可以看出,中国企业海外投资的国家中不发达国家的风险级别最高,而这恰恰是中国海外投资最多的地方。

在战争和内乱环境中,国民经济运行大多处于无序状态,一些工程项目被迫中途下马,外资企业生产和经营难以正常进行,甚至连企业职工的人身安全也无法保障,不仅谈不上盈利,就连投资本金的安全性也面临极大威胁。例如,2013年1月12日,中铁十八局4名中方员工在苏丹北达尔富尔州首府法希尔附近遭绑架。2012年1月31日,天津水泥设计院建设项目25名中国工人被埃及的贝因都人扣留,后获释。2012年1月28日,中国中水电公司29名中国工人在苏丹南科尔多凡州的工地被反政府武装劫持,后获救。

2. 政府政策风险

政府政策风险主要源于各国贸易摩擦的加剧,反倾销案件的增多以及技术性壁垒的存在。随着经济一体化趋势及世界贸易组织框架下区域经济合作的迅速发展,排他性的区域贸易保护主义抬头。中国企业在走出去的过程中,深受其害。中国一直是贸易救济调查的最大目标国,到2016年,中国已连续21年成为全球遭遇反倾销调查最多的国家,连续10年成为全球遭遇反补贴调查最多的国家。[1]而且针对中国产品的反倾销、反补贴等贸易救济调查似乎越来越猛,统计显示,2016年上半年,中国出口产品遭遇了来自17个国家(地区)发起的65起贸易救济调查案件,同比上升66.67%,涉案金额85.44亿美元,同比上升156%。

除此之外,中国企业还要面临诸如关税壁垒、价格控制、外汇管制、财产剥夺、政府干预等方面的政府政策风险。例如2005年,美国国会以"国家安全"为由阻挠中海油收购优尼科,最终迫使中海油以"不确定因素"为由撤出。再如,2008年华为公司联合美国股权投资基金贝恩资

---

[1] 每日经贸. 2016年上半年中国出口产品遭遇65次反倾销调查. http://www.ccpit.org/Contents/Channel_4130/2016/0720/673193/content_673193.htm.

本（Bain Capital）并购美国 3Com 公司，却在美国外国投资委员会的安全审查关卡前铩羽而归。

3. 文化风险

跨国公司在对他国市场进行投资时，文化差异是其面临最大的风险之一，对中国企业来说，也是这样。虽说中国企业走出去的数量不断提升，但是由于不了解东道国文化而折戟的比比皆是。据国际并购联盟的相关数据显示，在 2010 年以前，中国企业海外并购案例失败率高达 70%，而其中大多是由于文化整合不善造成的。

比如明基收购西门子是中国企业一个令人惋惜的由于文化冲突而失败的案例。2005 年时，明基已经是世界第一大手机代工厂商，不过明基董事长李焜耀依然希望拥有自己的自主品牌，但单靠明基的力量还不具备可行性。2005 年 6 月 8 日，明基正式宣布并购西门子手机业务。尽管明基已经为接手西门子做好了充分的准备，但事后企业的整合特别是文化调和一直没有达到理想中的状况。首先，西门子的"慢"文化与明基的"快"文化存在着较大差异，整合难度较大。作为欧洲知名的大型企业，西门子一直以其强健的企业文化著称。而明基作为一个中国新兴的刚成立近四年的企业，在吸收甚至改变西门子文化上显得势单力薄。因此，这样两个几乎相悖的企业文化碰撞在一起，一个是快速、弹性、机会型，一个是稳健、规范、完美型，双方的企业体系和社会体系相差太远，最终导致明基整合西门子的失败。

4. 市场竞争风险

国际市场是剧烈竞争的市场。有竞争就必然有风险，在国际市场竞争，就意味着有市场竞争风险。随着跨国企业经营规模扩大和方式多样化，国际市场竞争程度愈演愈烈，我国有些企业便采取了一些冒进战略，如以超低价竞标等恶性竞争的方式来开拓国际市场或提高市场占有份额，结果导致企业利润减少，可持续发展能力降低，严重时企业经营困难甚至破产。2007 年 3 月 1 日《北京晨报》报道称：目前中国汽车产品在海外已形成"低端、技术含量低"的形象。目前，我国企业跨国经营中的这种恶性竞争时有发生，形式也各异，由此带来了巨大的市场竞争风险和损失，其直接后果是履约质量不高，出现各种纠纷，造成经济损失，损害我国企业在海外市场的形象。

3.4.2 中国企业跨国环境适应成败的案例

随着中国经济实力的日益强大以及部分企业的逐渐发展壮大，中国企业进行跨国并购的规模不断扩大，然而在跨国环境适应中，有的企业经营成功，有的企业经营失败，中国企业要想经营成功就要及时根据环境的变化做出战略调整。

1. 中国企业跨国经营成功的案例：以联想收购 IBM 的 PC 为例分析

作为当时中国最大的 PC 制造商，联想集团在拓展海外业务时，需要在海外新建投资和跨国并购这两种战略方式中进行抉择。综合考虑联想将要面临的各种风险，最终经过多次论证，收购强势品牌成为联想最终的选择。恰逢 IBM 通过美林向联想提出了出售 PC 业务的意向计划，从 2003 年 12 月起，联想开始着手对该项收购进行调查，聘请麦肯锡为顾问全面评估并购的可行性。2004 年春节过后，联想又聘请高盛作为财务顾问，开始了与 IBM 长达一年的艰苦谈判。2004 年 12 月 8 日，在经过 13 个月的艰苦谈判后，联想集团终于对外宣布将以 17.8 亿美元收购 IBM 的全球 PC 业务。但此时却横生枝节，就在 IBM 向美国海外投资委员会（CIFUS）提交申请接近 30

天的时候，2005年1月29日，3名美国共和党议员以"让中国获得先进技术危及美国国家安全"为由，要求CIFUS深入审查此项交易，美国政府也因此将最终是否批准该项交易的裁决期限由原来的30天延长至45天，联想集团跨国并购的前途因此变得模糊不定。直至3月9日，联想和IBM宣布，CIFUS已经提前完成了对联想收购交易的审核，新联想的整合行动正在顺利进行。

正因为并购过程遭受了种种困难，包括美国政府的阻挠等，并购后的联想集团更加注重整合。作为两家来自不同国家的公司，想要达到最好的整合目的是非常困难的，但是联想却做到了。由于两家公司是同一行业的兼并，所在行业文化整合方面好像并没有什么阻力，所以并购后的整合就主要集中在企业文化和民族文化整合方面。其实在很多方面，是很难将企业文化和民族文化拆分开来的。并购后的新联想执行官充分考虑了原本两家公司的企业文化和各自代表的民族文化，通过成立专门的调查小组来分析两种文化的共同之处，并调查公司员工的想法，最终找到了一个平衡点。找到平衡点后，就是文化的融合，为了实现两种文化的融合，杨元庆采取了迁就策略，让"中国模式"迁就"美国模式"，比如要求中国员工每天至少多学两个小时的英语等，最终使两种原本不相容的文化达成统一，也实现了联想并购IBM的真正成功。

2. 中国企业跨国经营失败的案例：以中海油收购加拿大尼克森公司为例

中国海洋石油有限公司在2013年2月26日宣布，已于北京时间26日6时完成收购加拿大尼克森公司的交易，收购总对价约151亿美元。自2012年7月23日收购消息公布后，尼克森的股价不断上涨。这笔交易已获得尼克森股东、加拿大当地法院、加拿大政府、美国外资投资委员会以及中国发改委的批准。

在收购完成初期，对于这笔中国企业成功完成的最大海外并购，中海油总公司总经理、中海油有限公司副董事长杨华表示，中海油和尼克森资产互补，能形成绝佳的战略配合。

然而，收购后的情况并没有朝着预期的方向发展，中海油反而一直噩梦不断。其利润仅占2%、成本开支却持续攀升的尼克森已成为中海油的心头大患。2015年7月16日，尼克森2014年新安装的一条管线破裂，在加拿大北阿尔伯塔地区泄漏了接近31 500桶原油。据称，这是近30年来北美地区陆上最严重的一次漏油事件。中海油面临的麻烦还不止于此。尼克森的这次漏油发生在环保法规最严、民众环保意识最强的加拿大，民众和各个机构的高额索赔会纷至沓来……

其实，在完成收购之初，就有人士提醒，中海油收购尼克森最大的挑战可能来自两个大公司的融合对接的风险，包括计划、财务、勘探、开发等十几条业务线整合的风险，也包括企业文化、员工管理、管理流程等的对接问题。

这种对接的失序和混乱早有苗头，2015年3月份，尼克森方面突然宣布裁员400人，占尼克森3 000多名现有员工的13%。而中海油于2013年完成对尼克森的收购时曾承诺，要留下公司的高层和员工且保持待遇不变。不想，两年后该承诺化为泡影。

早先，中国海洋石油首席执行官李凡荣曾透露，尼克森仅占据了中海油2%的利润。而且，尼克森已经有好几年难以从油砂中开采出原油了，但成本开支却是10倍不止。2013～2015年中海油的年报和计划公告显示：2013年，尼克森能源已经占到中海油总产量的15%，同时也让中海油的资本支出大增。中海油2013年的资本支出从2012年的599亿元人民币陡增至905亿元，其中尼克森能源资本支出约为165亿元，占18.2%。2014年上半年，尼克森的支出为89.7亿元，比例升为19%。

对于收购以来尼克森的业绩表现，中海油回复称，2014年，尼克森各项资产表现良好，全年健康安全环保表现达到历史最佳，金鹰项目成功投产，长湖项目产量持续提升，生产时率达到 88% 的历史新高。但除了北海的金鹰油气项目和长湖项目，中海油尼克森大部分非常规油气项目现在已经进入暂缓或半停业状态。而如今，长湖项目也出现问题了。

此外，尼克森在 2013 年油价高企时很多项目已停工，中海油明知风险很高，为何还要溢价并购？

彼时，中海油将此视为战略投资——通过并购尼克森，中海油证实储量增加了约 30%，产量则增加了 20% 以上。另一层标志意义是，此举一洗中海油 2005 年并购优尼科的失利之痛。

3.4.3 中国企业国际经营的环境适应对策

国际市场竞争压力的增大和各种风险的制约使中国企业产生了向外拓展的内在需求，因此为在激烈的市场竞争中发展强大，企业必须更好地感知、识别与解决风险，与经营环境的变化与时俱进，在适应环境应对风险的过程中不断发展壮大。

1. 合理选择投资环境，科学选择投资模式

在投资选择方面，企业应科学地选择投资模式，提高对外投资质量。首先可以选择一些环境优良、局势稳定的国家或地区进行投资，但同一国家也可能投资环境不一样。例如，美国对外商投资总体是比较宽松的，但是对于某些影响到本国资源和垄断地位的领域，如自然资源、交通运输、通信等，在联邦立法层面却是严格控制外资进行投资的。

2. 遵循法律、法规，寻求法制保障

首先，遵循东道国法律，寻求东道国法制保障。对外投资企业进入东道国投资，首先要做到的就是遵循东道国的法律，因为法律是经营投资的根本，是企业正常运营下去的保障。其次，要充分利用好相关国际法律法规。在国际社会强权政治横行的时代下，在东道国法律发挥不了作用的状态下，国际法规对于我国"走出去"的企业维护自身合法权益是非常有利的，对外投资企业应该积极地学习贯彻、灵活运用。

3. 树立"双赢""多赢"理念，积极实施"本土化"策略

对外投资企业在东道国经营过程中，不但要考虑自身的经济利益和发展，还要考虑投资所在国的发展，树立"双赢""多赢"的经营理念。在经营过程中，任何矛盾的产生都跟利益息息相关，单边的发展只会带给东道国政府与企业的不满，有可能会在以后的经营中给企业制造障碍，给企业带来潜在的风险。

4. 建立企业风险管理机制，运用企业内部化优势规避风险

对外投资企业应建立一个由企业管理层以及专业的风险管理团队等组成的企业风险管理部门，应对将要投资以及已投资的东道国的相关情况进行全面的了解，如东道国的政治格局、贸易及外交政策以及相关法律法规等，并在了解相关信息的基础上建立有效的海外投资风险预警机制及风险处理机制。

5. 消除文化障碍

在企业的跨国经营中，强求文化背景的一致是不可能的，也是没有必要的，经营者只有在持有自己民族文化的基础上容纳他国的文化，对对方文化予以理解和谅解，才能深化彼此友谊，对开展贸易提供可能。在跨国经营中，需要经营者尽可能地接受当地的文化模式，对那些可接受的行为模式和风俗习惯予以应有的尊重，尽可能减少民族敏感性，争取得到合作者的最大配合，从而取得自己的目标利益。

6. 避免文化风险

对于难以消除文化障碍的情况，适当的采取文化风险的规避措施也能最大限度地减少风险带来的损失。譬如，企业生产的产品不符合当地消费习惯甚至遭到反对时，企业可改变生产经营方向，改为经营别种产品；企业的产品无法满足受众需求而又无意转产时，则可选择变更生产经营地点以寻找新的销售渠道。

本章小结

本章主要对国际企业的经营环境进行介绍，涉及其概念、特点及构成。在理解国际经营环境的概念时要注意它是一种客观存在，是国际企业存在和发展的基础，与国内环境相比，国际企业经营环境更加复杂多变而且各要素之间会相互作用，同时还具有动态开放性和差异性。国际企业的经营环境涉及经济、政治、法律、社会文化、技术等方方面面，每一方面都与国际企业的经营息息相关。

在进行跨国投资以前，企业应该先对要投资的国外环境进行评价，评价方法多种多样，企业需要做的是熟悉并掌握每一种方法，如投资环境多因素分析法、多因素评估法、国别冷热比较法、准数分析法等。综合运用这些评估方法能够帮助企业判断将要投资的地区的机会与风险，进一步为国际企业的扩张打下基础。由此本章讲述了国际企业面对跨国环境时可能面临的国际风险及其管理问题，介绍了有关国际风险的相关理论知识，包括国际风险的界定及分类等。在分类中，本章在基于米勒提出的一体化国际风险感知模型的基础上，将所有的风险分为宏观环境风险、中观环境风险和微观环境风险三大类，每一类别下面又具体细分了很多种类，每一种都是企业在经营过程中有可能会遇到的。对于风险类别，国际企业不仅要做到了解，还要做到会识别，并进一步学会该怎样防范这些风险。

中国改革开放三十多年来，无数的中国企业走出国门，迈向世界。在这其中，既有成功的企业，也有失败的企业。不论是成功的经验还是失败的教训，都值得企业从中好好学习，为未来成功地走出去打下基础，而这也正是本书的目的所在。

关键术语

国际经营环境　环境类别　投资环境多因素分析法　多因素评估法
国际风险　风险感知　风险识别　风险防范

复习思考题

1. 试析国际企业经营环境的特点。
2. 简析投资环境多因素分析法的内容和特点。
3. 比较投资环境多因素分析法、准数分析法、道式评估法三种投资环境评价法的特点。
4. 国际风险有哪些类别？
5. 识别国际风险的过程是怎样的？
6. 讨论中国企业国际经营的环境适应可能遇到的主要问题和对策。

> 应用案例

Uber 国际化进程的悲与喜

Uber 是 2010 年成立于美国的一家互联网创业公司，成立以来，Uber 已在全球 70 多个国家和地区的 400 多个城市开展业务，每天都有上千万的用户选择 Uber 出行。如今它已成为全球领先的移动互联网创业公司，它通过创新科技为乘客和合作司机高效即时匹配，提供安全、高效、可靠、便利的出行选择。

1. 创立初期，以旧金山为基点进行境内辐射

2009～2011 年，创立初期的 Uber 并未将自己定位为中高端私家车租赁应用，而是以 UberCab 为公司名称对闲置出租车资源进行整合，向消费者提供租车服务。直至 2011 年 5 月，Uber 被美国运管部门以没有相关出租车公司执照为名处以 20 000 美元罚款，才将公司名称由 UberCab 正式改为 Uber，并专注于中高端租车市场。

2013 年 7 月，借美国国家冰激凌月的东风，Uber 上线"快递冰激凌"服务；同年，Uber 还推出了从纽约到汉普顿斯的直升机＋私家车租赁服务，当然，这需要消费者交付 3 000 美元的高额费用才能享受。

2. 万事俱备，进军欧洲

2012 年 7 月，Uber 落户英国伦敦，虽然仅有 90 名司机以及宝马、猎豹两种车型为 Uber 用户提供服务，创造了 Uber 最小服务规模记录，但此次进军伦敦，为 Uber 抢占欧洲租车市场打响第一枪。

2013 年 11 月，Uber 宣布首度进军东欧市场，第一站便是俄罗斯莫斯科。莫斯科拥有超过 1 100 万的人口，因此尽管有汽车服务 GetTaxi 先于 Uber 在此运营了一段时间，但庞大的租赁市场依然为 Uber 准备了容身之地。

3. 酝酿一年，低调登陆亚洲地区

2013 年 2 月，Uber 在酝酿亚洲业务一年多后，经过一个月的测试与观望，宣布登陆新加坡，这也表明 Uber 的扩张脚步第一次迈进了亚洲地区。

2013 年 6 月 26 日，Uber 迅捷的脚步在亚洲地区迈出第二步，韩国首尔接受 Uber 测试，并在一个月的考察后正式上线 Uber 服务。

2013 年 6 月 28 日，仅仅两天时间，Uber 宣布登陆中国台北，可见一年酝酿期为 Uber 的亚洲地区扩张工作做足了准备。因此香港、东京也很快相继成为 Uber 的布局城市，但 Uber 在我国内地扩张的脚步则相对缓慢，8 月在上海测试并上线后，历经三个月才宣布将深圳作为第二个布局城市。

然而，Uber 的全球化之路并没有表面那么顺利。

2014 年 12 月 22 日，中国台湾地区交通部门声称，Uber 涉嫌"违法"经营出租车的服务。它还表示，它正在调查封杀这家美国公司的网站和移动应用的可能性。

中国台湾地区有关部门表示，Uber 将因涉嫌无证经营，被处以 300 多万台币（约合 95 102 美元）的罚金。Uber 已支付了 15 万台币的罚金。但是，对于余下的罚金，该公司准备在法庭上提出抗诉。

2014年12月初，因一名印度女乘客报案称，其在使用Uber打车回家途中遭到该车司机的强奸，随后印度首都新德里周一决定禁止该服务在该地区运营。

Uber在印度被封杀之后没几天，西班牙马德里商务法庭做出最新裁决——鉴于Uber与当地出租车同业联盟之间仍有官司未结，因此暂时禁止前者在该国市场的运营，直至所有法律纠纷和解，并被赋予继续经营的权利为止。

而与此同时，泰国曼谷交通管理部门也颁布法令，要求Uber立即关闭业务，以解决该公司司机缺乏管理登记，以及商业保险等问题。

此外，荷兰上诉法庭对早前判定Uber司机必须要获得出租车执照的结果予以支持，并再次指出如果Uber在该国继续经营，将即刻处以高额罚款。

在2014年9月初，德国法兰克福一家法院发布禁令称，在今年召开听证会，决定Uber是否存在不正当行为之前，将在德国全境封杀美国租车服务提供商Uber的一款最热门的服务。

法兰克福的法院发现，Uber对当地出租车行业施加了不正当竞争。该法院指出，Uber的部分司机没有获得必要的牌照和保险，而且存在选择性接单的问题。但按照德国法律的规定，出租车必须接受任何人的打车要求，不允许拒载。

2014年7月，首尔市政府表示，将寻求封杀Uber打车应用，从而加入全球各地市政当局和出租车行业针对Uber服务发起的一场战争。首尔市政府在一份声明中称，韩国法律禁止未注册的私人或租用汽车提供收费的运输服务，因此Uber是非法的。首尔市政府还表示，将在今年12月推出一款应用，为合法出租车提供与Uber类似的服务，如附近出租车的地理位置数据等。

事实上，在美国的一些城市和地区，如迈阿密、奥兰多、奥斯汀和弗吉尼亚等，Uber这样的服务是被法律禁止的，但Uber仍然强势登陆，并公然抗命提供服务，"与现行法律相抵触"。2014年6月，洛杉矶市议会的三名议员呼吁加利福尼亚州议会尽快出台相关法律来对Uber、Lyft这样的租车拼车公司进行管制，理由为现行法律已无法对此类公司进行管理，并且Uber、Lyft这样的公司利用非公平的竞争手段将传统出租车服务公司置于不利境地。

4. Uber究竟为何会面临如此多的悲与喜

在美国，Uber的传统做法是迅速打开市场，首先在新市场占据份额，随后再关注相关法律和监管规则的调整。尽管支持者赞赏Uber的创新性、便捷性、速度以及价格，但批评者也指出，Uber的业务在道德上存在瑕疵：该公司提供非法的出租车服务，违反了各地的监管规定。不过幸运的是，Uber有能力说服大部分城市的监管者。Uber坚称自己是一家软件公司，仅仅为司机与乘客牵线搭桥。因此，遵守监管规定的义务落在了服务提供者，即司机的身上。

然而在美国国外，Uber则没有这么顺利。除了在中国面临的不利处境之外，Uber在欧洲的情况同样不佳。作为一家年轻的科技公司，Uber在开拓全球市场的过程中犯了一个常见的错误。Uber天真地认为，在美国市场带来领先地位的商业模式和经营方法可以被无缝地推广至其他国家和地区。在经济、政治和文化环境都有所不同的地区，Uber严重低估了业务经营中的挑战。

例如，Uber采取了先开展业务后寻求合法性的策略。在采用英美普通法系的国家，如美国和英国，这种做法取得了不错的效果。这些国家的法律和监管规定更灵活，并且取决于最终的司法表述。这为Uber争取合法性打下了有力的基础。然而，在采用欧洲大陆法系的国家，如中国、法国、德国、西班牙，以及欧洲大多数国家，这样做难度很大。大陆法系以罗马法为基础，基于成文的原则和条款。这意味着法律的执行更严格，而司法系统的工作是执行这些法律，而不是对法律进行司法表述。从这种意义上来说，Uber在监管层面遭遇的逆境完全可以理解。

更严重的是，Uber也未能注意到美国和其他国家之间微妙的文化差异，因此很难获得公众支持。美国强调个人主义：个人被鼓励抓住机会发挥个性，追求个人兴趣。然而在亚洲，组织和谐及社会秩序被认为高于个人成就。人们会更关心他人的看法，更看重人际关系，而这些国家的社会契约中也更强调亲密关系和团体组织。因此，这些地区的用户对于Uber极具侵犯性、无视本地政府的策略会感到不满，而Uber也未能在当地建立起能够赢得信任的合作关系。

由于对政治和文化环境的误读，并采用了存在缺陷的全球扩张战略，Uber不仅在中国每年损失10亿美元，也在与其他对手的竞争中处于劣势，最终导致它被收购，退出中国市场。

资料来源：Uber扩张历程盘点：从创立到全球布局仅用4年.阿里云，2014.12.11.https：//www.aliyun.com/zixun/content/2_6_253999.html

讨论题

1. Uber国际化进程"喜"的原因是什么？
2. Uber国际化进程"悲"的原因是什么？我们能从中得到哪些启示？

参考文献

[1] 马述忠，廖红.国际企业管理[M].北京：北京大学出版社，2013.

[2] 曹洪军.国际企业管理[M].北京：科学出版社，2006.

[3] 许晖.国际企业管理[M].北京：中国人民大学出版社，2011.

[4] 崔新健，王生辉.跨国公司治理[M].北京：中国人民大学出版社，2015.

[5] 金闰圭.国际企业管理[M].北京：中国人民大学出版社，2015.

第 4 章
跨文化管理

学习目标

- 准确理解跨文化与跨文化管理的含义。
- 了解跨文化管理的代表理论。
- 熟悉跨文化组织管理的战略模式。
- 了解跨文化沟通的技能。
- 了解跨文化与谈判的技能。

开篇引例:"小联合国"公司员工的一次培训调查

在澳大利亚布里斯班市有一家大公司,该公司的员工来自 23 个不同国家和地区,被昵称为"小联合国"公司。由于语言、风俗习惯、价值观等千差万别使员工平时的沟通很不顺畅,误解、抱怨和纠纷不断。于是,人力资源部的培训经理就对这些员工进行集中培训。

考虑到这些员工大都是新雇员,培训经理首先向他们介绍了公司发展的历程及现状,并向他们解释员工守则及公司惯例,然后做问卷调查。该调查要求这些员工列出公司文化与母语国文化的不同,并列举出自进公司以来与同事在交往中自己感受到的不同态度、价值观、处事方式等,还要写出个人对同事、上司在工作中的心理期待。问卷结果五花八门,其中最有趣的是,来自保加利亚的一位姑娘抱怨说,她发现所有同事点头表示赞同,摇头表示反对,而在保加利亚则刚好相反,所以她很不习惯。公司一位斐济小伙子则写道,公司总裁来了,大家为表示敬意纷纷起立,而他则条件反射地坐到地上——在斐济表示敬意要坐下。培训经理将问卷中的不同之处——分类之后,再让这些员工用英语讨论,直到彼此能较好地相互理解在各方面的不同之处。经过培训,这些员工之间的沟通比以前顺畅多了,即使碰到障碍,也能自己按照培训经理的做法解决了。

资料来源:学习啦.跨文化商务谈判案例 2016.6.20.http://www.xuexila.com/koucai/tanpan/940189.html

【请思考】
1. 不同文化背景的员工在一起工作可能存在哪些方面的冲突,原因是什么?
2. 这个经理的培训方法有何独到之处?

每个国家、每个地区都有其特有的文化传统,这些特有的文化传统在一定程度上影响着当地居民的生活和行为习惯。企业开展跨国经营,不可避免地会与当地的企业和居民打交道,甚至会雇用当地居民作为本企业的员工。企业如果依旧沿用对本土员工的管理方式来管理东道国的员工，强行将本土的企业文化灌输到海外子公司，其效果可能会大打折扣，甚至会产生反作用，造成员工的抵触情绪，产生一系列的矛盾和冲突，进而影响工作效率，增加管理难度。因此，国际企业要想使海外子公司能有序运营，就必须开展跨文化管理，创建符合当地员工接受和认可的企业文化，尊重其固有的民族习俗与生活方式。

4.1 文化与跨文化

多元互动、一体融合的世界政治经济格局为以跨国公司为代表的跨文化组织的发展提供了重要的环境驱动力，跨国公司是世界经济经历了产品国际化、资本国际化而日渐走向生产国际化的时代产物。今天的国际商务日渐表现为由国家属性日益模糊的跨国公司在开放性的世界经济体系内，在产、供、销的各个环节，组织协调世界经济分工；民族企业间的贸易交换日益为跨国公司及其在世界各国的子公司之间有组织的分工、协作生产所代替。越来越多的跨国公司正成为"国籍不明"或者"超国家"的新型跨国企业。因此，以涵盖多种异质文化背景为特征，以跨国公司为载体，以提高差异性文化背景下的跨文化组织中的工作绩效为目的的跨文化管理便成为全球化视野中管理学界注视的焦点及实践中迫切需要解决的问题。

4.1.1 文化的内涵

关于文化的定义曾经有过多种解释，据《不列颠百科全书》的统计，文化的定义在世界上的正式出版物中有160种之多。文化源远流长，包罗万象，无处不在，至今仍没有一个统一的定义。著名跨文化与管理专家、荷兰文化协作研究所所长吉尔特·霍夫斯泰德（Geert Hofstede）将文化定义为：在一个环境中人的"共同的心理程序"。他认为，文化不是一种个体特征，而是具有相同的教育和生活经验的许多人所共有的心理程序。不同的群体、地域或国家的程序互有差异，这是因为他们的"心理程序"是在多年的生活、工作、教育下形成的，具有不同的思维。

在中国，"文化"一词最早见于《易经》："观乎天文，以察时变；观乎人文，以化成天下"，后人将文化含意概括为"以文化人"，即用文采、文质彬彬的内容来改造人，使人变得更加文明化，更脱离原始野蛮状态，更具有人文价值，更具有文化主体特征。在古汉语中，文化就是以伦理道德教导世人，使人"发乎情，止乎礼"的意思。国内学者普遍把文化理解为：文化是人类特有的社会现象之一，它与一定的地域条件和种族特性相联系，其发展过程与形态受一定的经济和政治状况的制约。它是一种人类社会的存在样式，是人类社会生存和发展的具体方式。《辞海》对文化的定义是："从广义来说，指人类社会历史实践过程中所创造的物质财富和精神财富的总和；从狭义范围来说，指社会的意识形态以及与之相适应的制度和组织结构。"从辞源上说，"文化"是从西方"cultural"引进而来，如钱穆所讲，中国的"文化"偏重于精神方面，这时多少也认同了"cultural"中的有关耕种、养殖、驯化等含义，将文化置于一定的生活方式之上。但是中国文化更多地强调"内求于心"，西方文化追求"外求于智"，在钱穆看来，中西文化是两种根本不同类型的文化，是属于平行发展、交流甚少、互不冲突、各有偏重、各具特色的两大文化系统。中国文化是典型的大陆农耕文化，西方文化则属于地道的滨海商业文化，由此提出了中西文化分途发展的两类型说，经过历史和地区的演变，导致中西文化及其文化模式的巨大差异。

综合国内外学者的观点，本书认为，文化是一个群体在价值观念、信仰、行为准则风俗习惯等方面所表现出来的区别于另一群体的显著特征。

许多跨文化专家认为文化有不同的层次与结构。美国著名的心理学家麦克利兰于20世纪70年代提出了"冰山模型"。他把文化比喻成一座浮在海洋上的冰山，一般只露出10%的体积，其余的90%都隐藏在海面底下，随时可能对船只构成威胁。而文化正如一座冰山，冰山的小角显而易见，如打招呼、使用名片、办公室的穿着、用餐礼仪、风俗习惯、社会传统等。只要你是一个敏锐的文化观察者，通常都不会引起严重的跨文化问题。但是，一座冰山的大部分都深藏在海面以下，而这部分才是造成船只遇难的原因。在我们与文化背景不同的人相处时，引发问题的诱因也多为文化中被深藏的一面，如藏于文化表面下的价值观、信仰、思想及沟通模式等。这些看不见的文化差异，往往在跨文化关系中造成"船难"。

为了让人们更好地理解文化，霍夫斯泰德在对冰山模型进行深入研究以后，提出把文化比喻成洋葱，有很多层。最外表的一层称为象征物（symbols），如服装、语言、建筑等，人的肉眼能够很容易看见。第二层是英雄人物性格（heroes）。在一种文化里，人们所崇拜英雄的性格代表了此文化里大多数人的性格，因此，了解英雄的性格，在很大程度上也就了解英雄所在文化的民族性格。第三层是礼仪（rituals）。礼仪是每种文化里对待人和自然的独特表示方式，如在中国文化中，主要场合吃饭时的位置安排很有讲究，又比如日本人的鞠躬和进门脱鞋。最里面的一层是价值观（values），是指人们相信什么是真、善、美的抽象观念，也是文化中最深邃、最难理解的部分。这几个层面不应逐一分割开来对待，而应视为一个一体化的整体，每一个外层都是其内层的反映，核心是反映其基本理念的共同价值观。

4.1.2 跨文化的含义

跨文化，又叫交叉文化，是指具有两种不同文化背景的群体之间的交互作用。换句话说，当一种文化跨越了不同的价值观、宗教、信仰、精神、原则、沟通、模式、规章、典范等不同文化时，就称之为跨文化。说到跨文化，人们通常会想到跨文化差异。跨文化差异指的是不同群体或组织的文化差异。它包括三个层次的差异，具体如下。

1. 跨文化差异的宏观层面

跨文化差异的宏观层面是指双方母国（或民族）文化背景差异。由于这一层面具有典型性和分明性，学者们在研究跨文化管理时通常以国为单位，以合资企业和跨国企业为研究对象。

这一层次的跨文化差异还应包括双方母地区、母城市的文化背景差异。最典型的如港资企业、台资企业、中资企业，这些企业中的员工都来自中华民族，可是由于历史的原因，香港、大陆、台湾之间的文化内涵已有所不同。此外，即使同是大陆的员工，由于中华人民共和国的多民族性，幅员辽阔，少数民族的员工、东西部的员工等仍然存在不同程度的文化差异，跨文化管理同样成为这些企业的管理者不得不面对的一大挑战。

2. 跨文化差异的中观层面

跨文化差异的中观层面是指双方母公司自身特有的"公司文化"风格差异。这一点通常体现在因兼并收购而重组的企业中。例如，海尔兼并青岛红星电器厂时，只派了三个人去，没有投入一分钱，没有换一台设备，只是用自己的品牌和管理等无形资产入股，营造公开、公平、公正、竞争的文化氛围，灌输并实践海尔的生产经营理念，在短期内使红星扭亏为盈并且成为海尔洗衣机的重要组成部分。应该说,当时海尔公平、公正的企业文化与青岛红星电器厂拉帮结派、办事讲圈子的企业文化是大相径庭的,正因为海尔成功地实施了企业与企业之间的跨文化管理,才成功地救活了一个企业。

3. 跨文化差异的微观层面

跨文化差异的微观层面是指个体文化差异。这是指在企业内部年长者和年轻者、男性和女性、上级和下级、不同部门的员工之间等任何不同的两个人身上都可能存在跨文化差异。企业管理者如果能洞察每个人身上的文化差异,并且审慎分析、对症下药,就可以提高管理的有效性。

4.2 跨文化管理理论

跨文化管理作为一个全新的经营概念是国际商务活动在全球范围内迅速发展的产物。文化因素对跨国企业的影响是全方位、全系统和全过程的。正如著名管理学家德鲁克所说:"跨国企业是在各种经营方式中困难最多、经营方式最为复杂,也最不容易被理解的一种方式。"

4.2.1 跨文化管理的含义

所谓跨文化管理(inter-cultural management)又称为交叉文化管理(cross-cultural management),是指与企业有关的不同文化群在交互作用过程中出现文化矛盾和冲突时,有效地解决这种矛盾,达到文化的理解、沟通、协调和融合,从而高效地实现企业管理。

企业跨文化管理的对象,是具有不同文化背景的群体,这些群体有可能是国家政府、民族、企业消费者、管理者、员工等。跨文化管理的目的,是在不同形态的文化氛围中设计出切实可行的组织结构和管理机制,最合理地配置企业资源,特别是最大限度地挖掘和利用企业人力资源的潜力和价值,从而最大化地提高企业的综合效益。

跨国公司经营和管理的全过程都涉及不同文化的矛盾和冲突,无可避免地都要进行企业跨文化管理。在这些企业内部,不同文化背景的管理者有不同的管理方法、技巧和经验,不同文化背景的员工有着不同的语言、教育、宗教信仰,而且文化差异会导致不同的工作态度和追求,因此,进行跨文化的有效沟通、协调和管理,直接影响着企业内部运作的效果。

4.2.2 跨文化管理理论的产生背景及发展阶段

跨文化管理并不是一个新事物,它起源于古老的国家间的商贸往来。不过那时的跨文化管理活动完全取决于从事贸易活动的商人们的个人经验,有关文化及文化差异与相似的研究仅仅是人类学家的事,公司与企业还很少注意对文化及其差异的研究,跨文化管理还没有成为一门独立的科学。

跨文化管理真正成为一门科学,是在20世纪70年代后期的美国逐步形成和发展起来的。兴起这一研究的直接原因是第二次世界大战后美国跨国公司进行跨国经营时的屡屡受挫。许多案例证明,对异国文化差异的迟钝以及缺乏文化背景知识,是导致美国跨国公司在新文化环境中失败的主要原因。因此,美国人不得不去研究别国的管理经验,从文化差异的角度来探讨失败的原因。

与此同时，日本的跨国公司和合资企业的管理日益明显地显示出相对美国和欧洲公司的优越性。美国也感受到了这种来自日本的压力，产生了研究和学习的兴趣。经过研究，美国人发现，美日管理的根本差异并不在于表面的一些具体做法，而在于对管理因素的认识有所不同。美国过分强调如技术、设备、方法、规章、组织机构、财务分析这些"硬"的因素，而日本则比较注重诸如目标、宗旨、信念、人和、价值准则等这些"软"的因素；美国人偏重从经济学的角度去考虑管理问题，而日本则注重从社会学角度去对待管理问题；美国人在管理中注重的是"科学"因素，而日本人在管理中更注意"哲学"因素；等等。这些研究成果使得美国人对文化以及不同文化下管理行为的研究变得更加风行，一些理论成果也相继问世，比如，埃兹拉·沃格尔的《独占鳌头的日本——美国的教训》(1979)、理查德·帕斯卡尔和安东尼·阿索斯合著的《日本企业管理艺术》(1981)、威廉·大内的《Z理论——美国企业如何迎接日本的挑战》(1981)等，从而产生了跨文化管理这个新的研究领域。跨文化管理学作为一门新兴的边缘学科开始逐步形成和发展起来。

4.2.3 跨文化管理的代表理论

1. 霍夫斯泰德的跨文化理论

霍夫斯泰德文化维度理论（Hofstede's cultural dimensions theory）是荷兰心理学家吉尔特·霍夫斯泰德提出的用来衡量不同国家文化差异的一个框架。他认为，文化是在一个环境下人们共同拥有的心理程序，能将一群人与其他人区分开来。1967~1973年，霍夫斯泰德在著名的跨国公司IBM进行了一项大规模的文化价值观调查。他的团队对IBM公司的各国员工先后进行了两轮问卷调查，用二十几种不同语言在72个国家里发放了116 000多份调查问卷并回收了答案。调查和分析的重点是各国员工在价值观上表现出来的国别差异，表4-1列出部分国家的价值观维度方面的差异。霍夫斯泰德使用五种指标来解释各种文化中的行为差异。他提出了以下五个维度。

（1）权力距离。这一维度的前提是，社会不均匀地分配各种关系、机构和组织中的权力，它衡量对人与人之间平等的期望，考虑的主要是文化如何解决不平等问题。在一些文化中，那些拥有权力的人和受权力影响的人之间在各个方面存在明显的差异（高权力距离），而在其他文化中，这两类人之间的关系却相当紧密（低权力距离）。在权力距离较大的国家里，文化总是有意或无意地使他们的成员认为，世界上人与人之间是不平等的，社会中有许多垂直的从属关系，每个人在这些关系中各居其位。社会等级无处不在，并且不平等的关系趋于机制化了。而对于权力距离小的国家，文化使得他们认为社会上的不平等应该减少到最小，人们应该拥有获得权力的途径，追求权力的平等化。上下级之间经常交流，使双方尽量和谐一致。

（2）不确定性规避。霍夫斯泰德用不确定性规避这个维度来界定一种程度，一种当人们遇到混乱不清、难以预测的情况时所感到的不安程度，于是人们通过对严格的行为方式的遵循和对绝对真理的信仰，尽力避免这些情况。

在高度不确定性规避的文化中，为了避免不确定性和模糊性，而制定正式的规则，这种文化通常无法容忍偏离正道的观点和行为，群体中的个体也更倾向于寻求共识，并相信绝对的真理和专业技艺的成就。一个强烈追求防止不确定性的社会，一般来说会产生高度的紧迫感和进取心，会激发人们努力工作的动机。而低度不确定性规避的国家，人们会比较容易接受生活中的不确定性，不为偏离主流的人或主张所困扰，喜欢主动性，不喜欢等级关系，乐于冒险，灵活性强。对待不确定性规避的态度会影响来自两种不同文化成员之间的谈判。来自高度不确定性规避文化的成员喜欢较慢的谈判节奏，要求大量的细节和筹划。对于正式性的要求，各个文化之间也存在不同程度上的差异。即使会议安排不明确，来自低度不确定性规避文化的成员也不会感到焦虑。谈判过程还会看到双方对冒险的不同理解。

（3）个人主义与集体主义。个人主义是指一种结合松散的社会组织结构，其中每个人只关心自己，而且也只依靠个人的努力来为自己谋取利益。在倾向于个人主义的文化中，人们更多地鼓励竞争而非合作；个人目标重于集体目标；人们在感情上不会依赖于组织或结构；每个人都有权拥有个人资产，发表个人想法和观点。这些文化重视个人动机和成就，重视个人决策。当需要制定决策时，来自个人主义文化的人常常会和来自集体主义文化的人发生冲突。例如，在谈判时，这种不同显然会引起严重的分歧。

集体主义则指一种结合紧密的社会组织结构，其中所有的人往往接受群体之内（小集团内、组织群体内、亲戚朋友圈内）的人员的照顾，同时也以对该群体保持绝对的忠诚作为报答。集体主义更多地强调团体而非个人的观点、需要和目标，团体界定的社会规范和责任而非个人获取利益的行为，时刻准备与团体内成员合作等。

（4）男性化与女性化。这个维度所表示的是所谓"男子气概"价值观在社会中占统治地位的程度。而"男子气概"则是指自信武断、进取好胜、喜欢冒险。这些价值观之所以用"男子气概"这个词来表示，是因为在几乎所有的社会中，男子对这种价值观都有较高的评价。一个社会对男子气概的评价越高，其男子与女子之间的价值观差异也越大。

（5）长期取向与短期取向。这个维度所表示的是，一个国家或民族对长期利益和近期利益的价值观，即时间观。具有长期导向的文化和社会主要面向未来，较注重对未来的考虑，对待事物以动态的观点去考察，注重节约、节俭和储备，接受缓慢的结果，做任何事情都留有余地。短期导向型的文化与社会则面向过去与现在，着重眼前的利益，最重要的是此时此地。

表 4-1　部分国家按照霍夫斯泰德价值观维度而进行的排序

国　家	权力化程度	不确定性规避	个 人 主 义	男 性 主 义	长 期 取 向
中国	80	40	15	55	100
美国	40	46	91	62	29
日本	54	92	46	95	80
英国	35	35	89	66	25

2. 琼潘纳斯的跨文化理论

冯斯·琼潘纳斯（Fons Tropenaars）也研究了价值维度，他的工作跨越了 10 年的时间，研究对象包括来自 28 个国家、代表 47 种文化的 15 000 名管理者。琼潘纳斯使用了七项指标描述了各国的文化差异。

（1）普遍性与具体性。在强调普遍性的社会里，人们相信在任何情境下，"真"和"好"都是普遍的，人的思想和实践可以不受任何限制地运用于任何地方。另一方面，在强调具体性的社会里，人们的思想和实践必须根据情境因素进行调整，"真"和"好"是依据具体情境而定的。在高普遍性的社会，如在美国、英国和德国，人们以法律合同来缔结商业关系，合同中明确规定双方的权责，当有纠纷和冲突时，大家也是以合同来解决问题。在高具体性的社会，如中国、部分拉丁美洲国家，法律合同不怎么被重视，合同只是反映了双方愿意合作的意向，具体到双方的权责等还要看具体情况。

（2）个人主义与集体主义。这一指标与霍夫斯泰德的同一指标基本一致。在偏向个人主义的社会中，个人努力追求自己的目标，每个人只关注于个人财富的不断增长，而且法律法规赋予了个人权力极大的重要性，西方文化基本都是采取这个方向。集体主义社会则强调集体的重要性，个人要学会将集体的目标放在自身以及自身的目标之上，东南亚、拉丁美洲、中东以及非洲都是集体主义文化。

（3）中性与情感性。在这个指标中，琼潘纳斯关注了各种文化中人们采取怎样的情感表达方式。在中性文化中，人们对情感采取抑制和控制的方法，使情感不会影响到对事物的判断；相反地，情感性文化鼓励人们向他人表达自己的感情。在商业场合，来自情感性文化的人们，比如巴西人、墨西哥人以及意大利人，他们能够自在地表达自己的愤怒、欢乐或困扰之情，相比之下，来自中性文化的英国人、新加坡人以及日本人则不会这样做。

（4）特殊性与扩散性。这个指标说明了在各种文化下人们对于私人空间的概念和强调程度。在特殊性文化中，人们拥有较大的公共空间和相对较小的私人空间。公共空间和私人空间的分别是很清楚的，所谓一个人的私人空间是指具有隐私性质的，禁止除了亲近的人之外的任何人进入的空间。美国就是特殊性文化的一个很好的代表，在英国，这种私人空间要更为严格，人们如果想要拜访一位经理，即使是事先约好的，也要经过前台、秘书、私人助理等才能见到本人。相反地，在拉丁美洲、南欧诸国等扩散性文化的国家中，对私人空间和公共空间的划分就不那么清晰，公司领导的家庭和办公场所也不像特殊性文化中的那样分得一清二楚，在扩散性文化中，工作关系很容易转化为私人关系。

（5）成就文化与归因文化。这个指标说明了在各种文化中，人们从何种途径获得权力和地位。成就文化，比如美国和英国，那些有能力的人才能获得较高的地位和权力；归因文化，比如沙特阿拉伯，人们往往是靠着关系获得权力和地位的。

（6）对时间的理解。琼潘纳斯的时间取向指标分两个方面，其一，人们对过去、现在、未来有不同的理解，这与霍夫斯泰德的研究观点一样；其二，人们对时间的持续性和一时性的理解也不同，这一点与霍夫斯泰德的研究不一样。在认为时间是连续的社会中，时间是线性的、可分割的，我们可以把时间划分成不同的时间段做出每天的规划。在时间连续观的社会，比如美国和英国，日程表管理着人们每天的工作生活和家庭生活，日程安排比朋友关系更为重要。相反地，在认为时间一时性的社会中，时间被看成是可循环的、不可分割的，朋友关系要远比日程安排更重要。在埃及和葡萄牙等认为时间一时性的国家中，做事不用限定起始时间和最后期限，人们一件事做完就做另一件事，而不是赶完一个最后期限又赶下一个最后期限。

（7）自然内控与自然外控。在采取自然内控的文化中，人们控制环境，比如在美国，如果一个人迟到，那么这就是他的错；而在自然外控的文化下，个人不能控制环境，比如在阿根廷，如果一个人迟到，那么这并不是他的错，错在使他不能按时到达的环境。

3. GLOBE 的跨文化研究项目

近年来，关于文化维度的研究结果已被 GLOBE（全球领导力和组织行为有效性）项目团队调整成可以通用的了。该团队由 170 名研究者组成，7 年来，他们收集了关于文化价值和实践方面的数据,以及来自62个国家或地区的18 000名管理者有关领导力方面的数据。这些管理者来自全球各地,所处的行业和组织的规模有广泛的代表性。该团队区分了九种文化维度,能够区分社会的不同之外,并且有重要的管理内涵:自信度、未来导向、业绩导向、人性导向、性别区分、规避不确定性、权力距离、集体主义与个人主义以及群体内的集体主义。这里只讨论前四个,因为其他五个与霍夫斯泰德的研究很相似,结果如表4-2所示。

(1)自信度。该维度指的是一个社会中人们在多大程度上被期望是强硬的、敢于对抗的、竞争性的而不是谦虚的和软弱的。例如,奥地利和德国是高度强硬的国家,它们鼓励竞争,有一种"能干"的态度。相对,瑞典和日本自信度则较弱,它们倾向于温和、合作的关系及和谐。GLOBE团队得出结论,认为这些社会对弱者有同情心,强调忠诚和团结。

(2)未来导向。该维度指的是一个社会关注未来导向行为的重要性的水平,例如未来的计划和投资。瑞士和新加坡,在这一维度上比较高,它们倾向于为未来节约,有较长的时间做决定。俄罗斯和阿根廷则倾向于在较短的时间内做出更多的计划,更关注直接的满足。

(3)业绩导向。该维度衡量一个社会中业绩提升的重要性,表明人们是否被鼓励努力取得不断进步。新加坡、美国和中国香港在这一维度上得分较高,这意味着人们倾向于掌握主动权,有一种紧迫感和信心去完成工作。俄罗斯和意大利在这一维度上得分较低,它们优先考虑的是其他,如传统、忠诚、家庭、背景,并把竞争与失败联系在一起。

(4)人性导向。该维度衡量的是一个社会鼓励和奖励人们公正、利他、慷慨、有同情心和仁慈的程度。该维度得分最高的是菲律宾、爱尔兰、马来西亚和埃及,集中体现在对弱者的同情和支持。在这些社会中,家长式统治和保护人的身份很重要,人们通常友好、宽容、价值观一致。与西班牙、法国和德国相比,后者在这个维度上得分较低,这些国家或地区的人们对权力、物质财富和自我提升给予同样重要的地位。

表4-2 从GLOBE项目中选择的文化维度排序

关于自信度的排序					
最低自信度国家或地区		中等自信度国家或地区		高自信度国家或地区	
瑞典	3.38	埃及	3.91	西班牙	4.42
新西兰	3.42	爱尔兰	3.92	美国	4.55
瑞士	3.47	菲律宾	4.01	希腊	4.58
日本	3.59	厄瓜多尔	4.09	奥地利	4.62
科威特	3.63	法国	4.13	德国	4.73
关于业绩导向的排序					
最低业绩导向国家或地区		中等业绩导向国家或地区		最高业绩导向国家或地区	
俄罗斯	2.28	瑞典	3.72	美国	4.49
阿根廷	3.08	以色列	3.85	中国台湾	4.56
希腊	3.20	西班牙	4.01	新西兰	4.72
委内瑞拉	3.32	英国	4.08	中国香港	4.80
意大利	3.58	日本	4.22	新加坡	4.90

(续)

关于未来导向的排序					
最低未来导向国家或地区		**中等未来导向国家或地区**		**最高未来导向国家或地区**	
俄罗斯	2.88	斯洛文尼亚	3.59	丹麦	4.44
阿根廷	3.08	埃及	3.86	加拿大（英语区）	4.44
波兰	3.11	爱尔兰	3.98	荷兰	4.61
意大利	3.25	澳大利亚	4.09	瑞士	4.73
科威特	3.26	印度	4.10	新加坡	5.07
关于人性导向的排序					
最低人力导向国家或地区		**中等人力导向国家或地区**		**最高人力导向国家或地区**	
德国	3.18	中国香港	3.90	印度尼西亚	4.69
西班牙	3.32	瑞典	4.10	埃及	4.73
法国	3.40	中国台湾	4.11	马来西亚	4.87
新加坡	3.49	美国	4.17	爱尔兰	4.96
巴西	3.66	新西兰	4.32	菲律宾	5.12

资料来源：Adapted from Mansour Javidan and Robert House,"Cultural Acumen for the Global Manager: Lessons from Project GLOBE," Organizational Dynamics（Spring 2001）：289 – 305.

4.3 跨文化管理模式

作为世界经济活动的主角，跨国公司不仅在各国的国民经济与对外贸易的发展中发挥着重要作用，同时，跨国经营也实现着不同文化在同一时空的碰撞与融合。文化成为影响跨国经营成败的重要因素，进行跨国经营就是在进行跨文化经营。

4.3.1 跨文化管理的战略模式分析

不同的文化背景引起不同的管理模式，从各国企业的跨文化管理实践上看，有四种基本的思路。以研究心理学见长的美国宾夕法尼亚大学沃顿商学院的霍华德·派蒙尔德（Howard Per-multer）把它们总结为四种"中心论"：本国中心论（ethnocentrism）、客国中心论（polycentrism）、区域中心论（regionalcentrism）和全球中心论（geocentrism）。

1. 本国中心论

大部分独资企业和一部分欧美合资企业的管理者往往信奉本国中心论的观点，认为母国技术最发达、管理最先进，各个方面都比国外优越，在管理中趋向于将本国的管理方式向国外"生搬硬套"。其企业总部集中了大量的权力，并以总部的既成体系和标准来衡量子公司的经营业绩和子公司经营管理人员的表现。在人选上，也往往倾向于派出本国管理人员，主要决策也多由总部做出，海外子公司主要是执行总公司的指令。此时，最常见的文化冲突就常常产生于当地员工与母公司外派人员之间，主要表现在异国文化的生搬硬套，伤害了当地员工的感情，导致工作绩效受到较大影响。

2. 客国中心论

采取客国中心论的企业，以东道国股本占多数的合资企业为主，其主要特点是企业承认不同国家的文化差异，认为某个国家的先进管理体系未必能适用于另外一个国家，主张根据东道国的实际情况进行企业的经营与管理。实行客国中心论的企业，其海外总部的权力相对有限，各分部以自主经营为主，子公司基本上可以被看作是一个独立完整的公司，子公司的权力相当大，企业管理人员往往当地化，各子公司分别有一套独立的管理体制与经营办法。但是，在这一类型的企业中，往往会出现过于重视东道国的感情与利益，客观上导致了对外国先进经验的漠视与排斥，从而不能实现企业的跨文化优势，无法在经营中取长补短，形成互补型优势。

3. 区域中心论

实行区域中心论的企业，往往是一些规模较大的跨国企业，其在全球不同区域内设有独立利益的区域集团，公司的各项基本准则都是由区域总部做出的。不同区域总部之间的经营理念甚至可以说是大相径庭的，但在同一区域总部内的各个子公司之间则是一种相互协调、相互包容的企业文化关系。区域总部的战略和利益是企业组织的基本出发点，在管理人员的培训上以管理人员区域化为目的，培养区域性的人才。采取区域中心论的企业，往往能适应当地本区域的需要设计与制造产品，并在销售地采取多种营销策略与产品推广活动。该类企业的产品往往需要依赖一定知名度的品牌优势。

4. 全球中心论

实行全球中心论的企业一般是一些民族属性不清的全球公司群体，其认为最佳的管理方式、最佳的管理人才往往是没有特定文化色彩的。挑选管理人才时，完全根据管理职位的需要来设计，实现在全球范围的人才录用方式。这种企业组织机构高度复杂，信息交流量很大，企业实现全球性的标准管理。从理论角度来看，这种管理方式无疑是最好的，但是考虑到跨文化管理的管理者、被管理者之间不可避免地带有本国文化影响的烙印，可以推断，这种管理方式的可行性是很低的。

企业跨文化管理的四种基本思路之间互有利弊（见表4-3），企业在选择时很大程度上只是一个利弊权衡的问题。一般来说，如果一个企业在海外子公司生产产品所要求的当地配套因素较少，并且其职能相对简单，与其他子公司之间的协作程度也很低，那么在这种情况下，采取本国中心论的跨文化管理成功的可能性较大，能够在最短的时间内使子公司的运行纳入正常的经营和管理轨道，成本也较低，但这种"移植"的制约因素众多。反之，如果该企业生产产品所要求的当地配套因素较多，职能也相对复杂，与其他子公司之间的协作程度也要求较高，那么在这种情况下，则较适宜采取客国中心论或是全球中心论的跨文化管理思路。大多数跨国公司采取客国中心论思路，因为这是最为灵活的一种经营策略，子公司也可以根据当地实际情况灵活实施，但长期使用这种策略恐会导致子公司"各自为政"，增加跨国企业统一管理的难度。而全球中心论则由于实施过于复杂以及成本太高只被少数实力雄厚的跨国公司所采用。企业跨国经营跨文化管理的方式划分并不是绝对的，企业在不同的国家、不同的时期、不同的职能部门可以采取不同的跨文化管理方式，在实践中具体选择哪种跨文化管理思路应该由企业根据实际情况灵活掌握。

上述四种跨文化管理模式对国际企业的组织、信息、权力、资源、沟通、人力等方面有各自不同的特点，表4-3简要归纳了它们各自的特点。

表 4-3　跨文化管理四种基本模式的对比表

比较因素	本国中心论	客国中心论	区域中心论	全球中心论
组织复杂程度	总部复杂，分部简单	相互独立	总部与分部之间在区域范围内相互依存	调度复杂，在世界范围内紧密合作
集权程度	总部集权	总部权利相对有限	高度集权的区域总部或各分部紧密合作	总部、分部在世界范围内紧密合作
反馈、控制机制	用总部的既成体系、标准来衡量子公司的效益，管理人员的表现	根据客国情况因地制宜	根据地域情况因地制宜	因地制宜的全球标准化
激励机制	总部高激励，分部低激励	各分部自行其是，激励标准或高或低，出入较大	根据区域战略的目标设立激励机制	根据本地和全球的目标设立激励机制
通信体系和信息流向	大量指令和建议从总部流向分部	总部、分部之间，各分部之间信息交流都很少	与集团总部通信很少，但在区域总部和分部之间、区域各分部之间则很高	大量的双向通信发生在总部、分部之间以及各分部之间
企业的地域形象	企业主要股东所在国的民族公司	市场所在国的民族公司	区域性公司	民族属性不清的全球公司
人员的招聘和选拔	母国公民占据关键职位，东道国公民仅占据最低层次的管理职位	母国公民占据高层管理职位和技术职位，东道公民占据中下层管理职位	母国公民占据高层管理职位和技术职位，地区内国家的公司占据中下层管理职位	整个公司在世界范围内选择最适合该职位的人选
跨文化适应培训	十分有限或没有语言要求	对母国人员有限，对东道国人员有一些语言培训	对母国公民仅限于中等水平的培训，母国公民和东道国公民使用商业语言，如英语	持续的文化适应和多语言培训
提升标准	按对公司贡献大小的母国标准	按对公司贡献大小的东道国标准	按对公司贡献大小的地区标准	按对公司贡献大小的全球标准
薪酬标准	支付外派人员额外的报酬和奖励	对外派人员支付额外的报酬和奖励，对东道国公民实行东道国补偿标准	任命期较长，对外派人员的额外补偿较少	全球相似的支付和奖励，有一些当地调整

4.3.2　跨文化管理中的文化差异因素及其影响

文化差异即文化的相对性，文化群体性决定文化只适用于一定的范围，由于历史、自然条件、经济水平、社会制度等的差异，形成了丰富的文化种类。跨国企业拥有不同国度、不同地区的子公司，它更是包含了许多不同的文化，因而企业内外部文化差异的矛盾和摩擦是在所难免的。由于文化的演变是一种漫长而缓慢的过程，这种文化差异对企业来讲，在一段时间内是不会消灭的，并可在一段时间内保持稳定。因此，要想做一名优秀的跨国公司的管理者，除了自身能力要强、管理素质要高之外，深入理解跨国公司文化差异的内涵以及影响跨国公司文化管理的文化差异因素是非常重要的。

目前，具有代表性的现今世界国家文化方向可分为两类：第一类是主张个人主义，崇尚分析思维和制度导向文化与价值观的国家，如美国、英国、德国、法国、荷兰、瑞典等，这些国家的企业文化主体特征是强调个体独立与个体价值的实现，通过契约来维系人与人之间的关系，信奉个体发挥才干→个体获取利益→企业整体目标实现的管理哲学，因此可形成个体创新能力强、企业内部充满竞争和活力、能做到人尽其才的企业优势。第二类是主张集体主义，崇尚整合思维和情感导向文化与价值观的国家，如日本、韩国、中国及东南亚国家等，这些国家的企业文化主体特征是强调和谐与"天人合一"，讲究团队精神，通过情感维系人与人之间的关系，信奉企业发展→个体发展→企业目标实现→个体获取利益的管理哲学，因此可形成企业内部凝聚力、稳定性强，整体竞争力强，充满和谐与协调的企业优势。简而言之，主要是东西方之间的文化差异。而针对两类不同国家，文化差异主要表现在价值观差异、思维方式差异及沟通方式差异上。

1. 价值观差异

价值观是文化传统中最为根本的体现，有什么样的价值观就有什么样的文化。中国是东方价值观的典型代表，强调和谐、礼治，倾向于将业绩归于集体的努力，弘扬"以和为贵"的价值观。西方文化则崇尚个人自由，追求个人利益，鼓励个性发展，推崇自我表现的个人主义价值观，是一种典型的契约社会，人与人之间是在平等基础上的契约关系，强调理性和法制。

2. 思维方式差异

思维模式是社会文化的产物，指的是人们的思维习惯或思维程序、推理的方式和解决问题的途径等，思维方式因人而异。东方诸民族观察事物凭直觉、非理性，思维方式偏向综合思维，讲究思维上整体优先，从整体到部分，喜欢做定性分析；西方哲学受希腊哲学的影响，思维方式偏重分析，在思维方式上倾向于"对立"，喜欢从微观方面入手解决问题，对事物一般做定量分析。

3. 沟通方式差异

跨国企业管理是在异质文化沟通和交流的基础上进行的，若沟通不当，轻则造成沟通无效，重则导致误解和关系恶化，使企业经营目标无法实现。中国人主张中庸，十分重视和谐的人际关系，避免直接冲突，不会提倡锋芒外露，多数中国人把直言不讳当作鲁莽与不文明的象征，或视之为肤浅。而西方人倾向于采取实事求是、直言不讳、详细明确、直截了当的交际方式，不会过多地考虑人际关系因素。

文化差异是一把双刃剑，带来了挑战，又让跨国公司不得不对自己的营销策略、经营管理模式及产品性能做出调整，促进了公司结构的优化升级，但要做出对公司有利的调整，在跨国企业管理中，首先要客观地意识到文化差异，并采用不同的对策予以应对。

4.4 跨文化沟通与谈判

在全球化发展的今天，跨文化沟通的重要性越来越得到公认。日本富士通公司为了开拓国际市场，早在1975年就在美国檀香山设立培训中心，开设跨文化沟通课程，为期四个月。韩国三星公司每年都会派出有潜力的年轻经理到其他国家学习，学习计划由学员自己安排，但是公司提出一些要求，例如学员不能坐飞机、不能住高级宾馆，除了提高语言能力外，还要深入了解所在国家的文化和风土人情等。通过这样的方法，三星培养了大批谙熟其他国家市场和文化的国际人才。

4.4.1 沟通及跨文化沟通的概念

《大英百科全书》指出，沟通是"若干人或者一群人互相交换信息的行为"。《牛津大辞典》指出，沟通是"借着语言、文学形象来传送或交换观念和知识"。美国《哥伦比亚百科全书》指出，沟通是"思想及信息的传递"。美国著名传播学者布农认为，沟通"是将观念或思想由一个人传送到另一个人的程序，或者是个人自身内的传递，其目的是使接受沟通的人获得思想上的了解"。英国著名传播学者丹尼斯奎尔指出"沟通是人或团体主要通过符号向其他个人或团体传递信息、观念、态度或情感"。在管理学中，沟通可定义为：将信息从发送者传递到接受者的过程。

跨文化沟通，是指在跨文化组织中，拥有不同文化背景的人们之间的信息、知识和情感的互相传递、交流和理解的过程。影响跨文化组织中沟通的因素主要有感知、偏见和成见、种族中心主义、语言、翻译、非语言、价值观、思维方式等几种因素。跨文化组织沟通的目的主要是，设计出切实可行的组织结构和管理机制，使不同形态、不同氛围、不同文化背景的员工使用共同的行为准则，以达到提高员工工作效率、生活质量的效果，解决交往中的信任和理解障碍，从而使企业的潜力和价值发挥到最大限度。

4.4.2 跨文化沟通的类型

沟通的类别依划分标准的不同而不同。按照功能划分，沟通可以分为工具式沟通和感情式沟通。工具式沟通是指发送者将信息、知识、想法、要求传达给接受者，目的是影响和改变接受者的行为。感情式沟通是指沟通双方表达情感，获得对方精神上的同情和谅解，最终改善相互之间的人际关系。

按照行为主体来划分，沟通可分为个体间沟通与群体间（或团队间）沟通。组织成员是组织活动的基本单元，为了实现与其他成员的成功协作，每一个组织成员都需要研究、借助合理的形式和手段准确地向其他人传递与自己的思想、情感以及行为有关的各种信息，并准确地理解他人发出的各种信息。群体或部门间的关系也是如此。只有通过有效的沟通才能实现相互间在了解与理解基础上的合作，以整合各自在组织活动中不同时空的贡献，促进组织目标的有效达成。

按照方向，沟通可分为下行沟通、上行沟通和平行沟通。下行沟通是指上级将信息传达给下级，是由上而下的沟通。上行沟通是指下级将信息报告给上级，是由下而上的沟通。平行沟通是指同级之间横向的信息传递，也称横向沟通。

按照是否进行反馈，沟通可分为单向沟通和双向沟通。一般来说，单向沟通是指没有反馈的信息传递。双向沟通是指有反馈的信息传递，是发送者和接受者相互之间进行信息交流的沟通。

按照所借助的中介或手段划分，沟通可分为口头沟通、书面沟通、非语言沟通、体态语言沟通、语调沟通和电子媒介沟通等。这些沟通方式的比较如表4-4所示。

表 4-4 不同沟通方式比较

沟通方式	举 例	优 点	缺 点
口头	交谈、讲座、讨论会、电话	快速传递、快速反馈、信息量很大	传递中经过层次越多，信息失真越严重、核实越困难
书面	报告、备忘录、信件、文件、内部期刊	持久、有形，可以核实	效率低、缺乏反馈
非语言	声、光信号、体态、语调	信息意义十分明确，内涵丰富，含义隐含灵活	传递距离有限；界限模糊；只能意会，不能言传
传统电子媒介	传真、闭路电视、计算机网络、电子邮件	快速传递、信息容量大，远程传递一份信息同时传递多人、廉价	单向传递，电子邮件可以交流，但看不见表情
移动网络媒介	微信、QQ、Twitter	快速传递、便利接收、语言声音视频可混合、多人互动	存在安全保密性风险、受网络通信能力影响、真情实感效果不易分辨

随着电子技术的发展，跨国企业中目前最常使用的沟通方式为电话会议与电子邮件。电话会议提高了在不同地区员工沟通的效率，保证了信息量的传递，但由于时差的关系及存档的需求，电子邮件同样成为主要的沟通方式之一。

4.4.3 跨文化沟通中的障碍

跨文化沟通对企业经营管理的影响是多方面的。由于文化的差异性，不同文化背景的人在沟通时可能遭遇"文化休克"。这里的文化休克（又称为"文化震荡"），主要指个体进入陌生文化环境，失去熟悉的社会交际符号、手段和语义，从而产生的迷失、焦虑、排斥甚至恐惧状态。跨文沟通的文化休克主要和以下三方面相关。

1. 认知层面

企业中来自不同文化背景的管理者和员工，在进行信息交流时，常常会在认知层面受跨文化沟通障碍的影响，产生一种消极的定型观念，阻碍企业中良好人际关系的建立。例如，有的外方管理者看到企业中个别中方员工工作效率不高、工作不认真，就盲目地认为所有的中国员工都缺乏责任感、工作效率低下，因而主张在企业管理中采用 X 理论，强调制定严厉的规章制度来监督管理员工。

2. 价值观层面

美国学者罗克奇（M.Rokeach）认为，价值观是人们关于什么是最美好的行为的一套持久的信念，或是以重要性程度而排列的一种信念体系。文化背景不同的人们有不同的价值观，即使在同一文化内，人们的价值观也不尽相同。在企业管理中，如果沟通双方具有不同的价值观，那么他们就有不同的假定前提，并据此对外界的信息刺激做出不同的反应。同时，不同民族价值观的差异，也是造成企业中出现民族主义的基石，种族主义将影响人们之间共感的形成，不仅会导致沟通的完全失败，还会导致双方的对抗和敌意。

3. 语言层面

不同的语言源于不同的文化，每种语言都有其独特的文化内涵。语言差别是同文化沟通与跨文化沟通相区别的显著标志之一，也是企业中跨文化沟通的最大障碍之一。在企业中，由于多种语言的使用，不同语言的使用主体在进行沟通时常常容易在语义和语用两方面产生误会，引起文化冲突，影响企业内部和谐人际关系的建立，破坏企业同合作者的良好关系，使企业蒙受巨大损失。

例如，企业在向国际化进军的过程中，产品商标的选择至关重要，而商标的选择又关系到语义中词汇的选择。若事先与对象市场的文化进行沟通，则可减弱甚至避免产品进入对象市场可能遭遇的文化障碍，起到事半功倍的效果。例如大家熟悉的"百事可乐"，其英文原名为"Pepsi-cola"，其中"Pep"的读音使人联想到饮料的泡沫气体，"si"使人联想到开瓶时的嘶嘶声，该产品打入中国市场时，公司事先进行了有效的跨文化沟通，了解了中国市场的文化特点，因此没有简单地将其商标直译过来，而是充分考虑了中国市场潜在消费者的文化消费心理特点后，将产品定名为"百事可乐"，充分满足了中国消费者"凡事图个吉利"的文化心理特点，同时也保持了其英文原名的特点，从而成功地打开了中国市场。

另一方面，非语言层面同样与文化密切相关。在跨文化沟通中，语言和非语言相互补充、密切联系。企业若缺乏有效的跨文化沟通，很容易在非语言交际层面引起误会，导致合作失败。例如：日本人认为眼对眼的谈话是一种失礼的行为，因此一般不正视别人的眼睛；而欧美人则认为，谈话时应保持适当的眼神接触，不正视对方被认为是不友好、轻视对方、内疚、害怕、不诚实、不可信，甚至是诡诈的表示。英美有句格言："不要相信不敢直视你的人。"可以想象，在信息不对称、缺乏有效跨文化沟通的条件下，日本人同美国人谈生意其结果可想而知。日本人认为美国人过于无理、咄咄逼人、缺乏教养，而美国人则认为对方没有诚意、不可靠。若双方事先进行了有效的跨文化沟通，则可避免由于文化冲突而造成的合作失败，利益受损。

4.4.4 克服跨文化沟通障碍的技巧

在跨文化沟通中，可以通过以下五个方面来减少和摆脱沟通障碍。

1. 识别跨文化沟通语境

根据人类学家霍尔（Hall）的高低语境学说（或者可以译为高低背景、情景学说），在高语境文化中，信息的传递与沟通是通过肢体语言、上下文联系、场景等进行的。高语境文化在沟通过程中的反映，就是信息与信息之间存在高度的前后联系或隐含在某种个体特性之中。高语境文化中的沟通过程常常是含蓄的，沟通中重视的是"情景"而不是"内容"。例如，中国人沟通使用诸多含蓄而不直接的语言，这种过程导向型的沟通，往往取决于接受者对信息的理解。而在低语境文化中，大多数信息是由清晰的符号（如语言、文字、符号和各种象征图案等）来表达的，"内容"备受重视，沟通常常是直截的，不太重视个体之间的关系。西方人尤其是美国人往往使用的是发送导向型的沟通方式，信息发送者有义务帮助接受者准确地理解信息。人们重视时间和效率，但却不太重视形式。这就是说，中国人的沟通是含蓄的，而美国人的沟通是直截了当的。区分高低语境文化环境下人们传递信息的方式，对进行有效的跨文化沟通有着重要的意义。图4-1列举了几个不同地区高低文化情境的分布。

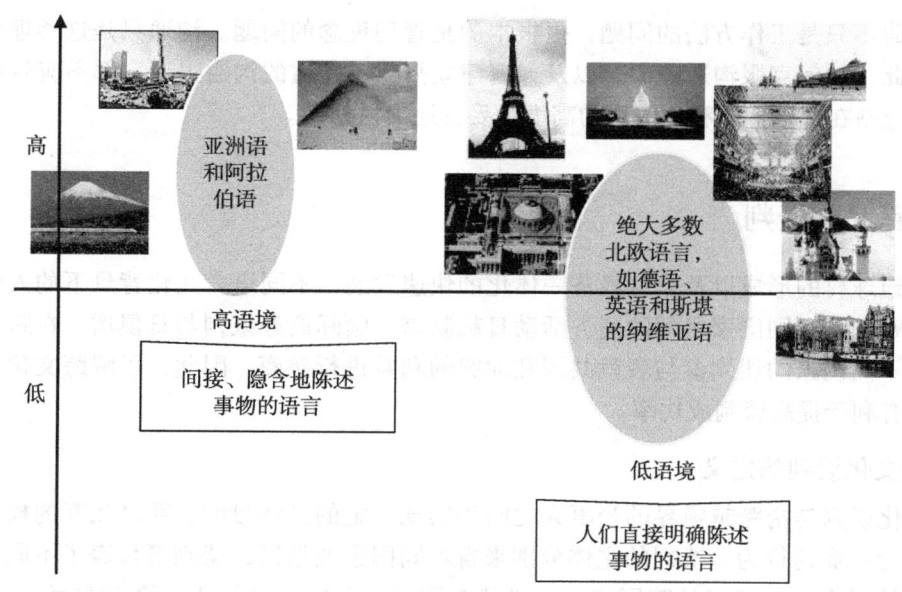

图 4-1 亚洲和欧洲部分地区高低文化情境的分布

2. 沟通要有诚意，取得对方的信任并和被沟通者建立感情

有人对经理人员的沟通做过分析，一天用于沟通的时间约占 70%，其中撰写占 9%，阅读占 16%，言谈占 30%，用于聆听占 45%，但一般经理都不是一个好听众，效率只有 25%。究其原因，主要是缺乏诚意。所以，要提高沟通效率，无论是与哪个国家的人员沟通交流，必须诚心诚意地去倾听对方的意见，这样对方才能把真实的想法说出来。

3. 提倡平行沟通

所谓平行沟通是指跨国企业间子公司与子公司、科室与科室、科室与车间等在组织系统中同一个层次之间的相互沟通。很多跨国企业的领导者整天忙于当仲裁者的角色而且乐于此事，想以此说明自己的重要性，这是不明智的。领导的重要职能是协调，但是这里的协调主要是目标的协调、计划的协调而不是日常活动的协调。日常的协调应尽量鼓励在平级之间进行。

4. 提倡直接沟通、双向沟通、口头沟通

曾有学者对经理们进行了调查，请他选择良好的沟通方式，55% 的经理认为直接听口头汇报最好，37% 喜欢下去检查，18% 喜欢定期会议，25% 喜欢下面给写汇报。另外一项调查是问经理们在传达重要政策时认为哪种沟通最有效，共 51 人，选择召开会议做口头说明的有 44 人，亲自接见重要工作人员的有 27 人，在管理公报上宣布政策的有 16 人，在内部备忘录上说明政策的有 14 人，通过电话系统说明政策的仅有 1 人。这些都说明倾向于面对面的直接沟通、口头沟通和双向沟通者居多。日本不主张领导者单独办公，主张大屋集体办公，这些都是为了及时、充分、直接地掌握第一手资料和信息，不仅了解生产动态，而且也能了解职工的士气和愿望，还可以改善人际关系。

5. 设计固定沟通渠道，形成沟通常规，出现问题及时沟通

这种方法的形式很多，如采取定期会议、报表、情况报告、相互交换信息的内容等。克

服沟通障碍不只是工作方法的问题，更根本的是管理理念的问题。沟通只是这种理念的实现途径。因此，如何克服沟通障碍，以及如何建立高效、畅通的沟通渠道，都不应就事论事地解决，而应站在管理理念和价值观的高度，妥善地加以处理。

4.4.5 跨文化谈判

随着地球村的形成以及全球经济一体化的快速发展，不同语言文化背景下的人们之间的联系愈加密切，不同国家之间的商务活动日趋频繁，国际商务谈判与日俱增。在跨文化商务谈判中，不同国家的谈判参与者就共同和冲突的利益进行磋商。因此，了解跨文化谈判知识和技巧，有利于提高谈判成功率。

1. 跨文化谈判的定义

跨文化谈判是指跨越国界的当事人之间为实现一定的经济目的，明确相互的权利与义务关系而进行协商的行为。谈判的主体分别来自不同国家或地区，谈判者代表了不同国家的利益，谈判结果会导致资产的跨国流动，必然在贸易、金融、支付、法律等方面具有国际性。谈判者具有其独特的知识结构、文化背景、心理角色等，这些因素既构成了其参与谈判的理性色彩，同时也包含了其感情色彩。跨文化谈判是一种对外经济贸易活动中普遍存在的一项十分重要的经济活动，是调节、解决不同国家和地区政府及商业机构之间不可避免的经济利益冲突的必不可少的一种手段，作为一种现代人文明的交际方式，是科学性与艺术性的有机结合。因此在对外经济贸易活动中，如何通过谈判达到自己的目的以及如何提高谈判效率已作为一门学问，引起了人们的普遍关注。

2. 跨文化谈判的过程

跨文化谈判的过程可以划分为几个步骤。无论谈判的内容如何或谈判方的代表人物是谁，谈判过程通常都是从计划开始的。

（1）计划。计划始于谈判者确定他们想要达到的目标；然后，仔细研究实现其目标的可能选择有哪几种。研究表明可选择的方案越多，谈判成功的机会就越大。

（2）人际关系的建立。谈判过程的第二个步骤涉及对谈判另一方人员的了解。在这个被称为"感情外露"的时期，埃尔德（Alder）指出：有效的谈判者一定要把午餐、晚餐、接待、各种仪式以及旅游邀请等作为建立个人人际关系的大好时机，这对于谈判过程是很重要的。

（3）针对谈判标的交换意见。在谈判的这一进程中，各方都要表明他们在关键问题上的立场，这些立场通常在后续的谈判中将会发生改变。在这点上，双方都在努力寻找另一方想要得到的和愿意放弃的东西。

（4）劝说。这一步被许多人认为是谈判过程中最重要的一步。虽然谈判各方都不愿意放弃自己的立场，但他们也清楚地知道如果不做出一些让步，就不可能达成最终的协议。成功的协商步骤常常取决于：

1）谈判者对于对方立场的了解程度。
2）识别谈判双方的相似点和不同点的能力。
3）提出一些新选择的能力。
4）有达成一个让谈判各方都感觉到目标实现的意愿。

（5）达成协议。谈判的最后一个阶段是妥协并达成最后的协议。有时，这一阶段是逐渐完成的，妥协和达成协议同时进行。

当然，不同的文化造就不同的性格和行为，形成不同的谈判风格，不同的风格主要表现在谈判过程中的行为、举止和实施控制谈判进程的方法、手段上。因此，熟悉不同国家、民族人员的谈判特点，掌握谈判的主动性，才能有效提高谈判的成功概率。

4.5 中国公司跨文化管理实践

改革开放以来，我们的文化发生许多改变：从封闭走向开放，从被动走向主动，从引进文化到推动文化走出去，从弱势走向强势，从世界文化舞台的边缘走向中心。随着越来越多的中国企业走向海外，这些中国公司既要向世界弘扬中国传统文化的精粹，更要善于处理和融合多元文化，做好跨文化管理，只有这样才能成为强大的全球企业。

4.5.1 中国企业跨文化管理概述

自2013年起，全球经济开始进入新一轮并购浪潮，与此前几次并购浪潮由西方主导不同的是，本轮并购浪潮唱主角的是中国买家，这是中国经济在全球经济中发挥影响力的必然。最先走出去的是以"中"字打头的国有企业，如首钢集团、中石油公司、中国银行和一批外贸型的进出口集团公司等，随后"走出去"的是大型民营企业，越来越多的中国企业正在国际上寻求发展机遇。中国企业一方面在"走出去"上有迫切需求，另一方面却又因跨文化管理不当导致"走出去"多以失败告终。因此，如何对母国与东道国间的不同文化做出正确认识，并选择合适的跨文化管理策略，对不可调和的文化冲突及矛盾进行适当管理，使中国企业在国际平台上获取资源的同时获得东道国文化的认同，已成为企业"走出去"的关键问题。

中国跨国企业跨文化管理的主体是中国企业，手段是文化，对象是具有不同文化背景的群体，这些群体有可能是国家政府、民族、企业消费者、管理者、员工等。跨文化管理目的在于如何在不同形态的文化氛围中，设计出切实可行的组织机构和管理机制，在管理过程中寻找超越文化冲突的企业目标，以维系具有不同文化背景的员工共同的行为准则，最合理地配置企业资源，特别是最大限度地挖掘和利用企业的潜力和价值。对于中国企业来讲，国际化过程中的跨文化管理的核心就是，企业必须能够非常有效地了解所要管理的文化根基，以及在不同的环境中成长出来的劳动力大军的真实生活背景，并且不仅需要了解若干年中国跨国企业发展所取得的成绩，也需更加清醒地认识到中国跨国企业跨文化管理中存在的诸多问题。

4.5.2 中国跨国企业文化管理现状

2011年出炉的德勤《大中华中国海外并购焦点项目》报告中提到，大概有50%的中国海外并购，在企业并购发生后的6~8个月当中，生产率出现一定幅度的下降；在并购1年以后，47%的原目标公司的管理层会出现离职；并购3年以后，企业出现了零增长。对此，我们可以理解为，在并购发生后的前两年，企业还在消化一些原来的潜力，但到第3年或者3年以后，企业就出现了零增长。

如果对这种"并购综合征"的病因做一简单分析，其中一个很重要的病因就是文化差异。文化差异对于跨国企业的挑战是有代表性的。这不仅因为跨国企业面临的是与母国文化有差异的他国文化，而且，由他国文化所导致的价值观、态度以及行为，会进而对管理者形成巨大挑战。

目前，有些中国跨国企业对文化差异的认识不足。从表面、浅层现象来看，跨国企业是资本、技术、商品、商务、管理的融合，而其深层次的内涵则是东西方两种不同文化的撞击、冲突、融合与吸收的过程。有的企业认为自己是出资方，加之中国是历史文化古国，对东道国的员工及区域文化有一定的轻视。同时，由于人力不足、经验缺乏，一些中国的跨国企业海外经营对文化差异问题的认识往往很肤浅，认为跨国经营主要是财务管理、业务管理，而忽视了文化因素在管理中的作用，项目管理注重经济评价和环境评价，但缺乏社会风险评价。

其次，中国的跨国企业无论是通过在海外市场建立子公司还是通过并购国外公司来实现全球市场战略，都将使企业面临着在多层面上对本组织的文化进行梳理和同一化的整合难题。在跨国企业并购领域存在着一个 70/70 现象：当今世界 70% 的并购后企业未能实现期望的商业价值；70% 的失败在于并购后的整合过程中，而并购后最难整合的莫过于企业文化的整合，因为文化的整合涉及对人的思想和行为的改变。这些企业文化差异导致双方在共同信念、决策前提及行为准则上发生了巨大冲突。

再者，随着企业国际化程度的提高，中国企业的从业人员素质虽然有很大提高，但与发展对外直接投资、从事跨国管理还有一些差距。突出表现在：缺乏风险意识，心理适应能力差，文化胜任力、文化智力、国际法律商务知识欠缺等方面，人力资源短缺已经成为中国企业走向世界所面临的最大瓶颈之一。

4.5.3 中国跨国企业文化管理的趋势与对策

《哈佛商业评论》对跨文化企业管理的定义是：在全球化经营中，对子公司所在国的文化采取包容的管理方法，在跨文化条件下克服任何异质文化的冲突，并据以创造出企业独特的文化，从而形成卓有成效的管理过程。全球化经营企业只有进行了成功的跨文化管理，才能使企业的经营得以顺利运转，竞争力得以增强，市场占有率得以扩大。有专家预计，未来几年中国海外资产总额将达到 15 万亿美元，是目前 6 万亿美元的 2.5 倍。但同时，中国企业 70% 的海外并购没有达到预期目标，投资潜力远未得到释放。如何提升中国企业走出去的质量和全球资源整合能力，已成为中国企业跨文化管理的新焦点。

在投资"新常态"之前的这些年里，欧美及日韩等发达国家和地区是中国企业走出去的主要市场，而目前亚非拉成为中国企业"走出去"的新市场；中国企业投资的产业也从制造业、交通运输业、批发零售业转向农林牧渔业、采矿业、建筑业、金融业、计算机服务软件业。根据我国企业投资市场及产业结构的改变，以及在"走进来"企业经验教训的基础上，包容性、主动性的跨文化管理战略应成为中国跨国企业的主要方向。

中国跨国企业在重视跨文化管理的同时，也应当注意跨文化治理。在注重投资保护、兼并收购、当地法律、税务保险和劳工利益等跨文化管理因素的同时，也要注重国别风险、区域与多变风险、投资准入全球治理标准，以及国际社会对管理者的管理等跨文化治理要素。

借鉴国际大公司经验做法，软环境风险分析及防范和开发利益相关方责任管理工具是提升跨文化管理水平和增强国际竞争力的重要手段。国际大公司在进入新区市场之初，都会针对东道国涉及政治政策、法律法规、商务规范、社区和公共安全环境等影响投资收益和投资风险的软环境风险进行综合分析评价，并在此基础上，制定企业跨文化管理的方针政策和办法。

跨文化管理的关键是人的管理，跨国企业应树立以人为本的管理思想。只有从员工的需求和发展出发，在对员工高度关心的基础上，创造和谐、友善、亲切、融洽的氛围，激发员工的创造力和想象力，调动员工的积极性，企业才能获取充足的智力资源，从而实现自身发展的最佳途径，实现员工和企业的双赢。

中国企业海外发展跨文化管理和治理，要培养认同双方企业文化的高级管理人员。跨国公司的海外管理人员必须能够贯彻总部的战略，忠实代表和维护总部的利益，同时还应具有丰富的专业知识、管理经验和较强的管理能力，尤其要具备在多元文化环境下工作所必需的特定素质。例如，考察其能否承受异国文化的冲击，是否善于控制和调节自身去适应不同的民族文化，即对不同文化的适应和协调能力，包括民族优越感倾向、对多元文化的体验、认识承受能力、行为承受能力、专门的文化知识、一般的文化知识、文化行为和人际交往的敏感性等。

全球化经营已成为中国企业发展的必然趋势。多年来，在跨文化管理方面，随着大量的国外企业"走进来"，中国企业已做了多年的"好学生"，伴随着我国经济地位在全球的提高，国有企业、民营企业在海外投资的增加及投资行业的转变，我国企业应在认清文化差异的前提下，结合自身特色，选择实施恰当的跨文化管理策略，本着以人为本的管理理念，成为真正的国际性企业。

本章小结

本章主要介绍了国际企业的跨文化管理，界定了跨文化管理的含义，介绍了跨文化管理的代表理论，阐述了跨文化管理的战略模式，并对跨文化沟通与谈判的方式进行了探讨。

文化是一个群体在价值观念、信仰、行为准则、风俗习惯等方面所表现出来的区别于另一群体的显著特征。而跨国企业文化就是以企业文化为基础，在长期生产经营过程中形成的、难以模仿、难以替代的独特资源条件，是企业跨国经营最重要、最核心的竞争优势。

由于文化对于跨国企业的经营起到至关重要的作用，在海外公司实施跨文化管理就成为企业跨国经营的必要手段。在经历了长时间发展之后，跨文化管理领域的相关研究成果颇丰。其中比较有代表性的理论包括霍夫斯泰德的跨文化理论、琼潘纳斯的跨文化理论和GLOBE的跨文化研究项目等。

由于历史、自然条件、经济水平、社会制度等的不同，不同国家的人们在价值观、思维和沟通方式等方面必然有着不同程度上的文化差异。这些文化差异对于企业的跨国经营提出了挑战。企业必须根据不同的文化采取不同的管理模式。常见的跨文化管理方式分为本国中心论、客国中心论、区域中心论和全球中心论。

良好的跨文化组织沟通有助于企业使拥有不同文化背景的员工达成价值观上的一致，从而化解因文化差异而导致的矛盾与冲突，从而提高员工的工作效率，促进企业目标的实现。此外，掌握谈判的技巧，也成为国际企业在跨国经营中的必备能力。

最后，有些中国跨国企业在文化管理上还存在着一定的问题，这在很大程度上影响着中国企业国际化的进程。因此，中国企业要充分意识到不同国家之间的文化差异，秉持以人为本的管理理念，采取合理的管理策略进行跨文化管理，提高企业跨国经营水平，从而在国际市场上赢得竞争优势。

关键术语

文化　跨文化　企业文化　跨文化管理　文化差异　跨文化沟通　跨文化谈判

 复习思考题

1. 比较分析霍夫斯泰德和琼潘纳斯的跨文化理论。
2. 试分析GLOBE的跨文化研究项目的内容。
3. 请论述跨文化管理的战略模式分析。
4. 请论述跨文化管理中的文化差异因素及其影响。
5. 请论述跨文化沟通中的障碍及其克服之道。
6. 试分析跨文化谈判的过程及其中蕴含的跨文化技能。
7. 试分析中国跨国企业文化管理的趋势与对策。

 应用案例

三洋跨文化管理的思考

海尔并购三洋，不是一步到位的，而是分了几个阶段。2002年，海尔与三洋签订了全面竞合关系协议。2007年，海尔和三洋在日本成立了一家合资公司。2011年年底，海尔收购了老牌家电三洋电机的白色家电业务，包括电冰箱、洗衣机等（三洋将黑色家电卖给了松下）。比较有代表性的转折点出现在2012年1月5日，海尔在大阪正式成立了海尔亚洲国际，并且在日本推出了全新的品牌亚科雅。

在跨文化管理方面，海尔并购三洋白色家电业务碰到了很多文化差异上的挑战。例如，海尔的薪酬和升迁体系跟日本的"年功序列制"和"平均主义"发生相当大的碰撞。在海尔看来，奖金、薪酬与员工的业绩直接相关。即便比较年轻，只要员工工作绩效非常高，很可能就被提拔到一个领导位置。这在海尔的价值体系里面是很自然的，但这在日本员工那边就很难被接受。日本公司比较按部就班，讲究员工序列、论资排辈。资历长、年头多的老员工先走到领导岗位上，年轻的则要慢慢等、慢慢排队。当时的海尔认为，尊重并且接受文化差异是跨文化管理非常重要的原则之一，也特别强调要尊重日本文化，但问题是，为了尊重日本文化，海尔该放松自己体系里的哪些制度呢？如果要保留日方文化里的一些内容，海尔可以放弃的又是哪些？

后来运作下来的体会是，尊重文化差异并不表示跨国企业需要完全照搬当地运作模式，而是要在充分理解当地文化后，用符合当地文化价值的方法和程序获得当地员工的接受，而在实质项目上，仍然能够坚持完成自己所设置的目标。也就是说，一方面要尊重，另一方面还是要实现自己的目标。这里面就有一个变通的问题。

"跨文化"问题在海尔并购三洋一例中有哪些体现？大致上有三个层面：第一，来自国家文化和企业文化两方面的影响。海尔和三洋在这两方面上的差异都很大。第二，行业传统。改革开放后，我国很多合资企业或者生产流水线都从日本引进。但如今，中国企业反过来收购日本企业，在进入日本市场的时候就有一定的难度了。日本民众能否接受你，这是跨文化问题在市场层面上的体现。第三，中国和日本在历史上曾经发生过冲突和情感上的纠结，所以也容易造成海尔和三洋之间在融合上的潜在障碍。而当上述三个层面的问题搅在一起时，情况就显得特别复杂。

如何达成尊重对方文化和实现自身目标的统一？海尔三洋总裁杜镜国应对这些挑战的方式相当特殊。他没有坚持当下立即实施海尔原有的一套制度，而是花了相当长的时间和日本员工沟通，了解他们的想法与顾虑，也让他们看到海尔的企业管理体系可以为他们创造哪些价值。他把160多位日本员工分成了十几个组，跟所有日本员工喝了一次酒。当然，他不是在同一时间进行的，而是花了相当长的时间，从而了解日本员工的想法。然后，他提出了一个过渡版的对策。按照海尔原来的设计，薪酬完全跟着个人的业绩走。但到了并购三洋的这个案例中，就把薪酬分成了两部分：一部分是基本工作，保底的；另外一部分，根据员工的业绩进行调整。

海尔日本经历了人事制度、升迁制度、工资体系以及评价体系的改革，在此基础上逐渐明确了目标，也推动了企业内外文化上的融合。后来日本员工逐渐接受了海尔的各项制度，对来自中国的经理人也产生了信任和认同，连带着自发地把销售目标也提升了。

讨论题

1. 你认为海尔在日本的成功之处在哪里？
2. 海尔对三洋并购的跨文化管理给你什么样的启示？

参考文献

[1] 弗雷德·卢森斯，乔纳森P多. 国际企业管理：文化、战略与行为[M]. 8版. 北京：机械工业出版社，2015:158-162.

[2] 宋亚非. 国际企业管理[M]. 上海：上海交通大学出版社，2011:248-262.

[3] 马述忠，廖红. 国际企业管理[M]. 3版. 北京：北京大学出版社，2015:250-255.

[4] 周三多. 管理学[M]. 3版. 北京：高等教育出版社，2012:270-272.

[5] 蔡健生. 跨文化生存[M]. 广州：南方日报出版社，2005.

[6] 路易·迪索. 礼仪——交际的工具[M]. 高叶，编译. 北京：外语教学与研究出版社，2006.

第 5 章 国际经营伦理和公共事务管理

学习目标

- 准确理解国际企业经营伦理和公共事务管理的含义。
- 掌握公共事务管理的内容。
- 了解典型的伦理问题以及公共事务管理的决策问题。

开篇引例：国际品牌的"质量门"是疏忽还是其他原因

根据世界奢侈品协会公布的信息，我国奢侈品消费占全球消费的30%左右，从2011年开始已经连续稳居世界第一。在全球奢侈品市场疲软的大背景下，中国消费者已经成为奢侈品的救命稻草。许多国际大品牌纷纷大举进入中国市场，期待从中国消费者，特别是富裕群体和新生代群体口袋里赚个盆满钵满。

在人们印象中，大品牌尤其是奢侈品牌，向来是高品质、高大上的代名词，它们和缺陷、瑕疵、有害等质量问题似乎"天然绝缘"。不过，现实总是和人们的印象开玩笑！国际大品牌也经常有质量掉链子和质量道德问题。

例如，自2005年开始，浙江工商接连查处了雀巢婴儿奶粉碘含量超标、麦当劳违法广告、索尼数码相机不合格、国际品牌服装质量不合格、东芝等四个品牌手提电脑质量不合格、进口皮鞋质量不合格、LV包标识不合格等事件，被查处的国际知名品牌往往是"大品牌、高价位、低标准"。

浙江省工商局2010年3月14日公布，对各大商场销售的进口品牌服装质量监测结果显示，抽检的国际知名品牌服装过半不合格。让人大跌眼镜的是，这些主要产自意大利、摩洛哥、韩国、法国、土耳其等11个国家和地区的不合格进口品牌服装中，包括爱马仕、范思哲、杜嘉班纳、JUST Cavalli、楚萨迪、HUGO BOSS、VERSUS、鲨鱼、汤美、CLRIDE.n、ZARA、H & M、布兰施、CK JEANS 等30个品牌。大部分是人们耳熟能详的国际知名品牌，其中不乏奢侈品大牌。从3月份公布的检测情况看，受检进口服装部分色牢度、pH值、甲醛含量等重要安全指标不合格，会造成染料脱落、破坏皮肤酸碱平衡、刺激呼吸道黏膜和皮肤等，对人体存在潜移默化的危害。

无独有偶，据国家质检总局最新公布的《2016年6月进口工业产品不合格信息》显示，进口服装问题突出，不合格原因涉及色牢度不合格、pH值不合格、甲醛含量超标等。其中，由海恩斯莫里斯（上海）商业有限公司从土耳其进口的H&M品牌化纤制针织男式T恤衫，因pH值不合格被销毁，数量3 000件。此外，Eleven Paris、Levis、VERSACE、TOPMAN等国际品牌的一些服装产品也出现在不合格名单中。

为什么国际大品牌也频频在质量面前沦陷？面对这个质疑，许多"洋品牌"的企业纷纷站出来用疏忽、监管不到位、原料来源问题、冒牌等原因来澄清。不过用疏忽、偶发、例外都无法对一个热烈追求国际大品牌和奢侈品牌国度的消费者进行解释和博得认同。如果联想到不少国际品牌对产品缺陷问题进行召回时，以各种理由忽略中国市场的相同问题产品，我们不禁要问：国际品牌的质量品质有国界区分吗？

一些专家认为，"洋品牌"在中国的"失信"与行业标准和监督机制尚不健全有关。解决"橘生南为橘，生北则为枳"的问题，迫切需要使中国标准与国际标准接轨，并进一步加大对违法违规行为的监管惩处力度。

资料来源：改编自凤凰财经.国际大牌频陷"质量门"被中国消费者"宠坏了"？ http://finance.ifeng.com/roll/20100322/1952605.shtml

【请思考】
1. 国际企业全球质量伦理应注意哪些问题？
2. 如何防止因质量问题而产生的品质信用危机？

由于不同的国家和地区政治、经济、文化等方面存在一定的差异，跨国公司在跨国经营管理时往往忽略当地的文化和理念，出现违背东道国伦理规范的行为。有的跨国公司在进行跨国经营时，通常会忽略与政府、社区甚至是当地员工关系的处理，甚至存在在损害东道国利益的基础上实现自身效益最大化的现象。这就导致了不同伦理体系之间产生了一定的冲突，而这种冲突一旦被激发，就会对跨国公司的市场开拓和可持续发展产生不利影响。因此，国际企业应当思考跨国企业在经营中可能存在的伦理问题和公共事务问题，掌握应对和处理跨国经营的伦理和社会问题，促进国际企业与东道国政府、社会、社区的和谐。

5.1 跨国经营伦理概述

经济的全球化使企业面临越来越多的不同伦理体系相冲突的问题。能否正确认识和化解这些冲突，关系到企业跨国经营的成败。跨国经营伦理问题包括跨国公司的伦理准则、发展中国家的贫困问题，也包括跨国经营中的伦理多元化取向问题等。

5.1.1 伦理学与跨国公司

1. 伦理学概念与准则

伦理学是指系统地运用理性对经验做出诠释，以决定生活中的重要价值及主导行为的规则。传统伦理学说的辩论主要集中于功利主义目的论与道德义务论这两种相对立的伦理观之间。

功利主义目的论（teleological theory，也被称为目的论）中最具有代表性的是约翰·斯图亚特·穆勒有关功利主义的著述。该伦理观的关注点是效果，寻求最大多数人的最大利益，一个行为，当且仅当其产生与任何其他可行的替代行为同样大的价值/无价值效用时，才是"正当的"。亚当·斯密的"无形的手"这一概念便运用了功利主义的一个概念，即在竞争体系中追求个人利益的个人，有可能对社会产生最好的结果。

功利主义的效果有可能对个人和少数人不公，这一担忧引发了人们对道德义务论（也称道义论）的兴趣。该伦理观大量借用伊曼纽尔·康德的著述。康德关注的焦点不是行为效果，而是人"应当"怎样做及其行为动机等。在该哲学概念下，如果所有的理性人——无论施事者还是应事者——都进行理性思考并接受规则，则该决策规则就被视为道德的。企业在某些活动上支持规则或界限（即使这些规则可能会损害企业的最大利益），所依据的就是道德义务观。例如，绝大多数是企业重视契约协定（信守承诺），认为其价值超过并往往可以取代实现任何特定交易的价值。

道德义务论的优点是，它可以根据当事者的情况和动机来创设标准或规则，以适用于不同场合。道德义务论存在的问题是，很难对心理动机与正当理由做出区分；很难在需要追溯很长时间或寻找很多细节的情况下确定个人"应该承担"的责任；很难在伦理标准发生冲突而引起道德两难困境时做出选择。功利主义目的论者设定一种决策方案（增值／贬值）以适用于所有场合，道德义务论者则设立规则（所具有的普遍性程度各异）以适用于不同情况。简而言之，前者关心效果或目的，后者则注重过程或手段。

2. 企业伦理与跨国公司

企业伦理，又称商业道德或企业道德，是商品经济高度发达的产物，是企业在频繁的商业活动中遇到的一个社会问题。

企业伦理是从伦理的角度对其目的性、合理性、义务性等问题的规范，是一种规则、标准、惯例或原则，是对企业的经营理念、发展战略、管理方式、制度机制、伦理道德、职能权限设置等问题做出决策时依据的价值观、道德观、准则和方法。企业伦理规范是一个企业道德诚信规范化的过程，使企业规范成为企业行为所遵循的依据，最终将企业伦理落到实处。

跨国公司是指在两国或者更多的国家之间组成的公营、私营或混合所有制的企业实体。该企业在一个决策体系下运营，通过一个或一个以上的决策中心使企业内部协调一致，其中一个或多个实体对其他实体的活动施加有效的影响，特别是与别的实体分享知识、资源和责任。但它的观念、思想意识不仅运用于决策中心阶层，也要求所在企业的员工把握和遵守，同时也对东道国的文化思想、经济领域等产生一定的影响。如果从伦理学的角度讲，这便是所谓的跨国经营的伦理问题。在这种意义上，跨国经营伦理主要指的是以跨国公司为道德主体，一方面对其经营行为进行道德评判；另一方面探寻和确立在跨国经营中具体适用的道德规则。

5.1.2 跨国经营中的典型伦理问题

跨国经营中存在许多的伦理问题，较为典型的问题主要包括雇用中的不道德、营销中的不道德、环保中的不道德以及经济中的不道德。

1. 雇用中的不道德：血汗工厂

"血汗工厂"（Sweatshop）一词最早于1867年出现于美国，是侵犯基本人权和剥削他人劳动成果的代名词，其不道德之处主要表现在剥削与奴役、使用童工、漠视工作安全等。

（1）剥削与奴役。剥削与奴役具体表现为工作时间长、工作强度大、工资低于最低标准、强迫性劳动、体罚与语言上的凌辱等。

（2）使用童工。据国际劳工组织估计，目前全世界仍有2.46亿5～17岁的童工，其中1.71亿人在采石场一类的危险环境中工作。为保障他们应有的健康福利与受教育权利，国际劳工组织于1973年颁布了《最低年龄公约》（C138号），规定就业的最低年龄不得低于完成义务教育的年龄。我国国务院令第364号也公布了《禁止使用童工规定》，规定禁止使用不满

16 周岁的未成年人从事工作。

为了帮助儿童摆脱危险的工作环境，跨国公司一方面应该在平等尊重的基础上与其代工厂和供应商建立合作关系，并为其提供额外的童工教育经费和健康保护经费；另一方面应该加大力度对供应商企业进行外部审核，努力承担起跨国公司应有的社会责任。

（3）漠视工作安全。工作场所的安全防护、工人职业病的有效预防以及工人心理压力的及时疏导，都涉及工人的工作安全。拥有社会责任感的跨国企业及其合作供应商都应有完善的安全管理制度和应急措施，并保证工艺流程尽量符合安全要求。但是，一方面很多跨国公司为了节约成本，对于法律标准低的发展中国家的工作安全问题不够重视；另一方面，跨国公司在向发展中国家输出先进技术时，往往会忽视必要的生产安全培训和安全监管。2008 年 1 月 5 日，《纽约时报》以《中国工厂：失去的手指和低工资》为题发表文章，标题和内容都触目惊心，直指跨国公司在中国供应商的劳工问题。

目前，作为"世界工厂"的中国，劳工问题日益突出。在金字塔顶层控制着一切的跨国公司必须负起相应的社会责任，而不是推诿给代工厂或供应商，从而保护劳工利益，减少直至取缔"血汗工厂"。

2. 营销中的不道德：各种歧视

营销中的不道德现象主要表现在各种歧视，包括产品歧视、服务歧视、价格歧视、广告歧视等。

（1）产品歧视。由于产品信息的不对称以及东道国相关法律的不完善，有些跨国公司对产品质量实行"双重标准"，它们在本土都采用极高、极严的产品质量标准，并且向社会保证其产品不含有对人体有毒、有害的物质。然而，为降低成本、获取最大利润，一到东道国它们就降低标准要求，使东道国消费者利益受损。

近年来，随着媒体和政府部门的关注，跨国公司的问题产品屡屡遭到曝光。例如：SK-II 被查出具有危害皮肤健康的化学成分；2014 年上海福喜食品公司被曝将过期食品掺入"洋快餐"原料中，麦当劳、肯德基、必胜客等纷纷中招；卡夫饼干含有未标识的转基因成分；2009 年，可口可乐公司在其销售的芬达系列碳酸饮料中检测出含有杀虫剂，含量是自来水或者沸水中含量的 300 倍。

（2）服务歧视。服务歧视是指跨国公司同样的产品在不同国家的服务实施双重标准。2014 年，中央电视台"3·15 晚会"曝光了尼康 D600 相机"黑斑门"。该相机号称高画质、全画幅，但很多消费者发现，拍出的照片却出现很多黑色斑点，多次返修仍然出现。面对客户的质疑，尼康公司再三拒绝退换，并把责任推给了雾霾。然而，远在大洋彼岸的美国消费者购买的尼康 D600 相机拍出的照片出现黑斑后，尼康却能为他们免费将 D600 更换为 D610。中国消费者再次遭遇跨国公司服务歧视。

（3）广告歧视。广告歧视主要是指跨国公司广告的内容涉嫌亵渎东道国的传统文化与风俗，或涉嫌种族歧视、性别歧视、宗教歧视。

因此，想要解决广告歧视问题，最简单有效的方法就是放弃文化中心主义，学会尊重他国的传统文化、习俗和宗教信仰，并真正设身处地地为东道国的消费者着想。

3. 环保中的不道德：破坏东道国环境

（1）有害产品销售转移。有害产品销售转移是指出于对本国消费者的利益保护，跨国公司母国已经禁止销售或使用某些有害产品，但是，跨国公司为了获得利润，不顾此类产品的危害性，转而将其投放到发展中国家市场进行销售。这种做法就产生了跨国经营中的伦理问题。

比较有代表性的有害产品有药品、化学产品、烟草等。比如，美国食品药物管理局、职业安全和健康署等机构制定了严格的标准来监控管理药品或有毒化学产品。但发展中国家缺乏相关法律法规，监管相对宽松，给跨国公司的销售带来了可乘之机。它们将产品改头换面，改变产品成分、名称或原产地，采取欺骗手段达到占领市场的目的。再比如烟草，与抽烟有关的健康问题导致其在美国以及其他传统发达国家的销量下降。由于在发达国家要面对公众的反对和政府更为严格的监管，烟草跨国公司将扩张性的营销活动目标锁定在发展中国家和转型经济体，旨在补偿在发达国家中的利润损失。

（2）有害产业生产转移。除了将有害产品的销售进行转移外，跨国公司另一个善用的手段是对环境破坏大的有害产业生产转移。有害产业生产转移是指某些有害产业从一个国家和地区通过国际贸易和国际投资等多种方式转移到另一个国家和地区的过程。发达国家之所以能够向发展中国家转移污染产业，就像是"周瑜打黄盖——一个愿打一个愿挨"。一方面，发达国家经济发展到了一定水平，更加关注对污染行业的控制和管理，治理污染的惩罚措施也更加严格，高污染行业在国内生产经营成本过高，很难继续立足。另一方面，发展中国家由于经济落后，对于经济发展的渴望远远大于对环境污染的关心。同时，发展中国家的环境管制宽松，补偿机制缺乏，使企业在资源环境方面的投入成本较低。跨国公司通过产业转移既节约了成本又保证了本国环境，可谓一箭双雕。

（3）转移电子垃圾。电子垃圾，又称为电子废弃物，是指被废弃不再使用的电器或电子设备。其种类繁多，大致可分为两类：一类是所含材料比较简单，对环境危害较轻的废旧电子产品，如电冰箱、洗衣机、空调机等家用电器以及医疗、科研电器等，这类产品的拆解和处理相对比较简单；另一类是所含材料比较复杂，对环境危害比较大的废旧电子产品，如电脑、电视机显像管内的铅，电脑元件中含有的砷、汞和其他有害物质，手机原材料中的砷、镉、铅以及其他多种持久性和生物累计性的有毒物质。

（4）环保双重标准。早在2007年8月，公众与环境研究中心就曾整理公开污染企业名单，名单收录那些被环保部门查处有违法行为并且公开通报过的企业，近几年这一名单中的跨国公司的数量已经从2007年的八九十家增加到目前的近500家，其中包括著名的百事、雀巢、通用、三星等"世界500强"在华企业。"中国企业比我们还差"成了部分跨国公司在华污染时一个堂而皇之的借口。

环保违规的跨国企业很多在国际上都是以注重环保自称或著称的，为何进入中国后会放弃其环境承诺，降低环保标准？原因有三：一是环境高位产业并未从政府鼓励转移的名单中消失。依据布局指导意见，在广东省政府鼓励转移的企业列表中，有多项可能对环境与自然资源造成严重威胁的行业，如服装、陶瓷水泥、五金、电子、塑料制品、油漆等。二是目前中国整体环境监管力度弱，处罚力度小，导致企业违法成本低，而守法成本较高。对于实力雄厚的跨国企业来说，相对于巨额的环保达标投资，一年一两次几万元的处罚可以忽略不计。其三，公众对企业环境行为不关注。也就是说，在国外，企业因为环保问题会导致品牌形象受损，遭到民众"抛弃"。而在中国，公众更关注企业产品的质量和价格，环境问题并不影响其对企业产品的选择。

4. 经济中的不道德：对东道国经济造成负面影响

（1）转移价格。转移价格又称转移定价或内部调拨价格，是跨国公司依据其全球战略目标，在母公司与子公司之间或各个子公司之间进行关联交易时使用的价格。

转移价格不是独立的买卖双方按自由竞争的原则确定的价格，也不是由生产成本决定的，所以很大程度上不受国际市场供求关系的影响。它依据的是跨国公司的整体战略，最终目的是实现跨国公司整体利润的最大化。通过转移价格，跨国公司进行内部关联交易时，可以系统地操纵价格，转移利润，从而逃避所得税或关税。

跨国公司采用转移价格的手段之一是提高在高税率国家（地区）子公司的成本，降低在低税率国家（地区）子公司的成本，从而实现利润转移，降低公司整体应缴税额。其中，提高高税率（地区）子公司的成本可以通过在跨国公司内部高价进口原材料、低价出口产成品，从而降低子公司利润，甚至制造亏损，这种方式无疑会造成东道国税收的重大损失，如图 5-1 所示。

（2）商业贿赂。商业贿赂是指经营者以排斥对手为目的，为争取交易机会，暗中给予交易对方有关人员和能够影响交易的其他相关人员财务或其他好处的不正当竞争行为。

商业贿赂引发了一系列伦理问题。从本质上讲，贿赂是一种不公平的营销手段，它的动机是绕开有关商业竞争的法律规定以确保自身的商业利益。在一个特定的交易环境下，贿赂导致的不公平会使某些企业失去潜在的市场。进一步，这种做法有违市场竞争理论，即卖方应该通过提供最好的产品或服务，以最低的价格赢得市场。当接受贿赂的政府官员签订相关的公共产品合同时，由于贿赂所产生的额外成本会给纳税人带来高于正常竞争条件下的花费，久而久之会损害政府机构的公信力。

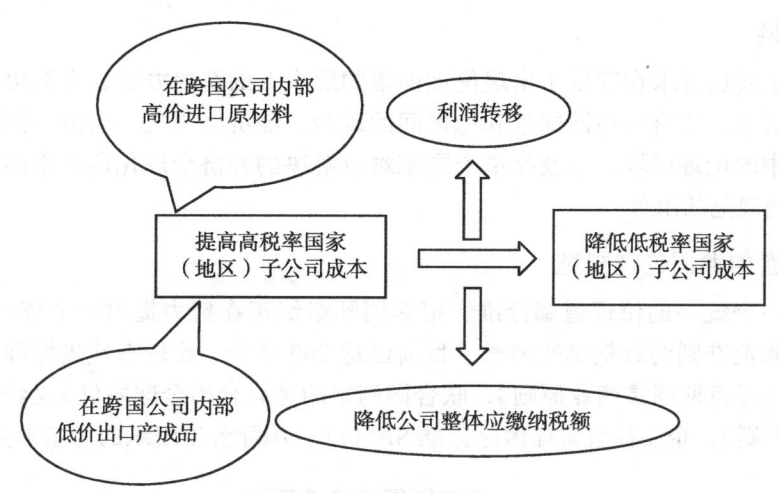

图 5-1　跨国公司转移价格手段图

资料来源：黄少英. 企业伦理与社会责任 [M]. 大连：东北财经大学出版社，2015:293.

5.2 跨国经营伦理准则与伦理管理

在跨国经营中，企业应该遵守一定的伦理准则，并且承担一定的社会责任，在争夺经济利益的同时，也要促进社会与经济的可持续发展。

5.2.1 跨国经营伦理准则

1. 伦理相对论和伦理绝对论

在跨国经营中，跨国公司必须面对一些伦理困境：东道国的伦理规范和经营方式与母国是否不同？如果伦理规范有差异，应该以哪一种规范为准？如果仍继续奉行母国的伦理规范，则称为伦理绝对论；若选择入乡随俗，按照东道国的伦理规范来行事，则称为伦理相对论。

（1）伦理绝对论。伦理绝对论则强调伦理规范的客观性和普适性，认为不管文化差异有多大，总会存在一些适用于一切民族和时代的普遍价值观和行为观，任何一个企业必须服从并遵守这些准则。对于跨国公司而言，这意味着跨国经营时仍然继续奉行母国的伦理标准，这虽然能够有效减少经营活动中的道德冲突，但却容易产生伦理优越感，将母国价值观念凌驾于他国之上。

（2）伦理相对论。伦理相对论认为，不同的看法和观点都有合理的一面，没有绝对正确或错误的道德伦理标准，因此不存在绝对的权利和对错。若以伦理相对论指导跨国公司的日常经营活动，则要求跨国公司在进行跨国经营时奉行东道国的伦理标准，即入乡随俗。但是，这种观念也常常降低跨国公司的道德水准，如行贿行为、使用童工，或者让工人在极其恶劣的工作环境和薪酬水平下从事生产等。

因此，无论是伦理相对论还是伦理绝对论都有失偏颇，并在一定程度上使跨国企业在跨国经营时无所适从。例如，沙特阿拉伯国家主张大多数管理岗位不能雇用妇女，否则违法；即使是经过允许可以工作，也必须穿黑袍戴面纱。那么在沙特阿拉伯经营的跨国公司该不该雇用女性呢？如果不雇用，又是否会在国际上被指责为性别歧视呢？

2. 伦理置换

伦理置换是通过寻求在有别于出现伦理困境的层次上的解决办法，去解决某个困境。按照伦理置换的观念，所有在不同国家和地区间的政治、经济、文化、风俗习惯等的差异而导致的跨国经营中的伦理困境，以及靠单个国家难以解决的经济全球化所产生的问题，都呼吁国际性共同伦理规范的出台。

3. 跨国经营的共同伦理规范

为了制定一个统一的伦理道德标准，很多国际组织正在努力提出一个统一的指导方针。跨国公司道德规范准则的数量迅速增长，目前已达200多个，比较有代表性和影响力的有商界自主制定的《考克斯圆桌商业原则》，联合国制定的《联合国全球协议》《经济合作与发展组织跨国公司准则》，企业社会责任国际标准SA8000，国际劳工组织的《基本劳工公约》等。

考克斯圆桌商业原则

原则1　公司责任：从股东变为利益相关者
原则2　公司对经济和社会的影响：面向革新、公正与全球性社区
原则3　公司行为：从遵守法律条文发展为信任精神
原则4　遵守规则：从贸易摩擦发展为贸易合作
原则5　支持多边贸易：从孤立走向世界
原则6　关注环境：从保护环境发展到改善环境
原则7　防止非法运行：从利润发展到和平
顾客：充分尊重顾客的尊严
雇员：相信每位员工的天赋尊严
物主／投资者：尊重投资者对我们的信任
供应商：相信公司与供应商、分包商的合作关系以相互尊重为基础

竞争商：公平的经济竞争是增加国家财富的基本要求之一，它能使公平分配物品与服务最终成为可能

社区／共同体：公司能够为所在社区投入改革力量，改善当地的人权状况

5.2.2 跨国企业伦理管理

随着改革开放的深入及社会、经济的发展，我国已经成为世界上最大的外资流入国，跨国企业在带来资金、技术和先进管理经验的同时，也不可避免地会产生一些负面影响。跨国企业在中国产生的问题可以归结为逃避税收问题、不正当竞争问题、雇用与劳动问题、环境保护问题和消费者保护问题等。这些矛盾都是因跨国公司追求企业利润最大化而忽略其企业社会责任而产生的。

要解决伦理冲突，首先要重视伦理问题。对企业来说，伦理正从管理的边缘走向管理的中心，成为企业的战略。跨国公司应当从公司战略的角度出发进行伦理风险的管理，并与战略管理的过程紧密结合，把伦理放在企业的层面上加以考虑。具体而言，跨国公司要建立相关伦理机制（见图5-2）。

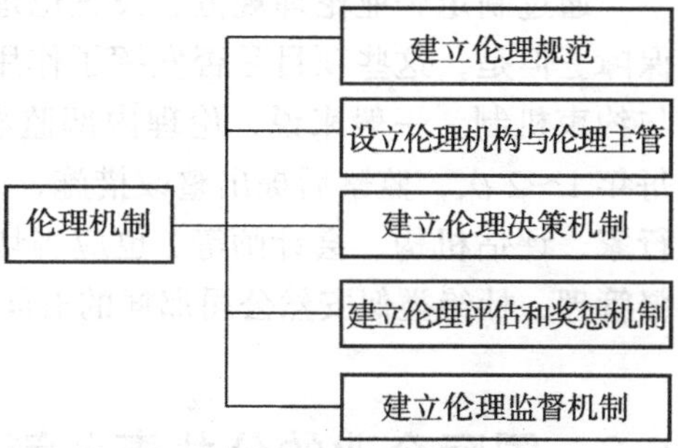

图5-2 跨国公司的伦理机制图

1. 建立伦理规范

跨国公司要在其核心精神和企业文化中体现清晰的公司伦理。跨国公司通过发展其对全球伦理原则和价值标准的清晰表达，使其全球范围内的员工能够理解、接受并执行。跨国公司要求员工通过文本和制度，从理念和情感上认同企业的核心价值观。公司章程、员工手册、年度报告以及各种合同是体现公司伦理的重要文本。此外，一份独立而又清晰的公司伦理规范也是必需的。据一项调查表明，在500家成功企业中，93%已采纳公司伦理法规。在英国，43%的大公司已制定了一整套的企业道德法则，如果法则的定义扩展到包含价值观的企业使命声明时，这个数字会超过50%；在美国，这两个数字分别为75%和90%。企业在制定伦理规范上一般存在两种方式：一种是详细列举出那些为企业所不容的行为方式；另一种则是正向强调企业所提倡的行为。前者是服从导向型，主要依靠监督、批评、承接来进行抑制以获得行为服从；后者是价值导向型，通过成员对组织目标和价值的认同来实现价值引导。

2. 设立伦理机构与伦理主管

如同公司有法律、公共关系等部门一样，应由专门的机构和人员负责公司伦理事务；同时，要处理好伦理机构与公司战略管理、文化建设、公共关系以及生产经营等各个部门的协调关系。伦理主管负责制订伦理培训计划和监控执行情况、评估公司或员工的行为，对指控进行调查、帮助员工疏通道德困境问题以及对有关伦理行为的奖惩流程。

3. 建立伦理决策机制

所谓伦理决策机制，并非指针对伦理问题做出决策，而是指决策机制中的道德评议机制，即在决策机制中引入道德量化程序，对可供选择的方案进行道德评价，使利润动机符合伦理的要求，帮助管理者做出正确的决策。世界上许多知名企业都建立了以"道德过滤器"

（ethical screen）为中心的决策流程，由专门委员会将拟定的行动方案与社会的道德规范和企业的道德原则进行对照，不符合道德要求的方案就被剔除。

4. 建立伦理评估和奖惩机制

要想在企业中建立一个道德化经营的氛围，公司应定期对员工伦理行为表现进行评价以及对其合作伙伴进行评估，并对所有员工的行为按照伦理管理的原则进行奖惩。符合道德行为的管理行为，就应该给予多种形式的奖励；不道德的行为就必须给予揭发和惩戒。在一个道德环境下，雇员必须准确地知道他在道德领域该干什么、不该干什么，这样才有利于形成共享观念。除了对企业员工以及合作伙伴进行伦理评估外，跨国公司还必须做好对东道国伦理环境的评估。

5. 建立伦理监督机制

通过制定企业伦理规范、设置伦理机构等措施，可以说已经为企业伦理制度建设提供了保障。但是，这些项目是否发挥了作用，还必须借助于内部和外部的监督，建立有效的激励与约束机制。一般来说，伦理内部监察是由公司外部董事占半数以上的道德委员会来实施，每年1~2次，监察后提出整改措施，外部监察则主要由政府承担，同时，第三方机构（如银行家、评估机构、会计师等）也应当切实履行自己"看门人"的职责，对企业进行有效的监督管理，杜绝类似安然公司那样的丑闻。伦理监督可以通过一系列的伦理指标体系来控制。

5.3 国际企业的公共事务管理概述

和平与发展是当代的主题，国际企业的发展也从追求经济利益转变为可持续发展。国际企业通过管理公共事务，可以保障人权，为企业创造良好的外部环境，实现自身的各种目标。

5.3.1 企业的公共事务与管理概述

尽管公共事务管理经过了近百年的发展，但人们对公共事务的定义仍然存在不同认识。

美国学者卡特里普等认为"公共事务是公共关系的一项专门领域，旨在建立和维护政府及地方社区关系，以影响公共政策"。巴斯金等学者指出"公共事务这一词汇有时被用来代表整个公共关系，更多的时候它描述了公共关系中的一个方面，即处理一个组织的外部政治环境。有时它被称为政府关系。公共事务与问题管理相联系，它帮助组织预测影响其活动或环境的各种问题并对此做出反应"。英国公关学家海伍德认为："公共关系中最重要的决胜点往往是公共事务，它意味着企业必须有计划地处理政治与公共议题。这些议题不仅会影响国家的走向，同时也会影响企业的走向。"《莱斯利公共关系和沟通手册》则将公共事务定义为："一个公司在政治行动和政府关系方面的活动"，而公共关系则是"处理其他沟通事务的活动"。纽森等学者指出："公共事务是公共关系中相对特殊的一环，它包含了社区公共关系和政府公共关系，即处理社区中的公务和与立法团体或者是不同的压力团体周旋。对公共关系来说，公共事务是很重要的一部分，但并不代表全部。"

上述关于公共事务的定义具有两个共同点：①认为公共事务是公共关系的一个方面，而非公共关系的同义词；②公共事务主要处理与政治或政府的关系。不同点则在于对公共事务所包含的内容表述不一。卡特里普和纽森等认为，公共事务的内容包括政府关系和地方社区关系；巴金斯等则将公共事务的内容概括为处理与外部政治环境的关系，同时又提出与问题管理相联系；海伍德提出公共事务处理的内容是政治和公共议题；而《莱斯利公共关系和沟通手册》比较简单地认为公共事务的内容主要就是政府关系。

公共事务的任务就是通过建立、维护和发展与企业外部政治环境中各主体的关系，以保证企业的外部政治环境有利于企业的生存与发展。同时，巴金斯等人又强调公共事务应该帮助企业预测其活动和环境中的问题并做出反应。也就是说，公共事务要帮助企业了解外部政治环境的变化发展，指导企业及时调整自身的经营战略，从而使企业的发展符合外部政治环境的要求。巴金斯等人的观点非常符合当代公共关系实践中所提倡的"双向对称"（two-way symmetric）原则，即公共关系人员的主要任务并不是一味地说服公众，而是与公众进行平等的对话，帮助企业调整自身的行为，以尊重和适应公众的需要，从而也赢得公众对企业的尊重和支持。公共事务的历史发展也同样证明，企业试图依靠一些政治说客来达到目标的时代早已一去不复返，赢得公众的支持才是成功的根本。

5.3.2 国际企业公共事务管理的产生

企业的外部环境基本可以分为政治环境、经济环境、社会环境、技术环境和竞争环境。每一个环境中都存在着能够对企业施加各种影响的组织和个人，这些组织和个人被称为企业的利益相关者。利益相关者与企业之间存在着一种既合作又对抗的关系，当二者具有共同利益时，合作便是双方关系的主流，如果二者之间出现利益冲突时，冲突就成为双方关系的写照。通过对环境的监测和分析，企业可以发现对企业有重大影响的利益相关者，了解它们的利益诉求，尽力寻找二者利益的结合点，以保证这些重要的利益相关者对企业的支持和帮助，为企业创造有利的外部环境。

政府、媒体、社区无疑是企业最重要的利益相关者的一部分，即使在崇尚"自由市场经济"的西方资本主义国家，在过去的几十年中，政府对整个宏观和微观经济的影响都有明显加强。媒体和社区在影响政府决策方面也扮演着非常重要的角色，三者构成了企业外部政治环境的主体。企业在制定战略、实施战略和评估战略时，都必须认真考虑政府、媒体、社区对企业的影响，以使企业与政府、媒体、社区之间保持和谐的关系，从而形成一个对企业有利的外部政治环境。

公共事务正是在这一背景下诞生的。作为企业专门与政府、媒体、社区等利益相关者进行沟通的部门，公共事务已经有了近百年的历史。在近百年的发展过程中，公共事务工作的内容、性质和作用都得到了不断的充实和发展，目前已成为大部分知名跨国企业的重要管理部门之一。

公共事务部门最初在企业中是以技术部门的身份出现的。公共事务人员从事的工作是按照企业领导的指示，撰写新闻稿、筹备新闻发布会、安排企业领导人的社交活动等事务性工作，基本上不参与企业的日常管理，更谈不上参与企业的战略管理。但是随着企业外部政治环境的日趋复杂和多变，以及利益相关者对企业经营的影响力日益增强，企业领导人意识到需要有专门的机构和人员从事对外部政治环境的调研分析工作以及与外部政治环境中的利益相关者进行协调沟通工作，以便企业在进行战略管理时可以对外部政治环境有足够的了解和认识。为此，公共事务部门的工作任务逐渐由简单的事务性工作转变为向企业领导人提供战略咨询的管理性工作，在企业的战略管理中开始发挥自己的作用。公共事务工作性质的变化导致公共事务部门在企业组织结构中的地位发生了相应变化。公共事务部门与生产、营销、财务等部门的地位逐步趋于平等，公共事务的主管进入企业高层管理人员行列。同时，工作性质的变化也对公共事务部门的内部管理和管理人员提出了更高的要求。公共事务部门的工作计划不再由管理人员根据直觉和经验随意制定，而是根据企业的总体战略制定相应的部门战略。公共事务管理人员不能再满足于写出精彩的新闻稿或者认识多少个新闻记者，而是需要懂得企业战略管理理论，懂得如何收集、提炼和分析对企业领导人有用的信息，懂得如何对公共事务部门进行战略管理。

5.3.3 国际企业公共事务管理的内容

企业外部政治环境的主体主要包括普通民众、社会团体、媒体、政府（包括行政、立法、司法等机构）四个方面，它们对企业外部政治环境的影响可以用图 5-3 来表示。据此，企业的公共事务的内容主要包括如下四个方面。

1. 政府关系

很多人将公共事务简单地理解为政府关系，一些外资企业也将其公共事务部门称为政府关系部门。事实上，政府关系仅仅是公共事务的一个组成部分。如图 5-3 所示，企业外部政治环境的主体主要包括国家的行政、立法、司法机构、社会团体、媒体和普通公众。人们习惯用"政府"一词泛指国家的行政、立法和司法机构，也就是说，政府是企业外部政治环境的主体之一，但并不是唯一的主体。因此，政府关系不能简单地与公共事务画等号，成为公共事务的代名词。

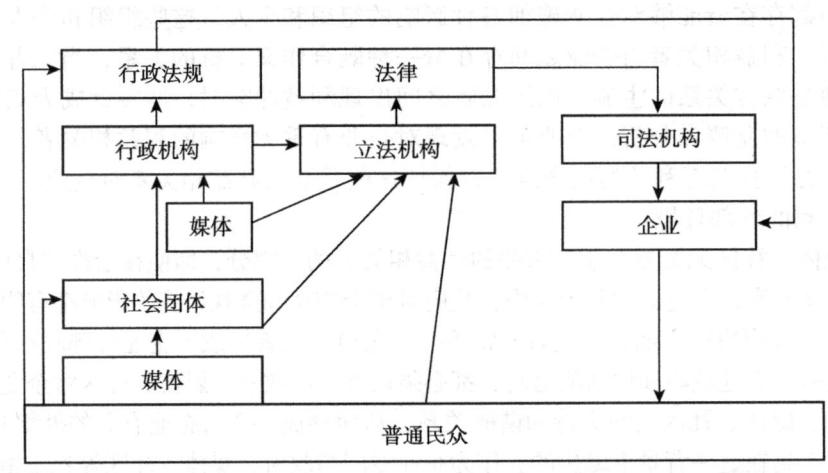

图 5-3　普通民众、社会团体、媒体、政府对企业外部政治环境的影响图
资料来源：沈昕. 在华外资企业公共事务的战略管理 [D]. 北京：对外经济贸易大学，2002.

政府是企业众多利益相关者中非常特殊的一员。一方面政府是企业的管理者，通过各种宏观调控手段，政府可以直接影响企业的微观经济行为；政府又是企业产品和服务的重要客户，拥有强大的购买力；政府还是企业重要的资金来源，政府提供的各种信贷甚至是直接投资支持了企业的生存和发展；另一方面，政府的运作又依赖于企业上缴的税款，从某种意义上说，企业是政府的衣食父母。因此，政府与企业是一种相互依存、相互支持的关系。政府关系的根本任务就是实现政府利益和企业利益的平衡。

在处理政府关系时，企业相关人员一方面要及时了解和研究政府的各项法律法规、政策，帮助企业决策层把握整个宏观经济和政治走向，从而使企业行为自觉地与政府要求保持一致；另一方面，企业相关人员应熟悉政府机构的内部结构、工作范围和办事程序，与政府工作人员保持良好的关系，及时向有关部门汇报企业的生产经营状况，反映企业面临的问题，以争取政府的支持和帮助。

2. 社区关系

传统的社区关系是指企业与其所在地的地方政府、社会团体及居民之间的关系。但是，随着现代企业规模的迅速扩大，跨国企业的工厂、研究所、代表处、专卖店等机构遍布世界各地。因此，对于一个大型企业来说，社区的范围也随着企业的发展无限延伸了。美国学者科伊认为"从广义上讲，社区可以是一批非常分散，但是又具有共同职业或情感追求的民间团体和组织"。现代社区可以被理解为与某企业有联系的普通民众和所有社会团体的集合。

社区对企业外部政治环境的影响是间接的，主要是通过影响政府决策进而影响企业行为。可以说，社区是企业之外政府面临的另一股强大的游说力量。随着普通民众对自身权益保护意识的加强和对人类发展总体命运的关注，社区要求企业承担更多社会责任的呼声越来越高，对政府立法的影响也越来越大，许多规范企业的法律法规往往是社区游说政府的结果。

处理好社区关系要求企业不仅要关注自身的经营业绩，而且要关注对社会的责任和贡献，使社会上的大多数人都能从企业的成功中受益。为此，企业往往从利润中拿出一部分用于帮助改善社区福利，并称之为"企业公民"计划。据统计，美国公司在1996年用于各种慈善事业的款项高达86亿美元。这些款项往往投入到教育、艺术、环境保护、医疗研究、扶贫等与企业自身经营领域没有联系或关系不大的方面，以体现企业为公众服务、为社会服务的意识，争取社区对企业的好感，避免社区采取对企业不利的政治行动。

3. 媒体关系

媒体对政治的影响已是不争的事实。在影响企业外部政治环境方面媒体发挥着十分独特的作用。对于企业而言，媒体一方面是表达自己的观点和态度，开展与政府、公众及社会团体沟通的有效工具；另一方面，媒体也有可能成为政府、公众及社会团体攻击企业的锋利武器。失去媒体的支持，企业的外部政治环境将对企业构成重大威胁。因此，媒体关系是企业公共事务的重要一环。

保持良好的媒体关系，需要了解媒体自身的特点。有关专家认为，现代媒体面临着信息超载问题。记者和编辑在很短的时间内要报道很多事件，往往没有时间去仔细考虑问题，所以无法进行广泛的背景研究和详细分析；而且大部分记者对问题只知皮毛，遇到专业问题往往会依赖专家。企业可以充分利用这一特点，发挥自身在专业问题上的专家作用，主动向媒体提供具有新闻价值，同时经过详细分析和研究的稿件，这样既满足了媒体报道的需要，又使自身获得了媒体的积极报道。

4. 问题管理

问题管理是一种管理过程，其目标是为了保护一个组织及其主要利益相关者的利益，帮助维护市场、减少风险、创造机会并且管理作为组织宝贵资产的形象。这个目标的实现有赖于：预测、调查并且区分问题的优先秩序，评估有关问题对这个组织的影响、政策和战略建立，把风险降低到最低程度，抓住机遇参与并实施战略，评估项目的影响。这一定义基本上总结了前人关于问题管理的研究成果，反映了问题管理的主要内容。

问题管理对于公共事务管理的重大意义在于：

（1）问题管理的出现使公共事务由完全注重微观问题转变为关注宏观问题。公共事务传统上解决的是企业在外部政治环境中遇到的具体问题，如影响一部法律的制定、就某一事件与有关社团进行对话、组织媒体对企业的积极报道等；但是，问题管理关注的是企业外部政治环境变化的整体趋势，如环境保护主义运动的兴起可能对企业的外部政治环境带来的机遇和挑战等。

（2）问题管理使公共事务从被动型的反应转变成为主动型的应对。公共事务传统上处理的都是企业外部政治环境中业已出现的问题，公共事务工作是对这些已出现问题的被动反应；而问题管理处理的是企业外部政治环境中可能出现但尚未出现的问题，公共事务工作是对尚未出现的问题做出预测，根据其出现的可能性进行排序，主动采取必要措施，影响问题发展的方向，从而尽量避免问题可能对企业造成的损害。

（3）问题管理使公共事务从企业的技术型部门转变成为管理型部门。公共事务部门传统上被认为是企业战略战术的执行者，公共事务人员日常的工作是撰写新闻稿、组织新闻发布会等事务性工作；问题管理则使公共事务部门通过了解企业外部政治环境的宏观发展趋势，从而有能力为企业制定战略提供咨询，以使企业战略与外部政治环境相适应。

5.4 国际企业公共事务管理决策与行动

进入21世纪以后，跨国公司参与国际活动，制定国际游戏规则，承担国际义务，推动和加深各主权国家在政治、经济和文化上的相互依存，日益成为当代国际关系中最为活跃的因素之一。在不同的公共事务中，应该根据所面临的情况不同，采取正确的决策与行动。下面将从政治参与、文化与人文环境以及自然与物质环境三个方面对此进行分析。

5.4.1 国际企业的政治参与

各国经济相互依赖程度的日益上升，将一国的政治命运与其领土之外的发展和采取的决策联系在一起，国家政治主权面临全球化的挑战。随着贸易主要由来自世界各地的进出口贸易所构成，各国政府将外国企业视为一个外部的影响因素而予以监管。第二次世界大战后，跨国公司的崛起为国际政治舞台引入了新的参与者，通过外国直接投资，跨国公司在许多经济体内设立了本地注册但由外国控制的实体，同时承担多个国家的公民义务。这些外国子公司比传统的出口/进口贸易更深入地渗透到东道国，并对其经济发展进程产生更大的影响。争论随之而来；跨国公司应该如何与东道国的政治当局互动，以及它们会对当地社会造成何种影响，等等。

有关跨国公司政治参与的价值标准从要求不干涉或保持中立的简单警告变得更为复杂，有时甚至演变为呼吁跨国公司发挥政治影响力。一个被广泛接受的标准是禁止跨国公司破坏政府议程或侵害国家利益以增加公司利润的活动。更具争议的是，当相关的国家政府是无效的、不具有代表性或者镇压自己的人民，一般涉及蓄意侵犯公民权利和政治权利（civil and political，CP）时，跨国公司可能被视为与政府串通或者影响政治变革。

当不同国家政府之间的政策发生冲突时，企业最趋向于认同不干涉内政的标准，主张政治中立的立场，然而，自20世纪70年代以来，这一趋向转至相反方向。母国政府很少鼓励跨国公司在其他国家进行政治活动，但越来越多的民间社会组织呼吁企业采取行动反对侵犯公民人权的政府。进行干预的根据在于，国际人权价值优先于国家政治主权的原则，尤其是在一个国家的政府由于蓄意侵犯其公民的权利而丧失合法性之时。虽然其他国际政治组织在这种情况下应采取行动，但是它们没有这样做，这就把更大的责任推到了跨国公司身上。

跨国公司影响国际关系的作用机制主要体现在借助他们各自在国际生产领域的结构性权力以及国际经济交往的各种舞台，面对外国的非政府组织、广大公众甚至政府机构，从不同角度表达本国的国情和国际政策，使其公共外交可以更直接、更广泛地面对外国公众和主流社会人

士，能更有效地增强本国的文化吸引力和政治影响力，改善国际舆论环境，维护国家利益。㊀

5.4.2 文化与人文环境

一个社会的文化随着组成要素的演变而发生改变。通常，内在的政治和社会机制有助于调节社会文化变革的程度和速度，从而为社会的调整提供便利。然而，当文化的变革主要源于外部力量时，社会的传统监管机制就有可能受到忽视或被颠覆。全球政治经济所带来的多方面的压力，对世界各地独特的文化产生的影响不计其数。跨国公司组成传播全球力量的独特的、有效的载体，通过同时作为国内企业和国际企业的双重运作而把外部影响深深嵌入一个社会。

跨国公司力求培育一种共同的企业文化以利于协调企业基本职能，尽管由此形成的融合越来越多地表现出多国混合型而非任何单一民族模式。大多数跨国公司的经营保留了源自发达的母国文化的主导特征，包括对日本更为独特的企业文化的相对缓慢的兼收并蓄。无论经营风格、优先收益权，还是企业利益相关者之间的关系次序，跨国公司都与当地企业存在较大的反差，而这种反差必然会带来文化冲突。例如，美国企业的管理惯例是优先回报股东，再考虑其他利益相关者的利益。相对而言，欧洲企业的传统做法是通过三方对话来兼顾资方、劳方和政府三者的利益，这种做法体现了范围更广泛的社会利益诉求。日本的共识决策文化将劳动安全视为企业的重要经营目标，同时也把企业积极响应政府要求，以采取行动满足日本的发展需要视为企业的重要经营目标。企业各不相同的管理手段在它们的国家中塑造了不同的企业形象，广泛地改变着传统文化的环境。尽管如此，在全球商业战略的影响下，美国、日本、欧洲的跨国公司竞争和合作方式的改变正逐步消除传统文化的这些历史差异。

这些相互交融又存在反差的企业文化问题，与全球化对本土文化更广泛的挑战相关，因为东道国的社会环境必然会受到跨国企业的企业文化的冲击。跨国公司进入一个国家带来的不仅仅是国外的产品，更多的是传递了国外的文化影响。跨国企业与东道国之间文化传统的相互作用，能够左右东道国文化变革的方向、程度和进程。从伦理决策的观点来看，关键的决策选择是：当跨国企业的企业文化与东道国的传统文化相异时，采用什么样的文化方式是"更好的"以及谁来决定采用何种企业文化？功利主义目的论更愿意采用成本收益方法评价每项决策，道德义务论更倾向于运用公平和公正原则优先的评价方法，首先考虑每一种方法在评价家长制、男权主义和一夫多妻制等文化传统时如何应用，然后评估不同行为者（本土和外国企业合作伙伴、政府、民间团体）的恰当角色和相关影响。

5.4.3 自然与物质环境

自然的概念包括围绕和维持生命的诸多元素，包括物质环境当中重要的资源，这些资源保证人类生命的维持和持续进化。与文化环境一样，变革构成自然和物质环境中的一个部分。

在过去的几十年中，令人日益担忧的地球物质环境的破坏，激发了政府、公司和非政府组织对环境问题的更多关注和重视。很少有倡导者持极端立场，或者鼓吹对环境资源进行毫无节制的开发，或者鼓吹放弃人类潜在的发展以实施绝对的环境保护政策。然而，在介于这两个极端的范围内，来自公共部门和私人部门的诸多行为者已展开了充满活力的辩论，谋求确立环境保护、修复和可持续发展的适当目标。

有关应采取哪些行动的问题，受到理性的伦理选择的引导，可能提出截然不同的决策方

㊀ 黄河. 跨国公司的公共外交决策 [A]. 公共外交季刊 2011 夏季号（总第 6 期），2011（6）.

法。道德义务论准则为决策提供了可能的替代标准。例如，珍惜环境和物质资源可能意味着寻求环境保护、修复和改善，预示着义务和责任水平的提高。因果联系可用于一些责任的分配，使毁坏物质环境的一方承担修复的必要责任（即"污染者付费"准则）。

环境准则也可以根据能力来分配。最有能力保护自然资源的行为者（国家和公司）应该按比例承担义务。评估一方对影响环境的行为的控制程度，提出帮助实现因果联系和能力原则的途径，为我们提供了一个可以操作的准则，诸如评估所有权水平或者企业主体在合资企业中所拥有的影响力等。

道德义务论相关准则也可以在国际人权准则的背景下推广。联合国的《世界人权宣言》并没有专门论述同环境和物质资源有关的权利，但是广义的环境准则已经出现在联合国论坛中。比如，1992年具有里程碑意义的里约热内卢地球峰会等。或许应该设立一项有关清洁和安全的环境的个人人权，以及确立为子孙后代保护这一环境权利的推定义务。或者，环境准则并不将焦点集中于个人的权利，而是从识别人类与非人类之间复杂的相互依赖性开始，在共同的自然与物质环境的范围内不断演进。形成这样的认识后，共同的道德伦理观可以逐步发展起来，以顺应新兴的和可持续的全球社会发展的方向和需要。

本章小结

在国际经营背景下，伦理规范和公共事务管理在跨国公司在国际经营中具有重要作用。只有跨国公司能够较好地协调不同国家和地区的伦理关系，积极参与到东道国的政治、经济和文化活动中去，才能实现企业的可持续发展。

跨国经营伦理是以跨国公司为道德主体，对其经营行为进行道德评判的同时，探寻和确立在跨国经营中普遍适用的道德规范。在此基础上，通过对跨国经营中出现的典型伦理问题进行分析，说明了在当前的跨国经营中，损害伦理道德行为的现象普遍存在，这就迫切的需要采用一种跨国经营的准则和管理方式来避免上述问题的出现，在实现利益最大化的同时注重可持续发展。

在公共事务管理方面，国际企业的公共事务部门的工作任务产生了一定的变化，主要是根据外部政治经济环境等的变化为企业提供战略咨询工作。国际企业公共事务管理主要包括处理政府关系、社区关系、媒体关系，以及通过问题管理的方式维护市场、减少风险、创造机会、管理企业的形象等。面对不同的经营环境以及多变的市场，跨国公司可以通过政治参与、培养共同企业文化以及形成共同的伦理道德观等提高企业的可持续发展能力。

国际经营的伦理问题对跨国公司可持续经营影响较大，解决该问题刻不容缓，而国际企业的公共事务管理是解决国际经营中存在的伦理问题的有效方法。通过政治上的参与提高本国的文化吸引力和政治影响力，维护国家利益；通过对文化的吸收和认同等传递文化的影响；通过提高环境保护意识、对资源进行有效利用等，能够树立国际企业在当地的形象和提高影响力。通过这些方式可以解决国际企业经营中的伦理问题，提高企业的参与程度，促进企业的可持续发展。

关键术语

跨国经营伦理　伦理相对论　伦理绝对论　伦理决策机制　公共事务管理　问题管理

复习思考题

1. 什么是经营伦理和公共事务管理？
2. 公共事务管理的内容有哪些？
3. 国际企业是如何处理伦理问题的？
4. 公共事务管理的方式有哪些？都是如何发挥作用的？
5. 试分析经营伦理和公共事务管理在跨国企业的重要性。

应用案例

富士康公司员工"跳楼"之殇

富士康科技集团系台湾鸿海集团投资，主要生产计算机、网络通信、消费电子等高科技关键零组件与系统产品。集团拥有 FOXCONN 自我品牌，在上海、深圳等地设有近 50 家全资子公司，在苏格兰、爱尔兰、捷克、美国休斯敦、洛杉矶等地设立海外制造中心及广布全球的 60 余个国际分支机构，拥有 60 余万员工及全球顶尖 IT 客户群。富士康集团在 2001 年度跃居台湾民营制造商第一大宝座；2002 年度获《商业周刊》(*Business Week*) 选为全球 IT 公司 100 强第 3 名的殊荣，2009 年跃居《财富》全球企业 500 强第 109 位。

身背诸多光环的明星企业，却在 2010 年 1 月 23 日～2010 年 5 月 27 日的数月内接二连三发生员工"坠楼死亡"的事件，这不禁让人想问：富士康，你到底怎么了？身为富士康 CEO 的郭台铭，是否有不可推卸的责任呢？

郭台铭，鸿海精密暨下属富士康科技集团的创办人。1974 年成立鸿海塑料企业有限公司，1985 年创立富士康品牌。1988 年，在深圳开办只有百来人的工厂，之后发展成为富士康龙华基地，截至 2007 年年底，富士康在全国相对成熟的基地已超过 13 个。2001 美国《福布斯》"全球亿万富翁"排行榜上，郭台铭位列第 198 名。军人出身的郭台铭，其管理理念带有深深的军队烙印，他认为：

- 民主是最没有效率的，领袖应该带着霸气。
- 独裁为公，长官第一。
- 走出实验室就没有高科技，只有执行的纪律。

富士康的特点如下：

1. 军事化管理

富士康采用分明的等级制度、绝对的服从制度、严格的纪律制度和严厉的惩罚制度相结合的军事化管理。这虽然能够最大限度地拥有高效的执行力，从而提高生产效率，但也同时拥有更大的消极作用：

（1）管理层与员工之间、员工内部之间缺乏有效的沟通。
（2）强调员工整体的共性，压抑个人的个性，缺乏人文关怀。
（3）企业缺乏民主气氛，员工想法难以引起高层注意。
（4）高压管束将加剧员工的心理负担，并且极易引起反弹情绪。

2. 最大限度地追求泰勒模式

富士康的生产管理基本上追求的是泰勒的科学管理模式，其有如下几个特点：

（1）制定标准化动作。
（2）控制完整工序的时间，严格到秒。
（3）实行低底薪工资制度，计件得酬。

泰勒模式虽然能满足企业提高生产效率的目的，但却忽视了其他因素在提高生产率中的作用。例如员工满意度、员工的心理健康等问题。

3. 保密制度的过度泛化

（1）以重罚来确保每个员工都需要遵循保密纪律。
（2）在员工中实行信息戒严和信息封锁。
（3）过度推行保密协议，扩大了保密协议的范围。

保密制度是获取订单的重要保证（容易获取客户信任），同时也便于管理（员工之间信息封锁）。然而这也使得员工对企业及员工之间的不信任感加剧。由拥有不满情绪的员工披露企业信息，易引起外界误解。再者，过度的施行保密措施，容易造成员工心理高压。

4. 过于依赖大客户

富士康让大客户过多地干涉企业的正常生产和经营，听从大客户对于企业内部人事的任免，并且遵循大客户的要求只以当地最低工资为标准核算人工成本。这样做的优点是，对争取大客户的订单较有优势。然而，其缺点却是导致人员离职率高，也造成企业和员工的利益高度不一致。

资料来源：百度文库 http://wenku.baidu.com/link?url=GgdIcVFt1AKNwynLuXLzdDPeEyr6HZWWqcqp4-wVEdysMSlEwrMha0RLzv5UGUg7SWn44dXKPlAcbwNrliAb7m79YufTW349dVlWcbzbT57

讨论题

1. 从企业伦理的角度，富士康的做法存在哪些不道德行为？
2. 结合案例谈谈企业应该承担哪些社会责任。

参考文献

[1] 叶陈刚. 企业伦理与社会责任 [M]. 北京：中国人民大学出版社，2012:16-29.
[2] 黄少英. 企业伦理与社会责任 [M]. 大连：东北财经大学出版社，2015:277-304.
[3] 约翰 M 克兰. 国际企业伦理：全球政治经济中的决策 [M]. 崔新健，陈雨松，等译. 2版. 北京：中国人民大学出版社，2013:8-59.
[4] 沈昕. 在华外资企业公共事务的战略管理 [D]. 北京：对外经济贸易大学，2002.
[5] 李蜜. 跨国企业如何承担社会责任：中国境内跨国企业社会责任的选择 [J]. 企业科技与发展，2007(12):206-208.
[6] 龙云安. 跨国公司社会责任研究 [D]. 成都：四川大学，2007.

PART 3 第三篇

国际战略筹划

中国古语有云"谋定而后动,知止而有得",国际经营与投资对任何企业而言都是战略性决策,是对企业有限资源运用的战略性配置。因此,在跨国经营管理的决策中,企业管理者应当理性思考和布局国际战略目标与落地、海外进入的市场与模式,审慎使用跨国并购、跨国联盟等国际战略行动。本篇包括跨国战略管理与实施、跨国进入与模式选择两个内容。

第 6 章
跨国战略管理与实施

学习目标

- 了解国际企业战略类型。
- 了解国际企业跨国战略实施的内容。
- 掌握跨国联盟建立与管理的具体方式。
- 掌握跨国并购与整合的具体方式。
- 了解中国企业国际化战略的实施。

开篇引例：企业国际化是"借鸡生蛋"还是"养鸡生蛋"

国内家电企业近年来受到"互联网+"浪潮的冲击，国内市场需求下滑，家电龙头企业纷纷寻求海外市场的发展。但在国外，尤其是发达的欧美市场，消费者对家电产品的品牌忠诚度很高，除了产品本身的品质外，品牌推广难度较大，"借鸡生蛋"的进入战略成为国内家电企业实现国际化的重要途径。2016年1月15日，海尔宣布以54亿美元的价格收购GE旗下家电业务部门，届时海尔将拥有40年以上的通用电气家电品牌使用权。对于海尔来说，之前一直没有打开美国中高端家电市场，难以形成品牌溢价，并购GE的家电业务可以让海尔迅速改变这一局面。同时，海尔并购的不仅仅是家电业务部门，还包括GE的相关管理团队、营销渠道、客户群体和品牌认可度。但另一方面，GE家电2014年净利润约4亿美元，海尔集团2014年全年净利润150亿元，54亿美元的收购价格相当于拿出了公司两年多的净利润，54亿美元的收购价格是否过高？此外，GE家电在美国拥有9家工厂，分布在5个州，拥有约1.2万名员工，其中96%在美国，收购后的团队融合和文化渗透将成为重点和难点，如何保持GE家电原有的品牌形象和市场地位也是后续发展的重中之重。

【请思考】
1. 海尔为何会选择"借鸡生蛋"进入海外市场，此类战略的前提条件是什么？
2. 海尔以收购GE家电业务的形式进入美国市场，具有哪些优势，会面临哪些问题？

进入21世纪以来，全球经济一体化的进程已经由发展趋势转变为企业经营发展面临的现实外部环境。越来越多的企业为了寻求更广阔的市场，整合更优质的资源，创造更优异的绩效，纷纷突破国家的界限而进军国际市场，参与国际化经营与竞争。在这一过程中，企业的经济与社会资源的传递与转化面临的外部环境，包括政治、法律、经济、技术、文化、自然地理等要素，相比本土化经营更为复杂多变，因此，跨国战略成为参与国际化经营的企业在新时期的发展战略。那么，跨国战略与传统企业战略有何区别？企业在具体实施跨国战略过程中遵循怎样的步骤？有哪些具体的内容与环节？跨国战略实施过程中有哪些卓有成效的手段？新时期我国企业的国际化战略又有哪些特征？诸如以上此类问题，已成为现阶段企业管理者关注的重点。

6.1 国际企业战略概述

国际企业战略是企业战略管理的一个分支，其制定和实施的步骤及方法，服从于企业战略管理的总原则。所不同的是，国际企业面对的是错综复杂、竞争激烈的全球化经营环境，针对其战略的管理工作与实施过程，具有不同于企业战略管理的独特属性。

6.1.1 企业战略

在当今竞争激烈的全球市场中，企业要想生存发展，就必须具有迅速抓住国内外商机的能力，能够对国内外市场的变化做出快速反应，这就要求企业管理者透彻了解国内外的市场环境，制定出合适的经营战略，并能保证这种战略切实得到贯彻和执行。当今时代是一种战略家的时代，"战略"（strategy）一词最早是军事方面的概念。战略的特征是发现智谋的纲领。在西方，"strategy"一词源于希腊语"strategos"，意为军事将领、地方行政长官，后来演变成军事术语，是指军事将领指挥军队作战的谋略。在中国，"战略"一词历史久远，"战"是指战争，"略"是指谋略、施诈。春秋时期孙武的《孙子兵法》被认为是中国最早对战略进行全局筹划的著作。目前，"战略"一词不仅与军事相关，它还被广泛应用于政治、经济、社会、文化、科技、教育等各个领域。20世纪60年代，"战略"一词被导入企业经营管理理论领域并进行系统研究。

企业战略的含义有多种表述，一些学者将企业战略的概念用传统概念（或广义定义）和现代概念（或狭义定义）来分类。其中，"竞争战略之父"迈克尔·波特教授对企业战略的定义是传统概念的典型代表，他指出，企业战略取决于一个企业选择有别于其竞争对手的由不同价值组合构成的独特的地位，即企业为了达到总目标而采取的行动方针以支配和运用资源的总体规划。战略是规划和计划的灵魂，企业经营中的规划和计划必须体现既定的战略。波特的定义概括了20世纪六七十年代对企业战略的普遍认识，它强调了企业战略一方面的属性——计划性、全民性和整体性。明茨伯格（Mintzberg）的观点是战略现代概念的代表，他将战略定义为"一系列或整套的决策或行为方式"，这套方式包括刻意安排的（计划性）战略和任何临时出现的（非计划性）战略。由此可见，相对于传统概念，现代概念更强调企业战略的另一属性——应变性、竞争性和风险性。事实上，企业大部分战略是事先的计划和突发应变的结合。"战略既是预先性的（预谋战略），又是反应性的（适应性战略）"，换言之，"战略制定的任务包括制定一个策略计划，即预谋战略，然后随着事情的进展不断对它进行调整。一个实际的战略是管理者在公司内外各种情况不断暴露的过程中不断规划和再规划的结果"。

6.1.2 国际企业战略

1. 国际企业战略的内涵

国际企业战略是一种特殊的企业战略，是指企业在分析全球经营环境和内部条件的现状及其变化趋势的基础上，为了求得企业的长期生存与发展所做出的整体性、全局性、长远性的谋划及其相应的对策。换言之，国际企业的跨国经营战略，就是从机遇和风险的角度评价现在及未来的环境，从优势和劣势的角度评价公司的现状，进而选择和确定公司的全球目标和长远目标，制定和选择实现目标的行动方案。

同样，面对经济全球化的强烈冲击和错综复杂的外部竞争环境，国际企业不仅需要事先制定预谋战略，也需要适时调整其全球战略。国际企业只有在变化中不断调整发展战略，保持健康的发展活力，并将这种活力转变成惯性，再通过有效的战略不断表达出来，才能获得并持续强化竞争优势，构筑企业的成功。

2. 国际企业战略的特征

从对战略含义的认识出发，国际企业战略具有以下几个特点：

（1）全局性。国际企业战略以国际企业全局为对象，是根据国际企业总体的发展需要而制定的。国际企业战略追求通过战略规划规定国际企业的总体行动，通过对企业各种经营资源的优化配置，发挥出国际企业的整体功能和总体优势。国际企业战略全局性的特点，要求领导者必须具备系统的观点，战略管理不是一时一事的管理，要立足于国际企业的整体发展来思考问题。

（2）全球性。国际企业战略是以全球规划为基本着眼点，具有全球一体化战略的明显特点。国际企业战略不受国家和民族的限制，不是孤立地考虑一个特定国家的资源和市场。其战略布局的着眼点是面对整个世界，目的在于通过资源的合理配置，在全球范围内寻求最大的经济利益。国际企业战略规划的组织实施是以全球范围内的统一指挥和协调为目的，从而把国际企业全球经营活动统一为一个整体。国际企业战略的全球性要求其领导者必须具备全球的竞争视野和思维方式，在科学分析国际经营环境和自身经营条件的基础上，为求得长期生存和发展而做出总体的谋划。

（3）长远性。国际企业战略是对国际企业未来一定时期生存和发展的统筹规划，着眼于企业的长远发展，追求的是国际企业的长期利益。国际企业战略所规定的经营目标，一般都是企业较长时期的奋斗目标，少则3~5年，多则10年以上。国际企业战略的长远性特点要求企业的领导者必须具备长远的观点，立足当前，放眼未来，善于为企业的长远发展做出安排。

（4）纲领性。国际企业战略规定的是企业总体的长远目标和发展方向，以及实现目标的基本方针、重大举措和步骤。这些内容一般带有原则性规定的特点，具有行动纲领的意义。国际企业战略的纲领性特点要求企业的领导者既要善于为企业的发展明确方向，规划大政方针，也要善于将战略目标和方针通过展开、分解和落实等过程，转变为企业员工的具体行动计划，以指导和激励全体员工努力工作。

（5）竞争性。国际企业战略是企业在市场竞争中与对手相抗衡的行动方略，即针对来自市场竞争对手的冲击、压力、威胁和困难，为争取顾客、争夺市场、提高市场占有率而进行运筹谋划。国际企业战略和军事战略一样，其目的也是克敌制胜，赢得市场竞争的胜利。国际企业战略抗争性特点要求企业领导者必须具备敏锐的洞察能力和调控能力，善于捕捉国际市场瞬息变化的信息，通过企业战略的有效实施，战胜竞争对手，保证自己的生存和发展。

（6）风险性。国际企业战略是对国际企业未来发展的规划，而战略实施的环境总是处于不确定、变化莫测的趋势中，因此企业战略必然存在一定的风险。国际企业战略的风险性特点要求企业的领导者既要正确地对待风险，善于从风险中寻求企业发展的机会，也要具备较强的应变能力，善于提高环境预测的准确性，不断提高企业自身素质，增强企业抵御风险的能力。

3. 国际企业战略的层次和类型

研究国际企业战略的层次和类型，目的是更好地选择战略，为国际企业决策者提供帮助。按照企业的管理层次，国际企业跨国经营战略大致可分为三个层次：公司战略、经营战略和职能战略，其战略层次的构成与企业战略各层次的构成在大体框架上是一致的。但是，国际企业在规模、跨越国界的程度、企业所有权以及全球战略等诸方面，具有区别于一国企业的显著特征，所以，国际企业跨国经营战略各层次的构成有其自身特点。

（1）公司战略。公司战略又称企业总体战略，是企业中最高层次的战略。公司战略层次上的构成要素主要从经营范围和资源配置两个方面展开。公司战略是以整个企业的发展为出发点，主要考虑企业的业务种类和范围，不同的业务比例以及对资源的需求，不同业务间的相互扶助协调关系等。作为最高层次的战略，公司战略由公司的最高管理者来制定。

对国际企业而言，东道国市场的进入与开发（如东道国市场的选择、进入东道国市场的方式等）、国际化战略定位（多国本土化还是全球化）、经营业务定位（公司的业务布局、归核化与多元化的选择等）、全球资源寻求（价值链的整合：研究开发、生产制造与市场营销的协调，供应链管理：生产筹供的选择等）等，都是公司战略的重要内容。国际企业的战略起点是指企业制定战略时已经达到的在国际同行业中的竞争地位和水平。依照公司偏离战略起点的程度可把公司战略划分为以下三种：

第一，退却型战略。退却型战略是指采取从企业现有战略的基础起点往后倒退的战略，比如万达集团将百货撤出万达广场。这种战略常用在经济不景气、国际需求紧缩、资源有限、产品滞销时期，即国际市场吸引力与公司营销能力均不足的时期。

第二，防御性型战略。国际企业经过对各种条件的分析后，保持现有的战略基础水平，或者有较少的增长并采取各种措施防御竞争对手，但不主动出击，比如可口可乐通过增加产品的种类、包装款式和产品线的宽度，让竞争对手很难插足其整体市场。

第三，发展型战略。发展型战略是指企业在现有基础水平上向更高一级方向发展的战略，比如传统制造企业通过纵向一体化实现内部交易化从而实现成长。它包括以下几种类型：密集型发展战略、一体化发展战略和多元化发展战略。

企业发展战略有一个历史发展和变化的过程，从总体上看，企业通常交替使用上述三种战略。在特定的历史环境和条件下，某种发展战略成为主体；在另一种历史环境和条件下，其他的发展战略就可能取而代之，成为主体。

（2）经营战略。经营战略是在总体性的公司战略指导下，经营管理某一个特定的战略经营单位的战略计划，是公司战略之下的子战略，如发展战略、稳定战略等。经营战略主要涉及如何在特定的细分市场中竞争，因此，其主要问题是关心应开发哪些产品或服务，以及将其提供给哪些市场，关心满足顾客的程度，以达到企业的目标。因此，公司战略涉及组织的整体决策，经营战略则更关系到公司整体内的某个事业单位，即它的重点是要提高一个战略经营单位在它所从事的行业（或某一个特定的细分市场）中所提供的产品或服务的可持续竞争优势，以实现事业部单位利润的最大化，这类战略也称为竞争战略。

经营战略是公司战略的具体化，以单一业务或产品系列的运作及其竞争状况为对象，在相关的产品和市场领域中确定需求对象、资源配置以及营销安排等。迈克尔·波特教授于1980年在《竞争战略》一书中提出三种基本竞争战略，即成本领先战略、差异化战略和集中化战略。成本领先战略是指企业通过有效的途径降低经营过程中的成本，使企业以较低的总成本赢得竞争优势的战略；差异化战略是指企业针对大规模市场，通过提供与竞争者存在差异的产品或服务以获取优势的战略；而主攻某一特定消费群、某一细分市场则是集中化战略的使用。

（3）职能战略。职能战略是指企业主要职能部门的短期战略计划，如信息化战略、人力资源战略等。根据这些行动计划，企业职能部门的管理人员可以更加清楚地认识到本职能部门在实施企业总体战略时的责任和要求。职能战略由研究开发、生产作业、市场营销、财务会计和人事管理等主要职能部门制定。各个职能部门的主要任务不同，关键变量也不同。即使在同一个职能部门里，关键变量的重要性也会随着经营条件的不同而有所变化，因此难以归纳出一般性的职能要素战略。从战略构成要素来看，协同作用和资源配置是战略的关键要素，而经营范围与竞争优势的重要性则较低。

职能战略是为贯彻、实施和支持公司战略与竞争战略而在企业特定的职能管理领域制定的战略，其重点是提高企业资源的利用效率，使企业资源的利用最大化。职能战略与企业总体战略（公司战略）、竞争战略必须相辅相成。只有提炼出切合实际的职能战略，公司战略和竞争战略才有实际的操作价值，否则难以奏效。职能战略是公司战略、竞争战略与实际达成预期战略目标之间的一座桥梁。

三个层次的战略之间是相互渗透的，它们的界限也很难简单地割裂开来。例如，定价战略是竞争战略的主要手段，但它又是营销战略的重要组成部分。又如，生产运作战略可以看作是职能战略，而它又与价值链的整合密不可分。再如，组织结构是公司职能战略的一部分，而国际化战略的不同定位又涉及不同组织形式的选择等。事实上，严格划分三个层次战略的边界既没有可能，也没有必要。三个层次的战略本身就是相互依存、相互制约的。

6.2 国际企业战略实施

国际企业战略管理就是在全球竞争分析（包括外部环境和内部环境）的基础上，确立国际企业的战略模式、战略目标与经营方向，进行战略规划，并组织实施与控制的全过程。国际企业的经营战略是国际企业在生产经营活动中必不可少的一个环节，它的积极指导作用十分明显。一个成功的国际企业，必须有一套既科学、合理又能适合自己客观环境和经营特色的公司战略。

6.2.1 国际企业战略管理特征

1. 集权与分权的均衡点运动更加灵活和频繁

跨国公司规模巨大，跨越国界程度广泛，分支机构地域分散，公司内部层次、部门众多，控制幅度大，组织结构相当复杂。如何既能保证公司战略成为公司各项工作贯穿如一的中心线索，又能使公司在全球日益激烈的竞争中保持足够的灵活性，成为近年来跨国公司战略管理的重点课题。过度集权管理，可能导致跨国公司的本土化战略受到削弱，使公司对各地区的具体情况与问题的反应能力下降，丧失灵活性；但过度分权管理，又会导致公司战略无法有效实施。近年来，广泛流传的"在思想上集权，在行动上分权"的做法得到了很多跨国公司的认可，即总公司把控战略思想与战略目标，并以此"教育"公司各机构、各部门人员，同时这些机构和人员又有相当大的自主权决定如何在公司战略框架内解决自己所面临的问题。这种做法较好地将集权与分权在战略框架内结合起来，也使得集权与分权均衡点的上下浮动更频繁。

例如，美国通用汽车公司成立于 1908 年，经过百年的发展，通用汽车旗下已经拥有包括雪佛兰、别克、GMC、凯迪拉克、宝骏、五菱等一系列品牌，汽车销售范围涵盖全球 120 多个国家和地区，2015 年全年营业收入更是达到 1 524 亿美元。面对如此庞大、多变的市场，通用汽车提出"集中政策下的分权"，以此来界定各个事业部之间的职能。通过对事业部包括集团总部职能之间的协调，让独立的、各自运作甚至存在竞争性的事业部之间，能在享有一定业务经营权的基础上继续发挥各自的能动性，同时又能使它们彼此之间建立一种协同效应，在集团层面实现"1+1>2"的效应，充分发挥跨国公司整体作战的优势。

2. 战略控制手段由资本、人事过渡到信息

传统的跨国公司通过人事或资本对组织进行控制，而在现代信息技术中，相当多的跨国公司的首席执行官（CEO）是通过手中握有的信息来实施战略控制的。

战略控制手段变迁的同时也反映出信息技术在现代社会的扩散。最显著的例子是互联网技术的运用使地理上的距离被无限小地压缩，代之以虚拟的或称为数字的距离。互联网的发展为地域宽广的跨国公司带来了前所未有的机遇。各大跨国公司纷纷"触电上网"，制定并实施网络战略。再如当前全球化背景下对大数据的使用，也极大地提高了战略控制的效率并降低了成本。

3. 战略绩效评价标准的范围大大拓宽

跨国公司各业务单位分散在不同的国家和地区，经营业务千差万别，各分支机构的功能、水平可能相差甚远。这就要求跨国公司战略控制的重要手段——战略绩效评价标准的范围大大拓宽。传统的绩效评价指标大多局限于财务性数字，其绩效评价也主要由财务会计人员组成。现在跨国公司认识到，过分强调销售额和利润等财务指标的重要性只会增加企业的短视行为，因此，更多的非财务指标如企业成长、商业信誉、战略优势的建立与维持被开发出来并付诸应用。比如，现阶段国际企业为彰显其社会责任感，通常会采取某些非财务指标，如顾客幸福感等向外界展示其对社会价值的关注。跨国公司对评价指标的选择也有时间性，其绩效评价标准是与各时期的战略目标相联系的。跨国公司设置多层次、多时期的战略目标，这既是灵活性的体现，又起到了很好的激励作用。

4. 战略实施重心转向冲突管理、利益协调和跨文化管理

跨国公司在多种经济、社会、政治、文化环境下运行，各国相异的社会形态、发展模式、价值观等都使跨国公司所面临的外部约束明显不同于国内企业。跨国公司往往被视为东道国本体之外的一种异质，从而可能遭遇的冲突的数量和程度也远非国内企业所能比拟。再者，

与国内企业相比，跨国公司内外部的利益相关者也复杂得多，多方的股东、经理、员工在同一企业中共事，加上形形色色的外部利益相关者，如果不能很好地协调各方利益相关者的利益关系，公司战略也难以付诸实施。此外，文化的多元性不仅影响跨国公司的内部管理，也同样制约着公司在东道国的经营。对文化的敏感性可以穿越文化边界将产品营销到特定的市场。冲突管理、利益协调、跨文化管理等职能在跨国公司战略实施中发挥着重要作用。

5. 灵活的组织设计和运作

全球经济日趋复杂，对跨国公司的组织设计与运作提出了响应的要求。任何单一的组织形式都无法适应战略实施的要求。跨国公司的组织设计应能够大大提高公司整体的创造力，使大多数人都能够在计划的公开交流、战略任务的分散化、机遇的优先发展，以及多方面衡量工作绩效的控制系统的帮助下展示自己的战略思想与行动能力。

6.2.2　国际企业战略管理过程

国际企业战略管理是一个动态的发展过程，这一过程可分为战略制定、战略实施、战略控制和战略调整四个阶段，每一个阶段有其特定的工作环节和内容。

1. 战略制定

国际企业战略制定是指对企业战略进行规划的过程，它是在对国际企业内外部环境因素分析的基础上，确定企业国际化经营的宗旨，明确企业所要达到的战略目标，制定企业达到目标的规划、政策和策略。

（1）分析企业内外部环境。对企业国际化经营中内外环境的正确分析是制定战略的基础，有利于企业正确地把握复杂的国际环境中的有利因素和不利因素，认清企业的优势和劣势。

对企业外部环境因素的分析可以归纳为两类：一类是直接对企业国际化经营活动产生影响的环境因素，如国际企业的利益相关者——政府、股东、供应者、竞争者、顾客等；另一类因素是间接影响企业活动的环境因素，如政治、经济、科学技术、社会文化、自然环境等客观环境因素。进行外部环境分析的目的，一是了解企业国际化经营活动的影响因素；二是认清外部环境为企业国际化经营提供的发展机会和可能造成的威胁。

（2）确定企业的经营宗旨。企业在国际化经营中必须在深刻认识自身现状和需要的基础上，在分析环境机会和风险的基础上，通过确定企业的宗旨，明确企业自身应该做什么，不应该做什么；顾客是谁，要向自己的顾客提供什么样的产品和服务以及在什么时候转向新的发展方向；明确企业的经营宗旨是为国际企业战略的制定与实施提供指导方针，使企业既不至于在面临的多种发展机会与方向面前无所适从，又不至于在复杂的环境中迷失方向。

（3）确定企业的战略目标。国际企业的战略目标是指国际企业以经营宗旨为指导，根据对主客观条件的分析，在战略期内努力发展的总目标和应达到的总水平，其主要表现为企业在国际化经营互动中，在一定时期所要得到的结果。

战略目标的确定对于国际企业战略的制定具有十分重要的作用，只有明确战略目标，企业才能根据实现目标的需要，合理地分配企业的各种资源，正确地安排企业经营活动的优先顺序和时间表，明确各部门、各环节的任务和职责。

（4）确定企业战略方案。在明确企业国际化经营的环境和战略目标之后，进一步的工作是要确定企业战略方案，这一战略方案将成为指导企业国际化经营的综合性蓝图和活动纲领。最终形成的战略方案应包括以下内容：

1）战略目标。战略目标是企业战略的实质性内容，是构成战略的核心。

2）战略重点。战略重点是指那些对于实现战略目标具有关键作用而又有发展优势或自身需要加强的方面。

3）战略方针。战略方针是指企业为贯彻战略思想和实现战略目标，所确定的企业在国际化经营活动中应遵循的基本原则、指导规范和行动战略。

4）战略阶段。战略阶段是指根据战略目标的要求，在规定的战略期内所划分的战略实施发展阶段，目的在于提出实现战略目标的分期要求。

5）战略对策。战略对策是指为实现战略目标而采取的重要措施和重要手段。一项战略任务需要采取多种灵活的策略保证实施。

2. 战略实施

国际企业的战略实施是指围绕贯彻和执行已选定的战略所开展的活动的过程。为了保证这些实施活动的顺利开展，需要做好以下工作：

（1）制订详细的战略实施计划。任何活动都必须在计划指导下有序地进行。战略实施计划是根据企业战略所规定的各项目标而制订的较为详细的战略行动计划，以便有计划、有重点地推行企业战略。为了实现企业国际化经营的战略目标，国际企业的组织体系必须适应企业战略发展的需求。组织体系要具备相当的动态弹性，以适应企业战略环境的动态发展。为此要做好如下工作：

1）有明确的战略实施的分阶段目标。分阶段目标是企业在实现战略总目标的过程中，按一定的时间阶段划分的具体目标。同时，企业的战略目标需要分解为企业各部门和下属各单位的具体目标，以便落实责任和检查监督。

2）有明确的行动计划和项目。行动计划规定了完成某一阶段计划或某一特殊行动或任务的步骤和方法，有利于战略目标的落实，给各部门、各单位直至个人应完成的具体目标应合情合理，既有利于挖掘潜力，调动各方面的积极性，又要切实可行。

3）企业资源的合理配置。实施战略计划需要设备、资金、人力资源及其他重要资源，因此，对各种行动计划的资源配置要有明确规定。

4）战略实施与组织保证的协调。为了实现企业国际化经营战略目标，国际企业的组织体系要具备相当的弹性，以适应企业战略环境的动态发展。

（2）确立企业战略组织。企业战略组织是为了实现企业国际化经营的战略目标，从战略实施的要求出发，进行合理的分工和协作，合理配置和使用企业的人力资源，正确处理员工相互关系的一系列管理活动的总称。建立与战略相适应的组织体系是战略实施的组织保证。

确立战略组织需要企业根据其战略实施的客观要求，确定企业内部各管理层次和单位的划分，并依照管理业务性质进行分工，确定企业内部各个层次和各个单位的职责范围；明确组织内的人员结构以及人员之间分工协作关系和协调控制手段。不仅如此，企业管理者还要制定各项管理业务的工作程序、工作标准和工作方法用以规范；同时根据企业内外部环境变化，适时进行调整甚至改革组织结构和行为，促进组织发展。

（3）保证战略资源的有效配置。企业战略资源是指企业在国际化经营过程中用于战略行动及其计划推行的人力、物力、财力、时间与信息等资源的总和。企业的战略资源是战略转化为行动的前提条件和物质保证。企业战略的实施，除了用计划推行和适应战略的组织调整之外，战略资源的配置优劣将直接影响战略目标的实现。企业战略资源的有效配置主要涉及采购与供应实力、生产能力、市场与促销实力、企业是否具备开发市场的强大实力、财务实力、人力资源实力、技术开发实力、对时间和信息无形资源的把握能力。

3. 战略控制

战略控制是战略实施过程中，企业根据战略计划的目标和行动方案，对战略实施的状况进行全面的监督、检查、评审，及时发现偏差，分析原因，采取措施，予以纠正，保证战略规划实施的稳定性，同时又保证战略的实施能够适应环境的变化的一系列活动。

战略控制的核心就是确定控制标准。控制标准是控制过程中对实际工作进行检查的衡量尺度，是从战略计划中所选出的对工作成果进行计量的一些关键点，用来确定是否达到战略目标和如何达到战略目标。具体包括衡量实际业绩，即将实际工作情况与预先确定的控制标准进行比较，找出差异，发现问题；接下来就是采取纠偏措施，通过对业绩的差异分析，查明问题原因，找出解决问题的办法，使组织的各项活动回到预定的轨道上来，以保证组织目标和计划的顺利实现。

4. 战略调整

战略调整是指在战略执行过程中产生的实际结果与预定目标有明显差距时采取对战略方案的修改。战略制定具有一定主观性，其实施环境又存在许多不可控、多变的环境因素。另外，实施过程中也有可能产生明显的失误，这些主客观因素的出现都可能要求对企业战略做出调整。战略调整可以从局部进行调整，也可以进行职能战略调整，或是对战略整体做调整。

6.3 跨国联盟的建立与管理

20世纪80年代以来，西方跨国公司面对日趋激烈的外部竞争环境，开始对企业竞争关系进行战略调整，即从对立竞争转向大规模的合作竞争，跨国联盟应时而生。

6.3.1 跨国联盟的内涵和动因

学者们大多从战略管理视角出发来认识跨国联盟，其中迈克尔·波特教授提出，联盟是某个企业和其他企业长期的结盟，但不是完全的合并，比如合资企业、许可证贸易和供给协定等。联盟是指结盟内的伙伴企业一起协调或合用价值链，以扩展企业价值链的有效范围。蒂斯（Teece，1992）进一步对战略联盟进行了界定，认为战略联盟是两个或两个以上的伙伴企业，为实现资源共享、优势互补等战略目标而进行以承诺和信任为特征的合作活动。跨国战略联盟其实就是指两个以上的企业为了实现优势互补、提高竞争力及扩大国际市场的共同目标而制定的双边或多边的长期或短期的合作协议。一般来讲，企业间国际战略联盟有两个特征：一是经营活动具备国际性，以世界市场为主要导向，不会被国家界限局限；二是联盟企业之间是平等的伙伴关系，是在自愿达成协议的前提下，建立起一种平等互利、共同发展、相互制约的长期合作关系。

跨国企业之间形成联盟的关系其主要动机正如其内涵所指出的，为了实现企业在全球经营中的优势互补和提高竞争力。而促成跨国联盟的主要动因包括：

（1）世界经济全球化的挑战是建立战略联盟的外在动因。在全球化市场的经营条件下，跨国公司既面临来自国内公司的竞争，也面临来自其他国家的跨国公司的竞争。企业为了降低经营风险，必须努力改善生产经营活动，降低生产成本，提高劳动生产率，实现规模生产，进行多样化经营与风险管理。当跨国公司与其他企业结成战略联盟时，联盟企业既能分担部分经营风险，也能分担技术开发成本和开发失败的风险。因此，战略联盟是跨国公司降低其经营风险，巩固其市场地位，增强其竞争优势的有效手段。

（2）获得规模经济效益是建立战略联盟的内在动因。经济全球化的发展，不仅使各国经贸关系密切相融，国与国之间的交往越来越深入，而且也使获取信息更加容易了。根据产权经济理论可知，占有信息对经营者来说是报酬递增的。随着自由贸易环境的形成，使得原有规模经济效应的边际条件发生了变化，大量的实证研究表明在一定区域或行业内规模报酬呈现出递增的趋势。因此，在经济全球化改善了国际投资和贸易条件下，一些跨国公司从追求更大规模的经济效应出发，积极开展跨国战略联盟，在获取经济利益的同时扩大自己的实力。

（3）推动技术革新、降低高新技术产品研制和开发成本、分享技术成果和分担技术风险，也构成战略联盟的动因之一。跨国战略联盟是在经营能力和资源对等的伙伴间建立的以开发新技术、控制新的国际标准和维持市场竞争力为目标的战略联合。通过建立跨国战略联盟获得新知识，同时将其与自身的核心竞争力相融合，达到战略合作的升华。特别是高新技术处于优势地位的跨国公司，通过跨国战略联盟不仅可以相互交换彼此拥有的专利技术等优势要素，提高创新产品的科技含量，从而加大其他相关企业的技术模仿成本和难度，延长创新产品的生命周期，而且能够在分担新产品的开发成本和风险以及共同进入市场等问题上达成一致协议，提高技术创新的成功率，使结盟双方最终能够获得 $1+1>2$ 的投资效应。

6.3.2 跨国联盟的建立

1. 建立联盟的程序步骤

（1）分析企业现状，制定发展战略。在这一阶段，企业主要是分析自身所处行业环境，分析本企业的资源、生产能力，研究企业所具有的市场机会，分析企业的市场潜力，以明确企业在目前环境和未来形势下的优势与劣势，进而制定长期目标和行动方案；然后据此确定是否有必要结成联盟，确定联盟的目标，进而确定应当与什么样的企业结成合作关系，以及合作的方式与程度。

（2）选择联盟对象，考量伙伴能力。联盟企业作为联盟存在的重要基础，需要在经营战略目标、对员工的管理、企业的组织机构上达成和谐兼容的状态。而其中最重要的是经营战略目标的一致性。从企业实力上来看，理想的合作者应是规模和实力相当的企业，能对联盟起互补的作用，如技术、市场和资源等方面的互补，以实现联盟成员之间的互惠互利。除此之外，还需考量合作企业退出联盟的难度和联盟成员彼此对于承诺的认知。需要指出的是，建立这种长期的合作关系，仅仅通过承诺是不够的，还需相互承担一定的责任和义务，彼此相互依存、相互依赖，并且对于联盟伙伴的承诺要估计其能够实现的程度。

（3）制定合同，谈判签约。一旦确定合作伙伴，联盟各方应就合作中可能出现的棘手、敏感的问题进行商议谈判，并在协议中明确规定当这类问题出现时如何应对。不仅如此，合作各方还要围绕联盟预期目标、各成员义务、投入资产、收益分配以及解散事项等进行协商，在取得一致意见的基础上，制定出联盟的实施细则并签约实施。

（4）联盟的实施和运作。在联盟协议签订之后，要着手组织建立联盟组织。按照协议的规定，联盟各方各自提供联盟组织所需的各种设备、资源以及工作人员。在联盟组建和运作过程中，各方需按照联盟协议的规定，将出现的风险和冲突减少到最小，最大限度地将联盟的成果转化为各自的竞争优势。对于联盟协议中未做出明确规定但在联盟运作过程中出现的新问题，要与联盟成员进行谈判以协商解决。

2. 合作伙伴的选择

一个成功的跨国联盟的建立与合作伙伴的选择息息相关。通常情况下，战略合作伙伴通常分为以下 4 种类型。

（1）竞争型伙伴。这类联盟伙伴呈现的是既有合作又有竞争的双重关系。比如，有些联盟伙伴本来就是某一产品或市场中的直接竞争对手，而有些联盟伙伴具有潜在的竞争能力，有可能通过联盟取得技术或资源，今后发展成竞争对手。因此，与竞争者联盟的前提是能够相互提供达到共同目标所需的经营资源，通常是各自拥有的优势资源，如研究开发能力、生产技术、销售技巧和能力等。同时针对此类合作伙伴，双方在正式沟通渠道之外，还应该加强相互之间的非正式联系。联盟的管理者与参与者也要摒弃偏见，认识到各自的差异和优势所在，尤其是文化上的差异，求大同、存小异，增强信任。

（2）互补型伙伴。互补性合作，一方面是指大公司和小公司之间的合作；另一方面是指产品不同而技术相同或相似的公司间的合作。在许多产业中，产品不同但运用的基本技术是相近的，比如超导技术广泛用于消费电子、科学仪器、电气组件和发动机制造业。不同产品、不同产业的市场也不同，公司间并不存在竞争问题。若在这些公司间开展技术合作，将极大地提高各个公司的竞争优势，产生较高的经济效益。联盟的最终目的是通过联盟建立与运作提高企业自身的竞争能力。因此，联盟内的企业应该把通过联盟向互补型伙伴学习作为首要战略任务，最大限度地将联盟的成果转化为自身的竞争优势。

（3）顾客型伙伴。顾客型伙伴是指产品的销售者和直接使用者。产品销售者能够提供市场信息，比如产品在市场竞争中的状况以及潜在的发展动向等，产品使用者具有对公司产品运用的经验和知识，他们往往在实践中产生对产品改进和完善的新观点、新思想。当今世界瞬息万变，掌握信息流动的趋势在企业竞争中往往起到至关重要的作用，正确掌握行业信息可以引导企业建立并发挥自身优势。与顾客合作是将顾客纳入公司的生产网络、使市场信息内部化，对公司的技术和生产发展是大有裨益的，这将大大拓宽公司的生产和技术边界。

（4）供应型伙伴。公司中间产品的供应者是公司重要的伙伴。通过与供应者合作，一方面可以节约交易成本，另一方面可以减少投资，扩大生产规模和专注于公司主要技术与产品的革新和发展。供应者的投资和技术发展，在合作的前提下已成为公司产品价值链中的一个重要组成部分。反过来，供应者也在合作中得到新的发展机会。此类联盟伙伴之间可以采取双向质押的方法，达到互相控制的目的。比如，Northrop 是波音 747 和 767 部件的主要提供者，双方采取联盟形式后，Northrop 投资专项设备保证满足波音对部件高质量的要求。理论上，Northrop 承担巨大风险，因为投资部分完全依赖波音的决策，如果波音提出降价，

Northrop 便无计可施。但实际上，波音不会照此运作，原因是波音同时也是 Northrop 在武器生产方面的主要供应商，双方事实上是互相依赖、相辅相成的。

合作伙伴在选择时应当对以下指标进行衡量考虑：

首先是合作伙伴抗风险能力。如果合作伙伴的抗风险能力不强就会增加联盟失败的可能性。对于此项指标的考察可以从研发资金风险水平、合作伙伴以往的抗风险经验等方面进行，抗风险能力越强，联盟就更趋向于稳定。

其次是合作伙伴人员的素质。合作伙伴人员的素质越高，研发联盟合作的绩效就越好。这一点可以从技术人员开发能力、管理人员素质、生产人员素质、营销人员素质等方面进行考察。

再次是合作伙伴研究设备和技术创新情况也是必须考虑的因素。先进的研究设备是企业保持持续创新力的基础，而创新技术是联盟在国际市场上得以生存延续的保证，也是研发联盟合作项目顺利进行的保障。

最后是合作伙伴整体经营水平。从合作伙伴整体经营水平可以看出一个企业的发展是否健康，是否存在经营风险。这一点可以从企业产品市场状况、企业规模、企业成长能力等方面考察。

6.3.3 跨国联盟的管理

跨国联盟管理的核心工作是减少企业冲突，增进文化融合。在联盟管理的过程中需要注意保留自己企业的特点及优势，与此同时，尽可能地与其他企业进行文化融合、资源互补利用，以此扩大优势。跨国联盟管理的具体要点有：

（1）联盟的管理要在战略与执行两个层面上同时展开。由于跨国联盟的结成存在着在战略与执行层次上的冲突，在联盟战略的执行中，执行者可能会出现一些与战略制定者的目标不相符的行为，而使联盟的伙伴之间出现冲突，降低联盟伙伴之间的协同效应而使联盟失败。因此，要确保战略目标的统一和谐，同时针对联盟组织的管理者进行培训，使高层与中低层管理人员都参与到联盟的管理与执行中来，随时解决因执行层次上的矛盾冲突带来的管理阻力，从而保证战略联盟的战略能有效地执行、联盟组织能顺利地运行。

（2）增加跨国联盟的柔性，强调联盟内的创新变革，降低联盟执行的路径依赖性。由于现代企业是在高度不确定性的环境中经营的，企业的战略不保持柔性就不能快速适应环境的变化，从而在竞争中失败。但是跨国联盟是具有路径依赖性的，它能够使战略的柔性降低，为了能更好地执行一种柔性的战略，就要求企业增强联盟管理的柔性，保持跨国联盟的灵活性，在企业内部强调创新，同时在结成联盟时建立一种愿景式的联盟来保持联盟的灵活性。

（3）重视企业文化的建设，吸收好的企业文化精神，创造一种融合性的文化。跨国联盟带来了文化的交流与碰撞，这势必会给企业的文化带来冲击。为了减小这种冲击带来的影响，企业只有加强文化建设，"取其精华、去其糟粕"，保持企业文化的独立性、开放性与持续性。

（4）加快联盟的形成过程，缩短联盟形成的时间。高速变化的全球一体化环境对企业经营及跨国联盟的建立提出了更高的要求，而跨国联盟的建立通常需要较长的时间，从而使得联盟的建立面临失效的风险，快速建立联盟已经大势所趋。

（5）培养具备适应跨国联盟运作的高层管理人才。跨国联盟的管理需要提升现有管理人员的管理能力，尤其是需要持续培养具备跨国联盟管理技能的高层人才，从而预防联盟运作过程中可能出现的领导人才缺位现象，为跨国联盟的运作提供持续的人才动力。

6.4 跨国并购与整合

跨国并购是跨国公司常用的一种海外资本运作方式，根据有关统计数据，2008～2012年，跨国并购的交易额占全球对外直接投资的份额分别为65.4%、33.7%、41.4%、35.1%和24.4%。㊀近年来，跨国并购也日益成为中国企业走出去的主要模式之一。

6.4.1 跨国并购概述

并购是兼并与收购的简称，是指一个企业将另一个正在运营中的企业纳入自己企业之中，或实现对其控制的行为。通常来说，兼并和收购是有区别但又容易联系在一起的概念和现象。兼并是指一个企业吸收另一个或多个企业，而前者依然保留自己的法人资格和企业象征，而后者失去了法人资格而不复存在。当然如果两家企业属于平等合并，则两家企业的法人资格都可能因为归属于一个新的实体企业而消失。而收购指的是一家企业购买另一家企业的控制权，而该企业的法人实体并不消失。

当这种并购活动发生的主体涉及两个或两个以上国家的企业时，跨国并购现象便产生了。简而言之，跨国并购（cross-border mergers&acquisitions）是指一国企业为了达到某种目标，通过一定的渠道和支付手段，将另一国企业（目标企业）的所有资产或足以形成经营控制权的股份收买下来的商业行为。根据并购的不同过程和结果，跨国并购也分为跨国兼并和跨国收购，其具体特征参见图6-1。

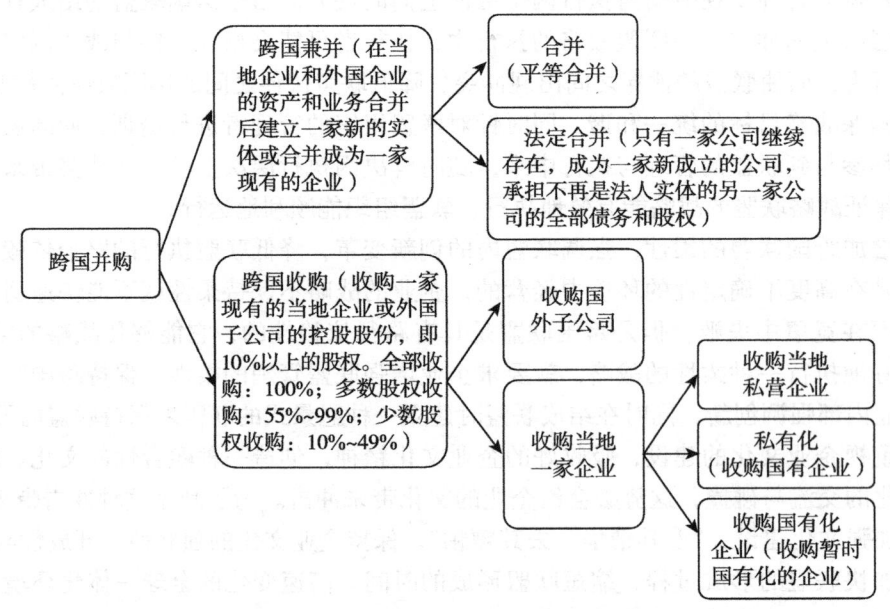

图6-1 跨国兼并与跨国收购的比较

资料来源：刘升福，刘国新.企业跨国并购的表现特征、动因及经济学解释[J].科学管理研究，2003(03):23-28.

㊀ 崔日明、徐春祥.跨国公司经营与管理[M].3版.北京：机械工业出版社，2014.

企业跨国并购现象非常复杂多样。同业并购发生司空见惯，而企业跨业并购也屡见不鲜，大企业兼并小企业顺其自然，而小鱼吃大鱼的现象也时有发生，并且并购企业会根据不同的环境和条件使用不同的并购方法来实现并购目标（见表6-1）。这些复杂多样的并购可以根据不同划分准则予以归类分析。

表6-1 中国企业跨国并购方式与实例

并购方式	中国公司	时间	被并购方
直接并购	合金投资	2003.11	美国Murray公司
	新大陆	2003.9	德国JQG公司
	青岛海尔	2001.6	迈尼盖蒂公司下属子公司
	上海汽车	2002.10	大宇汽车
	海欣集团	2002.5	美国GLENOIT
	上海电气	2002.1	秋山机械
	秦川发展	2003.11	联合美国工业公司
	四大钢厂	2004.3	澳大利亚必和必拓公司
	中石油	2002.4	印尼戴文能源集团
	中海油	2002.4	阿曼–石油开采公司
		2003.4	美国赫斯印尼控股公司
		2003.10	哈萨克斯坦北布扎奇油田
		1994.9	印尼马六甲油田
	中石化	2002.1	西班牙Repsol-YPE
		2003.5	澳大利亚西北大陆架天然气项目
		2003.1	突尼斯和阿拉伯湾天然气项目
成立合资公司	TCL	2003.11	汤姆逊公司
新设控股公司并购	京东方	2003.2	现代显示技术株式会社
	TCL	2002.9	德国施耐德
	中国网通	2002.11	亚洲环球电讯
境外子公司并购	华立集团（美国华立通信集团公司）	2001.9	飞利浦美国CDMA通信部门
	TCL（莲花太平洋）	2003.5	美国Govideo
	万向集团（美国万向公司）	2001.8	美国UAI
	东方通信（依斯泰克公司）	2002.4	美国INTERWAVE
换股并购	上工股份（上工B股）	2002.10	德国FAG下属子公司
	中信实业（港龙航空）	1991.8	泰富发展

资料来源：高毅.中国企业跨国并购方法研究[J].商业时代.学术版，2006(04).

第一，按跨国并购双方的行业关系，跨国并购可以分为横向跨国并购、纵向跨国并购和混合跨国并购。

横向跨国并购是指两个以上国家生产或销售相同或相似产品的企业之间的并购。其目的是扩大世界市场的份额，增加企业的国际竞争力，直至获得世界垄断地位，以攫取高额垄断利润。在横向跨国并购中，由于并购双方有相同的行业背景和经历，所以比较容易实现并购整合。横向跨国并购是跨国并购中经常采用的形式。

纵向跨国并购是指两个以上国家处于生产同一或相似产品但又处于不同生产阶段的企业之间的并购。其目的通常是为了稳定和扩大原材料的供应来源或产品的销售渠道，从而减少竞争对手的原材料供应或产品的销售。并购双方一般是原材料供应者或产品购买者，所以对彼此的生产状况比较熟悉，并购后容易整合。

混合跨国并购是指两个以上国家处于不同行业的企业之间的并购。其目的是为了实现全球发展战略和多元化经营战略，减少单一行业经营的风险，增强企业在世界市场上的整体竞争实力。

第二，从并购企业和目标企业是否接触来看，跨国并购可分为直接并购和间接并购。

直接并购是指并购企业根据自己的战略规划直接向目标企业提出所有权要求，或者目标企业因经营不善以及遇到难以克服的困难而向并购企业主动提出转让所有权，并经双方磋商达成协议，完成所有权的转移。

间接并购是指并购企业在没有向目标企业发出并购请求的情况下，通过在证券市场收购目标企业的股票取得对目标企业的控制权。与直接并购相比，间接并购受法律规定的制约较大，成功的概率也相对小一些。

第三，按照并购支付的方式，可将跨国并购分为现金并购、股票并购、杠杆并购。

现金并购，顾名思义，是指以现金（包括票据）作为支付方式进行的并购，可以通过现金购买资产和现金购买股份的方式来进行。现金并购要求并购方拿出大量现金支付给目标企业，影响并购方的公司资本运作，并购方一般都尽可能避免或减少使用现金并购。

股票并购又称为股票替换，是指以股票作为支付方式进行的并购。并购方通过增发新股换取目标企业的旧股。其特点是目标企业公司股东并不因此失去对其公司的所有权。这是许多上市企业所采用的常见并购方式。

杠杆并购（leveraged buyout）是指并购企业在银行或在金融市场融资的情况下所进行的企业并购行为。并购方用自己较少的自有资金为基础，然后从投资银行或其他金融机构筹集、借贷大量资金"撬动"企业并购，因而称之为杠杆并购。这样做能够达到以很少的资金成本赚取高额并购收益的目的。

6.4.2 跨国并购的优点

在开放的经济条件下，许多有实力的公司都会在不同国家寻求投资经营的机会，而并购成为其快速进入东道国市场的常用方式和手段。这与跨国并购具有的优势有着密切的关系。

1. 并购有效地降低了进入新市场的壁垒

当跨国公司通过贸易的方式直接向东道国出口商品时，容易受到东道国政府和当地行业的各种倾销调查和贸易壁垒，导致产品退回、征收惩罚性关税、法律诉讼等。我国的钢铁、纺织等产品就经常遭遇这类调查和诉讼。为了减少这种不公平的壁垒，更为了迅速便利地开拓东道国市场，建立起市场优势，跨国公司通常会选择跨国并购东道国同类企业，成为一家东道国公司，从而为企业增强产业产品的竞争力铺路。

2. 并购充分利用了经验曲线效应

在很多行业中，当企业在生产经营中积累的经验越来越多时，可以观察到一种单位成本不断下降的趋势。成本下降的主要原因包括：工人的作业方法和操作熟练程度的提高，专用设备和技术的应用，对市场分布和市场规律的逐步了解，生产过程作业成本和管理费用降低等。由于经验固有的特点，企业无法通过复制、聘请对方企业雇员、购置新技术或新设备等手段来取得这种经验，这就使拥有经验的企业具有了成本上的竞争优势。采用投资新建方法进入某一新的经营领域时，新企业由于不具备经验优势，其成本必然高于原有企业（除非新企业在技术、效率方面有重大突破）。新企业为了获得经验并与原有企业保持均势成本，必须承担由于价格低于成本或接近成本而引起的巨额投产亏损。

3. 并购有利于节约跨国公司新建企业的时间和成本

投资新建的方法并不仅仅涉及建设新的生产能力，企业还要投入大量的时间和财力获取稳定的原料来源，寻找合适的销售渠道，开拓和争夺市场。一般来说，对于资本密集型的跨国公司而言，在国外投资新建工厂从绿地建设到达到一定产能，一般需要2~3年的时间。等到企业投产运营时，东道国的市场可能已经发生了变化，错失了市场拓展的最佳机会。所以，对制造性企业来说，并购方式最基本的特性就是可以省掉建厂的时间，迅速获得现成的生产要素，可以迅速建立国外的产销据点。因此，并购方式有利于企业迅速做出反应，抓住市场机会。

4. 并购企业能有效利用被并购企业的相关经营资源

并购东道国企业有利于投资者获取创建方式所难以得到的各类经营资源，比如：获取原有分销渠道、被并购企业的技术和被并购企业的商标，利用原有的管理制度和人力资源，利用企业诸如原料供应等特有资产，获得原有商誉等无形资产。在并购情况下，企业可以利用原企业的原料来源、销售渠道和已占有的市场，资金市场对原有企业也有一定了解，可以大幅度减少发展过程中的不确定性，降低风险和成本。

6.4.3 跨国并购的程序

跨国并购是一个机会与风险高度并存的商业经营方式，并购过程失败特别是并购后整合失败的案例屡见不鲜。因此，跨国公司在实施并购行动时都十分重视程序与方法。一般来说，跨国并购有计划、实施和检查三个阶段。

在计划阶段，跨国公司应从战略构想、制定目标、选择对象、可行性研究、制定具体实施方案等方面做出翔实的并购战略计划。企业要通过目标、对象和可行性研究，确定并购对象范围，分析并购的风险有多大、并购的代价与收益的匹配等。英国学者香侬（Channon）和贾兰（Jalland）在研究欧洲的跨国企业并购活动后，指出国际企业跨国并购的成功必须在国家选择、多样化程度、市场份额大小、收购规模、目标企业利润等方面进行深入分析。在目标企业的选择时，应重点考虑目标企业与自身的业态相似度，目标企业的规模和潜力，目标企业组织文化和经营管理团队可被整合或共享的难度等（见表6-2）。

表6-2 跨国并购的目标企业选择影响因素

选择目标企业应考虑的因素	对并购的影响
目标企业所处客观环境	目标企业的客观环境越好，企业的发展潜力越大
与并购方经营范围的相似性	相似程度越大，管理难度越小，渠道增加，有助于企业迅速发展
目标企业的规模	规模过大，并购成功的可能性小，过小则达不到企业的并购目标
目标企业是否具有发展潜力	盈利能力大，运营风险小，则企业有发展潜力，企业价值大
目标企业是否善于合作	目标企业可融性强，善于合作，有利于并购完成和目标实现

资料来源：张劲青. 我国企业跨国并购实践及存在问题浅析 [J]. 商场现代化，2013（19）.

在实施阶段，实际估价、并购谈判和并购成交是这一阶段相互联系的三个环节。对被并购公司有形无形资产和债务进行合理的估值是计划实施的关键步骤。资产的估价有现金流折现法、市场价值法、市场溢价法。比较通行的方法是现金流折现法，通过这个方法估价被并购公司在并购后所可能产生的现金流现值，从而确定并购的最高价格。在双方都有并购愿望时，双方可以直接进行谈判，也可以通过引入第三方，如投资银行、咨询公司、会计事务所等来展开谈判协商。谈判涉及的内容主要包括市场发展的预期、各自估价的基点和估价结果、各自的条件与机会、资产的处置、人员的安排等。一旦双方谈判成功，即进入并购成交环节，双方应根据所在国公司经营有关法规和公司重要规章制度，签订有关合同，到当地政府相关部门报备登记，并循序渐进地完成公司的合并、改组。

最后一个阶段是检查阶段。该阶段主要是考察并购目标的实现情况，分析计划和实施之间的差异，以及实施中出现的重大问题，在评价的基础上进一步加强并购工作的管理和协调。

需要指出的是，在整个并购过程中都应加强并购风险的识别与监控（见图6-2）。按照企业并购过程的阶段特征，根据不同并购阶段风险的成因与特点，采取相应的步骤和措施查找并购风险因子，对并购风险问题进行决策判断，为提出应对举措提供依据。

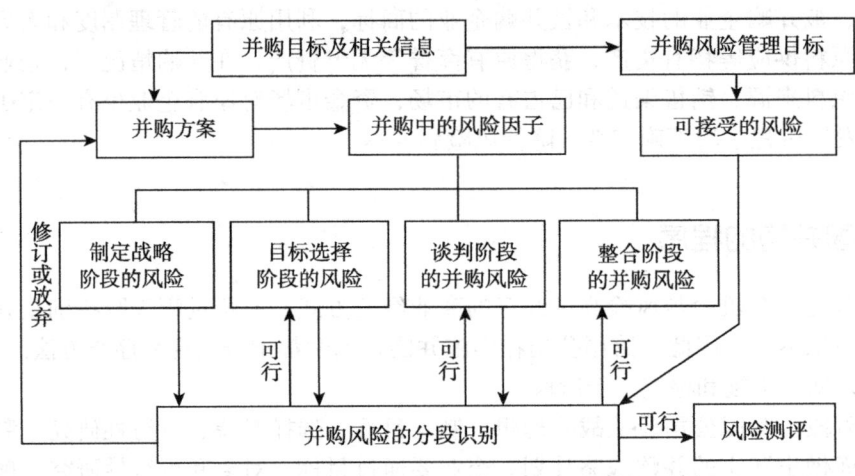

图 6-2　并购风险分段识别流程

资料来源：刘书锋.企业跨国并购风险识别与防范[D].南京：东南大学，2005.

6.4.4 跨国并购的整合管理

跨国并购企业在完成对目标企业的并购后，并不意味着并购活动的完成，这只是完成并购的阶段性目标，后续的并购企业的整合管理，才是整个并购中最为关键的环节。事实上，在跨国并购活动中，广泛存在着一种"70/70"的现象和说法，即70%的并购企业未能成功实现并购预期的商业价值，而这其中70%的失败源自并购后的整合管理失败。进一步，跨国并购的整合管理最难的主要是三个方面的问题：人事整合、制度整合与文化整合。

（1）在人事整合管理方面，并购企业管理者应当注意：防止人才流失，设法保留被并购企业的关键领导者和核心人才，以保证企业发展的核心竞争力不减弱；加强有效沟通，通过和被并购企业的多管道、见行动、有成效、见真情的沟通，加深双方的了解，减少敌意和矛盾，建立彼此的信任，从而稳定民心，恢复和保持士气，维持较高的工作效率；有序推进人事整顿，对于不利于公司发展、过度的冗员和过高的人力成本等并购公司存在人力资源设置与管理的痼疾，应把握时机，有序管控地推进变革。

（2）在制度整合管理方面，并购企业管理者应当注意：如果目标企业和并购方公司产业关联度较小，在并购实施后，对目标企业的制度使用"无为而治"比较合理，尽可能少地进行制度的腾转挪移，利于双方的整合协调；如果目标企业和并购方公司产业关联性高，那么，应该根据当初设定的并购目标、目标企业的实际经营管理水准、并购方公司的经营管理水平，综合确定目标企业的制度保留和制度变革。

（3）在文化整合管理方面，并购企业管理者应当注意：第一，制定一个比较长期的文化整合计划，因为文化整合是并购管理中最难以实现的目标。经营和管理价值观的差异、组织和工作习惯的差异、内在人际关系的纠结，其本身是长期形成的，因而想要克服并购双方的企业文化的弊端，达到文化的彼此融合，除了需要决断力、方法之外，每一个长期的科学整合计划都是必需的。第二，尊重对方的文化和习惯，不能因为目标企业的领导风格、办事习惯、员工素质、工作流程、制度程序较之于被并购方公司落后就鄙视，较之于被并购方公司做得好就嫉妒，应当进行文化的"换位思考"。第三，制定过渡期政策，把握文化整合的速度和节奏，并购方公司应与目标企业整合成立跨部门的文化整合团队，制定和协调整合过渡过程中的各项政策，解决文化整合各种重大问题，把握好文化整合的速度和节奏。

6.5　中国企业的跨国战略实践

中国入世以后，国内企业面临更广泛的国际竞争，同时也激起了其海外拓展的意念和雄心，"走出去"成为我国对外开放实现从"市场技术"到"市场换市场"的战略转折点。在这个转折过程中，中国企业跨国战略实践收获了许多经验和教训。

6.5.1　中国企业跨国战略发展概述

目前我国已经加入世界贸易组织，我国政府承诺进一步开放市场，因而跨国公司就可以通过战略联盟得以利用同一市场与我国企业在国内展开竞争，使我国企业在其最熟悉的国内市场也可能面临巨大的威胁。从另一方面讲，随着国际经济一体化的进程，国际战略联盟日益蓬勃发展，如果我们的企业仍然长期独来独往，必然会影响我国参与国际分工的深度和广度，长期下去就会丧失很多可以利用机会，也会脱离世界经济发展的主流，在某些领域内与世界经济脱轨。

建立跨国战略联盟有助于增强中国企业的可塑性和应变能力。我国企业出于某种需要，可以就某个项目或局部功能方面与国外企业结盟，又或者通过相互持有对方少量股份来达到一种长期的合作关系。这样，企业之间的依赖程度可以减少，商业机会、经济效益却增加了。

同时，有利于快速提高企业外向度。现阶段我国企业正在向专业化、集约化、经济规模化、外向程度高的方向发展。我国企业只有提高外向度，才能突破行政区域界限，在更大的范围内与外界进行交换，才能保持经济平衡和协调发展，形成高效率组织。

在意识到建立跨国联盟之前，中国企业已经尝试了跨国经营的运营模式，其跨国经营可以分为三个层次，一是传统的对外贸易出口方式，其运作方式为国内筹资→国内生产→国外销售，偏重的是销售环节；二是在中国国内实现中外合资跨国经营方式，其运作方式为国际融资→国内生产→国外销售，偏重的是生产环节；三是组建跨国公司，进行对外直接投资，实现跨国经营，其运作方式为国际融资→国外生产→国外销售，实现融资、生产、销售的国际化。

中国企业的跨国经营具有起步晚但发展速度快的特点，虽然只有二十余年的历史，但我国在海外的贸易企业和非贸易企业均发展很快，并且有不断加速的趋势。同时，海外投资的主体多元化。参加跨国经营的企业几乎遍及全国的各个部门和各个行业，既有劳务输出和对外服务型公司，也有涉足对外贸易和工贸、技贸结合型的公司，它们通过外贸体制改革、企业转换经营机制向海外发展。此外，直接在海外投资建厂或合资、合营、独资等，或是借助金融性企业向海外投资，也是一种跨国经营形式。

我国企业跨国经营所涉及的行业或投资领域极为广泛，从制造加工、资源开发、农林渔业、医疗卫生、交通运输到饮食旅游、科技开发、咨询服务，以至综合贸易、金融业和房地产等。但是，我国的跨国投资过分偏重于加工、制造等初级产品产业，对高新技术产业的投资严重偏少；偏重于加工型项目投资，忽视了对出口导向型行业的投资；偏重于建筑、资源开发等劳动密集型产业，而对日益占据国际投资主流的技术密集型产业和服务业的投资不足。

当前，我国出口企业在欧盟市场受到歧视的待遇仍然没有得到根本的改变，欧盟对我国出口商品的反倾销案也越来越多，尽管我国加入世贸组织后有了一些改变，但没有发生太大的变化。为了应对欧盟统一大市场的共同关税及非关税壁垒，我国企业可积极与西欧的大公司结成战略联盟，绕过欧盟设置的各种贸易保护主义障碍，借助联盟成员迅速熟悉对方的投资环境，并在充分认识各自的文化、管理、经营方式等基础上，双方达成一种默契，综合运用双方的比较优势，如互相利用对方的客户基础、经销渠道，进行产品的交叉销售，不断扩大市场占有率。

6.5.2 中国企业的跨国并购

近年来，我国企业选择跨国并购的数量逐年增多，越来越多的企业通过投资并购国外的企业的方式，来实现自身发展的目标。基于跨国并购具备强化市场地位、降低研发成本、优化资源配置等优点，已经被越来越多的中国企业作为其全球发展战略的重要途径。目前我国企业跨国并购主要呈现出以下特征：

第一，我国企业跨国并购的数量显著增加。根据相关数据统计，2013年上半年到2016年上半年期间（见图6-3），中国并购市场案例数从2013年的99例上升到2015年的212例，并购数翻了一番多，而在2016年上半年也已经有107例中国企业海外并购。

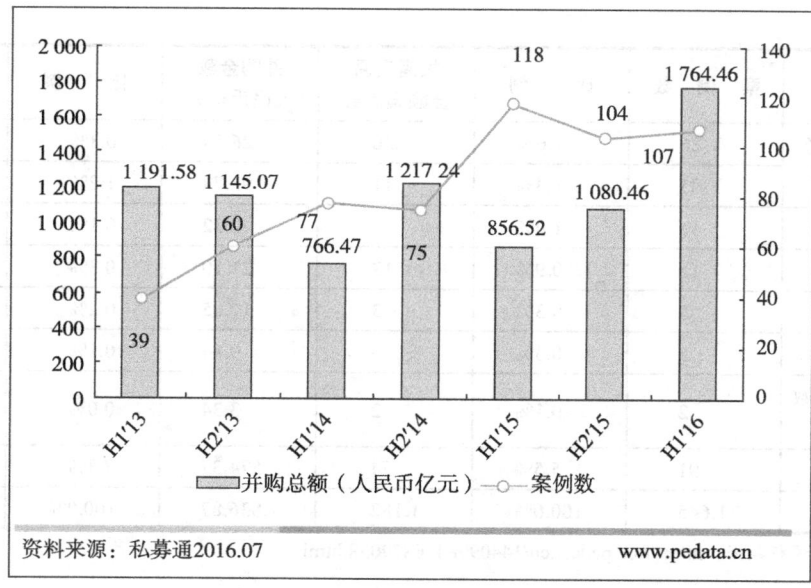

图 6-3　2013 年上半年至 2016 年上半年中国并购市场海外并购统计
资料来源：清科数据，http://free.pedata.cn/1440998436879038.html

第二，我国企业跨国并购的行业分布广泛。根据 2016 年上半年的统计数据，中国并购行业分布广泛，互联网行业更是掀起了并购的热潮，行业整合继续加速（见表 6-3）；同时国企改革也带动了机械制造行业的并购变革。

表 6-3　2016 年上半年中国并购市场行业分布（按被并购方）

行　业	案 例 数	比　例	披露交易金额案例数	并购金额（人民币亿元）	比　例	平均并购金额（人民币亿元）
互联网	260	15.8%	123	1108.41	14.1%	4.26
IT	173	10.5%	133	423.20	5.4%	2.45
机械制造	155	9.4%	137	470.73	6.0%	3.04
金融	146	8.9%	97	1623.69	20.7%	11.12
生物技术/医疗健康	143	8.7%	101	395.48	5.1%	2.77
电子及光电设备	90	5.5%	77	308.12	3.9%	3.42
娱乐传媒	72	4.4%	52	200.76	2.6%	2.79
能源及矿产	72	4.4%	60	732.38	9.3%	10.17
电信及增值业务	57	3.5%	35	157.65	2.1%	2.94
连锁及零售	55	3.3%	38	614.53	7.8%	11.17
建筑/工程	52	3.2%	43	143.12	1.8%	2.75
化工原料及加工	51	3.1%	38	115.01	1.5%	2.25
汽车	47	2.9%	37	202.70	2.6%	4.31
房地产	46	2.8%	38	397.00	5.1%	8.63
清洁技术	43	2.6%	38	177.78	2.3%	4.13

(续)

行　业	案例数	比例	披露交易金额案例数	并购金额（人民币亿元）	比例	平均并购金额（人民币亿元）
农/林/牧/渔	26	1.6%	20	26.54	0.3%	1.02
物流	23	1.4%	11	93.74	1.2%	4.08
教育与培训	16	1.0%	6	9.32	0.1%	0.58
食品&饮料	15	0.9%	13	21.10	0.3%	1.41
半导体	5	0.3%	3	17.05	0.2%	3.41
纺织及服装	5	0.3%	5	9.84	0.1%	1.97
广播电视及数字电视	2	0.1%	2	3.34	0.0%	1.67
其他	91	5.5%	74	574.37	7.3%	6.31
合计	1,645	100.0%	1,182	7,836.87	100.0%	6.63

资料来源：清科数据，http://free.pedata.cn/1440998436879038.html

第三，我国企业还处于并购和跨国经营的初步阶段。虽然我国企业跨国并购发展迅速，在资金实力、人才储备方面都有一定的积累，但由于中西方文化、管理模式等方面的差异，使得并购交易后的业绩参差不齐。

6.5.3　中国企业跨国战略发展的问题与出路

中国企业在进行跨国战略布局时多按照分析企业既有优势，根据企业现有的资源能力优势进行企业的跨国经营定位，之后战略定位运营企业，在此过程中不断获取新的、满足战略目标的资源能力的基本路径，形成保证跨国战略顺利实施的持久竞争优势。

1. 中国企业跨国战略发展的特征与问题

相较于其他国家的跨国企业，中国企业在跨国战略经营过程中表现出以下四个方面的特征。

（1）成本优势明显。从成本的角度来看，长期以来，中国的部分产品或者服务依靠低成本在全球市场中占有了一定的市场份额。这种生产的低成本优势一方面源于我国人口众多，劳动力成本低廉，另一方面与我国土地和能源等生产要素价格较低息息相关。再加之我国政府对本国企业发展出台了一系列的政策进行扶持，使得我国企业短时间内获得一定比较优势。然而，这种依靠低价格的生产要素成本优势显然是不能长久的。随着其他发展中国家经济的高速发展，部分西方国家对我国产品进行反倾销限制，这种低成本的跨国经营模式难以为继。

（2）创新短板突出。相较于其他西方发达国家，一部分中国企业的创新能力让人忧心。由于研发与设计能力较差，又比较缺乏跨国经营的市场知识，有些中国企业的活力不强，产品的可替代性较强。产品或服务的技术含量低，在性能、质量和服务上不能给消费者提供产品价值或服务价值。因此，联系上文中的成本优势，在国际市场上，一些中国企业不得已采用价格战，降低产品售价，这就直接导致产品利润微薄，企业竞争力低弱。

（3）能力布局不足。一些中国企业往往在市场经济中急功近利，不注重创新能力的培养，特别在研发、市场营销环节核心能力严重缺乏，由于企业难以在技术方面获得领先地位，虽然其在生产运营环节上具有一定的竞争能力,也难以获得高额的附加值。在跨国竞争中,创新成为企业的核心竞争力。当今世界,科技日新月异,市场之残酷使得企业如逆水行舟,即便企业通过创新短期内形成一定的竞争优势,如果停滞不前将很快被市场淘汰。

(4)资源积累单薄。大多数中国企业都通过国际贸易同全球市场建立联系,但其研发、生产、市场等关键环节的布局均在国内。跨国经营的下游渠道受制于人,对市场变化和客户需求很不敏感,在国内市场中占有优势的关键环节难以同国际接轨,研发和市场的滞后影响了企业价值的实现和新的竞争优势的形成,企业的国际竞争力大打折扣。

2. 中国企业跨国战略经营的出路

基于中国企业具有的上述优势和短板,在进行跨国战略布局和管理时,企业应注意集中力量开展研发活动,提高企业创新能力,将原有的低成本优势转化为持久竞争优势,同时弥补创新短板,为产品打造核心竞争力;要将市场视为资源的竞争,视为能力打造和施展的平台;扩大关键环节的资源布局,善于运用国际资源,不能只局限于本土。

一方面,中国企业多年来依靠生产要素的低成本在生产环节积累了一定的优势,然而这种优势随着科技的进步和世界政治经济格局的变化已经逐步衰退。中国目前在设备或其他产品加工方面的低成本优势正在逐渐被周边东南亚国家所赶超,甚至于日韩企业在成本方面同中国企业越来越接近。从西方发达国家的跨国企业经验来看,生产在企业创造价值的各个环节中地位持续下降,特别在IT、服装、设备制造等行业,越来越多的企业选择将生产环节转移到其他国家。因此,中国企业不能再拘泥于原有优势,而应当从战略的角度考虑,把握跨国经营区位优势,通过跨国经营在全球布局产业链,重点把握高附加值环节,如研发、市场开拓、品牌服务等,提升自身形象,创建新的竞争优势。

另一方面,由于中国企业跨国经营起步较晚,长期以来的国内市场环境使得企业在市场营销方面相对粗放,缺少消费者服务意识。虽然中国企业已经逐步踏入国际市场,但往往以自身为主,不能以客户的需求为出发点,使得中国企业在全球化市场竞争中走了不少弯路。然而,相对于技术优势的积累,市场和服务环节显然更容易短期内出成效,企业可以通过建立属地子公司、并购、跨国战略联盟等多种手段介入和深化市场,了解客户需求,快速做出市场反应,从而加强企业的竞争优势。

事实上,对于中国企业而言,无论是企业培养和有效运用资源以及核心能力、打造技术优势还是占领市场,都是跨国战略管理中重中之重的关注点,单一来看每一点都会对企业短期经营起到积极作用。然而,如何结合国际市场现状和客户需求对这些因素进行战略整合,推动这些关键资源的积累,最终形成可持续发展的核心能力和系统优势,才是中国企业通过跨国战略管理获得竞争优势的本质所在。单独看每一个环节和因素,都有被竞争者模仿和超越的可能,中国企业只有形成和保持核心能力和系统优势,才能在跨国经营中利用自身优势同经营环境动态协调,应对自如;才能获得真正属于自己的平台,在国际市场的激烈竞争中处于不败之地。

本章小结

本章以全球经济一体化为背景,以在此背景下进行国际化经营的国际企业为对象,对国际企业跨国战略管理与实施的基本内容进行了介绍。在全球经济进入新一轮调整期的现实条件下,国际化经营已经成为世界范围内优秀企业成功的关键路径,跨国战略也越来越成为当今互联网时代众多企业的发展方向,通过全球分工和商品交换流通有效提升了资源整合与配置的合理性。在具体实施过程中,跨国战略管理与实施涉及众多维度,既有表现特征、覆盖层次、不同类型等静态维度,又有实施内容、执行过程、具体方式等动态维度,两种维度下又各自包含着具体的要素,以及要素之间的相互关系,可以说,跨国战略管理与实施是众多复杂要素结合在一起的有机系统。作为跨国战略实施最常用和有效的方式,跨国联盟和跨国并购对企业在全球范围建立合作网络、开辟新市场、构建并保持全球竞争优势等方面,对跨国战略的成败起到了至关重要的作用。

在当前"一带一路""亚投行"等政府鼓励"走出去"的政策引导下,我国企业境外投资规模不断扩大,国际化程度日益深入,跨国战略已经成为我国企业的发展方向。我国企业有必要在充分借鉴成功的国际企业先进经验的基础上,进一步综合自身现状、国际市场发展趋势、市场需求等进行战略整合,推动跨国战略关键资源的积累与运用,最终形成可持续的核心能力和系统优势。

关键术语

企业国际化　国际企业战略　跨国联盟　跨国并购与整合
跨国战略实施　跨国整合

复习思考题

1. 跨国战略不同于企业战略的独特属性表现在哪些方面?
2. 如何实施跨国战略管理过程?
3. 怎样建立战略联盟并对其进行管理?
4. 跨国并购遵循怎样的程序?
5. 跨国联盟与跨国并购有怎样的联系与区别?
6. 我国企业的跨国战略面临哪些问题?存在哪些机会?

应用案例

万达集团并购 AMC

31亿美元,这是大连万达集团股份有限公司(简称"万达")收购美国 AMC,也就是传奇影业所支付的价格。这桩被冠以"中国民营企业在美国最大一起企业并购"头衔的交易,并非发生在万达赖以起家同时为外界所熟知的商业地产领域,而是发生在电影产业。

大连万达集团创立于1988年,涵盖商业地产、高级酒店、商业管理、销售物业四大核心业务板块,截至2015年,其总资产达6 340亿元,年总收入2 901.6亿元。万达院线于2004年成立,是万达集团的旗下子公司,主要涉及中央文化区、电影制作放映、连锁文化娱乐、大型舞台演艺及中国字画收藏五个子行业。

美国 AMC 娱乐公司于1920年成立,其所有者包括 APOLLO 投资基金、摩根大通合伙人、贝恩资本投资者、凯雷及其他人。AMC 在全球院线中排名第二,是全球最大的3D屏幕和 IMAX 运营企业,在北美票房最多的前50家影院中,AMC 占据将近50%的份额,其票房收入也占据北美票房市场的较大份额。

2012年5月21日,万达集团和美国 AMC 娱乐公司在北京进行了并购签约仪式;同年9

月 4 日在美国洛杉矶，正式完成对 AMC 的并购，AMC 正式成为万达集团的一员。此次并购是中国民营企业在美国最大一起企业并购案例，具体并购动因可以总结为两部分。

一是有利于提升万达院线的国际地位。近年来，美国 AMC 影院公司虽然经营惨淡，但其以悠久的经营历史深受美国人民的喜爱，在北美电影市场仍具有较高的号召力，在世界同业中的影响力也举足轻重。万达集团收购美国 AMC 影院公司，是其全方位整合电影产业价值链一个行之有效的方式，不仅可以打造世界最大的影院公司，而且可以打响自己的品牌效应，有利于提升万达院线在全球同业中的竞争地位。

二是有利于万达集团产业结构转型。此次并购也是万达集团在预设的从商业地产企业向文化企业转型之路上的重要一步，不仅有利于万达院线开拓欧美文化市场，更有利于加速集团内部产业转型，为其建设万达文化企业铺路。

事实上，并购 AMC 这一决定并不突兀。尽管商业地产公司在 2011 年收入贡献为 953 亿元（在总收入占比约 91%），但万达投资的重心正在从竞争日益剧烈的商业地产向文化旅游两个领域转移。

从 2005 年开始，万达大规模投资文化产业，目前已进入中央文化区、大型舞台演艺、电影制作放映、连锁文化娱乐、中国字画收藏 5 个行业，总投资额已超 100 亿元，投资回报率超过 10%，年收入接近 200 亿元。其旗下的万达电影院线是亚洲排名第一的院线，2011 年收入 22.2 亿元，占有全国约 15% 的市场份额，亦是国内首家年收入超过 20 亿元的文化企业。2011 年 5 月，万达又投资 5 亿元，正式成立万达影视制作公司，这意味着万达在电影领域的布局涉足全产业链业务。

此外，万达在旅游方面的投入亦不遗余力。2012 年万达将联合 3 家民营企业成立万海文化旅游投资股份有限公司，注册资本 100 亿元。王健林在内部的说法是"要把旅游打造成和商业地产并驾齐驱的集团核心支柱产业"。

所以，收购 AMC 只是序曲。而万达目前还在寻求对欧美等国其他大型院线的并购。据了解，从 2012 年起，万达每年追加 200 亿元发展旅游产业。万达内部正全方位推动着这样一场转型：投资重心从竞争日益剧烈的商业地产向文化旅游两个领域转移。万达的目标是：到 2020 年，来自万达商业地产的收入比重降到 50% 以下。

从该案例中，我们不难发现，跨国并购、战略转型越来越受到中国企业的重视，也给企业带来了十分难得的机遇。譬如万达并购 AMC，打开了万达的世界之旅，给万达走向国际、被国际认可铺垫了道路。跨国并购也可以给企业带来可观的收益：万达 2012 年并购 AMC 公司，AMC 公司 2013 年上市，而这次上市，为万达集团带来了颇多收益，因此，万达并购 AMC 是成功的。最后，万达院线于 2015 年在深交所上市，万达旗下 AMC 的成功上市为接下来万达院线的上市铺垫了很好的通道。

综上所述，不管是从客观情况来看，还是从主观观点来看，万达并购 AMC 是一个成功的选择，万达集团的前瞻性眼光值得中国其他企业和跨国企业的学习。

资料来源：网易财经 .http://money.163.com/special/wdsgamc/

讨论题

1. AMC 作为一家处于成熟期的公司，其上座率正在下降，且过去几年一直在亏损。在此情况下，万达巨资收购的原因是什么？在收购完成后，万达是否也有能力经营？
2. 万达为什么要向旅游和文化产业转型？

参考文献

[1] 迈克尔·波特.国家竞争优势[M].李明轩,邱如美,译.北京:中信出版社,2012.

[2] Teece, 1992, Competition, cooperation and innovation, Journal of Economic Behavior and Organization

[3] 孙国辉,郭骁.跨国经营战略[M].北京:化学工业出版社,2013.

[4] 卢森斯.国际公司管理:文化、战略与行为[M].周路路,赵曙明,等译.8版.北京:机械工业出版社,2014.

[5] 刘云.中国公司的全球化战略研究[J].现代商贸工业,2011(5).

[6] 王铁栋,任冠华.从单一的比较优势到系统的竞争优势:我国企业竞争力的演进路径[J].国际贸易问题,2012(7).

[7] 申晓健.中国企业跨国经营优势及路径研究[D].天津:天津大学,2013.

[8] 张祥.我国公司国际化经营及其绩效研究[D].重庆:西南财经大学,2013.

[9] 李娟.万达:并购AMC意在转型[J].中国品牌,2012(7):60-61.

[10] 刘涛,菅娜.中国企业跨国并购融资风险研究——以万达并购AMC为例[J].内蒙古科技与经济,2015(3):4-6.

第 7 章
跨国进入与模式选择

学习目标

- 准确理解企业国际化进入的含义。
- 了解企业国际化进入的影响因素。
- 掌握企业国际化进入的类型以及选择。

开篇引例：联想创造新契机：收购摩托罗拉

2014年1月30日，联想集团以29亿美元的价格从谷歌手中收购了摩托罗拉移动。据悉，当联想完成这次收购后，摩托罗拉移动的3 500名员工，2 000项专利，品牌和商标，以及全球50多家运营商的合作关系都归入联想移动业务集团。

联想收购摩托罗拉，符合大趋势，即硬件和低端科技产品的制造甚至服务流向发展中国家。尽管两起大规模收购（即10年前联想收购IBM的PC业务和现在收购的摩托罗拉）肯定会在短期内拉低联想的利润，但这起收购为联想带来的好处也是很多的，符合其长期发展需求和企业利益。总的来说，包括以下五个方面：

1. 用品牌开路

摩托罗拉移动作为美国和拉美的第三大安卓智能手机厂商，其品牌资产仍然存在。美国和拉美人民并不知道联想的手机品牌。因此，单凭自己的力量打入北美市场有很大的难度，于是，借成熟品牌曲线进入，便是一个很好的办法。

2. 借渠道进入

摩托罗拉的渠道资产仍然非常宝贵。摩托罗拉辉煌的时候在手机领域有32.5%的市场占有率，同主流运营商都有很稳固的合作关系。这些都是联想所没有的，但在收购摩托罗拉移动后，联想便有了这个能力。

3. 披上专利的铠甲

中国企业要是不进行专利技术积累，而是选择直接进行国际化就毫无优势可言，主要原因就是知识产权方面的问题。而谷歌将摩托罗拉出售给联想，这等于是给联想国际化穿上一件铠甲，不至于遭到接二连三的追讨和诉讼，导致成本居高不下。

4. 吸取技术和产品的营养

摩托罗拉虽然衰落很快，但其产品、技术和设计仍是一流的。本次收购后，摩托罗拉在33个国家共有3 500名员工也归了联想，联想应该充分吸收这些员工的理念和设计思路，用中国本土的理念与美国理念进行碰撞，想必会制造出摩托罗拉与联想相结合的手机。

5. 成为谷歌盟友

谷歌 7.5 亿美元获得联想 5% 的股份，是本次交易的一部分。安卓圈是谷歌用来对抗苹果、遏制微软的武器，但是三星一家独大的情况，对谷歌而言并不是好事，因此，扶植一个有发展潜力的外部盟友，远比自己做要划算得多，而联想正是那个外部盟友。

资料来源：联想收购摩托罗拉的案例分析. http://www.doc88.com/ p-9911903558118.html

【请思考】

联想选择并购方式作为跨国经营的手段的原因是什么？

正如联想将收购摩托罗拉移动作为打入北美市场的一种手段一样，企业想要进入国际市场，不能仅凭一腔热血盲目行事，而是需要一定的策略。企业国际化进入策略便是解决这一问题的有效途径。本章从企业国际化进入的内涵入手，详细阐述了企业国际化进入战略的要素和企业国际化进入模式的类型，并就如何选择进入模式进行了分析。每一种模式都有其优缺点，企业主要做的是要选择最适合自己的进入模式，进而打开国际市场的大门。

7.1 企业国际化进入概述

企业国际化进入战略是企业从事国际化经营的长远目标和规划，是为实现这些目标和规划采取的策略及行动纲领，在这期间，企业应根据国际化的不同特点和不同阶段，选择国际市场的进入方式，并适时进行国际市场进入方式的调整与转换，这对企业实施"走出去"发展战略和发展国际化经营，都是至关重要的。

7.1.1 企业国际化进入的内涵

《孙子兵法》曾明确提出了"用兵之道，以计为首""知己知彼，百战不殆"等杰出的战略思想。乔治·巴顿将军也曾说过，在错误的战略下，即使采取正确的战术也必败北，正确战略下的战术失误也可能赢得战争。商场如战场，如果一家国际企业在某市场上使用了错误的进入战略就不可能获得在该市场上的成功，即使市场和产品的营销计划得到了合理的执行。

企业的国际市场进入模式，就是企业将其所拥有的资源如资金、设备、技术、品牌、管理能力等，通过不同的投资方式转移到目标国家，以服务于企业的跨国经营战略。鲁特在其著作《国际市场进入战略》中指出，国际市场进入模式是一种系统性的安排，它使得公司的产品、技术工艺、人员技能、管理以及其他资源进入外国国家（地区）市场成为可能。如果一个国际性公司处在一个国家及其所拥有的市场之外，它必须找到一种进入该国及其市场的方法。

制定国际市场进入战略意味着企业放眼世界市场和世界资源分布，而不仅仅盯着某一市场和资源。进入战略是以多国为基础来优化运作与结果的，而不是将跨国运作只看作多个相互独立的国别经营活动的简单组合。

7.1.2 企业国际化进入战略要素

国际化市场进入战略是一个广泛而全面的计划。它涉及战略、战术目标、资源和政策的建立,这些因素将指导企业进行国际业务的运作,以期在未来足够长的一段时期内在全球市场上获得持续的增长。对于大多数公司来说,进入战略的时间范围通常限定为3~5年,因为渗入国际市场的确需要花这么长的时间来获得持久稳定的市场业绩。对有些公司而言,进入计划的时间跨度可能更长或更短一些,但无论其长短,进入计划的时间期限应使管理者能够清晰地提出和回答关于长期经营的方向和公司国际业务范围方面的问题。

实际上,企业国际化进入战略是多个独立的产品/市场计划的组合。国际企业需要对进入每一个国外市场的每一个产品制定进入战略,因为不同国家的市场对国际企业不同产品进入战略的市场反应是不同的。一旦单个的(或代表性的)产品/市场计划完成,它们就应该被汇集在一起并调整,以形成公司整体的国际化进入战略。

代表性的产品/市场进入战略要求的决策包括(见图7-1):①选择目标产品/市场;②确定在目标市场的经营目标/目的;③选择目标国家市场的进入模式;④制订目标国家市场的营销计划;⑤设计监控目标市场经营业绩的控制系统。

虽然图7-1中这些要素表现为一种符合逻辑顺序的活动和决策,但事实上国际市场进入战略的设计包括许多不断重复的反馈循环。例如,对可供选择的进入模式的评估,可能会使公司重新修正进入目标市场的目标或目的,甚至开始寻找新的目标市场。并且,市场计划的制定过程可能会引起对先前较偏爱的进入方式的质疑。在进入国际市场之后,市场表现的变化又可能导致对前面4项要素中的任何一项甚至全部进行修改,正如在图7-1控制系统框中以虚线表示的那样,简单说来,国际化进入战略的计划过程是一个持续、开放的过程。

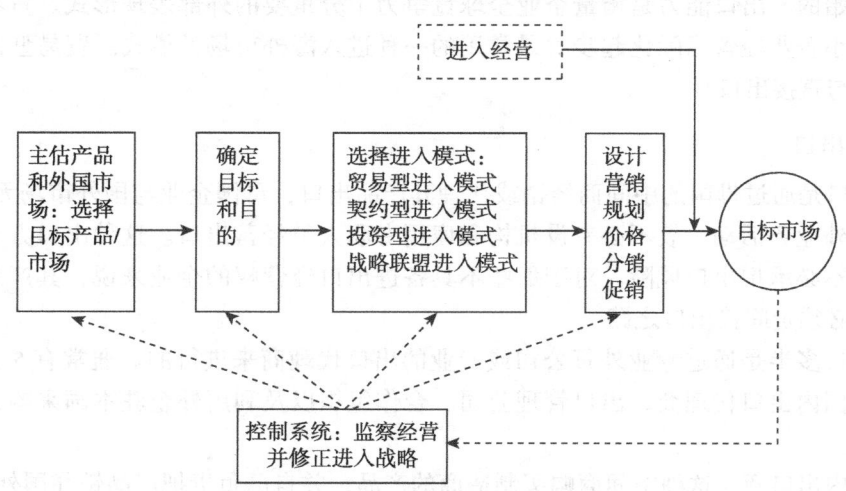

图7-1 企业国际化进入战略流程

资料来源:富兰克林R鲁特.国际市场进入战略(增订版)[M].古玲香,译.北京:中国人民大学出版社,2005.

7.2 企业国际化进入模式类型

企业一旦确定了所要进入的国外市场,就必须选择适当的市场进入模式,也就是选择进行跨国交易的组织安排。

从经济学家的角度来看,公司进入国外市场的方式有两种:一是公司通过目标国以外的生产基地向目标国家出口产品;二是公司将技术、资金、人员技能和管理等资源有效地转移到国外市场,从而把产品直接销售给顾客,或与当地资源(尤其是劳动力)结合,生产产品并在当地市场销售。以服务作为最终产品的公司无法将本国的服务产品拿到国外销售。

从管理及操作的层面来看,上述两种进入方式可以分解为多种模式,它们分别为国际性公司带来不同的效益和相应的进入成本。本书中,企业国际化进入模式的主要形式主要有四种(见表7-1):贸易型市场进入模式、契约型市场进入模式、投资型市场进入模式和战略联盟进入模式。

表 7-1　企业国际化的市场进入模式

分　类	具　体　模　式
贸易型市场进入模式	①间接出口;②直接出口
契约型市场进入模式	①授权经营类;②服务合同类;③建设或生产合同类
投资型市场进入模式	①独资经营;②合资经营;③新建企业;④兼并与收购
战略联盟进入模式	①公司契约式联盟;②国际协作式联盟;③合作备忘录式联盟;④企业式战略联盟

7.2.1　贸易型市场进入模式

贸易型市场进入模式是通过向东道主国家或者地区出口商品而进入该市场。这种模式起步的费用和风险都很低,而利润回报的速度却很快。国际企业的跨国商业活动是从生产国的直接出口开始的,出口能力是衡量企业全球竞争力十分重要的外部表现形式。贸易型市场进入模式是中小企业经营国际化起步时最常用的一种进入海外市场的模式。贸易型进入模式分为间接出口与直接出口。

1. 间接出口

间接出口是通过母国的中间商经销或代理其产品出口,母国企业与国外市场无直接联系,也不涉及国外业务活动,故不必专设机构和雇用专职人员经营出口。这种出口方式既可以节省费用,又不必承担出口风险。对于那些不具备进出口经营权的企业来说,其产品要想打入国际市场,必须走间接出口之路。

间接出口多半是通过专业外贸公司或专业的出口代理商来进行的。通常有5种形式:国内出口商、国内出口代理商、出口管理公司、合作组织以及利用外企驻本国采购处将产品转售国外市场。

(1)国内出口商。这种中间商购买制造商的产品,并自己负责把产品销往国外。

(2)国内出口代理商。这种代理商替企业寻找国外购买者,同时抽取一定的佣金。贸易公司亦属此类。

(3)出口管理公司。这种中间商管理企业的出口业务,同时收取一定费用。

(4)合作组织。合作组织代表几个制造商进行出口活动,初级产品制造商常常利用这种出口方式。

(5)外企驻本国采购处。一些外国企业的大型批发商、零售商和国际贸易公司往往在其他国家设有采购处。

选择间接出口的优点是：企业无须专门投入人力和物力，借助专业外贸公司多年的丰富经验和广泛的销售网络，要比自己寻找海外贸易伙伴节省很多时间，可以更迅速地打入国际市场。如果企业在这一过程中积极参与，还可以逐步了解出口的各个环节，经过一段时间的积累，就可以初步获得出口所需的技巧和经验。

选择间接出口的缺点是：企业可能会失去对产品销售和服务方式的控制，企业的形象和名誉也可能会受到损害。中介公司会从中盘剥很大一部分利润，这会使产品价格上升，从而影响企业产品在海外市场的竞争力等。

2. 直接出口

直接出口是通过设立专门的对外贸易机构并配备相关的人员进行对外交易。随着对外贸易交易量的增长，企业会向国外派遣人员，在国外设立办事机构和销售公司，但企业的国内基地仍然是产品设计、生产和销售的首要地点，最重要的决策和制造责任仍由国内企业承担。直接出口要独立承担海外市场的风险，虽然要支付更多的费用，但是利润要比间接出口大得多，并且可以直接进入国外市场取得经营国际化的经验，有利于及时调整企业的经营策略和方法。从严格意义上来讲，只有直接出口才是企业外向型经营国际化的起点。企业的直接出口可以有以下四种方式：

（1）设立国内出口部。该部门负责实际的对外销售工作。它通常由一名出口销售经理和几名职员组成。它有可能演变成为独立的出口部门，负责企业所有有关出口的业务，甚至还可能成为企业的销售子公司，单独计算盈利。

（2）国外经销商和代理商。国际经销商直接购买企业产品，拥有产品所有权；而国外代理商是代表企业在国际市场推销企业产品，不占有产品，但要抽取佣金。在企业不了解国外市场又想尽快进入国际市场时，可以把产品卖给国外经销商，或委托国外代理商代售。

（3）设立驻外办事处。设立办事处实质是企业跨国化的前奏。办事处可从事生产、销售、服务等一条龙服务。其优点包括：一是可以更直接地接触市场，信息反馈准确迅速；二是可以避免代理商的三心二意，而集中力量攻占某个市场。但其缺点是设立国外办事处需要大量投资。

（4）建立国外营销子公司。国外营销子公司的职能与驻外办事处相似，所不同的是，子公司是作为一个独立的当地公司建立的，而且在法律上和赋税上、财务上都有其独立性，这说明企业已更深入地介入了国际营销活动。

直接出口的优点是：出口企业可以摆脱对出口中间商的依赖性而自己选择国际目标市场，这一点对于那些想在国际市场上进一步发展的企业显得尤为重要；出口企业可以较快地积累国际市场营销经验和培养自己的国际商务人才，为后续的发展打下良好的基础；企业还可以通过直接出口渠道更快地提高其在国际市场上的知名度，更好地树立自己的国际声誉和东道国的形象；企业可以通过直接出口渠道了解和掌握国际市场的第一手信息，这有利于改善企业的国际营销决策，减少失误并更好地把握机会。

直接出口的缺点是：企业进退国际市场和改变国际营销渠道的灵活性不如间接出口企业，因为直接出口投入的资源数量更大，承担的风险更高，营销方式的改变将同时意味着付出更高的代价；直接出口企业利用的是外国的中间商机构，寻找国外中间商的难度较大，维持与之关系的成本较高；直接出口企业的出口业务，如合同洽谈、单证处理、出口运输和保险等，是由企业自己来处理的，而单个企业的出口业务量较小，也比较分散，无法达到经济规模。

7.2.2 契约型市场进入模式

契约型市场进入模式，又称合同进入模式（contractual entry modes），是企业通过与东道国家或地区的法人订立长期的非投资性的合作协议而进入东道国家或地区。这种合作协议可以是转让无形资产，包括各种工业产权（如专利、商标、秘诀、管理技能、营销技能等）和版权，也可以是劳务出口或工程承包等。在契约型市场进入模式中，企业输出的是技术、技能、劳务和工艺等，是一种"非股权安排"。签订合作性契约协议这一贸易关系形式，可以使企业无须在国外领土上进行大规模的资金、技术投入也能在国际市场上分一杯羹。因此，契约型市场进入模式成为国际企业实施全球化战略的又一选择。目前，国际上通行的契约型市场进入有多种形式，大致可分为授权经营、特许经营、合同制造、管理合同、交钥匙合同和技术协议等。

在特定地域内获得制造/销售特定商品的排他许可，即授权经营（许可证）。授权经营是一种协议，协议的一方通过向另一方支付费用的方式，获得后者产业产权的使用权。通常情况下，许可人允许被许可人通过支付费用来使用它的专利品、商标或者专有信息。使用费用的大小通常建立在销售额的基础上，比如在亚洲，销售工业发动机的许可费是其销售收入的1%。通常，授权人会将受权人的销售范围限定在特定的地域内，同时在销售期限上也进行限定。

通过授权经营进入海外市场一般有两种形式，即普通授权经营（licensing）和特许经营（franchising）。许多公司通过普通授权经营（以下简称授权经营）和特许经营扩大了在全球的经营规模。企业在考虑这两种进入形式时，不仅要考虑自己的产品适宜采用哪种形式，而且必须注意海外目标市场的文化习俗。

1. 授权经营

授权经营，也可称为许可证，是指企业在规定的期限内将自己的无形资产（专利、技术秘诀、商标等）通过契约转让给海外法人，以换取授权费和其他补偿。授权经营中的无形资产分为5类：专利、发明、公式、工艺、设计及款式；商标、商号及商标名称；版权、著作权、音乐或论文作品；特许代理权、许可证及合同；方法、软件、程序手续及体系等。其中，出让无形资产的一方称为许让方或授权方（licensor），而接受无形资产的乙方称为受让方或受权方（licensee）。授权经营的基本过程参见图7-2。

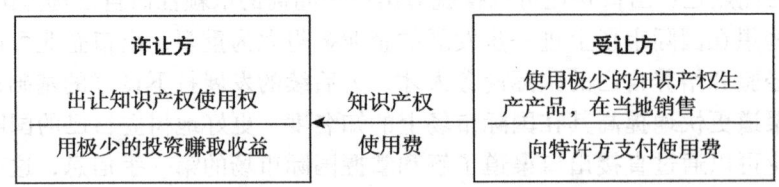

图7-2 授权经营的基本过程

资料来源：方虹.国际企业管理[M].北京：首都经济贸易大学出版社，2006：94.

2. 特许经营

特许经营是特许企业（franchisor）向受许企业（franchisee）转让技术、商标、统一的经营方法等，让受许企业在本企业的监督与帮助下利用本企业形象和招牌经营本企业的特定业务，后者支付一定金额的特许费（franchise fee）。特许经营是对外授权向深层经营领域的延伸与扩展。以肯德基为例，目前其在中国发展加盟店的方式不是让加盟者缴纳加盟费后自行开店，而是让加盟者出资购买一间正在运营中并已盈利的连锁店。转让已经成熟的餐厅，加盟者不必从零开始，可以较快地融入肯德基的运作系统，进而极大地保障加盟者成功的机会。特许经营的基本过程参见图7-3。

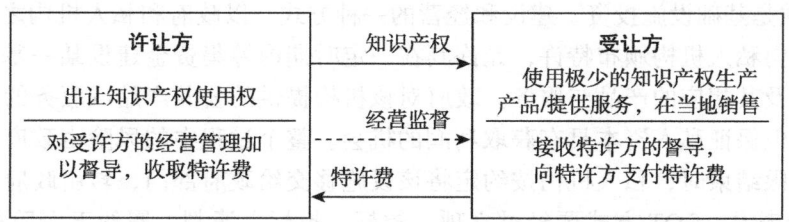

基本问题：①确定特许的范围；②确定付费标准；③明确规定双方的权利和限制；④规定特许经营的期限

图7-3 特许经营的基本过程

资料来源：方虹.国际企业管理[M].北京：首都经济贸易大学出版社，2006:96.

特许经营和授权经营的最大区别在于：在特许经营中，特许方还需对受许方的经营管理实行监督，以确保特许的品牌在海外市场上不至于降低质量。在这种模式下，特许方不需要太多的资源支出就可以快速进入外国市场并获得可观的收益，而且对受许方的经营有一定的控制权。

3. 合同制造

合同制造是指企业向国外企业提供零部件由其组装，或向外国企业提供详细的规格标准由其仿制，由企业自身负责营销的一种方式。采取这种方式不仅可以输出技术或商标等无形资产，而且还可以输出劳务和管理等生产要素，以及部分资本。但是由于合同制造往往涉及零部件及生产设备的进出口，有可能受到贸易壁垒的影响。

4. 管理合同

管理合同是指管理公司以合同形式承担另一公司的一部分或全部管理任务，以提取管理费、一部分利润或以某一特定的价格购买该公司的股票作为报酬。一般情况下，管理合同不授予国际经营企业有权进行新的资本投入、承担长期债务、决定红利政策、设定基础管理或政策变更或是对所有权的安排做出改变等，因此所管理范围只是企业的日常运营，其目的是为了更好地利用外国公司的管理能力，提高经营效率。合同管理一般风险比较小，并且企业一开始就可以获得利润，如果企业在某一时期内能够获得部分股权，那么这种方式对企业将更具吸引力。管理合同主要应用于服务业和农业。

业务外包是20世纪90年代以来管理合同的一种新形式，它是指通过委托—代理契约而将企业内部的某项职能或某项任务分包给其他企业或组织来完成的，以最大限度地发挥本企业的核心优势，最快地对外界环境做出反应的过程。外包战略的优势是公司可以集中有限的资源，建立自己的核心能力，从而确保公司能够长期获得高额利润，并引导行业朝着有利于企业自身的方向发展。但是实施外包战略也有一定的风险，企业可能会失去对一些产品或服务的控制，从而增加了企业正常生产的不确定性。

5. 交钥匙合同

交钥匙合同通常指发展中国家输入技术时，无力单独完成建厂任务，而与设备供方订立的合同。一般由供方负责项目的全过程，包括从可行性研究到设计方案，再从采购设备、建厂施工到试车运转和正式投产。跨国企业往往利用资金在设计、施工和生产等一系列环节中积累的经验和知识，加入完成项目工程的综合优势，通过交钥匙合同，进入目标市场。

另一种国际交钥匙合同是 BOT(build-operate-transfer) 方式。BOT 方式指"建设—经营—转让"，其实质是基础设施投资、建设和经营的一种方式，以政府和私人机构之间达成协议为前提，由政府向私人机构颁布特许，允许其在一定时期内筹集资金建设某一基础设施并管理和经营该设施及其相应的产品与服务。政府对该机构提供的公共产品或服务的数量和价格可以有所限制，但保证私人资本具有获取利润的机会。整个过程中的风险由政府和个人机构分担。当特许期限结束时，私人机构按约定将该设施移交给政府部门，转由政府指定部门经营和管理。一般来说，BOT 方式要经过立项、招标、投标、谈判、履约五个阶段。BOT 方式多用于投资额度大而期限长的项目，利润颇丰。但正是由于存在项目投资大、期限长的特点，所以 BOT 方式的风险也较高。

6. 技术协议

技术协议是指企业同外方签订协议，向对方提供为发展技术或解决技术难题而进行的各种技术咨询服务活动。其中以新产品、新工艺方面的技术咨询服务见多，也可能提供技术培训或其他方面的有偿服务。

7.2.3 投资型市场进入模式

投资型市场进入模式是指通过直接投资进入东道国家或地区，即企业将资本连同企业的管理、技术、销售、财务以及其他技能转移到东道国家或地区，建立受本企业控制的分公司或子公司，其实质是企业在国外进行的以控制企业经营管理权为核心，以获取利润为主要目的的投资。在第二次世界大战后 50 多年的发展过程中，对外直接投资已成为经济全球化的主要形式，特别是近 20 年的发展尤其迅猛。国际企业通过对外直接投资进行扩张的方式有独资经营、合资经营、新建企业、兼并与收购等方式。

1. 独资经营

独资经营是本企业拥有所投资企业 100% 的股权，独立经营、独享利益、独担风险。在外国市场上建立独资子公司的方法有两种：企业可以在当地建立新的公司；兼并现有企业，并利用兼并的企业来促进自己在该国市场上的产品销售。

独资经营的优点：一是国际企业采用独资经营方式，可以降低对技术失去控制的危险，因此当企业的竞争优势是以技术为基础时，企业乐于采用独自经营方式；二是独资经营可以使企业严密地控制它在各个国家的生产活动，这对于企业协调全球战略来说是必要的。当企业的成本压力很大时，企业应该对它的价值链进行合理安排，从而使每一阶段的价值增加值最大化。企业要建立一个全球生产体系，就必须对每一家子公司进行控制，因此建立独资公司是必要的。

当然，企业必须承担建立独资子公司所有的成本和风险。特别是对于刚刚涉足国际市场的中小企业来说，建立独资公司往往会遇到一些不利因素，如在当地建立公司的费用较高，受当地劳动法的限制，发展中国家缺少先进的基础设施等，因此中小企业通常要等到在当地拥有了一定数量的客户和达到一定规模的销售额之后才考虑建立独资子公司。

2. 合资经营

合资经营是指母国企业在东道国家或地区与当地某家或少数几家企业或第三国的企业各出部分资金，分享股权、共享利益、共担风险。与外国公司建立合资企业一直是打入国外市场的一种颇为流行的做法。最典型的合资企业是合资双方各拥有50%的所有权，并且各自向合资企业派出管理队伍，实现共同经营。然而，国际企业倾向于在合资企业中拥有较高的股权，主要是便于经营上的控制和避免利益分配中的矛盾。选择合资经营有时是因为当地政府的政策禁止或限制外商独自经营，有时则是由于企业需要借助当地合伙人的力量。

合资企业作为国际企业的一种经营方式有许多优势：合资企业是一种风险较小的海外投资方式；由于当地资产的参与，合资企业可以避免东道国政府没收、征用外资的风险，而且还可以分享东道国政府对当地合作伙伴的某些优惠政策。因此，在很多国家，政治因素使合资企业成为唯一可行的经营方式。

合资企业的不足主要表现在以下三个方面：①建立合资企业可能使对技术的控制权落入合作伙伴中，特别是当企业处于拥有少数股权地位时，不能对合资公司的管理加以控制，不能控制产品的销售和抵制版权、专利权的侵犯；②合资生产的产品用于出口，利润回报率不会很高；③不容易找到理想的合作伙伴，合资伙伴不熟悉市场行情，而且缺少面对面的交流可能会导致合资企业的失败，协调成本较高。

3. 新建企业

新建企业是指在东道国家或地区建立新企业或新工厂，形成新的经营单位或新的生产能力。新建企业的所有权全部属于投资者，由投资者提供全部资金，独立经营，获取全部利润。如果投资者是在目标市场从头开始投资设厂，则这种进入方式常被称为"草根式进入"（grass-root entry）或"绿地策略"（greenfield strategy）。

新建企业能够给予企业最大的自由度和主动权，是克服进口限制的有效办法，比出口更能深入打入东道国市场，盈利的机会要比使用许可证贸易更多（销售对象不仅仅局限于东道国），并且通过这种方式可以更加熟悉当地的销售网络和经营方法。特别是随着许多国家实施各种吸引外资的政策，例如，提供良好的基础设施支持、优惠的税收政策以及宽松的地方法规等，使得建立海外独资子公司一时间成为国际企业实施全球化战略的重要方式。许多企业甘愿冒风险，不惜投入大量资金在国外建造自己的专有设施（生产基地、研发中心和销售网络，等等）。

4. 兼并与收购

并购是企业兼并与收购的总称。前者是指在竞争中占优势的企业购买另一家企业的全部财产，合并组成一家企业的行为；后者则是指一家企业通过公开收购另一家企业一定数量的股份而获取该企业控制权和经营权的行为。尽管兼并与收购的含义有一定的差别，但在使用上经常是重叠的，收购往往视为广义上的兼并行为。

国际企业的兼并与收购已成为一股不可阻挡的潮流。20世纪90年代之前，多数企业的兼并和收购还是针对中小企业，但是到20世纪90年代后期，特别是东南亚金融危机之后，全球经济发展速度放缓，国际经济竞争加剧，全球性的大企业为减少竞争负面影响，降低公司的运营成本，提高公司在全球的运营效益，掀起了世界各大公司兼并与收购的浪潮。

国际企业之所以热衷于采用并购方式进行国际直接投资，其优点是：可以使企业快速进入东道国市场；迅速扩大产品种类；迅速推进本土化，降低风险。通常，并购海外公司要比建立一个新的公司在战略和经济上更有意义，因为新建一个公司后，其生产的产品要进行相当大的调整后才能适应当地的文化习俗。

尽管企业并购浪潮风起云涌，但是并购这一战略也并非十全十美，同样存在着各种问题和隐患。其缺点在于：并购过程中价值评估困难，并购后企业间的跨文化融合困难，并购企业的信息收集非常困难，并购海外公司要比并购国内的公司多花几倍的精力。

7.2.4 战略联盟进入模式

这里所说的战略联盟（strategy alliances）是指某个企业的结盟对象超越了国界，在世界范围内与对自己发展有利的企业结成合作伙伴。这些企业的联盟是为了资源共有、风险共担、利益共享，实质上是以合作代替对抗，是更高形式、更为激烈的竞争的开始。在国际市场上，竞争对手之间"没有永远的敌人"，为了应对市场冲突、成本节节上升等问题或对竞争者的资源部署采取应对措施等，都需要彼此间有效的合作，共创竞争优势。在战略联盟内，成员之间常见的是"左手挥拳，右手握手"的情况。在竞争中合作、在合作中竞争，已经成为世界经济发展的一种必然趋势。这种联盟进入模式在第6章做了相应的阐述，此处不再赘述。

国际战略联盟作为全球市场开拓、市场渗透的有效途径，联盟各公司风险共担、利益均沾的合作手段已为越来越多的国际企业所关注。联盟的本质在于合作，但是某些特定领域形成的关系网却有可能严重阻碍技术革新，影响长期经济效益。一旦进入联盟，企业就有可能失去创新的动力。事实上，取得竞争优势的关键是积极提高核心技术，革新产品，改进加工工艺而不能过分依赖联盟伙伴的优惠或联盟的成果。国际企业联盟绝非轻而易举，它需要明确立场、长远战略、相应的政策、协调的关系和精干的人员，联盟内的成员要相互宽容和理解，方能求同存异、共同发展。

7.2.5 不同进入模式的内在特性

不同的进入模式具有不同的内在特性，能适合公司对特定环境的需要，它们是市场进入模式本身固有的特性，不随外界因素和公司本身的情况而改变。对市场进入模式的三个内在特性是：控制（control）、资源承诺（resource commitment）和优势扩散风险（dissemination risk）。

控制是指操纵企业资源，进行运营和战略决策的权力。不同的进入模式对应着不同程度的控制权。面对激烈的竞争，企业必须拥有一些具有相对优势的资产和技术。由于这些资产和技术是公司赢得市场空间的关键，企业在进入外国市场时必须保持对这些资源的控制权。对于出口模式，如果企业采用间接出口的话，企业对于中间商没有控制权；即使是通过直接出口，企业所能够控制的资源也是相当有限的。在许可经营模式中，企业对位于外国的实体有一定的控制权，但相对合资企业和全资子公司而言，这种控制权相对较弱。而在合资企业和全资子公司之间的比较中，后者的控制者更强。

资源承诺是指专用资产如果用于其他用途就会不可避免地丧失一定价值的特性。这些资产可以是有形资产，如厂房、设备等，也可以是无形资产，如管理经验、专利技术、商标、商誉等。资源承诺最值得注意的地方是它构成了企业的退出障碍，限制了企业的战略伸缩性，这是因为资源承诺也意味着企业为了进入外国市场付出的沉没成本。传统的观点认为，出口、许可经营、合资企业、并购所得的全资子公司和新建的全资子公司的资源承诺是逐级递增的。

优势扩散风险是指企业在进入外国市场时，比较优势被该国企业不正当利用的危险。由于企业与外国企业竞争时必须依赖技术、营销或管理方面的一定优势，在企业进入外国市场时，就会面临优势扩散风险。企业如果使用出口进入模式或全资子公司模式的话，优势扩散风险几乎为零，因为外国企业很难直接接触到本企业的比较优势。而如果企业通过许可经营或合资企业形式进入外国市场的话，企业就会面临相当大的优势扩散风险。获得许可经营的企业本身或其内部员工有可能会将公司的技术或管理经验散布开去，或者不正当地使用这些无形资产，从而使企业蒙受损失。不同进入模式的内在特性可以总结为表 7-2。

表 7-2　不同进入模式的内在特性

进入模式	控　制	资源承诺	优势扩散风险
出口	低	低	低
许可经营	低	低	高
合资企业	中	中	中
全资子公司	高	高	低

资料来源：张一弛，欧怡. 企业国际化的市场进入模式研究述评[J]. 经济科学，2001(4):11-19.

市场进入模式的这三种内在特性是相互影响、矛盾统一的。如果企业在进入模式中要求更大的控制权，就需要更多的资源承诺；而资源承诺程度越高，企业暴露于传播风险的资产就越多，花费在规避传播风险上的成本就越高。在选择市场进入模式时，一般假定进入模式的控制越强越好，资源承诺和传播风险越低越好；但是，由于这三者大多数情况下都是矛盾的，不可兼得，在选择市场进入模式时，企业只能是在权衡利弊之后，寻找这三者较为合理的结合点。

7.3　国际进入模式选择与影响因素

国际进入模式众多，选择合适的进入模式是企业国际化经营的关键，其影响因素包括企业内部条件和外部环境等。对于企业来说，所处行业不同、产品不同、面临的环境也不同，因此，企业应该根据自身的优劣势，通过对各种模式的利弊进行分析，从而确定自身的进入模式，制定并实施既定的战略，有利于国际企业在复杂多变的国际环境中生存和发展。

7.3.1　国际进入模式的选择

在国际运营中，有很多进入战略，最常见的进入方式包括独资子公司、兼并和收购、联盟和合资企业、授权经营、特许经营和进出口等。在实施国际进入战略时，企业应根据具体情况选择最有效的方式。

1. 进出口的进入模式的考量

对于那些想进入国际市场的小公司来说，出口和进口通常是唯一的出路。这也为那些想用小额投资进行国际扩张的大型公司提供了一个渠道。它们可将文件和外币兑换等书面工作移交给出口管理公司处理，或者自己设置一个出口部门自行管理。它们可求助于专业银行或专业人员，给予报酬，使其提供包括信用证、货币兑换和相关金融协助在内的各种服务。

试图出口的公司还面对一些潜在问题，例如，一些国家有十分严格的规定，如果国外销售商业绩不佳，可取消其销售资格。因此，与经销商签订了协议的跨国公司的利益可能与经销商密切相关。如果公司想更积极地参与到海外经销中，它可进行营销设施的直接投资，如仓库、销售办公室、运输工具，而不必进行生产设施的海外直接投资。

当进口商品时，许多跨国公司都会与那些可提供各种商品的海外供应商进行交易。美国公司购买韩国、中国台湾和中国香港的设备和零件已变得十分平常。在欧洲，欧盟各国间的贸易如此之多，以至于跨国公司根本不将整个交易过程看成是"国际性"的。

出口和进口为进入海外市场提供了捷径，但是这种策略在本质上是过渡性质的。如果该公司想继续进行国际业务，必须更积极地进行投资。

2. 授权经营进入模式的考量

授权经营的优点是：授权经营绕过了进口壁垒，如避过关税与配额制的困扰，其政治风险比股权投资小。授权经营的缺点是：企业不一定拥有外国客户感兴趣的技术、商标、诀窍及公司名称，因而无法采用该模式；授权经营限制了企业对国际目标市场容量的充分利用，有可能将受让方培养成强劲的竞争对手；有可能因为权利、义务问题陷入纠纷等。

授权经营的运用以许多一般条件为前提。例如，当产品处于生命周期的成熟阶段时，竞争十分激烈、利润率下降。在此情况下，授权方不太愿意花钱打入外国市场。可是，一旦这家公司能找到一家已经进入当地市场的跨国公司，并且如果该跨国公司也乐意接受它们的产品，那么，双方都能从中受益。许可的第二个一般条件是外国政府要求那些新近进入的公司在当地进行大量的直接投资。通过对当地公司的经营许可，授权方避免了这种进入成本。第三个一般条件是授权方缺少资金及管理资源。把总收入中相当一部分投入到研发上的公司很可能成为授权方，而在研发上投入较少的公司则更可能成为受权方。事实上，一些小型研发公司每年通过开发新产品并向拥有多种产品线的大公司提供各种生产许可，可以获得很高的收益。

一些授权方利用其产业产权权利在某个特定区域开发和销售商品，同时也许可其他公司在其他地区开展业务。这能给授权方带来附加收入，然而，长期许可是不利的，这是授权的一大缺点。尤其是，如果一种产品非常出色，那么竞争将带动改进专利的产生，改进专利允许类似商品的销售，甚至会淘汰目前的产品。然而，在协议有效期内，授权能通过较低的成本进入并开发外国市场。

授权经营在大企业寻求新技术以加强现有产品的过程中也很常见。例如，微软与ARM技术持有公司达成许可协议，允许软件巨头基于ARM设计的芯片开发技术，该种芯片是手机和平板电脑的基本构建。根据《华尔街日报》的报道，大部分的ARM技术授权经营持有人对应用处理器（手机上的运行软件）采取了完整的设计，通常将它们与其他电路连接，如手机上的无线电基频处理器。但与ARM多数授权协议不同的是，微软这次签订的是更广泛的架构授权（architectural license），也就是说，微软有权采用ARM的芯片设计来做原创设计。

3. 特许经营进入模式的考量

特许经营在快餐业和酒店业中得到了广泛的应用。这一概念被广泛运用于国际市场，并且对于当地市场只要稍做调整，便能带来高额利润。在快餐业中，麦当劳、汉堡王等企业已使用特许经营的方式将其市场从巴黎扩展到东京，从开罗扩展到加拉加斯。在酒店业，包括假日酒店在内的许多其他酒店已经通过特许经营使其遍布世界各地。

特许经营协议由被授权方预先支付一定的费用，然后再以其利润的一定百分比作为回报，而授权方将提供支持，比如，购买物资和原料以保证世界范围内商品服务质量的一致。特许经营对双方都有好处：它为授权方提供了新的收入渠道，同时为被授权方提供一个已被时间证明的能够很快打入市场的品牌、产品或服务。

4. 独资子公司进入模式的考量

独资子公司是一家跨国公司的海外单位，它为跨国公司完全所有并受其全权控制。这种策略一般为比较小的公司采用，特别是当交易费用（如谈判和传递信息的费用）很高的时候。跨国公司在海外其他国家进行初始投资时采用全资子公司的形式，有时也被称为"绿地投资"或"新创投资"。

跨国公司采用独资子公司形式的主要原因是能完全控制子公司，并且相信没有外来合伙人的企业管理将是高效的。这种形式往往能够带来更高的收益，而且有利于清晰的沟通和形成共享的愿景。然而，独资公司也存在一些缺点。首先，独资子公司需要跨国公司在某个地区投入大量的资金，这会使公司面临很大的经营风险；还会造成较低的国际整合度或进入的国家较少。此外，东道国常常觉得跨国公司试图通过拒绝吸纳当地合作伙伴在本地经营，从而获得经济控制权。有些国家甚至出现了跨国公司将当地企业挤掉的局面。为了解决这些问题，许多新兴发展中国家禁止跨国公司在其境内成立独资公司；另一道障碍是跨国公司的母国联盟有时也反对成立外国独资公司，它们认为成立外国独资公司意味着"出口工作"，特别是当跨国公司向他国出口商品后决定在那里建立制造工厂时。鉴于以上原因，现在许多跨国公司更倾向于选择兼并、联盟或合资公司，而不是独资子公司。

5. 兼并/收购的进入模式的考量

近几年来，越来越多的跨国公司通过兼并/收购的方式（完全或部分）获取了子公司。当跨国公司希望在新市场上快速扩充资源或获得高利润产品时，可能会选择这种方式。购买另一个公司的主要业务是进行扩张的一种有利方式。2012年，瑞士食品集团雀巢出价118.5亿美元现金，将辉瑞营养品业务收入麾下，就是一个跨国并购的例子。由于辉瑞决心把重点放回其核心的医药业务，从而产生了本次并购。该并购对雀巢具有补充作用，有利于雀巢营养品在英国相关业务的开展。

文化差异和时间约束是兼并/收购面对的两个最主要的障碍。即使在达成一致协议之前，也必须充分考虑时间的约束。当管理层不希望在谈判时施加压力或者进行子公司的投资决策时，可能会由于等待的时间过长而导致公司因为其他竞争者的报价或者市场快速的变化而错失良机。一旦收购或兼并事项达成，管理层可能会发现很难和国外的子公司就新的经营目标进行清晰的沟通，这不仅会扩大文化差异，也会增加公司采取行动的时间。

转换成本对于并购后的公司来讲也是一个重要问题。2006年，法国通信公司阿尔卡特以116亿美元的价格收购了美国通信公司朗讯。合并后的公司阿尔卡特-朗讯公司主营通信行业的硬件、软件和服务业务，在2007年度亏损46亿美元。这次收购的本意是想重塑行业的竞争格局，而爱立信公司已经开始盈利并准备好进一步削弱该新公司的实力。阿尔卡特-朗讯公司认为失败的原因在于，公司为了转移客户网络而进行了大量的投资。因此，管理者需要更加谨慎地对待并购后的综合征，并尝试通过增加交流和更有效的运营来改善目前的状况。

6. 联盟和合资企业进入模式的考量

联盟是指不同公司之间的任何合作形式。跨国联盟则是由两个或两个以上来自不同国家的公司组成的。联盟的优点是：可利用合作伙伴对当地市场需求、政府法律法规熟悉的优势，加快国际市场进入步伐，降低进入风险（政治风险、经营风险）；利用对方的渠道优势，加快产品扩散；对于进入发达国家市场的中小企业来说，利用对方技术优势和管理优势，有助于增强自身竞争力；可以实现规模经济等。

联盟的缺点是：投入增加、风险提高；由于文化差异存在，失败的可能性非常大；对联盟控制权的争夺，也可能使联盟瓦解。

合资企业（joint venture）可以看作是联盟协会的一种特定形式，是允许两个或两个以上的合伙人共同拥有或控制一项经营的协议。一个国际合资企业是由两个或两个以上来自不同国家的公司组成的。联盟和合资公司可以采取很多形式，包括跨市场协议、技术分享协议、产品合约业务以及权益协议等。在有些案例中，双方可能会创立一个独立的实体，特别是当它们希望在核心公司之外发展合作关系的时候。双方这项经营业务通常位于其中一个合伙人的母国。联盟和合资企业，类似于兼并和收购，会导致公司控制权的问题。

联盟和合资企业有两种类型。第一种类型是非权益合资（nonequity venture），其特点是一合伙人仅仅为另一合伙人提供服务。通常地，提供服务的一方更加活跃主动。这种类型的例子包括咨询公司，为另一团体提供分析、评估服务并提出建议；工程或建筑公司，为合伙国的落后地区设计、建造在那里被认为是复杂工程的水坝或公寓楼；或者拥有在他国开采自然资源的采掘公司。

第二种类型是权益合资（enjoy joint venture），包括跨国公司与当地合伙人对一个商业企业的共同投资。在这种形式中，随着各方对合资企业在资金、专门技术以及专门管理投入上的变化，双方对该公司的控制程度会进行相应的调整。

大多数外国公司在企业的控制程度和利润的分享比例两个问题上，更注重前者，而同时当地合伙人也采取相同的态度，近年来越来越多地受到欢迎。其主要优势包括：

第一，提高效率。建立联盟或合资企业有助于合作方实现更大的经济规模和范围经济，而一家企业却很难做到这一点。此外，合伙人能分散风险，共享从资源互补、合作中获取的利润。

第二，互相学习。在联盟和合资企业中，合作的任何乙方都能向另一方学习知识与技术。因此，一方可以为该企业提供资金和技术资源，而另一方则可以提供顾客和市场渠道方面的知识。

第三，政治因素。当地的合作方能够有助于处理诸如不友好的政府和限制性法规之类的问题。

第四，竞争中结盟或限制。联盟和合资企业能帮助其合伙人克服那些针对外来竞争而出现的地方结盟或限制的不利影响。通过成为集团的"内部成员"，外国合伙人力图跨越这些屏障。

正如上面所提到的，联盟和合资企业各方面常在优势互补的条件下从事生产，从而减少各种运营风险和新进入市场风险。欧洲的卡车制造业及汽车部件行业即为一个很好的例子。两个行业的企业都发现通过合资能降低开发和生产的高额成本。以德国为例，2008年，英国威达（Vectra）集团与俄罗斯最大制造商卡玛斯（Kamaz）签署合资协议，组建名为太脱拉威达汽车的合资企业（Tatra Vectra Motors），生产13吨以上的重型自卸车和牵引车。通过合资，一方面卡玛斯可以学习太脱拉卡车的相关技术，并度过金融危机；另一方面，合资有利于企业开拓印度军用卡车市场，降低开发与生产的成本，达到双赢。

在新兴市场经济中，作为一种经营方式，联盟和合资企业势必越来越普遍。例如，在20世纪80年代早期，外国投资者与东欧、苏联达成了3 000多项合作协议，并且在今天，每年仍会达成很多合作协议。在合作之前必须进行仔细的分析，从而确认所期望的商品和服务有足够大的市场，同时也要确保合伙人都知晓其责任，并同意关注合作的整个运作过程。如果上述问题都解决了，该合资企业将有成功的大好机会。此外，研究者为战略联盟中的参与问题提供了其他一些建议，如下所述：①在结盟之前，充分了解你的合伙人。②预计来自不同国家的潜在合作者在结盟目的上的差异。③认识到拥有所期望的资源不能保证能对你公司的资源起到补充作用。④积极、迅速领会合伙人的需要。⑤选定最佳合伙人后，在互相信任的基础上发展彼此的关系，在某些文化中是一个特别重要的因素。

7.3.2 国际市场进入模式选择的影响因素

在以争取海外市场为目的的跨国经营中，经营内容和目标组合的决策就是既定产品和目标市场组合的决策。企业进入既定产品/目标市场的方式选择取决于各种相互联系、相互制约因素的综合权衡（见表7-3）。由于各相关因素处于不断变化之中，各项因素的变化方向与强度又难以估计，因此作为未来战略的进入方式的确定过程是需要反复筛选最佳方案的复杂决策过程。

表 7-3　企业国际化的市场进入模式选择的影响因素

外部因素	东道国	市场	市场容量
			市场竞争结构
			营销基础结构的质量与可利用状况
		生产	基础结构
			生产要素
			协作条件
		间接环境	政府政策与法规
			地理距离
			社会文化因素
	母国	环境	国内市场容量与竞争态势
			生产要素与成本状况
			政府外向经济政策导向
内部因素	产品		
	资源投入		

1. 外部环境因素

在国际市场进入模式影响因素的研究中，外部环境因素往往是指那些组织无法或只能少量控制的变量。对企业而言，这些因素被视为决策进入模式的外因。一般而言，任何一个单独的因素都不会对企业的进入模式产生决定性的影响，因此，只能说这些因素对某一特定的进入模式产生了积极或消极的影响。

（1）东道国家或地区的市场因素。东道国家或地区的市场因素主要有三项：

1）东道国家或地区现在和潜在的市场容量。较小的市场适合于低保本点销售额的进入方式（如间接出口、代理商/经销商出口、授权经营或其他契约型进入）；反之，销售潜力很大的市场则应选择高保本点销售额的进入方式（如分公司或子公司出口，当地装配或当地生产等）。

2）东道国家或地区的市场竞争结构。根据竞争程度可将市场分为分散型（各参与企业都不占支配地位）、寡头卖主垄断型（少数几家企业供应一种产品的绝大部分）以及垄断型（独家企业控制市场）三类。当然，有些产品市场可能介于相邻的两种类型之间。就一般情况而言，分散型目标市场宜以贸易方式进入，而寡头卖主垄断型或垄断型市场则凭借生产性宜以直接投资方式进入，以便使本企业有足够能力在当地与力量雄厚的大企业竞争。如果向东道国家或地区出口或投资的竞争过于激烈，企业也可以转而采用授权经营或其他契约进入方式。

3）目标市场营销基础结构的质量与可利用状况。例如，如果当地合适的代理商或经营商都在为其他企业开展经销或代理业务，或者根本没有合适的代理商或经销商，则企业只有通过建立分公司或子公司的进入方式来打进目标市场。

（2）东道国家或地区的生产因素。这类因素主要包括基础结构、生产要素和协作条件。交通、通信设施等基础结构条件的完善状况影响货物流转速度、成本、生产进度以及企业管理。原材料、劳动力、能源等生产要素的成本、质量与可供应程度直接影响产品的成本与质量。企业外部采购、销售等方面的协作条件也对企业生产经营产生重要影响。因此，生产成本低的东道国家或地区有利于进口替代型生产进入；生产成本高的国家则会阻碍生产型进入而刺激贸易型进入。

（3）东道国家或地区的间接环境因素。东道国家或地区的政治、经济、法律、社会文化、自然环境特点等都会对进入方式的选择有重要影响。具体如下：

1）政府政策与法规。政治稳定、法规较为完备会刺激企业选择直接投资进入方式。相反，限制进口政策（高关税、低配额和其他壁垒）则不利于出口进入模式而鼓励其他进入模式。同样，限制外资投资的政策通常会限制资本投资模式而鼓励其他进入模式，不鼓励独资模式而鼓励合资、收购等新建方式。此外，东道国也会使用政策性的税收减免方式来刺激外商投资。

2）地理距离。两国的地理阻隔程度（相互距离的远近和交通运输的便捷程度）对进入方式选择起相反作用，即相距遥远或者交通运输不畅时，如果选择贸易型进入就会面临产品运销成本高、缺乏市场竞争力的问题，这时，企业更倾向于生产型或装配型进入。

3）社会文化因素。母国与东道国之间的文化差距对公司的进入模式造成一定影响。当东道国的文化价值、语言、社会结构和生活方式与母国有巨大差异时，易导致管理者感到对东道国的无知，对其管理生产经营的能力产生怀疑。不仅如此，巨大的文化差异通常会提高信息获得的成本。文化差距也会影响选择东道国的时间先后顺序，因为公司倾向于首先进入一些与母国文化较为接近的外国市场。

（4）母国环境因素。母国影响企业海外市场进入模式选择的因素很多，其中又以国内市场容量与竞争态势、生产要素与成本状况，以及政府外向经济政策导向等尤为突出。

一般来讲，如果国内市场容量大，企业在国内市场上有很大的发展余地，则多数企业往往更倾向于先在国内求发展，待到其规模已受制于或将要受制于国内市场时，再求海外扩张，由于到时企业已具备一定的规模和实力，则往往更倾向于投资型进入。相反，如果国内市场容量小，则企业在国内发展的余地就小，因此较早地寻求外向发展，而此时限于企业的规模与实力，则多半先倾向于贸易型进入东道国家或地区的市场。在垄断行业特别是寡头垄断行业，一家企业的海外扩张行动往往会引起寡头企业的竞相效尤。为了尽量降低追随者的跟随行动所造成的威胁，领先进入东道国家或地区的企业往往采取投资型而不采取贸易型或契约型进入，以便能有效占领海外市场的"高地"。相反，分散行业的企业起初更倾向于采取贸易型或契约型进入。

母国生产成本高于东道国家或地区时，企业则往往采用生产型进入方式，如按合同制造或直接投资。一般来讲，生产成本是经济发展水平和生产要素禀赋状况的函数，因此母国与东道国家或地区在这两方面因素的对比状况会影响到企业海外市场进入方式的选择。

政府的外向经济政策对企业进入方式选择的影响依具体情况而定。一般来讲，政府出口鼓励政策会刺激出口型或契约型进入，相应地抑制投资型进入。相反，鼓励海外投资的政策，如补贴、贷款优惠或其他优惠政策措施则会刺激企业的海外投资活动。

2. 企业内部因素

企业海外市场进入方式的选择是企业对外部因素的反应，从根本上说取决于企业的内部因素，包括产品因素和资源投入因素。

（1）产品因素。产品因素对企业海外市场进入方式选择的影响主要表现在以下几个方面：

1）产品要素密集度。劳动密集型和资源密集型产品主要以具有丰富的廉价劳动力和自然资源的国家或地区为进入目标，且偏向采取投资型进入，而资本密集型产品宜以发达国家或地区为目标。

2）产品的差别性。差别产品与普通产品相比，具有更大的特定优势，如其技术性能、造型设计等往往不易被仿效，或已有专利保护。诸如此类的优势使零售商在定价时有很大的回旋余地，即使负担了高额的单位运输成本和高额进口关税，也仍能在目标市场上保持竞争优势，因此可选择贸易型进入方式。相反，与竞争产品相比无明显优势的低优势产品如果是贸易型进入，则会因出口运输成本的额外增加而在目标国家或地区的市场上缺乏竞争力，这类企业宜以生产型进入。如果以投资型进入，则差别较大的产品都偏向于独资，如医药；而差别较小的产品则多采用合资方式，如电子类消费品、汽车等。

3）产品技术含量与产品寿命。就一般情况而言，技术密集型产品或研发密集型产品，因"高、精、尖"技术的专有性都很强，本身具有特定优势，故大多采取投资型进入，以便控制技术，保守秘密，获取垄断利润。产品寿命的长短反映了产品本身的成熟程度以及技术专有性的强弱，寿命短的产品通常采取投资型进入，而随着产品寿命的增长和专有技术的相对扩散而逐渐转向非投资型进入。

4）产品地位。企业的主线产品和核心技术在进入目标国家或地区时，大多采取投资型且以独资为主，而非主线产品、边缘技术则通常采用非投资型进入。

5）产品的服务性。那些要求一系列售后服务的产品特别是许多工业产品的出口，会给出口企业提供销售服务带来困难，因为产品销售服务要接近客户。这类服务密集型产品倾向于采取分公司或子公司出口，或者通过当地生产而进入。

6）产品的适应性。产品在销往海外市场时需要做出大量适应性修改与变化，较适宜采取能使公司接近海外市场的进入方式或在当地生产的进入方式。当适应性变化需要新的生产设施或修改变化后的产品不能在本国市场上出售时，则宜采取当地生产的进入方式。

（2）资源投入因素。企业在管理、资本、技术、工艺和营销等方面的资源越充裕，企业在进入方式选择上的余地就越大；反之，资源有限的企业只能勉强采取需要较小投入的进入方式。一个企业的各种资源丰缺状况与企业规模直接相关，因此，企业规模的大小在进入方式选择中往往起关键性作用。当然，资源丰足毕竟只是为企业经营的国际化扩张提供了武器，而是否利用这些武器以及如何利用这些武器最终还取决于管理者的决策。因此，进取型的企业无论其规模如何，常常更倾向于选择投资型进入方式。

企业在国际化经营中的实力等级是通过企业在国际市场整合战略中的相应角色、在国际组织中的地位以及管理者的态度等来体现的。对大多数企业而言，投身国际市场的决心是随着经营国际化时间经验的增长而增长的。经营国际化的成功鼓励企业进一步增加海外投入，海外投入的增加又能够获得更多的国际化经营的经验，从而为成功创造前提条件。反之，早期国际化经营的失败则可能使企业在开拓海外市场时心有余悸。

本章小结

企业的国际市场进入模式，就是企业将其拥有的资源如资金、设备、技术、品牌、管理能力等，通过不同的投资方式转移到目标国家，以服务于企业的跨国经营战略。制定了国际市场进入战略便意味着企业放眼世界市场与世界资源分布，而不仅仅盯着某一市场和资源，因而需要以多国为基础来优化运作与结果。国际化市场进入战略涉及战略、战术目标、资源和政策的建立，这些因素将指导企业进行国际业务的运作。

企业一旦确定了所要进入的国外市场，就必须选择适当的市场进入模式，也就是选择进行跨国交易的组织安排。本书中，企业国际化进入模式的主要形式主要有四种：贸易型市场进入模式、契约型市场进入模式、投资型市场进入模式和战略联盟进入模式。国际企业进入模式众多，选择合适的进入模式是企业国际化经营的关键，其影响因素包括企业内部条件和外部环境等。对于企业来说，所处行业不同、产品不同，面临的环境也不同，因此，企业应该根据自身的优势与劣势，通过对各种模式的利弊进行分析，从而确定自身的进入模式，制定并实施既定的战略，有利于国际企业在复杂多变的国际环境中生存和发展。

关键术语

| 企业国际化 | 特许经营 | 交钥匙合同 | 授权经营 |
| 贸易型市场进入 | 契约型市场进入 | 投资型市场进入 | 战略联盟进入 |

复习思考题

1. 企业国际化进入的含义是什么？
2. 跨国进入的模式有哪些？
3. 权益合资方式的优势有哪些？
4. 联盟模式的优缺点是什么？
5. 哪些因素会影响国际企业市场进入模式的选择？

应用案例

马来西亚南北高速公路 BOT 项目

马来西亚南北高速公路项目全长 912 公里，最初是由马来西亚政府所属的公路管理局负责建设，但是在公路建成 400 公里之后，由于财政方面的困难，政府无法将项目继续建设下去，采取其他融资方式使项目得以最终完成。马来西亚政府是南北高速公路项目的真正发起人。政府的特许权合约不仅构成了 BOT 项目融资的核心，也构成了项目贷款的信用保证结构核心。

项目的投资者和经营者是 BOT 模式的主体，在这个案例中，是马来西亚联合工程公司所拥有的马来西亚南北高速公路项目公司。

在这个总造价为 57 亿马来西亚林吉特（21 亿美元）的项目中，南北高速公路项目公司作为经营者和投资者除股本资金投入之外，还需要负责项目建设的组织，与贷款银行谈判安排项目融资，并在 30 年的时间内经营和管理这条特许权合约结束后的拥有者。

政府通过提供一项为期 30 年的南北高速公路建设经营特许权合约，不仅使得该项目由于财政困难未能动工的 512 公里得以按照原计划建设并投入使用，而且通过项目建设和运营带动了周边经济的发展。

对于项目的投资者和经营者以及项目的贷款银行，政府的特许权合约是整个 BOT 融资的关键核心。这个合约的主要内容包括以下几个方面：

（1）南北高速公路项目公司负责承建 512 公里的高速公路，负责经营和维护高速公路，并有权根据一个双方商定的收费方式对公众收取公路的使用费。

（2）南北高速公路项目公司负责安排项目建设所需的资金。但是，政府将为项目提供一项总金额为 1.65 亿马来西亚林吉特（6 000 万美元）的从属性备用贷款，作为对项目融资的信用支持；该项贷款可在 11 年内分期提取，利率 8%，并具有 15 年的还款限期，最后的还款期是在特许权协议结束的时候。

（3）政府将原已建好的 400 公里高速公路的经营权益在特许权期间转让给南北高速公路项目公司。但是，项目公司必须根据合约对其公路设施加以改进。

（4）政府向项目公司提供最低公路收费的收入担保，即在任何情况下，如果公路交通流量不足，公路的使用费用收入低于合约中规定的水平，政府负责向项目公司支付其差额部分。

（5）特许权合约期为 30 年。在特许权合约的到期日，南北高速公路项目公司将无偿地将南北高速公路的所有权转让给马来西亚政府。

（6）马来西亚联合工程公司作为工程的总承包商，负责组织安排由 40 多家工程公司组成的工程承包集团，在为期七年的时间内完成了 512 公里高速公路的建设。

讨论题

1. 试分析马来西亚南北高速公路项目 BOT 成功要点在哪。
2. BOT 项目应当注意哪些风险？

参考文献

[1] 富兰克林 R 鲁特. 国际市场进入战略 [M]. 石玲香，译. 北京：中国人民大

[2] 方虹. 国际企业管理 [M]. 北京：首都经济贸易大学出版社，2006.
[3] 许晖. 国际企业管理 [M]. 北京：中国人民大学出版社，2011.
[4] 弗雷德·卢森斯，乔纳森 P 多. 国际企业管理：文化、战略与行为（原书第 8 版）[M]. 周路路，赵曙明，译. 北京：机械工业出版社，2015.
[5] 张一弛，欧怡. 企业国际化的市场进入模式研究述评 [J]. 经济科学. 2001：11-19.
[6] 周洪江. 中国企业国际市场进入模式选择研究 [D]. 天津：南开大学，2007.

PART 4 第四篇

国际经营活动

企业国际化经营依赖于国际企业全球价值链的塑造和竞争力。这条全球价值链的主要经营节点涵盖了企业的产、供、销的物化流程。国际企业的综合战略资源和资本的高效运作都将体现在这些显性的价值创造过程中。本篇包括国际企业生产运营管理、国际企业的供应链与物流管理、国际企业营销和品牌管理三个内容。

第8章
国际企业生产运营管理

学习目标

- 掌握国际企业生产运营的基本概念。
- 熟悉国际企业生产管理规划与设计的方法。
- 理解国际企业的技术转移理论。
- 了解中国企业在国际分工中的生产与技术概况。

开篇引例：麦当劳和肯德基开店选址的秘诀

肯德基自1987年在北京前门开了中国第一家餐厅后，截至2014年年底，已经在中国内地近80个城市和地区内开设了4 800多家餐厅。而另一家著名洋快餐麦当劳最早进入中国市场是在1990年，截至2014年年底，麦当劳在中国内地已有约2 000家连锁餐厅。肯德基与麦当劳均是快餐连锁企业，地点是餐饮业经营的首要因素，餐饮连锁经营更是如此。快餐连锁店的正确选址，不仅是其成功的先决条件，也是实现快餐连锁经营标准化、简单化、专业化的前提条件和基础。

肯德基对门店的选址是从城市到区域再到具体的点进行选择，在城市的选择上，肯德基首先在北京、上海等大型城市开设门店，再进驻周边城市，扩散销售网络。区域选择上，肯德基主要按照商圈的划分来确定。在商圈的划分与选择方面，肯德基在计划进驻某个城市的时候会先通过相关部门或请专业调查公司收集该地区的资料，然后进行商圈的划分和选择。

在进行商圈划分时，肯德基采用记分方式对该地区进行评价划分。例如某地区有一个大型商场，商场营业额达到1 000万元记1分，达到5 000万元记5分，该地区有一条公交线路、地铁线路也分别记分，肯德基一般会统计一个地区多年的平均值来进行分析。统计完一个地区的总分后，肯德基按打分情况将商圈分类，一般分为一级商圈（最容易吸引消费者的顾客活动区域，原则上是在顾客步行5分钟以内的范围）、二级商圈和三级商圈。商圈划分完毕，肯德基将具体选择商圈，也就是决定重点在哪个商圈开店，目标消费者是谁。

为了规划好商圈、测定好聚客点并最终成功选址，肯德基开发部门投入了巨大的努力。以北京肯德基公司为例，其开发部人员常年跑遍北京各个角落，对这个每年建筑和道路变化极大、当地人都容易迷路的地方了如指掌。从门店选址初期的商圈考察选择到对目标人流量的测量，肯德基一直把握住了时空因素，合理地进行时间和空间的利用安排以及对时间与空间的统一管理，大大提高了选址的成功率。

通过与麦当劳选址对比发现，在经营门店的选址、运营的科学性上，麦当劳与肯德基之间存在着较大的差距。在新设门店的选址上，肯德基通过推行两级审批制，由总部与地方公司共同对新设门店的地址按特定的评价方法进行评估审核，以保证其选址的科学合理性。

在具体的选址的操作中，肯德基的机制更为灵活，运作更为迅速。然而与之相对应的是，麦当劳在选址方面却需要经过多重的审批考核，这就大大增加了其选址的运营成本与选址所需要的时间。而且在选址方面，麦当劳也存在一定的盲目性，有时甚至会在相邻地段开设多家经营门店，从而导致自身不同经营门店之间的过分竞争，而分流了其客源，影响其经营效益。

资料来源：刘畅.基于时空视角的肯德基门店选址问题分析[J].现代经济信息，2011（3）：83-84；http：//www.canyin168.com/glyy/xd/dz/201107/32790.html

【请思考】
1. 归纳肯德基在中国选址运营的成功经验？
2. 由肯德基的选址运营方法推断肯德基跨国经营战略的特征是怎样的？

从开篇案例讨论肯德基在中国城市选址布局与方法中，可以管中窥豹地发现，国际企业在国外经营战略的规划尤其是落地时，非常重视海外生产运营的规划设计与系统实施。而事实上，国际企业的生产和运营涉及跨越文化、地理和政府的边界，其生产运营更需要有一套系统的理念与方法来指导其海外生产经营的成功布局和运营。

8.1 国际企业生产运营概述

生产和运营是企业管理的两大重要课题，对于国际企业而言，生产和运营涉及跨国生产和经营，其管理更具有特殊性，其生产运营须着眼于全球战略，对生产系统、厂址规划设计、技术管理、内部贸易与价格转移等采取更有针对性地管理措施。

8.1.1 生产运营的含义

生产运营是一切社会组织将它的输入转化为输出的过程，是一个投入一定的资源，经过生产运营系统转换，使其价值增值，最后以一种形式的产出提供给社会的过程（见图8-1）。生产运营管理是社会企业组织最复杂、涉及面最广、牵涉部门最多的一项职能，生产运营管理水平高低直接影响一个企业乃至一个国家竞争力。

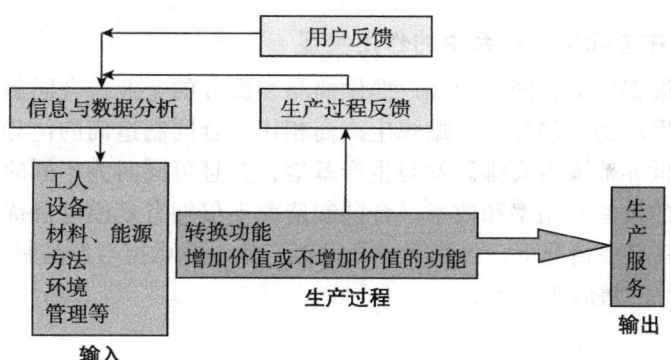

图 8-1　生产运营过程

资料来源：马述忠，廖红.国际企业管理[M].北京：北京大学出版社，2010：417.

生产运营的目的是建立一个科学的生产系统，为企业制造有竞争力的产品（高效、低耗、准时、灵活地生产合格产品或提供满意服务）。而生产系统则是指为提供产品或服务而结合在一起的一系列转化过程。通常，生产系统将投入的资源转化为有形产品或无形产品，而这些生产出来的产品是最终顾客所需要的。因此生产系统包含投入、转化、产出一系列的过程。企业在整个生产过程中，各个阶段能否相互衔接，能否协调配合，人力、物力和空间是否得到最充分的利用，决定了生产是否能顺利有效地进行。

国际企业为了最大限度地发挥自身资本、技术、管理等方面的优势，力争充分利用世界各地有力的生产要素，选择在全球范围内进行布局，将具备供求关系的上、下游产业分布在世界不同的地区，以实现资源的共享和优势的互补，从而形成全球性的生产系统。

国际企业的生产运营是以产品价值链为依据，利用全球资源，实现研究与开发、生产制造、采购与销售的全球优化配置，即价值链中不同环节的分布，以全球市场为操作平台，不再局限于一国的地理范围。

8.1.2 国际生产系统的特点

国际企业推动了国际生产的一体化，使得生产系统呈现出全球生产经营网络的趋势。综合而言，当前的国际生产系统具有以下特点。

1. 从全球生产价值链的角度合理配置资源

国际生产体系发展的趋势之一是走专业化道路，集中资源以加强核心竞争力。在生产价值链的技术开发、产品制造、市场营销三大环节中，跨国公司更多的是抓两头：一头抓技术创新、技术标准的制定和推广、新产品的开发和升级；另一头抓产品销售渠道，在品牌管理、市场营销、售后服务等环节上不惜投入重金。

2. 通过外包业务，提高企业的灵活性

外包是国外比较流行的一种企业业务，即企业只注重发展核心业务，而其他业务则发包给专业公司去做，如企业所需的某些产品由原来自己内部生产变为从外部供应商处购买。外包战略的实质是给企业重新定位，截取企业价值链中比较窄的高利润部分，缩小经营范围，重新配置企业的各种资源，将企业有限的资源集中于最能反映企业优势的领域，以构筑企业竞争优势，使企业获得持续发展的能力。

3. 合同制造商在国际生产体系中的作用突显

合同制造商是根据供货合同，为客户提供商品和服务的企业。合同制造商的兴起是近年来国际生产一体化发展的新趋势。与贴牌生产商相比，合同制造商的优势在于，其本身也是国际企业，可以在世界范围内安排研发与生产基地，并且可同时为不同的客户提供产品和服务，因而具有较高的设备利用率和效率。合同制造商不仅拥有规模经济优势，而且具备相当的技术创新能力。在必要情况下，可为客户开发新产品，并承担与产品制造相关的其他业务，如物流和订购、产品的售后服务等。

8.1.3 国际生产系统的运营

国际企业为确保生产系统正常运行，需要管理部门通过协调，使得各项与生产直接相关的活动按时按量的运作。此外，国际企业还需要一些职能部门进行辅助性活动，以保障生产正常运行。因此，国际企业生产系统的运营包含两种类型：生产性活动和辅助性活动。

1. 生产性活动

所谓生产性活动是指与产品或服务生产直接相关的活动，具体所包含类型如表 8-1 所示。

表 8-1　国际企业生产系统生产性活动

生产性活动	活动内容
生产	生产计划、原材料供应、加工、装配、发运
产品质量	全球质量管理、全球质量控制
制造成本	生产流程设计、作业排序、供应管理、销售管理、成本控制管理

资料来源：韩震. 国际企业管理 [M]. 大连：东北财经大学出版社，2015：99.

国际企业的生产性活动内容与一般类型企业的活动类似，但由于是全球的生产体系，因此也具有一定特殊性。比如，在生产环节，原材料供应商的选择可以着眼于全球视角，选择成本最低、质量最佳的供应商建立合作关系。此外，在产品质量管理方面，质量管理的标准需要具备全球标准化的特点，否则难以进行质量的监控。

2. 辅助性活动

国际企业生产系统的辅助性活动大体包含五个方面（有形产品），如表 8-2 所示。与一般企业的辅助性活动相比，国际企业在辅助性活动的管理策略方面，具有一定的特殊性。比如，在库存管理环节中，库存模式、库存控制机制等会受到距离、时间、国际政治和经济环境等不确定因素的影响，比一般企业的库存管理更具有复杂性特点；在人力资源管理方面，国际企业员工队伍的建设具备国际性、多元化的特点，因此在招聘、培训和绩效考核等方面会受到文化差异、种族差异、汇率波动等因素的影响。

表 8-2　国际企业生产系统辅助性活动

辅助性活动	活动内容
供应商管理	挑选供应商，与供应商建立良好关系，选择供应方式与定价策略
维修与保养	建立维修制度，对生产设备进行日常维修与保养
技术管理	产品生产工艺选择与设计，新产品研发与设计
库存管理	确定库存控制机制，选择库存控制模式
人力资源管理	员工招聘、培训、晋级、绩效考核等管理

资料来源：韩震. 国际企业管理 [M]. 大连：东北财经大学出版社，2015：100.

8.2　国际企业生产系统的规划与设计

国际企业的生产系统具有跨国性，因此生产系统的规划与设计应从企业的全球战略出发，充分考虑全球资源从而对其进行合理配置。这就也决定了国际企业生产系统的规划与设计与一般企业相比，具有一定的特殊性。

8.2.1 国际企业生产系统设计的指导思想

国际企业的生产系统由于母国总公司及其分布在海外各地的工厂、子公司等地域、语言、技术标准等指标的多样性,企业在进行生产系统设计前必须明确一个问题,即生产系统的标准化还是差异化。

1. 国际企业生产系统的标准化

所谓企业标准化,是指以提高经济效益为目标,以搞好生产、管理、技术和营销等各项工作为主要内容,制定、贯彻实施和管理维护标准的一种有组织的活动。企业标准化是一切标准化的支柱和基础,搞好企业标准化对于提高企业质量管理水平也具有重要意义。企业标准体系的构成,以技术标准为主体,包括管理标准和工作标准。而工作标准更多地涉及生产标准,即生产标准化(production standardization)。所谓生产标准化是指产品在制造的各个环节中推行统一的标准,包括产品的设计、生产工艺、生产流程和产品检验的方法标准化,产品的包装、维护、储运规范化等内容。

国际企业按照标准化的思想进行生产系统的设计和管理,可以收获很多的益处:

一是生产流程的标准化可简化总部的生产组织,可使管理人员得到适当精简。

二是企业内部生产方法的一致性可使总公司提高管理效率,加强对子公司的控制力度。

三是生产系统的标准化可降低生产与维修控制的难度与成本。

四是使得工作计划复杂度下降,当建立新的工厂时可直接复制,提高建厂效率。

虽然实行标准化有很多的优点,但对于国际企业而言,要想实现生产系统的标准化设计还是存在一些障碍:

第一,经济因素。影响国际企业实行生产系统标准化的两大经济因素是:市场容量与生产成本。如果东道国市场容量不足而企业投入或转移生产成本又比较高,则标准化生产优势无法体现。

第二,政治因素。当母公司在发展中国家计划投资建立一家新的工厂时,常常会处于一个两难境地。一方面东道国会对工厂机器标准、技术等级有所要求,过于"低级"的设备、过时的技术自然不会是东道国所想要引进的。

第三,文化教育因素。对于资金密集型的生产线,由于对熟练劳动力的要求不高,因此非熟练工人也可以操作机器,从事生产。但对于劳动密集型的生产线,需要大量的熟练操作工,这就需要对工人进行培训。然而在一些发展中国家,工人的教育水平有限,要想普及机器设备的操作存在一定难度。

2. 国际企业生产系统的差异化

当由于种种障碍,国际企业无法实现生产系统的标准化时,其会选择在不同地区采用不同的生产系统设计以达到跨国生产经营的目的,此即为生产系统的差异化。这种差异化主要体现在:产品的生产和设计、强调技术的适用性、生产系统相对独立。与国际企业以生产系统标准化来获得规模经济效应的目的不同,差异化往往会导致生产成本较高(见表 8-3)。但随着科学技术的进步,以及计算机信息技术的飞速发展,国际企业生产系统的差异化成本也有所下降,使得母公司与分布在世界各地的子公司或分公司的差异化管理成为可能。另一方面,互联网时代个性化和定制化消费的到来,消费者或用户对产品的差异化需求日益成为国际企业生产系统差异化的主导因素。例如,全球个性化量产的领军者为总部设在法国巴黎的依视路公司,它也是世界最大的眼镜片制造商。2010年,依视路的镜片产量为3.2亿件,约占全球市场总需求的1/4,其中约有1亿件为唯一定制产品。

表 8-3 国际生产系统的标准化与差异化

	表　现	影　响
标准化	产品的标准化、生产过程和方法的标准化	跨国经营环境的复杂性、政治因素、资金实力
差异化	产品的设计和生产、强调技术的适用性、生产系统相对独立	当地化生产管理的授权、子公司和总部决策过程的联系、子公司内部各职能工作的一体化

资料来源:马述忠,廖红.国际企业管理[M].北京:北京大学出版社,2010:418.

8.2.2 投资区位选择

对于国际企业而言,投资区位选择的核心是指厂址的选择,它主要涉及对以下三个问题的回答:厂址设在哪个国家;厂址设在该国的哪个地区;厂址设在该地区的哪个位置,以及工厂内车间、设备的布置。

厂址的选择是国际企业生产战略的重要组成部分,它将对企业的经营成本(劳动成本、运输成本、原材料成本等)、目标利润和其产品或服务的价格产生深远影响。此外,厂址的选择还会影响到公司的劳资关系状况、公共关系状况等。一个失败的厂址决策,会对公司的经营产生重大不良影响。

因此,国际企业在进行厂址选择时,需要进行全面、科学的分析,综合考虑多方面的影响因素。

1. 机器设备、原材料、零部件和能源

机器设备、原材料、零部件和能源等因素均为企业生产的投入资料,虽然在国际市场上可以获得,但国际企业应科学计算以上投入资料的成本,因为会直接影响到产品的生产成本。另外,有的国家会对以上投入资料的进口进行限制,导致一些企业难以获得生产所需的机器设备等。

2. 人力因素

人力即劳动力。在厂址选择时,国际企业既要考虑人力成本问题,还应考虑劳动力的技术熟练程度、文化教育水平。为了安全和便于操作,如果东道国职工的身材普遍低于机器进口国职工的身材,那么,从该进口国进口的机器的控制标准常常需要修改,以适合东道国职工的使用。有时,在母国无须使用的备用升降设备在东道国可能必备。如果东道国的职工中有文盲,那安全信号就必须包括图画。在使用多种语言的国家或雇用大量外国工人的工厂,需要用多种语言标明各种标语。工厂设计者可以使用适合的颜色提高生产效率。如将工作区的墙壁涂成淡蓝色或绿色,将安全装置涂成红色,用橘黄色标明安全出口等。尽管许多色彩的含义被世界各国所接受,但是,跨国公司欲在东道国设置工厂,事先必须进行详细的了解和实地调查。在许多发展中国家,由于汽车价格昂贵,雇员一般骑自行车上班,所以自行车就必不可少。如果在一起工作的工人来自不同的文化背景或不同信仰的宗教(如伊斯兰教),那么必须提供特殊的饮食餐馆。凡此种种特殊情况皆由环境引起,国际企业在设计当地生产系统时需仔细考虑。

3. 运销成本

运销成本是国际企业选址决策时必须考虑的另一大因素。运销活动即企业产品的实际分配业务等后勤工作，贯穿从生产者运送到购买者或使用者的全过程，包括外包装、仓储、装卸、运输等工作。

生产成本和运输成本这两种成本常常是相互矛盾的。在可接受成本下确保原材料、水和能源之后，管理人员将寻求最低成本的选择，即生产成本和运输成本之和最小。

4. 税收

对于国际企业而言，税收是不可忽视的一大因素，包括企业增值税、所得税、营业税等。但不同国家的税收制度不同，税收优惠力度也不同，东道国对外来投资者的税收也有不同的规定。因此，国际企业在进行厂址选择时，税收是不得不考虑的一个重要影响因素。那些税率低甚至免税的国家，自然是国际企业进行建厂优先选择的对象。

5. 环境保护费用

随着国家对环境保护的重视，尤其是一些发展中国家意识到以牺牲环境换取经济发展的重大损失后，很多国家开始对国际企业征收环境保护费用。对从事制造业的国际企业而言，环境保护费用是在进行厂址选择时必须考虑的一大因素。

6. 政府干预

国际企业必须注意的是，最初选址还需根据当地政府的有关政策加以修改。当地政府为了限制大城市的拥挤，常常禁止在大城市建厂，或为远离大城市建厂者提供各种优惠条件。然而，在很多情况下，选择远离主要城市的厂址尽管有当地政府的优惠政策、廉价的土地和低劳动力成本等优势，但这些好处常常被昂贵的储存和运输费用抵消。企图获得低成本优势和出口产品的国际企业在选择厂址方面会受到较大的限制，它们必须设址于出口加工区。许多国家和地区（如中国、韩国、新加坡以及其他50多个国家）均有此类出口加工区。

8.2.3 生产系统的设计

在厂址确定后，便是生产系统的设计工作。生产系统的设计主要需注意技术选择与工厂规模的设计。

1. 技术选择

工厂生产产品采用何种技术是一项重要的决策，因为这直接影响到生产设备的引进、生产过程的管理，以及所生产出的产品是否受到消费者欢迎等。错误的技术选择可能会导致企业成本的上涨或产品的销路不畅。企业在进行技术选择的决策时，需综合考虑以下几个要素：

（1）国际企业生产系统标准化的要求。如果企业的国际生产系统是标准化的，则应保证其相关的技术在各地的工厂中是同样的。但若生产系统偏向差异化，则需选择不同的技术以相应配合。

（2）产品类型。产品类型直接影响技术类型的选择。因为采用同一种生产流程进行生产的产品对技术选择的刚性较大，因此，一般需使用与母公司相同的技术与设备，则海外工厂的设计与布置就与国内基本相同。

（3）生产规模。国内外市场情况直接决定了国际企业的生产规模，市场的规模与生产的规模呈正比关系。自动化程度高的机器设备专用性强，需要长期按设计能力进行生产才能保证单位产品折旧成本降到可行的水平。如果市场容量有限，则工厂难以长期满负荷生产。如果技术上可行，国际企业可以选择自动化程度低、通用性较强的技术设备，以避免上述情形出现。

（4）产品的质量与技术发展。综合考虑国际化进程中的战略发展需求，国际企业会选择较高水平的技术设计，以保证产品在市场上的质量地位及容量。

（5）劳动力与资本的相对成本。在某个特定的国家，资本与劳动这两个生产要素的成本对技术的选择有很大影响。当劳动力的成本低于资本成本时，国际企业倾向于选择劳动密集型技术；当劳动力的成本高于资本成本时，则倾向于选择资本密集型技术。

2. 工厂规模

工厂规模的设计是国际企业生产系统的另外一个重要元素，因为生产规模直接决定了企业的经营状况。如果生产规模过小，则有可能在扩大销路时因生产能力无法满足而错失良好的市场机会，如果生产规模过大，则可能造成生产能力闲置，造成投资浪费。国际企业在进行工厂规模设计时，有以下几个因素需要考虑：

（1）行业特征。不同行业对工厂规模的要求存在差异。石油、化工、煤炭、汽车制造等行业，要求工厂有较大的生产规模；而纺织、食品等行业，生产规模相对较小。

（2）市场潜力。对于具有较大市场潜力的产品，国际企业会考虑扩建工厂规模；而对于非朝阳产品，即市场潜力不大的产品，适合设计成为较小的工厂规模。

（3）投资力度。国际企业的投资规模直接决定了工厂规模的大小。当企业投资能力有限时，工厂规模普遍较小，有可能会采取借入资金或寻找投资合伙人等方式以达到投资目的。

（4）生产活动的一体化程度。产品的生产不是由单一的生产环节所能完成的，而是需要多道工序、流程等衔接而成，因此生产活动的一体化程度或复杂程度直接影响了工厂规模的大小。当生产的一体化程度较高时，所需要的生产工序就会越多，从而工厂规模较大；反之，若生产的一体化程度较低时，即许多零部件是通过采购获得，或工厂仅只需要生产某一种或少数零部件时，工厂规模较小。

（5）当地政府的政策和态度。有些东道国出于环境保护、税收收入等政策的考虑，会对投资者工厂规模进行限制，因此国际企业在设计工厂规模时也必须考虑当地政府的政策和态度。

8.3 国际企业的技术转移

国际企业之所以能够迅速发展壮大，成为经济全球化的主导者，除了自身拥有雄厚的资本实力与生产规模之外，更主要的是国际企业拥有非凡的技术创新能力，以及商标、专利、管理经验和营销技能等各种无形资产。跨国公司是当代从事技术研究与开发的主要组织者和实施者，也是绝大多数先进技术的使用者和垄断者。同时，国际企业为了最大限度地获取技术创新所带来的收益，还积极主动地通过各种方式，将其所拥有的技术资源向世界其他国家或地区进行转移，成为国际技术转移的主导者。

8.3.1 技术转移的含义

技术转移（technology transfer），也称为技术转让，是技术从一个地方以某种形式转移到另一个地方，是指技术在国家、地区、行业内部或之间以及技术自身系统内输入与输出的活动过程。它包括国家之间的技术转移，也包括从技术生成部门（研究机构）向使用部门（企业和商业经营部门）的转移，也可以是使用部门之间的转移，技术转移包括技术成果、信息、能力的转让、移植、吸收、交流和推广普及。

技术转移超越国界时就成为国际技术转移。国际技术转移是指一个国家从另一个国家获得外部技术知识并且将其利用转化为本国有用知识的过程。此定义包含两层意思：技术转移的主体是分属于不同国家；转移的技术活动是跨越国界的。

在国际技术转移过程中，跨国公司是国家间技术转移的主要载体。从某种程度而言，国际技术转移就是跨国公司在对外投资中进行的技术转移。相对于其他国际技术转移的方式，跨国公司更倾向于通过国际直接投资的方式在东道国使用最具获利性的技术。跨国公司作为技术输出方，掌握着当今世界先进的科技成果，通过向外输出技术，获取高额的技术转让费用，同时扩大技术的应用范围，进一步研发新的技术，达到利益最大化的终极目的。东道国作为技术输入方，引进技术的主要目的是为了实现本国的经济和社会发展战略，提高技术水平，推动本国的技术创新与进步。这一技术转移进程在我国有明显表现。

8.3.2 国际技术转移的特点

一个国家所需要的技术来源于其内部和外部，前者是指来源于本国自主研究和开发的技术，俗称"养鸡下蛋模式"；后者是指源于从其他国家和地区引进的技术，这就是"国际技术转移"，俗称"借鸡下蛋模式"。目前，在开放的国际市场环境条件下，国际技术转移呈现以下特点。

1. 国际技术转移方式的多样化

国际技术转移的方式多种多样，可从不同角度对其加以划分。国际技术转移按其是否通过市场交易来实现，可将技术转移分为两种方式：一种是非商业性的国际技术转移，通常是一种无偿的技术转移，无须支付交易费用；另一种是商业性的国际技术转移，即有偿的技术转移，需要支付一定的费用。

（1）非商业性的国际技术转移。具体包括：第一，通过派遣人员出国访问考察、出国留学或工作获取技术。日本、韩国、中国台湾等地在20世纪五六十年代曾向西方发达国家尤其是美国派出大量留学生。他们通常能够带回许多先进技术，为本国和地区的经济起飞奠定了坚实的基础。第二，通过国际性学术会议、技术交流、联合研究与开发、科技期刊或大众媒介等方式获取技术。第三，出于政治或军事目的，以技术援助的方式转移技术，是指供方根据受方的要求，利用自己的技术、人力、仪器和设备等就有关的技术项目、技术任务或某种服务所提供的技术援助。例如，第二次世界大战后的"冷战"时期，西方国家之间常常在军事技术上相互合作，有些军用技术还转移到民用领域。

（2）商业性的国际技术转移。具体包括：直接在技术市场上购买技术和海外直接投资两大类，即技术供方在技术受方所在国建立合资、合作企业或独资企业，以此实现技术的转移。此外，技术受方还可通过仿制进口商品或通过补偿贸易学习国外的先进技术，也可雇用外国技术专家提供技术培训、技术咨询、工程服务等方面的工作而实现技术转移。

2. 国际技术转移的系统性和网络化

根据经济合作与发展组织的研究表明，重要的技术变迁主要发生在以下几个方面：产品复杂性的增加；自动化程度的扩散；对标准化技术的偏爱；对化学物质组成的控制；信息的扩散和放大。这种趋势的一个结果是复杂的过程被分解，如计算机和汽车行业中组装与零部件的生产是分开的。由于产品复杂程度的增加，生产者只能在产品生产的某方面具有专长，如零部件生产或组装。随着这种劳动分工程度的增加，单个的厂商很难既掌握核心技术又掌握非核心技术。

由于生产可以被分解，厂商可以只引进某些零部件生产，但价格高度依赖核心技术的设计者和生产者。随着企业必须掌握的技术数量的增加，迫使企业朝着技术多样性的方向发展。由于企业掌握所有的核心技术和非核心技术变得越来越困难，企业为了获得能够发展的技术和知识必须加入技术联盟。

所有这些技术变迁使技术转移变成一个更加复杂的过程。因为一次性的技术引进对于获得系统利益是十分困难的，它们需要与核心技术的供给者保持长期的联系，尤其重要的是需要连续不断地进行投入和反馈。这个过程的组织基础是创新网络（一种介于市场和层级之间的组织形式）。虽然处在创新网络中的企业在形式上是独立的，但是它们之间有着密切的关系，它们之间相互交换有关设计和提高工序的知识，而且这种交换不仅仅是买者和卖者之间的技术信息的交换。在创新网络运行机制的作用下，国际技术转移的系统性和网络化特征越发明显。

3. 国际技术转移的管制化

国际技术的迅速发展和激烈竞争，给许多国家的经济发展带来了巨大的影响。因此无论是技术的供方还是受方市场都相继制订了与技术转移相关的法规，并不断加以修订和加强管制。

（1）发达国家有关国际技术转移的法律。长期以来，发达国家在国际技术转移中占优势，凭其先进的技术和发达的经济，垄断技术，垄断产品，垄断市场。发达国家主要是通过制定有关的法律和法规，建立技术转移原则和行为规范。西方主要的工业发达国家于1883年3月20日签订的《保护工业产权巴黎公约》，欧洲经济共同体于1957年3月25日签订的《罗马条约》，西班牙于1973年颁布的《技术转移调整法令》，葡萄牙于1977年颁布的《技术转移条例》，1984年的《美国半导体芯片保护法》，都规定了技术转移合同的批准和登记制度。

（2）发展中国家有关国际技术转移的法律。很多发展中国家纷纷建立了自己的专利法等相关法规，并成立了专门的机构对国际技术转移进行引导和监控，如菲律宾1978年由工业部设立了主管国际技术转移合同的审批机构即技术转移局；墨西哥于1973年在工商部下设立了国家技术转移注册局。1995年9月5日，安第斯共同体的成员国签署了《基多纲要》，对成员国的工业产权法的程序和实体部分做了修订。

4. 国际技术转移的软性化

当前，技术人才的转移日益成为国际技术转移的主要形式。根据联合国《国际技术转移行动守则草案》中"技术转移"的定义，技术转移的标的是"软"技术。软技术包括知识形态型技术和技能形态型技术两大类别，人才引进和技术培训也包括在软技术之内。注重软技术引进的原因在于：进入20世纪以后，科学技术之间的关系日益密切，新技术、新产品生命周期不断缩短，企业间的竞争日益加剧，技术成为推动经济和社会发展的巨大力量。企业和国家都开始有意识地从国外引进技术，吸引优秀技术人才。而引进软技术，技术受方可以直接对引进技术进行消化、吸收，不断提高自己的科研、设计和制造能力，有助于形成独立的技术创新能力，摆脱对技术供方的依赖。

8.3.3 国际企业技术转移方式

1. 对外直接投资

技术成为跨国公司对外直接投资的前提，对外直接投资一般都与技术的转移相结合，因此，对外直接投资就成为国际技术转移的一种主要形式。专利使用费以及许可证使用费的收支可以作为衡量跨国公司技术国际流动的近似指标，根据跨国公司来自专利、提成费和技术许可费收入的情况分析，国际技术转移正在以两位数的比率增长。跨国公司的技术转移主要是在其内部的分支机构之间进行，如美国跨国公司 79% 的技术转移收入来自它的国外分支机构，德国和日本则分别为 95% 和 52%。技术转移也内含于货物当中，跨国公司及其海外分支机构在高技术产品企业内部进出口贸易中也占有非常大的比例。

2. 技术出售

技术出售是指跨国公司将某一单独的生产技术向其他国家的企业出售。当该项技术在它的市场上已没有使用价值，或者将来也不准备再使用该项技术时，或是该项技术已是成熟技术，如果这项技术不进行资本化，可能会成为过时的技术。跨国公司为了尽快获取利润，常在技术市场上出售这项技术，直接销售技术对交易双方都是有利可图的事情。

3. 许可交易

许可交易是国际技术转移的一种最常用、最主要的方式，一般包括专利、专有技术和商品的许可，它是指跨国公司与接受方之间通过签订许可协议，在一定条件下允许接受方对其所拥有的技术享有使用权以及产品的制造权和销售权。在国际技术转移中，专利许可一般都与专有技术的转移相结合形成专利与专有技术协议。据统计，在现今的国际技术交易中，有 80% 左右的协议均包括专有技术的内容。

4. 资本货物贸易

通过进口资本货物，并对其进行反求工程，成为跨国公司技术转移的重要方式之一。特别是对具有一定技术能力的东道国，进口资本货物，是获得先进技术的捷径，如韩国就是主要依靠进口资本货物，通过分解研究学习技术的。韩国在对外直接投资、许可证与资本品贸易三类技术转移方式中，资本货物进口就价值而言，远远超过了其他技术转移的方式，资本货物的价值是外国直接投资价值的 21 倍和购买国外许可证价值的 70 倍。在新兴工业化国家中，韩国的资本货物进口占其全部技术转让的比例最高，相较于阿根廷、巴西、印度和墨西哥等新兴工业化国家，韩国通过进口资本货物比通过其他手段从发达国家获得了更多的技术。

5. 合作生产和合作开发研究

合作生产是指跨国公司与东道国企业根据协议，共同生产某种产品，双方根据其生产经营优势形成合理分工，合作生产所采取的技术可以由跨国公司一方提供，也可以共同研究、共同设计。以这种方式进行的技术转移可采取许多灵活的具体形式，以保证双方合理的利益。合作开发研究则是指跨国公司为了利用东道国企业在某方面的优势一起从事设计和研究，完成某个项目的研发。在此期间，双方可以获得彼此有关的经验和技术，合作研究与发展成果为双方共同享用，专利权、版权均属双方共有。

6. 技术援助

这是一种根据转移技术的复杂程度和技术需求方的技术接受能力形成的更加灵活使用的技术转移方式。这种方式可以克服转移技术引起的种种障碍，保证接受方更好地应用技术的使用权。技术援助通常的方式包括：人员培训、技术咨询服务、管理咨询服务、销售和商业服务。

7. 交钥匙项目

交钥匙项目是形象化地比喻以成套工程承包方式进行的技术转移。技术接受方委托技术供给方承包建设某项工程，如建设工厂或车间。技术供给方承担项目的全部技术和管理工作，从工程设计、机器设备的提供及设备安装调试，直到开车试验合格，最后把随时可以开工的工厂或车间交付技术引进方。因此，它实际上是一种综合性的国际经济合作方式，以成套工程承包方式转让技术时，往往需要签订若干个合同，但最主要的是供给方与引进方签订在一定时期内建成一项符合技术指数工程的责任合同。

另外，跨国公司的外部化技术转移还包括各种出版物，举办技术讨论会、专题座谈会，公布研究结果，聘请国外专家咨询，人员交流，举办专门技术培训课程以及从国际互联网络免费下载软件和公共信息等。

国际企业是技术转移的具体承担者，作为企业，它的一切行为决策都是以利润最大化为核心的。因此，国际企业技术转移行为是对一系列现实因素做出判断后以利润最大化为目标的决策。国际企业在东道国或地区实现这一目标就不得不考虑东道国或地区政府的政策、市场开放程度、市场规模等现实因素。

8.3.4 影响国际企业技术转移的因素

1. 经济全球化

经济全球化是指跨越国界的经济活动的扩展，通过经济全球化各个国家经济相互依存、相互影响的程度开始加深，进而使得国际贸易和国际合作规模不断地增大，其范围迅速扩展，从而会促使各个国家经济开始走向开放化、市场化，使得各国在世界范围内经济融为一体。经济全球化的迅速发展反过来又促进了国际技术转移。在经济全球化影响下，国际技术转移可以通过利用不同国家间的经济发展不平衡性，实现国际技术资源的整合，进而可以将技术创新的各种成果以多种渠道方式实现转移，以推动全球技术创新。

2. 技术差距

技术差距存在于世界各国，即使都是发达国家，其技术优势及基础也不相同。例如一个国家在某些产业技术创新水平较高，而另一些产业技术水平可能较低，这样就某一产业而言，发达国家也会存在技术差距，只要存在技术差距，就会有技术转移的需要。不过，通常而言，技术差距在发展中国家与发达国家之间表现得可能更为明显一些，因为发展中国家与发达国家之间不仅有产业之间技术差距，还有总体技术水平差距。技术输出国与输入国之间技术差距过大是影响国际技术转移的一个重要影响因素。国家之间这种技术差距越大，潜在的国际技术溢出就越大。但是如果这种技术差距过大，又会导致东道国不能完全吸收这种技术溢出。此外，这与东道国吸收新技术的成本与收益也是存在一定关联的。如果采用国外新技术有利可图，东道国自然就会产生吸收新技术的动力进而努力提升自身能力；相反，如果采用国外新技术需要复杂的技能，或者是要达到相应的竞争水平或者高成本时，东道国此时对技术溢出的吸收进程是缓慢的。

3. 技术吸收能力

技术后起国家获取国外技术的目标就是希望在技术经济产出方面实现追赶。但是，能否有效获取国外先进技术并加以利用在很大程度上取决于技术后起国家自身的技术吸收能力。技术吸收能力表现为掌握知识和技巧的能力，这种能力有利于消化、转化和利用技术的能力。研发投入在技术吸收能力方面占据主要作用，一方面，研发投入对创新具有积极影响，可以直接促进本土企业技术创新能力；另一方面，研发投入会加强本土企业知识技术累积能力，反过来会促进本土企业吸收利用外部技术知识，吸收能力与研发投入强度之间关系模型如图 8-2 所示。一个国家创新能力主要依赖于国家技术通用的创新基础，其研发投入越多，研发力度越大，就会产生较多的技术积累，进而直接或者间接促进本土技术创新。相反，国内研发投入不足将会导致技术后起国家不能及时了解国际先进技术的发展动向，也很难对引进技术做出正确判断，很可能会引进一些落后技术，走上引进技术→落后→再引进→再落后这样的一个恶性循环。此外，研发投入不足严重阻碍技术后起国家对国际先进技术的吸收和理解，降低其创新的速度。

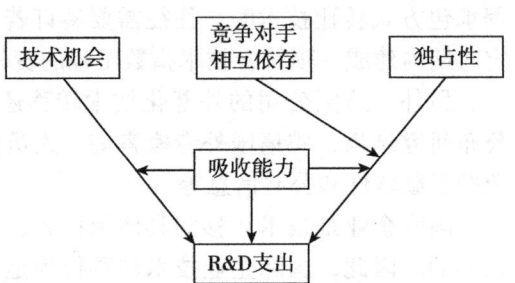

图 8-2 吸收能力与研发之间关系
资料来源：肖雪婷．国际技术转移对中国技术创新影响——基于高技术产业实证研究 [D]．广州：暨南大学，2014：14．

8.4 全球生产网络中的中国企业

经济全球化导致生产要素国际性流动，使得跨国公司的组织形式从原来的垂直一体化形式转变为全球生产网络形式。在全球生产网络分工体系中，产品的生产工序被分割成多个环节，不同国家凭借自身比较优势参与到专业化生产的价值链的特定环节。中国的改革开放和丰富的发展资源与潜力，使中国从 20 世纪 80 年代开始逐渐成为全球跨国生产网络的"生产车间"和产品集散地。

8.4.1 全球产业分工网络中的中国企业：世界工厂地位的形成

20 世纪 60 年代以来，随着 WTO 等国际多边组织对经济一体化体制的推动，国家间商品交换、人员、资本、技术等生产要素的跨国流动日益频繁。在经济全球化的时代，每一个开放体制下的企业都面临来自世界市场上日益激烈的竞争。为获取最大利益，尽可能地降低生产和交易成本，跨国公司逐渐调整资源配置策略，逐步将自己不擅长的生产工序或价值环节转移到国外其他企业，而自己专注于核心环节。由此，一种有别于传统分工的产品内部具有不同附加价值的工序或环节的国际分工——价值链分工形成了。

最具代表性的是美国苹果公司的 iPad 生产组织形式。iPad 的核心知识产权为苹果公司所有，但该产品的部件生产却不是由苹果公司完成的，参与产品生产的企业分布于世界不同的国家和地区。第五代 iPad 产品共有 451 个部件,总价值 299 美元,其主要分工网络和价值分割体系包括硬盘制造、显示器模块、芯片、存储器、组装、资源整合和销售等众多区段。图 8-3 是苹果公司 iPad 产品的全球价值链分布。

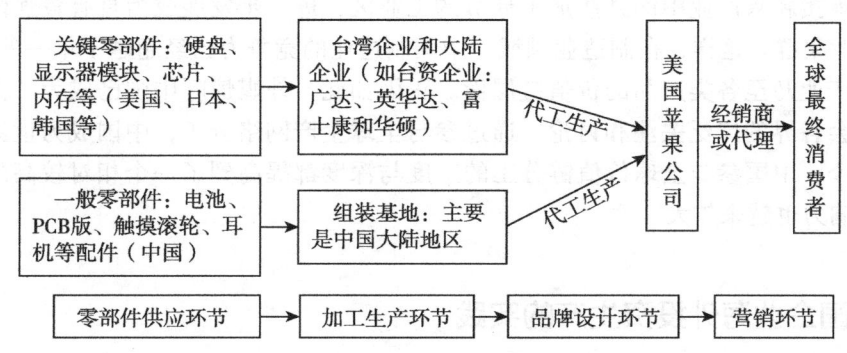

图 8-3 美国 iPad 产品的全球价值链
资料来源:夏彬.全球生产网络与中国企业价值链升级[D].苏州:苏州大学,2015:3.

这一轮的全球生产价值链的分工周期恰好与我国的改革开放和人口红利叠加,逐渐奠定了中国的"世界工厂"地位。具体来讲,20 世纪 80 年代以后,我国明确了改革开放的发展战略,积极吸引外商直接投资,发展加工贸易,中国制造业迎来快速成长时期。依赖劳动、土地等初级生产要素低廉的优势,我国制造业深入到全球价值链分工中,并逐步成长为全球制造生产基地。在这一价值链分工周期中,加工贸易是我国参与价值链分工的重要形式。随着中国参与价值链分工的不断深入,加工贸易规模不断扩大,从 1990 年的 441.8 亿美元增加到 2011 年的 8 318.6 亿美元。在贸易规模不断扩张的同时,加工贸易的结构也发生了显著变化。在 1991 年之前,我国的加工贸易以劳动密集型的来料加工与进料加工业务为主。加工贸易出口结构中,劳动密集型产品所占比重约为 70%~80%。邓小平"南方谈话"以后,跨国公司对中国制造业投资的技术档次提高,从而带动了加工贸易结构的升级,呈现了以劳动密集型为主逐步向技术密集型为主的过渡局面。2006 年,在加工贸易出口中,劳动密集型产品占比下降到 20% 以下,而高新技术产品占比却不断提高。1991 年以前,在我国加工贸易中,高新技术产品出口所占比重还很低,但到了 2011 年,这一比重已经超过了 40%。由此可见,中国不仅在总量规模上展现出越来越高的分工参与度,并且在制造业分工领域已经实现了从低技术制造业向高技术制造业的扩展。

在参与国际分工、承接国际外包业务的过程中,我国制造业生产能力迅速扩张。"中国制造"不仅体现在传统制成品领域,一些高新技术产品的产量也迅猛增长。中国 2007 年高技术产品的产值居世界第二、高技术产品的国际贸易总额居世界第一,中国已经成为名副其实的高技术产品"世界工厂"。中国生产的个人电脑以及移动电话等很多产品的产量都已位居世界第一。目前,我国已经是世界手机生产制造大国,产量占全球的 90%,出口量占全球的 80%。我国自主知识产权的 TD-SCDMA 技术成为国际第三代移动通信标准,更大大提升了我国手机生产企业产品创新和流程创新的能力。2015 年,中国智能手机市场又向前迈了一大步,全球出货量达到约 5.39 亿部。同时,华为 2015 年智能手机销量约为 1.08 亿部,利润增长率达 49%,取代联想成为全球第三大智能手机厂商,仅次于三星和苹果。而与此同时,小米公司销量约为 7 200 万部,同比增长 17.8%,排名全球第四。根据集邦电子(TrendForce)的数据，目前全球产量排名前十的手机制造商中，有 7 家属于中国公司。

中国从发展加工组装起步，在全球价值链分工模式下，制造能力不断提升，形成了众多的工业加工区。这些加工区最初主要从事传统制造业的生产，之后逐渐扩展到高新技术产业，发展成能够承接新兴产业中的某些加工环节的工业区，进一步发展成为具有较强国际竞争力的制造业产业集群。这样，在制造业领域，中国制造业的竞争力已经超越了单一的产品层面，跃升到整个产业乃至各类产品的价值链层面。正因如此，外媒惊呼中国已成为"世界工厂"，并引起了社会各界的广泛关注和讨论。通过参与全球生产网络分工，中国成为世界制造业大国。发展至今，中国参与全球价值链分工的广度与深度都提高到了一个相对较高的水平，在世界上的影响力也越来越大。

8.4.2　中国企业海外投资生产的实践

中国参与价值链分工主要通过两种方式：一是没有外资投资的单纯利用契约而形成的"接包"，即外商没有在国内投资建厂，而是将生产的某个环节，外包给国内的厂商，国内厂商按要求生产加工再出口。这时国内厂商作为独立的主体，参与产品的全球价值链分工。另外一种是带有外资股权投资性质的，即所谓的"垂直型 FDI"，跨国公司通过独资、合资形式，直接在国内建立工厂，专业化从事价值链某个环节的生产或服务活动。随着中国企业"走出去"步伐的加快，越来越多的企业采取第二种形式参与到全球产业网络分工中。

2010 年 3 月 28 日，在瑞典哥德堡，中国浙江吉利控股集团有限公司与美国福特汽车公司正式签署收购沃尔沃轿车公司的协议，获得沃尔沃轿车公司 100% 的股权及相关资产。吉利用 18 亿美元换回的不仅有沃尔沃轿车的 9 个系列产品，3 个最新平台的知识产权，境外工厂和员工，还有研发人才和全球经销商网络和供应商体系。从图 8-4 我们可以看出，吉利汽车的每股收益是呈递增趋势的，尤其是在并购后上升的趋势更加明显，这也反映出并购后的吉利获利能力的增强，每股创造的税后利润的增多。尤其是在 2010 年和 2011 年同行业的每股收益水平是处于下降的，但吉利在并购后却是上升的，这也是并购后的绩效的提升带来的结果，并购的优势逐渐起作用。但与同行业相比较的话，吉利汽车还是低于同行业的，还要继续发挥并购后的优势。

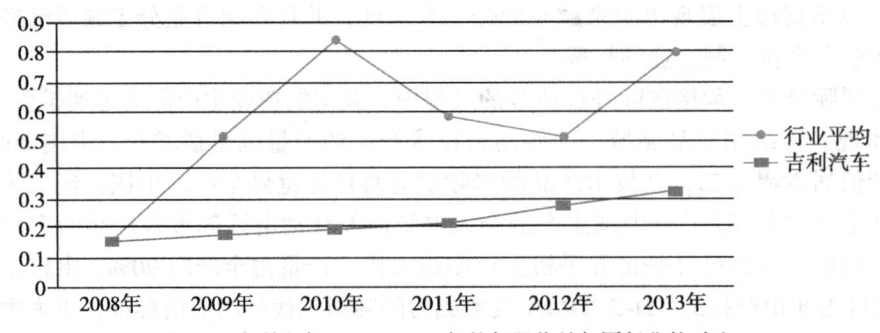

图 8-4　吉利汽车 2008～2013 年的每股收益与同行业的对比

资料来源：朱树峰. 吉利并购沃尔沃的动因、绩效及风险管控研究 [D]. 石河子：石河子大学，2015：18.

海尔集团是在 1984 年引进德国利勃海尔电冰箱生产技术，成立的青岛电冰箱总厂的基础上，发展起来的产品多元化、经营规模化、市场国际化的大型企业。海尔集团在总裁张瑞敏提出的"名牌战略"的思想指导下，通过技术开发、精细化管理、资本运营及国际化等支点合力支撑，使一个亏损 147 万元的小厂，发展为世界第四大白色家电制造商、中国电子信息百强企业之首的海尔集团。这样的发展得益于其长期的海外战略和海外基地。其先后在美国、意大利、印度、巴基斯坦、泰国等地建立了 29 个海外制造基地，并在日本、韩国、以色列等 8 个国家设立了综合研发中心，在意大利、西班牙、美国等设立了 19 个海外贸易公司，全球员工总数超过 6 万人。

海尔集团的跨国经营方式经历了出口代理、出口子公司、特许经营、建立海外合资企业和独资企业的演变过程。从 1986 年产品第一次出口开始，海尔进军国际市场已经蓄了十多年的势。1995 年 7 月，海尔在中国香港成立贸易公司，开始全球营销网络布局，并着手在海外投资建厂。经过洽谈和协商，1996 年 2 月，海尔在印度尼西亚的雅加达建立了海外第一家以生产电冰箱为主的合资生产企业——海尔莎保罗有限公司，它是海尔的首次跨国经营，标志着海尔集团的国际化迈出重要一步。1999 年，海尔开始加大其海外投资的步伐，在发达国家和地区的投资力度开始增强。1999 年 2 月，海尔欧洲分部成立标志着海尔在欧洲的投资和营销事业进入系统化阶段；4 月，海尔在美国南卡罗来纳州建设了在北美的第一个生产基地，实现了美国海尔设计、制造、营销三位一体，即设计中心在洛杉矶、营销中心在纽约、生产中心在南卡罗来纳州。2001 年 6 月，海尔并购意大利迈尼盖蒂公司所属的一家电冰箱制造工厂，这是中国白色家电企业首次实现跨国并购，海尔成为中国第一家到欧洲家电制造腹地收购工厂的企业。2002 年 3 月，海尔在美国纽约中城百老汇购买原格林尼治银行大厦这座标志性建筑作为北美的总部，海尔的"三位一体"本土化战略又上升到新的阶段。目前，海尔的跨国经营已发展到 1/3 国内生产国内销售，1/3 国内生产国外销售，海外生产海外销售也基本占到了 1/3。

虽然中国企业在海外进行生产投资取得了一定的成就，成长起一批知名品牌及企业，但需要注意的是，中国企业在海外的生产管理依然面临着很多风险与考验。劳动就业问题、当地环境保护问题、法律问题、销售网络问题以及质量规范问题等，都是影响我国企业海外生产发展不可忽视的要素。

8.4.3 中国企业在全球生产网络地位提升的路径

全球生产网络各环节的价值关系可以形象地描述为一条"微笑曲线"，曲线中部的加工组装附加值最低，沿着曲线向上移动，附加值提高，上游的研发、"微笑曲线"下游的品牌营销附加值最高。目前，中国不少产业正由处于中部的低附加值环节向处于"微笑曲线"两端的高附加值环节攀升，逐渐在价值链体系中占据更高的地位。比如，在服装、纺织、办公及电信产品、重化工等加工业，我国都具备了相当强的竞争力，在劳动密集和中间技术制造业，以及部分高技术产业中，中国仍将具有一定的比较优势。但是，中国还处于工业化和体制转轨过程中，实力较弱，不掌握技术和战略竞争的主导权；缺乏市场机制所必需的基础制度、能力和经验；我国只能接受和遵循现有的世界经济规则和标准，在一个时期内还缺乏规则制定的主导权，我国在国际分工中的地位还有待进一步加强。

首先，从中国制造到中国创造，自主创新就是关键的突破口。各级地方政府特别是参与全球生产网络内分工发展已具有一定规模的地区，可以考虑把构建全球生产网络内自主创新体系纳入本地区科技发展规划并置于重要地位，结合本地区外向型产业的发展特点和阶段，充分利用本地区的科技、产业与区位优势，有重点地选择一些产业，构筑以参与全球生产网络内分工的产业集群为指向的自主创新体系，在科技经费投入、科研基础设施以及人才培养等方面予以适当倾斜与关注。在构建参与网络内分工的产业集群指向的自主创新体系时，一定要坚持开放性原则，即建立开放式的自主创新体系，这一点对于已经深深嵌入全球生产网络的产业来说至关重要。至于自主创新体系的具体措施，可以包括：制定参与全球生产网络分工的产业集群的发展战略定位与产业指导体系；加速建立以企业为主体、产学研紧密结合的技术创新体系等。

其次，以培育国际化的企业家队伍为重点，加快人才国际化步伐，提升整合全球优质要素能力。自改革开放以来，中国企业由于并不熟悉国际市场的操作经验，在融入经济全球化进程中，主要是通过引进外国直接投资，为外商直接投资进行配套，或者是接受发达国家跨国公司发出的订单而融入国际分工体系。在要素全球流动性不断增强以及产品国际生产分割进一步发展的趋势下，决定现在和未来一国或地区产业国际竞争力，以及由此所能获得的分工利益的关键因素，不再取决于生产什么、进口什么和出口什么，而是以什么样的要素、什么层次的要素参与国际分工，参与了什么层次的国际分工，对整个价值链的控制能力有多大。而在所有的要素中，最为重要的、最为关键的要素当属企业家要素。尽管依托各种优势和经过多年的努力，中国开放型经济形成了一定的要素集聚优势，也是国际生产要素聚集最多的地区之一，并在一定程度上促进了产业发展及转型升级，但是我们也清醒地看到，到目前为止，整合这些资源进行国际化生产获益最多的大都是外资企业，中国大多还只是以要素优势而不是通过企业优势去参与国际竞争与合作。因此，从上述意义上来说，中国产业的发展是在发达国家跨国公司引领下的一种被动式发展，培养具有整合全球资源能力的企业和企业家已经是当务之急。这不仅是加快中国产业发展和转型升级的需要，也是提升我们自主发展能力的必由之路。

再次，依托工业4.0，发展高端智能制造。2015年，经李克强总理签批，国务院印发《中国制造2025》，部署全面推进实施制造强国战略。据悉，这是我国实施制造强国战略第一个十年的行动纲领，一系列配套政策有望陆续出台。其中，"工业4.0"作为实现"中国制造2025"的重要手段，受到了广泛关注。"工业4.0"是德国政府提出的一个高科技战略计划，旨在提升制造业的智能化水平，建立具有适应性、资源效率及人因工程学的智慧工厂，在商业流程及价值流程中整合客户及商业伙伴。其技术基础是网络实体系统及物联网。全球工业发展历程见图8-5。简单来说，所谓的"工业4.0"概念就是指以智能制造为主导的第四次工业革命，或革命性的生产方法，即利用物联信息系统将生产中的供应、制造、销售信息数据化、智慧化，最后达到快速、有效、个人化的产品供应。

随着工业软件数据、智能硬件、工业通信等相关行业将迎来黄金时代，万物"智能互联"已经不再是梦想。站在"互联网+"和"工业4.0"的风口，企业走向智能制造是必经之路，拥抱新技术、把握技术浪潮带来的战略性机会，也将是企业提升竞争力、完成产业升级的最佳选择。

最后，精准定位企业所处全球价值链位置，以价值链网络布局海外生产。价值链上游活动包括创新、研发、品牌和设计环节，均具有较高的资本和知识密集度；价值链向下游扩展涉及物流、营销、售后服务等环节。价值链上游所创造的价值要高于价值链下游。过去，我国的产业结构调整的重点放在比例关系的调整上，随着中国产业结构比例的逐步协调和国际分工模式的转变，在国际市场上，要赢得竞争优势，掌握全球价值链的高端位置，必须掌控价值链的关键环节。因此对产业结构的调整应放到突破研发、设计、营销、品牌培育、技术服务、供应链管理、专门化分工等制约产业结构优化升级的关键环节和生产性服务业上来，重点培育我国企业在"微笑曲线"两端的竞争优势。具体说来，可以从以下几个角度进行产业结构的调整：①对于传统的优势产业，通过产品创新、管理创新、营销创新等措施，让中国传统优势产业的新颖性得以维持并扩大竞争优势。②对于新型产业，通过扩大规模、引入竞争优化新型产业的生产模式、降低生产成本、推动其国际竞争力的提升。③培育战略性新兴产业的发展。战略性新兴产业代表了未来科技和产业发展的新方向，当前，为推动全球经济的复苏，各国纷纷将经济增长的重点寄托于战略性新兴产业的发展上，可以说谁最先掌握了战略性新兴产业，谁就掌握了经济增长的动力。④整合国内价值链，支持国内企业"抱团"加入特定的全球价值链，增强在其中的话语权。

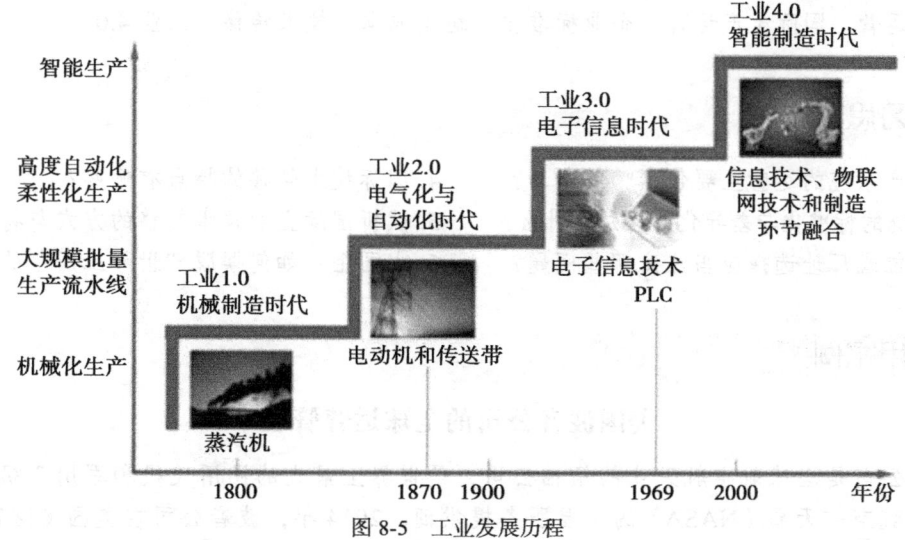

图 8-5　工业发展历程

资料来源：战钊. 迎战第四次工业革命，全球制造大国准备好了吗 [J/OL]. 光明网. http：//tech.gmw.cn/2015-11/24/content_17843890.htm

本章小结

国际企业的生产运营是以产品价值链为依据，利用全球资源，实现研究与开发、生产制造、采购与销售的全球优化配置。其生产系统的运营包含两种类型：生产性活动和辅助性活动。

国际企业的生产系统由于母国总公司及其分布在海外各地的工厂、子公司等地域、语言、技术标准等指标的多样性，企业在进行生产系统设计前必须明确一个问题，即生产系统的标准化还是差异化。在生产系统规划和设计之后，其落地过程首先要考虑的就是投资区位与厂址的选择，因为厂址的选择将对企业的经营成本（劳动成本、运输成本、原材料成本等）、目标利润和其产品或服务的价格产生深远影响。在厂址确定后，便是生产系统的设计工作，生产系统的设计主要需注意技术选择与工厂规模的设计。

国际企业之所以能够迅速发展壮大，成为经济全球化的主导者，除了自身拥有雄厚的资本实力与生产规模之外，更主要的是国际企业拥有非凡的技术创新能力。国际企业的海外经营不仅涉及资本和生产的转移，还涉及生产技术和研发的转移。事实上，在国际技术转移过程中，跨国公司是国家间技术转移的主要载体。从某种程度而言，国际技术转移就是跨国公司在对外投资中进行的技术转移。国际企业的技术专业具有国际技术转移的系统性和网络化、国际技术转移的管制化、国际技术转移的软性化、技术转移方式多样化等特点。

经济全球化导致生产要素国际性流动，使得跨国公司的组织形式从原来的垂直一体化形式转变为全球生产网络形式。随着我国的改革开放和当时具有丰富的发展资源，中国从20世纪80年代开始逐渐成为全球跨国生产网络的"生产车间"和产品集散地。而现在中国的改革开放和企业发展逐渐从1.0向2.0转变，即从全球加工生产网络向产业创新、智能制造和海外生产投资转型。

关键术语

生产运营　国际生产运营　企业标准化　运销成本　技术转移　工业4.0

复习思考题

1. 国际生产系统的运营主要包括哪些活动？
2. 生产系统的标准化与差异化的区别是什么？
3. 投资区位或厂址选择应当注意哪些问题？
4. 国际技术转移的特点有哪些？
5. 试析国际企业技术转移的方式与特征。
6. 中国企业如何摆脱"世界工厂"的形象？

应用案例

美国波音公司的全球运营管理

波音公司是全球航空航天业的领袖公司，是世界上最大的民用飞机和军用飞机制造商，也是美国航空航天局（NASA）的主要服务提供商。2014年，波音公司在美国《财富》杂志公布的世界500强企业中排名第90名，销售额为907.62亿美元，净利润54.46亿美元，拥有员工约165 000名。就销售额而言，波音公司是美国最大的出口商之一。在产品方面，除了众所周知的军用飞机和民用飞机，波音公司还设计并制造旋翼飞机、电子和防御系统、导弹、卫星、发射信息和通信系统，运营航天飞机和国际空间站。此外，波音公司还提供众多军用和民用航线支持服务，其客户分布在全球90个国家。波音在业务上采用事业部制，事业部是波音集团的利润中心，分别是波音民用飞机集团和波音防务、空间与安全集团。此外，波音公司还专门设立了提供全球融资服务的波音金融公司，为全球的波音机构提供各种服务的共用服务集团，以及开发、收购、应用及保护创新性技术和流程的波音工程、运营和技术部。

波音公司成立近100年来，其组织结构随着战略、环境等因素的变化几经调整，最终形成了以事业部制为主，母、子公司制相结合的混合型组织结构。目前，波音组织结构的第一层级为波音总部，包括董事会、执行委员会和总部职能部门。其中，变化最大的是波音于2003年设立了内部治理办公室，即在波音公司内建立一个全面的风险管理系统。波音组织结构的第二层级包括波音的五大责任中心和波音在海外设置的20个区域公司或办事处。波音的五大责任中心，即通常认为的波音五大组成部分，包括波音民用飞机集团，防务、空间与安全集团，波音工程、运营和技术部，波音共有服务集团和波音金融公司。这五大责任中心既相互独立，有着不同的职责分工，又相互联系、相互支持，为实现整个集团的目标而运行。波音民用飞机集团和防务、空间与安全集团是波音的利润中心；波音工程、运营和技术部及波音共用服务集团是波音的成本中心；波音金融公司是波音的投资中心；波音工程、运营和技术部，波音共有服务集团和波音金融公司的设置主要是为了支持两大利润中心的高效运行。

由于波音公司的规模日益扩大，西雅图作为波音总部已难以满足形势发展的需要，所以波音决定将总部迁到更有利于公司营运管理、金融网络发展和接近客户的中心城市，以便更好和更灵活地运用资本和人才这两大资源。经选址后，波音最终把总部从西雅图迁往芝加哥，并将当时的三大分部（位于西雅图的波音民用飞机集团，位于圣路易斯的军用飞机与导弹制造部门和位于南加利福尼亚州的航天和通信设备制造部门）的负责人提升为首席执行官，让他们拥有更大的决策权。与此同时，波音还精简了总部的员工数量。搬迁后，波音总部和三大分部在地理上分离，新总部成为波音协调运营的中心枢纽，下属公司的权责更明确。

波音从市场和业务两方面不断"开拓和探索新领域"。在市场上，波音通过全面实施国际化战略，不断扩大版图。在业务上，波音通过并购或合资组建了多家民机客服领域的子公司，把业务版图伸向产业链下游。与此同时，波音还重组了波音金融公司，调整了波音金融公司的发展战略，实现了产业链流通环节的布局。

1. 成立波音国际部，拓宽海外版图

波音不断拓展全球业务，扩大在全球的品牌影响力，并用全球的智力、财力和航空工业的积淀进行多元化经营。波音于2001年成立了波音国际部，在目标市场逐步设立了国家或地区总裁，并陆续把区域办事处提升为区域子公司。

近年来，波音通过并购、组建合资公司、建立海外科研机构和联合研发机构等方式不断扩大在海外的业务布局。波音在海外的组织机构既归所在区域的区域子公司管理（如没有设立区域子公司，则由国家或地区总裁管理），同时又接受业务主管上级部门的管理，使波音形成了矩阵形的全球化组织管理架构。

2. 布局产业链下游，母子公司制，组织结构规模壮大

为了在民用飞机客服领域获得更多的利润，完成在民用飞机产业链下游的布局，波音从1999年开始先后收购了澳大利亚普雷斯顿集团、陆地图像（Continental DataGraphics）、加拿大 AeroInfo System、杰普逊、SBS International 和 Aviall 等民机客服领域的子公司。这些子公司本身就在全球拥有完善的服务网络，有些子公司还拥有自己的子公司。波音通过收购不但完善了其在产业链下游的全球布局，还使波音原有的母子公司制组织结构规模更加壮大。完成收购后，这些子公司在业务上划归波音民机集团旗下的民用航空服务部管理，成为波音的全资子公司。此外，波音还组建了合资公司 Aviation Partners Boeing 和上海波音航空改装维修工程有限公司。2012年，波音推出 Boeing Edge 品牌，旨在通过波音公司的民用航空服务为客户带来更大的竞争优势。为此，波音将民用航空服务部重组为材料服务、机队服务、飞行服务和信息服务四大子部门，旗下全资子公司和合资子公司分别按各自的业务领域划归不同的部门管理。例如，Aviall 公司由航材服务部门管理，上海波音航空改装维修工程有限公司由机队服务部门管理，杰普逊公司由飞行服务部门管理，陆地图像公司和 AeroInfo System 公司由信息服务部门管理。与此同时，这样的组结构也有助于波音实现"以客户为本，细致了解客户所需"的核心竞争力。

3. 服务于大规模系统集成

为了实现大规模系统集成，完成从单纯的飞机生产商向高端系统集成商的转变，自20世

纪末以来，波音逐渐加大了外包比例，这在波音787项目中体现得尤为突出。此外，波音通过风险共担供应链模式，改变了和供应商之间的"交易结构"，将开发和制造成本分摊给在全球各地的供应商，这有助于降低风险、减少投资、提升产量，也有利于在其所在国家和地区获得订单。同时，波音通过在成本相对较低的国家和地区加大采购力度、新建机构等方式，陆续将制造环节向这些国家与地区转移，而将研发与流通环节留在美国。这可以节约成本，再通过内部交易等方式，将利润截留在流通环节。因此，在收入总额变化不大的情况下，波音的净利润不断回升。以波音民用飞机集团为例，为了配合风险共担供应链模式的实施，波音民用飞机集团的组织结构进行了相应调整。

资料来源：张岚岚，金英，屠方楠.波音组织结构变革与战略[J].航空制造技术，2014（5）：62-65.

讨论题

1. 波音公司在跨国经营方面采取了哪些措施？
2. 结合案例谈谈国际企业在全球运营方面应注意哪些问题？

参考文献

[1] 卢进勇，刘恩专.跨国公司经营与管理[M].北京：机械工业出版社，2013.

[2] 崔日明，徐春祥.跨国公司经营与管理[M].北京：机械工业出版社，2015.

[3] 董黎明，方华.国际企业管理[M].北京：中国对外经济贸易出版社，2003.

[4] 韩震.国际企业管理[M].大连：东北财经大学出版社，2015.

[5] 李存超.国际技术转移视角下的企业技术能力增长模式研究[D].济南：山东大学，2006.

[6] 孙国辉.跨国公司内部贸易研究[M].山东人民出版社，2002.

[7] 姚蕾蕾.转移定价研究——兼论转移定价对业绩评价的影响[D].大连：东北财经大学，2005.

[8] 梁霞.经济全球化条件下国际分工理论对中国的意义[D].重庆：西南财经大学，2005.

[9] 陈玲，薛澜.中国高技术产业在国际分工中的地位及产业升级：以集成电路产业为例[J].中国软科学，2010（6）：36-46.

[10] 夏彬.全球生产网络与中国企业价值链升级——效率的视角[D].苏州：苏州大学，2015.

[11] 马述忠，廖红.国际企业管理[M].北京：北京大学出版社，2010.

第9章 国际企业供应链与物流管理

学习目标

- 准确理解国际企业供应链与物流管理的内涵和特点。
- 掌握全球供应链战略管理的特点。
- 掌握国际物流管理的基本活动和特有活动。

开篇引例：小店中的可口可乐

可口可乐是一种被全世界消费者所熟知的饮料产品，作为全球知名跨国企业的可口可乐公司之所以能获得辉煌的成功，除了产品本身口味独特之外，更重要的一点是其庞大的全球供应链网络的快速反应和高效运转，从而能以更低的成本将可口可乐的系列产品源源不断地运输到全球的各个角落。随着竞争的不断白热化，可口可乐与其他品牌的可乐在口感上已经很难区分了，那么促使可口可乐最终取得成功的关键因素是什么呢？

"家人乐"小店位于北京东郊定福庄，是北京郊区一家很普通的小商店，由一对夫妻常年经营。当我们走进这家小店购买碳酸饮料时，老板热情地为我们推荐可口可乐和雪碧，当我们问及是否还有其他种类，老板冲我们摇了摇头，说："我们这里可口可乐和雪碧长年一直有货，因为打个电话就能给送过来了，而其他品种的饮料，要么没货，要么得等很长时间。"看似不经意间的一句话，却折射出了可口可乐成功的秘诀：全球供应链的科学有效管理。

通过国内三个主要合作伙伴，可口可乐在中国的物流与供应链管理网络触角已延伸到各个城市、乡镇乃至村庄，"让每一个小店都能摆上可口可乐"是可口可乐公司在物流与供应链管理上的远大目标。嘉里、太古和中粮，是可口可乐公司在中国的三大合作商。这三家公司共拥有分布在全国不同区域的36家灌装厂，各个灌装厂负责供应指定区域的产品，严禁超出本区域供货，这一点可以查看每一瓶可口可乐瓶身喷码后面的工厂代号。此外，三大合作伙伴除了经营各厂生产，还要负责本区域的销售工作。为了加强对供应链的管理力度和全方面了解市场，可口可乐每个区域的物流配送都是由各个工厂自己配送。为此，可口可乐推行了金钥匙伙伴（Gold Key Partner，GKP）计划，首先选择一个区域内的大型零售商并将其作为GKP，可口可乐公司将货直接运送给GKP，再由GKP完成最后对超小型零销商的配送工作，GKP送货费用由可口可乐及其合作伙伴支付，最终实现可口可乐的从总部到各个夫妻店的配送。

【请思考】

可口可乐公司如何把可口可乐成功配送到夫妻小店？如何做到有效的跨国跨区域物流管理？

在过去的 30 多年里，那些人们耳熟能详的品牌，其产品的全球化生产及销售已经发展成为一种稳健的态势。不论是可口可乐、耐克、苹果还是丰田公司，都是如此。这些世界级企业已充分意识到供应链与物流管理在成本降低、竞争优势获得以及服务改善方面的重要意义，而跨国供应链及物流战略管理是其盈利的关键所在。全球供应链战略管理的目标在于充分利用全球范围的各种优势资源和组织管理优势，借助现代信息技术，通过业务流程再造和整合组成全球范围内的具有独特优势的生产基地和销售网络，以达到提高运营效率、降低运营成本、提升供应链系统整体竞争力的目的。国际物流管理是跨国供应链及全球供应链管理中涉及内容最多，管理难度最大且重要程度最高的核心部分，也是跨国乃至全球供应链管理的重头戏，而国际物流管理的重点和难点又集中在国际化采购、国际物流配送以及国际物流信息管理三个方面。

9.1 跨国供应链与物流管理概述

随着经济全球化的推进和世界市场的建立，企业开始面临更复杂、更激烈的全球性竞争，传统的运营管理模式使得企业在适应新的竞争环境和应对不断变化的消费者需求方面显得越来越被动和迟缓。要想在日趋激烈的国际市场上站稳脚跟，企业需要重新审视自身的管理理念、发展战略和运作管理模式，向更先进、更高层次的组织管理模式转变。供应链管理要求企业摒弃传统的"纵向一体化"管理模式，向"横向一体化"模式转变。该模式要求企业集中资源及精力于自己具有核心竞争优势的核心业务，同时将非核心业务外包给擅长该业务领域的合作企业。它强调供应链上每个节点（加盟）企业都发挥自身的核心竞争力以及企业之间的协同运作，一切的运作管理以客户为中心，提高对客户需求的快速反应能力和创造最大的客户价值，采用先进的信息、制造技术等在提高客户满意度的同时降低供应链整体成本及企业总成本。供应链管理这一新的运营管理模式已经成为众多企业在国际竞争中发展壮大的重要手段。

在经济全球化的驱动下，企业的经营范围不断在世界范围内扩展，企业运作管理的供应链也由国内逐步扩展到世界各国和地区，形成跨国供应链。跨国供应链是从国际市场的角度对供应链整体进行全面的、协调的、合作式的管理，它不仅要考虑核心企业的运营优化和利润实现，还要注重供应链中各层次、各国企业之间的资源优化配置和优势互补整合，最终实现共赢局面。跨国供应链相比国内供应链更具复杂性和风险性，但同时也能带来更高的收益。

9.1.1 跨国供应链与物流管理的内涵

"供应链管理"这个术语最早出现在 1982 年的《时代财经》上，由汉密尔顿咨询公司（Booz Allen Hamilton）的基思·奥利弗（Keith Oliver）和其他咨询专家共同提出。1985 年，霍利亨（Houlihan）在《物资配送与库存管理》国际期刊上发表了一篇论文，对供应链管理进行了详细的说明。现在，美国供应链管理专业委员会（Council of Supply Chain Management Professionals）是这样定义物流与供应链管理的：物流是供应链管理的一部分，供应链管理是指为了满足顾客的需求，在制造与服务的起点到最终消费者之间的计划、实施、控制流程以及相关的信息。简单地说，供应链是一个从某种最终消费品上溯至基础原材料所涉及的原材料供应商、供应商、生产商、批发商、零售商以及最终消费者所形成的供需网络（见图 9-1）。

比如，将全棉 T 恤作为一种消费品，其供应链上的企业从下而上依次是：T 恤专卖店（百货商店、卖场、网店）、服装批发商、成衣制造商、布料生产商、纺织厂以及棉花种植者。一种消费品销售火爆（包括实体店销售和在线销售），供应链上的所有企业都能受益；反之，消费品在零售商那里滞销，所有企业都会受损。英国物流教授马丁·克里斯托弗在 20 世纪 90 年代曾经如此描述供应链管理的重要性："市场上只有供应链，没有企业，真正的竞争不是企业和企业之间的竞争，而是供应链与供应链之间的竞争。"

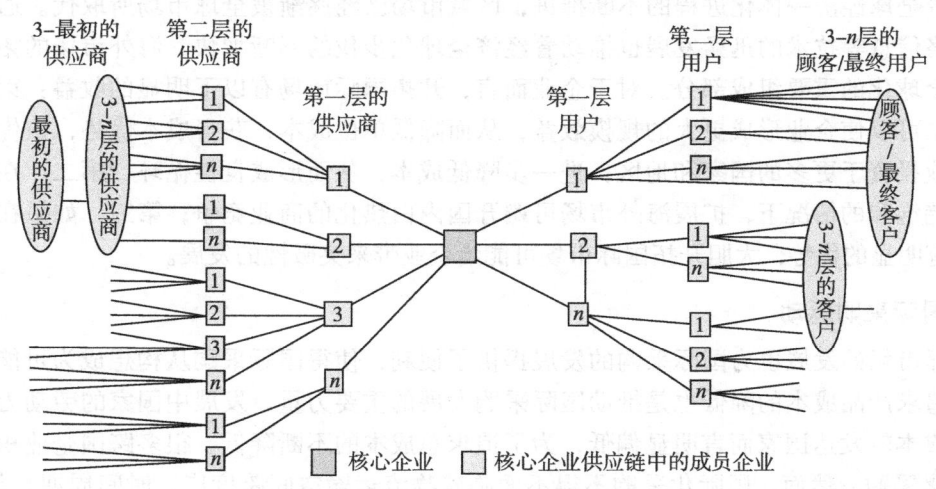

图 9-1 供应链的结构模型

资料来源：马士华，等. 供应链管理 [M]. 3 版. 北京：机械工业出版社，2013.

进入 21 世纪后，随着经济全球化趋势的日益增强，越来越多的企业将供应链系统延伸至整个世界范围，将物流管理拓展到海外，跨国供应链与物流管理成为其经营管理的关键战略和重要领域。基于供应链管理的基本理论，跨国供应链与物流管理就是要求企业以全球化的观念，将供应链的系统延伸至整个世界范围，在世界各地选择最有竞争力的合作伙伴，在全面迅速了解世界各地消费者需求偏好的同时，就供应链整体运作进行计划、实施、协调、控制和优化，供应链中的核心企业与其供应商以及供应商的供应商之间、核心企业与其用户以及用户的用户直至最终消费者之间，依靠现代网络信息技术支撑，实现供应链的快速反应和一体化运作，达到物流、信息流和资金流的协调通畅，以最大的成本优势去满足全球消费者日趋多样化、个性化、即时性的需求。

9.1.2 跨国供应链与物流管理的形成与发展

随着供应链管理思想的发展，越来越多的跨国公司为了降低成本、提高效率以及增强企业核心竞争力开始了全球化的经营模式，在全球范围建立其供应链系统。跨国供应链的产生并非是企业自发的企业改革，而是在各种因素的推动下，企业通过重新审视自己的经营管理方式，通过不断地摸索而逐渐形成的。跨国供应链与物流管理的形成与发展主要有以下几种动因。

1. 经济全球化趋势

经济全球化是指商品、服务、信息、生产要素等的跨国界流动的规模与形式不断增加，通过国际分工，在世界范围内提高资源配置的效率，从而使各国之间经济相互依赖程度日益加深的趋势。后工业时代生产力的极大发展促使全球贸易自由化加快，国家及地区之间的国际经贸合作活动日益频繁，原材料、零部件、产品及服务的跨国流动日益增多，从而催生了跨国供应链。

2. 国际市场驱动

随着全球经济一体化进程的不断推进，区域市场已经逐渐被全球市场所取代。通信、交通、网络信息等技术的迅猛发展也推动着经济全球化步伐的不断加快，海外市场的拓展也成为经济全球化的重要组成部分。对于企业而言，开拓国际市场有以下明显的收益：第一，市场的扩张可以使企业形成更大的规模效益，从而降低单位成本，获得成本优势，该优势又有助于企业投资于更多的国家和地区，进一步降低成本，从而形成良性循环；第二，在国内市场已渐趋饱和的情况下，扩展海外市场可避开国内白热化的商业竞争；第三，如果在本国市场不具有明显的优势，大胆开拓国际市场可能给企业带来突破性的发展。

3. 国际采购驱动

国际市场的发展也为国际采购的发展提供了便利，使得国际采购从构想成为可能，除此之外，追求产品成本的降低也是推动国际采购发展的重要力量。发展中国家的劳动力成本以及物料成本较发达国家而言明显偏低，为了追求总成本的不断降低，很多跨国企业积极地开展国际化采购。然而，国际化采购不得不面临着物流运输空间跨度广、时间周期长等风险，因此跨国供应链的有效管理变得尤为重要。

4. 各国鼓励政策

各国政府，特别是发展中国家，对加工贸易的鼓励政策，促使了业务外包模式的蓬勃发展，进一步促进了跨国供应链的形成。为了发展本国经济，更多地参与国际分工，大多数发展中国家将原来的进口替代战略转为鼓励加工贸易的出口替代战略。鼓励出口政策初期表现为对原材料和中间产品提供减免关税等激励，逐步发展为建立出口加工区。鼓励出口政策对产品分工和跨国供应链的发展发挥了积极的作用，较大程度地促进了劳动密集型工序和零部件的生产向发展中国家的转移，加速和完善了跨国供应链的形成。

5. 信息技术的发展

随着通信技术和网络技术的迅速发展，国际贸易所必需的企业间交流成本也日益降低。电话、传真、电子数据交换（EDI）以及互联网、通信技术的快速发展为供应链的协调提供了低成本的工具；计算机技术和网络技术的普及应用大大提高了供应链的透明度，方便了企业内部不同部门之间以及企业与企业之间关于产品设计、制造、库存、配送等信息的实时共享和及时交流；电子承兑和网络银行的发展大大降低了供应链上的资金流管理的难度和成本。信息技术的发展，不断地推动着跨国供应链的迅猛发展。

9.1.3 跨国供应链与物流管理的战略价值

在上述各种驱动力的综合作用下，跨国供应链应运而生，跨国供应链与物流管理也日益成为企业跨国经营管理中极为重要的关键领域，具有重要的战略价值。其战略价值体现在：

（1）跨国供应链和物流管理具有的速度优势。它通过供应链上所有加盟企业间共享信息和一体化运作，缩短产品设计周期，上游供应商准时供应，制造商准时生产，零售商准时配送，最终将恰当的产品，通过恰当的渠道，以恰当的成本，在恰当的时间和地点及时送至消费者手中。

（2）跨国供应链与物流管理可获得成本效益。它通过整体合作和协调，用供应链一体化库存模式（如供应商管理库存 VMI、联合库存管理等）取代单个企业各自为政的库存模式，从而解决了供应链上物流设施重复设置、运输迂回等问题，大大降低了物流成本。

（3）跨国供应链和物流管理可增强产品质量竞争力。跨国供应链尤其注重供应链合作伙伴的选择，强调强强联合，优势互补，注重合作伙伴在某一专业领域、某一业务或某项技术方面所拥有的核心能力，其产品设计、技术工艺、质量保证是否处于国际同行业领先地位。

（4）跨国供应链和物流管理可有效抵御经济周期性波动。跨国供应链与物流管理强调整个供应链网络的系统性和整体性，当各个链上企业聚集成一个庞大的供应链系统，对于经济的周期性波动，庞大的供应链系统可以用自身的缓冲能力抵御经济周期性波动带来的风险，若是单个的企业或小型的供销网络，则很容易受到经济周期性波动而造成巨大的经济损失。

9.1.4 跨国供应链与物流管理的类型

跨国供应链的出现，从形成之初的采用国际化供应商，但仍以国内市场为主的类型发展到最高级的全球性供应链，主要有以下四种形式。

1. 国际供应商

国际供应商的特点是产品的主要原材料及零部件采购自海外市场，在本国完成产品的生产加工及组装，最终产品的销售以内销为主，有些情况下也会再运回海外市场。例如，目前海尔集团的供应商中，国际化供应商的比例达到 71%，而世界 500 强企业中有 44 家是海尔的供应商。

2. 国际营销与配送系统

国际营销与配送系统主要是指企业的生产以国内为主，但有一部分配送系统和市场在海外。例如，1987 年在中国深圳成立的华为技术有限公司，在过去的近 10 年间凭借其高技术质量和优质服务成功地开拓了俄罗斯、东欧、南欧、西欧和北美等海外市场。2005 年，华为海外销售就已达到 220 亿美元，产品已经进入包括德国、法国、英国、葡萄牙、荷兰、美国、加拿大等欧美 14 个发达国家。而且，华为还在全球建立了 8 个地区部、55 个代表处及技术服务中心，销售及服务网络遍及全球。目前，华为的产品与解决方案已经应用于全球 100 多个国家和地区，服务全球运营商 50 强中的 45 家及全球 1/3 的人口，国际市场已成为华为销售的主要来源。

3. 离岸加工

离岸加工的特点是产品生产的整个过程，包括材料的采购、加工、生产、包装等均在国外的某一地区完成，成品最终运回到国内仓库进行销售与配送。例如，风靡世界的芭比娃娃的生产商——美国美泰（Mattel）玩具公司早在 20 世纪 80 年代就将其在香港的生产基地移到广东，它的生产均外包给我国华南地区约 20 家出口加工企业。在这些企业生产包装完毕的芭比娃娃直接运到美国的配送中心,再分送到零售商。

4. 全球性供应链

全球性供应链系统中,产品的进货、生产、销售的整个过程都发生在全球性的不同工厂,其主要目的是在全球范围内实现资源的合理配置和高效利用。例如,美国通用汽车公司的庞蒂克(Pontiac)汽车,它的产品设计来自工业设计强国德国,核心部件如发动机、车轴、电路板等由日本供应商提供,其他零部件主要在新加坡和中国台湾地区生产,汽车最后的总装在韩国完成,数据处理在爱尔兰和巴贝多进行,市场营销和广告由西班牙服务商提供,只有战略管理、金融、法律及保险业务在美国本土完成。当今,苹果、戴尔、丰田、大众等跨国企业,都已形成了各具特点的高级全球化供应链网络。

9.2 全球供应链战略管理

在全球供应链体系中,供应链的成员遍及全球,生产资料的获得、产品生产的组织、货物的流动和销售以及信息的获取都是在全球范围内进行的,对其进行战略管理是国际企业竞争力的重要来源。

9.2.1 全球供应链的概念和特点

全球供应链是伴随国际贸易快速发展,经济全球化和信息时代而出现的新现象。如果供应链越过国界,加盟的节点企业属于不同的国家或者位于不同的国家,那么,这条供应链就是跨国供应链或全球供应链。这里必须说明,所谓全球供应链也并不是说供应链中的节点企业必须遍布全球,而是链中节点企业可以位于全球的任何一个国家或地区。全球供应链具有如下特点。

1. 全球供应链的结构复杂性

全球供应链包括了位于世界各地的供应商、制造商、分销商、第三方物流提供者、零售商、消费者等一系列的对象。全球供应链的节点企业覆盖面广、关系复杂,因此要在全球范围内实现信息流、物流、资金流、商流、知识流、价值流和业务流等的顺畅流动,将各个环节上的企业连成一个完整的网链结构是一项相当复杂的工作。同时,全球供应链系统的形态结构表现多样,如树形结构、链状结构等,并且供应链与供应链之间也会形成交叉供应网络,更增加了系统的复杂性。因此,为了让这样一个复杂的系统实现有效的运作,需要供应链上的核心企业以及各个节点企业共同采取长远战略,通过协调实现优化。

2. 全球供应链的不确定性

全球供应链通常要面对不同国家或地区的不同社会政治环境、运作管理方式、物流设施平台、政策文化等的差异,因此在供应链的运作过程中包含着众多的不确定性因素。相对于国内运输来说,全球供应链的运输会涉及多种模式的混合,诸如海运、空运、陆运、联合运输等模式的选择,而且各国企业在政策法律、规章制度等方面的要求也不同,加之汇率变化、税率变化、设备故障、紧急订单以及企业自身的发展或变革等,这些都进一步增加了全球运输的不确定性,导致各种合作关系的改变。因此,全球供应链上各企业需要相应的战略性目标和战略性管理方式以应对各种无法预知的不确定性。

3. 全球供应链的协调难度高

全球供应链的发展旨在推动整体发展，寻找规模效益，保证整个供应链系统快速、稳定地发展。全球供应链自身的目标定位决定其不可能着眼于每个企业。为了达到整体利益，可能会在所难免地忽视某个个体的利益。虽然构成全球供应链的成员企业应具有共同的供应链发展愿景，但是由于它们都是产权独立的企业，所以不可能完全不顾及自身经济利益的追求和实现。因此个体利益和整体利益就在所难免地产生冲突，这也给全球供应链的协调带来了不小的难度。

综上所述，全球供应链是一个复杂、动态的庞大系统，链上各个企业由于存在文化、管理等多种差异，若不能采取有效的战略管理，整个供应链系统将很难实现协调运作，形成整体合力。为了进一步适应全球供应链的发展，越来越多的企业开始关注并启动全球供应链战略管理。

9.2.2 全球供应链战略管理的内涵

所谓供应链战略就是从企业战略的高度来对供应链进行全局性规划，它确定原材料的获取和运输，产品的制造或服务的提供，以及产品配送和售后服务的方式与特点。供应链战略突破了一般战略规划仅仅关注企业本身的局限，通过在整个供应链上进行规划，进而实现为企业获取竞争优势的目的。供应链战略管理所关注的重点不是企业向顾客提供的产品或服务本身给企业增加的竞争优势，而是产品或服务在企业内部和整个供应链中流动所创造的市场价值给企业增加的竞争优势。供应链战略管理必须吸收战略管理中适应环境变化的合理思想，有效开展供应链的战略制定和战略实施，才能充分地发挥出供应链管理的优势。

在全球经营战略和供应链战略管理的指导下，很多跨国公司或者大型国际化公司纷纷在全球范围构建自己的供应链，把全球经济资源都纳入自己的全球经营战略之中，使众多国家都成为自己全球化经营战略中的一个布局点。全球供应链战略管理的终极目标在于：充分利用全球范围的各种优势资源和组织管理优势，借助先进的运作组织手段和方法，如现代物流技术和网络信息技术（计算机集成制造系统 CIMS、柔性生产系统 FMS、并行工程、敏捷制造、准时制 JIT、最优生产技术 OPT、制造资源计划 MRP Ⅱ、企业资源规划 ERP 等），组成全球范围内的具有独特优势的生产基地和销售网络，其目的是提高运营效率、降低运营成本、提升供应链系统的整体竞争力。

全球供应链战略管理体现了快速反应市场需求、战略管理、高柔性、低风险、追求成本—效益目标等传统管理模式所不可比拟的优势，具体而言有以下特点。

1. 全球供应链战略管理强调追求整体效益最优

全球供应链战略管理重点突出全球性和战略性。全球性重点突出供应链的整体性和系统性，战略性重点突出长远性和全局性。基于全球供应链战略管理的这两个特点，国际企业在进行全球供应链战略管理的同时必须着眼于整个供应链系统，突出供应链系统整体利益的追求和实现，从而保障供应链系统的长远发展和整体竞争力的提升。

2. 全球供应链战略管理强调运用系统的战略管理思想

全球供应链战略管理的另一个特点是充分考虑各个链上企业自身的供应链战略管理，进行一系列的协调和整合形成全球供应链战略管理。系统性的特点要求全球供应链战略管理必须将信息、资金、物料等多种因素进行整合,保证了系统自身的融合程度并为整个供应链管理提供发展便利。

3. 全球供应链战略管理强调利用集成化的信息管理

信息化是保证全球供应链战略管理顺利开展的有力保障。信息技术的不断发展对于全球供应链战略管理是一把双刃剑,一方面,信息技术的发展使得链上各企业的互联互通更为方便;另一方面,信息的不对称和不及时共享也有可能对全球供应链战略管理产生不利影响。因此,国际企业必须构建最佳供应链合作伙伴关系,加强对信息的集成化管理,努力消除信息不对称、信息不共享等现象。

4. 全球供应链战略管理强调按订单排产模式

在全球供应链战略管理下,企业从信息流上所得到的信息,既是准确的产品需求,又是确定的订单需求(即客户需求)。企业的生产计划便是根据这种订单来制定的。由于链上信息流具有准确、实时、有效、高度集成和共享的特点,所以,各企业在信息流上所获得的订单需求具备了时间和数量上的逻辑吻合关系,有助于实现真正的零库存生产。

9.2.3 全球供应链战略管理的典型模式

与其他类型的供应链管理相比,全球供应链战略管理是面向全球的,自身的市场越大,面临的未知因素也越多。目前,很多跨国公司在全球供应链战略管理方面进行了较为深入的尝试和运行,其中不乏成功的案例。下面就全球供应链战略管理的几个典型模式进行介绍。

1. 戴尔模式

从 1984 年诞生至今,戴尔公司已发展成为年销售 400 多亿美元的计算机帝国,占据了全球 PC 市场的主导地位。戴尔令人瞩目的商业成功不仅取决于其颠覆传统批量生产的批量定制(mass customization)模式,还在很大程度上依靠其高效的以客户为核心的全球供应链管理。

戴尔的全球供应链具体包括消费者、戴尔及其供应商,如图 9-2 所示。其独特之处是完全排除了中间商(批发商、分销商和零售商)的存在,而由消费者直接通过网络下订单。中间商环节的省略不但减少了渠道费用,而且也避免了中间商对利润的瓜分,使得产品成本大幅度降低,为戴尔 PC 产品的成本优势奠定了基础。而且,戴尔公司完全根据客户网上订单组织产品的生产和组装,通过其全球供应链网络的快速反应和一体化运作,迅速、及时地将具有个性化配置的 PC 产品送到消费者手中。

戴尔模式有以下四个特点:

(1)直销模式。戴尔公司最具特色的经营方式就是它的直销模式,它通过直销模式取得的利益有:取消中间商,节约成本;最大限度地减少成品库存;降低制造成本,及时利用新技术;提高顾客服务水平;加快资金周转速度。

(2)虚拟整合,让供应链"敏捷"。戴尔的一个重要的经营思想就是,专注于自己最擅长的领域,把不擅长的环节交给行业中做得最好的人去做,然后通过采购把最具性价比的产品买回来,自己做最后的整合。从提供零件的角度来看,供应商就相当于戴尔的一个车间,供应商提供的每一个零件的性价比都是具有竞争力的,那么最后戴尔组装好的整个产品就是有竞争力的。

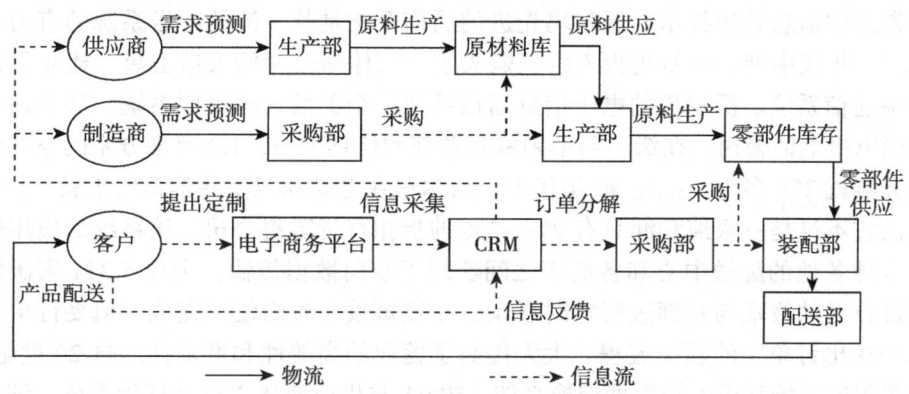

图 9-2　戴尔公司的供应链模式

（3）与供应商共赢。虽然戴尔在挑选供应商时极其苛刻，但是，戴尔为了帮助供应商的成长也总是对它们倾囊相授，将自己在供应链的设计、规划、流程管理和执行等方面的经验都毫不吝啬地传授给供应商，同时主动引导供应商配合自己的全球布局与发展战略，以便帮助供应商进一步完善，与戴尔共同成长，达到最终提高客户的满意度及忠诚度的目的。

（4）以客户为中心。直销模式可以说是戴尔公司以客户为中心的最好体现，这种方式使它离客户最近。对客户的极大关注一直是戴尔实施供应链管理的显著特征。戴尔公司创造了批量定制的新模式，客户可以在线定制产品，这为它带来了更多的客户。而且，戴尔公司从与客户的直接沟通中全面了解了客户目前的要求以及未来需求，同时也摸索出了影响客户做决定的一些规律。

2. 沃尔玛模式

2014 年，沃尔玛以 4 762.94 亿美元的销售收入和 160.22 亿美元的利润位居美国《财富》杂志世界 500 强第一名，也成为 21 世纪以来占据榜首时间最长的企业。沃尔玛如此辉煌的业绩背后，最大的支撑是其卓越的物流与供应链管理，形成了以自身为链主，连接制造商与客户的全球供应链，确保了公司在效率和规模成本方面的最大竞争优势（见图 9-3）。

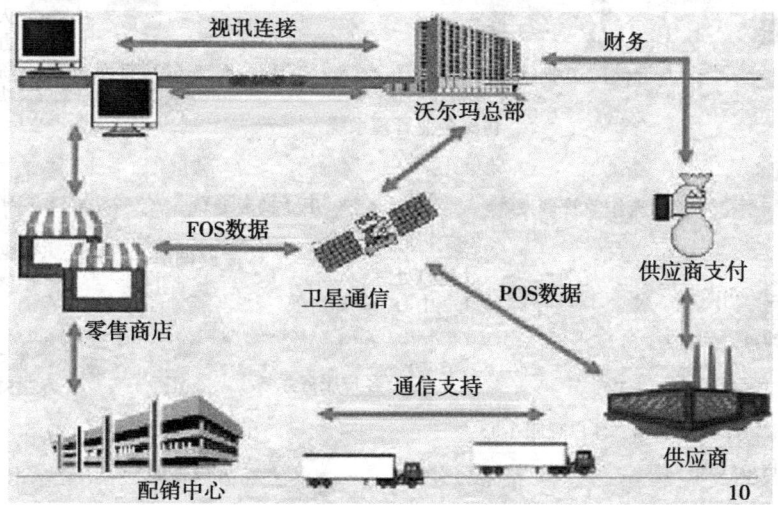

图 9-3　沃尔玛的供应链模式

沃尔玛成功的供应链与物流管理主要取决于以下两个方面：

（1）先进的信息管理技术。沃尔玛先进的通信系统是其一流的配送系统的有力支撑。早在20世纪80年代中期，沃尔玛投入巨资购买了一颗休斯公司的人造卫星，建立了自己的全球商业卫星通信系统。沃尔玛的电子信息通信系统是全美最大的民用系统，甚至超过了电信业巨头美国电报电话公司。在沃尔玛本领威尔总部的信息中心，1.2万平方米的空间装满了电脑，仅服务器就200多个。截至90年代末，沃尔玛在电脑和卫星通信系统上就已经投资了7亿美元，而它不过是一家纯利润只有2%～3%的折扣百货零售公司。该系统的应用使得沃尔玛总部、全球各地的配送中心和各商店之间实现了双向数据传输，全球5 311家沃尔玛分店都能够通过自己的终端与总部进行实时联系。在短短数小时内便可完成"填妥订单→各分店订单汇总→送出订单"的整个流程，大大提高了营业的高效性和准确性。自20世纪80年代开始，沃尔玛就开始利用电子数据交换系统（EDI）与供应商建立自动订货系统，该系统又称无纸贸易系统，即通过计算机联网，向供应商提供商业文件、发出采购指令、获取收据和装运清单等；同时也使供应商及时、精确地把握其产品销售情况。"天上一颗星、地上一张网"，正是这些先进的设施、设备在沃尔玛的信息管理上起到了决定性的作用，为沃尔玛的供应链与物流管理提供了强大的支撑和保障，也是沃尔玛倡导的"天天平价"卖点的最有力支持体系。

（2）高效的货物配送中心。在全球各地，沃尔玛商店几乎85%的商品来自于各区域的配送中心，沃尔玛在美国拥有100%的物流配送系统。目前，沃尔玛在全球的配送中心达110个。在沃尔玛的总部阿肯色州的本顿维尔配送中心，面积有24个足球场大小，室内净高12.5米，各种传送带总长度达21公里，共有264个进货和发货用的汽车装卸口，24小时连续作业，这家配送中心共支持周边500公里范围内的120家沃尔玛店（其中每家商店每天平均送货两次）。沃尔玛还拥有自己的运输车队，每辆运输卡车都装备了全球卫星定位系统（GPS），每辆车的即时位置、所载货物、目的地等信息，总部可以一目了然，以便设计出最合理的运量和路程。作为世界第一大公司，沃尔玛向我们展示了一个最大限度发挥物流优势、避免浪费、降低成本、提高效率的楷模（见图9-4）。

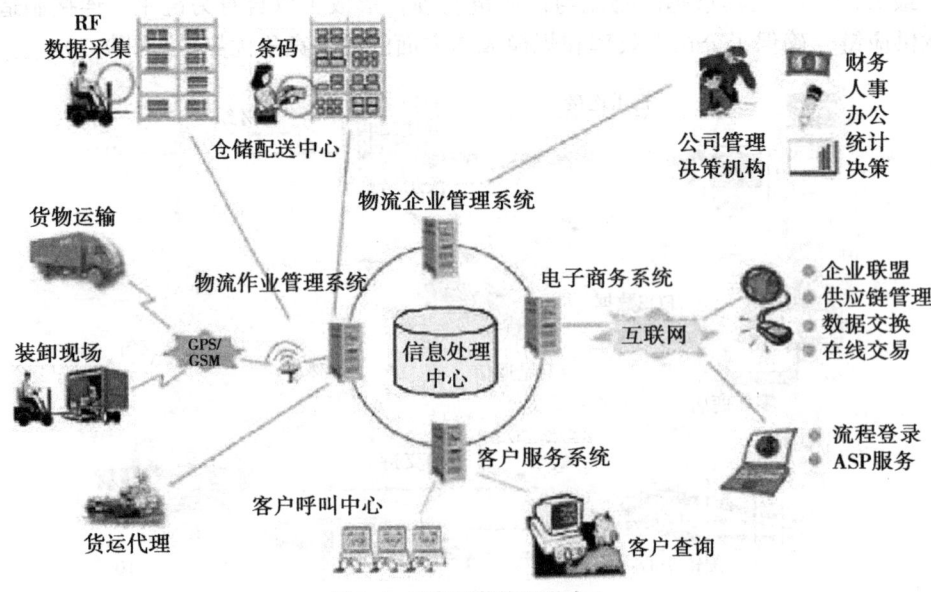

图9-4　沃尔玛物流配送中心

3. 利丰模式

香港利丰集团公司从成立到现在已过去一个世纪了，从1906年一个小型华资贸易公司演变成为在全世界40多个国家设立了70家分公司及办事处的跨国贸易国际化公司，年营业额已超过135亿美元。经历了冯家三代人的不断营造和创新，它从一个简单的采购代理演变到一个全球性的供应链管理者的角色，并且在当今多变的外部环境中不断地完善，改进并增强和扩充这种供应链，形成了当今世界消费品领域独特的核心竞争优势。

利丰集团由许多不同部分组成（见图9-5），各个分支公司都有其特殊的供应链运作模式，以适应其所处的市场环境。20世纪80年代中期，利丰集团形成了从采购、经销到零售的整条供应链管理。在整条供应链管理中，利丰集团的三个重要组成部分——利丰贸易有限公司、利和经销集团以及包括利亚零售在内的利丰零售，分别处于产品供应链的上游、中游和下游，并以其具有竞争优势的核心业务为客户提供服务，而把非核心业务外包（见图9-6）。

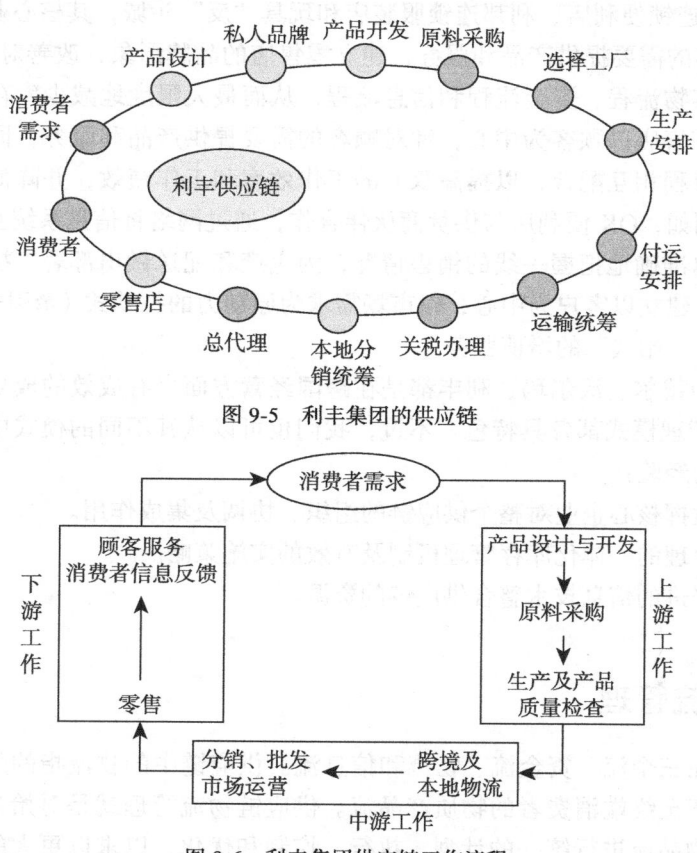

图 9-5　利丰集团的供应链

图 9-6　利丰集团供应链工作流程

处于供应链上游段落的上市公司——利丰贸易，主要业务是从中国内地和其他亚洲发展中国家或地区采购货品（主要是成衣和各种硬产品，如玩具），销售给欧美的经销商和零售商客户。长期以来，利丰贸易一直专注其核心业务——贸易采购，包括接单、选择生产商和供货商、根据顾客（消费者/客户）需求设计和开发产品、制订生产计划、采购原材料、监控生产和保证质量等，而把非核心业务的生产、实际运输都外包给有能力的工厂和货运代理。作为供应链上游和组织专家，利丰贸易凭借其核心竞争力（主要是客户服务、采购网络和管理能力），与各种不同类型的生产商和供货商建立紧密合作关系，形成一条高度专业化、极具经济效益的供应链,为客户提供最具成本竞争力的产品和服务。

处于供应链中游的利和经销集团,主要专注于经销代理和批发业务,包括市场推广、品牌代理、品类管理、物流服务、销售渠道的拓展和管理等。与利丰贸易代理外国客户采购不同,利和经销作为一个区域性的经销商,是品牌厂家与零售商的中间桥梁,主要负责推广生产商或品牌持有商(供货商)的产品,包括食品、家居用品及医疗药品等,其销售市场主要是亚太地区,客户遍及区域内的大型综合超市、超级市场、便利店、小市场、家庭式商店、医院、诊所、药房、传统药店及牙科诊所等。在这段供应链里,利和经销的角色有三个不同的层次:销售、完整的市场服务(包括销售、进出口、处理订单、存货管理)、整段供应链的管理(从生产、采购到销售一条龙),可根据供货商的需求提供不同层次的服务。为了更好地提供这些服务,利和经销一直致力于其销售网络的拓展,为产品打开销售渠道。

处于供应链下游的利丰零售,旗下拥有利亚零售和利邦两家上市公司,主要经营三个连锁店集团——OK连锁便利店、利邦连锁服装店和玩具"反"斗城,其核心业务是紧贴消费市场,针对目标顾客的需要提供产品和服务,建立零售店的品牌形象,改善对顾客的销售服务,优化工作流程、实物流程、资金流程和信息流程,从而最大限度地减少库存,提高效率。在这段供应链里,零售店以顾客为中心,针对顾客的需要提供产品和服务;同时,与供货商紧密合作,在各个流程相互配合,以提高双方的工作效率和工作绩效,并降低成本,为整条供应链创造效益。例如,OK便利店与供货商伙伴合作,通过网络将信息系统互相连通、共享信息,使供货商可以准确地把握一线的销售情况,为生产和配送做出部署,提高补货速度,加快货品流转速度,建立以客户为中心,以市场需求为原动力的拉动式(牵引式)供应链运作模式,为客户提供"一站式"的增值服务。

上文所提到的戴尔、沃尔玛、利丰都是在跨国经营方面卓有成效的成功企业,它们所采取的供应链战略管理模式都各具特色。不过,我们也可以从其不同的模式中找到一些其他企业值得借鉴的成功经验:

第一,注重发挥核心企业对整个供应链的组织、协调及集成作用。
第二,采用合理的一体化库存管理机制及有效的实施策略。
第三,运用先进的信息技术整合供应链的资源。

9.3 国际物流管理

供应链中存在三个流:资金流、物流和信息流。供应链中的物流指的是从供应链起点的基础原材料供应商至终端消费者的物质产品流。供应链物流管理就是对始自原材料终至消费品的整个供应链物品流进行统一的计划、执行、控制和优化,以求以更大的成本优势满足消费者的需求。随着现代信息技术的快速发展和广泛普及以及社会、商业信用体系的不断成熟,对供应链上信息流和资金流的计划、执行和控制可以通过电子网络在成本极低的情况下实现,而剩下的物流管理就成为跨国供应链管理或全球供应链管理中涉及领域最多、管理难度最大且重要程度最高的核心部分,也是跨国供应链管理或全球供应链管理的重头戏。由于跨国供应链或全球供应链的物流活动已经跨越国界,因此物流管理也就由国内物流管理延伸至国际物流管理。

供应链不仅是一条连接原材料供应商、制造商、零售商到最终消费者的物流链、资金链、信息链,更是一条价值增值链,原材料经过供应链上各节点企业从事的不同业务流程(加工、包装、运输等）而获得价值增值，形成了供应链整体利润，从而使供应链上所有企业都受益。因此，企业通过跨国经营想要实现更高的价值增值的话，可以考虑从供应链增值链延伸的两个方向着手：一是上游方向，即采取国际化采购；二是下游方向，即发展国际物流配送业务。改革开放后，我国加工贸易出口量大幅增长，中国已成为很多跨国制造企业和商业流通企业的生产及采购基地。本国经济增长速度的持续放缓以及国际竞争的日益加剧，使发达国家的跨国公司开始将管理重心移至经营成本的进一步削减，它们开始更加关注生产和流通成本的降低。一些跨国公司已经着手或正在计划在中国建立国际物流配送中心，有的已初见成效。这给中国企业更多地参与跨国企业全球供应链网络的构建和发展国际化战略提供了前所未有的机遇。

9.3.1 国际化采购管理

国际物流采购管理是国际物流管理的重要环节，也是国际物流管理中的第一个环节。一般而言，原材料和零部件的采购费用在企业产品销售额的比重达到 30% 以上，有些企业甚至高达 80% 以上（如日本本田公司）。基于此，众多企业在开展跨国经营时首先考虑的就是采取国际化采购战略来有效降低采购成本。选取国际化供应商而非本国、本地区供应商，最基本、最简单的原因是可以获得更多的利益，具体体现在以下五个方面。

一是有效降低成本。普遍而言，发展中国家和地区的劳动力成本和物料成本要比发达国家低很多，因此发达国家的企业选择在发展中国家和地区采购一些功能型产品（如基本服装、玩具、鞋帽等）要比在本国生产节约更多的成本。

二是能获得更有保障的产品质量。某些产品就质量而言，国外产品的质量更稳定。

三是某些产品在国内无法找到供应源。

四是国外供应商能提供更快的交货周期和更可靠的供应。

五是能获得更好的技术服务，利用优质供应商的核心技术加快产品的研发。

尽管国际化采购能帮助企业有效地降低产品成本，但是具体实施时，仍需注意以下问题：

（1）国际化采购中的信息收集。全球化供应链管理意味着整个市场是所有的国家，包括目前的商业合作伙伴和所有潜在的商业合作伙伴。除了市场涉及面广阔外，国际市场的动态性也使得国际市场信息更是瞬息万变，因此加强对国际市场中的信息收集变得尤为重要。

数量繁多的信息收集起来对于企业来说，即使是大型跨国企业也不是轻而易举就能获得的。因此，针对国际市场信息的多源性、动态性和复杂性，国际企业在进行国际市场信息收集的同时应更加注意收集区域的划分和选取，对国际供应链管理相关性较大的区域应重点进行市场信息收集，对相关性较低的区域可以适当舍去；同时注重信息收集的方法，应选取简捷有效的收集方法。一般而言，信息收集通常要经过初次筛选和二次筛选两个阶段。初选是粗略的筛选，目的是剔除那些不符合条件的国家，如国家太小、太穷、不够发达、发展太慢、缺少外汇或者与本国文化习俗差别太大。筛选并不一定只针对发展中国家，虽然发展中国家对高消费品的需求也许并不是很大，但对诸如食品、燃料、电力基础设施、建筑材料及纺织品等基本产品和设备都有很大的需求。另外，与本国文化差别太大的发达国家也可以从名单上剔除掉。初次筛选的衡量标准可以选择宏观经济指标，这些指标相对来说容易从各国出版的统计资料中获得，如人口、人口结构、国内生产总值（GDP）、GDP 的增长率、平均收入、工业人口、工业结构、服务业结构、建筑业情况、消费者的消费情况、零售业的情况、投资水平、从事商业活动的成本、政治稳定情况及风险等若干指标，并制作成调查统计表格。调查的目的是要确定最具有潜力的产品市场。

接下来进行的二次筛选，就是把目标市场的范围进一步缩小，以便对其进行深入调查。对全球市场进行调查的目的就是要确定公司在首轮战略中可以打入哪些国家。即使是对于大型企业来说，这些市场的数量也不应该超过五个。二次筛选所采用的指标侧重于工业品或特定产品，因此收集这些指标就稍显困难，也不太可能收集齐全。与初次筛选一样，限制因素的相关资料只能从世界上某些专业机构编辑出版的资料来源渠道中获得，或者利用国际互联网进行查询，也可以通过一些知名国际咨询机构获取。

（2）国际化采购中的供应商认证和管理。国际化采购的第一步是选择合适的供货商以选择安全可靠的原材料，如果对供货商的选择上出了问题则会导致后续的一系列问题，因此供应商认证便成为国际化采购中的一个重要环节。根据ISO9000的要求，为了确保产品的质量可靠安全，所有原材料的供货商都应经过认证。因此国际供应商一旦初步确定以后，企业必须对其进行严格的资格认证，包括质量管理目标、质量保证程序、试验、检验、质量控制等多个指标。

在确定贸易合作伙伴关系之前，采购企业通常会要求供货商提供质量认证证书、企业资质等多份证明文件，然后组织本企业采购部门会同生产、技术以及质量控制部门一起对供应商的质量管理水平和质量保证体系进行审查，目的就是通过筛选选择通过认证的供货商，从供应链的源头上保证产品质量。同时整个国际环境应形成一种优先选择通过认证（如ISO认证，HACCP认证，安全认证等）的供货商的市场风气，通过市场的自身调节使得通过认证成为供应商入市交易的必要门槛。

在选好国际供应商并建立供应链合作伙伴关系之后，还要做好供应商的管理工作。由于市场需求和供应情况都在不断变化，企业应在保持相对稳定的供应商队伍（supplier pool）的情况下，根据市场实际情况及时调整供应商评价指标体系，或重新开展供应商的评估选择，引入优胜劣汰的竞争机制确保能与最有竞争力的供应商合作。

随着经济全球化步伐的加快，世界范围内掀起了国际化采购的浪潮，我国企业要想在新的竞争环境中生存并发展，应积极参与到跨国公司全球供应链系统的构建中。具体而言，可采取如下措施：

1. 融入全球采购的网络

第一步：成立企业自身的采购部门，建立自身的全球采购制度。
第二步：成为其他企业的专业供应商，保持长期稳定的合作关系。
第三步：成为跨国公司在中国设立的采购中心的供应商。
第四步：成为联合国采购供应商。
第五步：成为国际采购组织和国际采购经纪人的供应商。

2. 建立健全电子商务采购模式

进入全球采购系统首先应充分学习电子商务采购模式。当今社会，全球化环境下随着信息技术和通信技术的发展，电子商务采购模式已经相当普及，为了适应这种潮流，国际企业必须建立自己的电子商务采购模式，通过电子商务的模式进行全球化采购，既有利于保证交易过程的安全程度，又可以提高采购效率。

3. 自身成为合格供应商与选择合格供应商

成为合格的供应商首先要保证所供应商品的质量，通常是各种原材料。要保证原材料的质量，首先应严格保证企业内部的质量内控，如加强各个生产环节的标准化，提高企业员工的质量意识，建立一套与产品质量直接挂钩的责任制度，产品质量直接落实到个人，并建立相配套的奖惩制度。其次，应加强企业自身的资质管理，保证目前已获得的资质等级并积极争取更高等级的资质等级，其中更重要的是通过国际标准化体系认证（如ISO9000，ISO22000等），通过该认证后有利于提高企业的信誉水平。

选择合适的供应商，首先应选择具有相当资质的供应商，在正式确定供应商之前，企业应对候选供应商的各个资质证书进行详细审查，确定其真伪性。另外，对通过国际认证的供应商应优先选择，因为能通过这些国际认证，表明该企业已具有相当高的质量管理水平。此外，国际企业还应组织专业人员（包括采购、生产、技术、质检等人员）对候选供应商进行实地考察，全面了解各个供应商实际情况后确定最优供应商。

9.3.2 国际化配送管理

目前，各国对"配送"的认识并非完全一致，在表述上也有一定区别。但是，一个非常重要的共识是，配送就是送货。就美国而言，配送的英语原词是delivery，是送货的意思，强调的是将货送达。日本对配送的权威解释是日本工业标准JIS的解释："将货物从物流节点送交收货人"。因此，配送的主体是送货，但与传统送货的区别在于强调按照客户要求进行送货。

按照配送的组织形式，国际化配送分为以下几种模式。

1. 独立配送模式

独立配送模式是企业依靠自身的人力、物力，组织物流的运输与配送，自行进行配送的模式。该模式由于只有一个企业独立的运营操作，自身全部投入资金。受到成本的影响，企业对物流业务的管理效率较高，成本意识较强，配送水平也有一定程度的提高。但是只有一个单独的企业进行配送，配送的速度和距离完全依赖于该企业的人力、物力水平，具有一定的局限性。另外，该配送系统完全依赖于一个企业，该企业的经营状况直接影响着配送系统的运转，因此该模式也具有一定的风险性。

综上所述，该模式属于中低层次的配送模式，在配送模式中属于入门级配送模式，但目前该模式普及率依然居于主导地位。

2. 共同配送模式

共同配送模式是由多家配送中心相互联合，通过信息交互的方式进行订单分流，依据配送地点的远近确定合适的配送队伍的配送模式。日本工业标准（JIS）中对共同配送的解释为"为提高物流效率，对许多企业一起进行配送"。当用户较少的情况下采用单独配送模式很有可能造成资源的重复利用，产生不必要的浪费。当采用共同配送模式时，各个配送订单相互汇总到统一的调度平台，调度平台再根据需要配送的物品的远近以及配送点的分布确定配送路线和车辆。换言之，每个配送点只负责本区域的物流配送业务，超过本区域的配送则由其他配送点进行配送。

共同配送模式有利于资源的合理优化和配置,可以通过统一的规划调度选择最经济的配送方式,该模式对降低配送成本,提高配送效率具有一定的积极作用。

3. 集团配送模式

集团配送模式是由配送企业以一定的形式建立起联系紧密、指挥协调的企业集团,以在较大范围内统筹配送企业结构、配送网点、配送路线和配送用户,使配送更加完善和优化的一种组织形式。相对于共同配送模式,集团配送模式不仅仅是各个企业之间的相互合作,而是通过战略联盟确定战略合作伙伴关系,相互组成统一的配送集团,由集团总部进行订单的汇总分配和统筹规划,再根据各个订单的运输距离和各个配送点的分布确定合适的配送点和运输路线。

集团配送模式与共同配送模式有很多的相似之处,但是不同的是集团配送模式下的各个企业合作以及交流程度更深,对订单的处理和配送更加迅速,整体的配送效率更高,可以说集团配送模式是一种更高等级的共同配送模式,对降低运输配送成本起着更有利的作用。

以上是目前存在的主流的三种运输和配送模式,各个模式均有其优点和缺点。随着经济和社会的快速发展,目前的运输和配送模式在不断地发展。

4. 国际配送中心模式

配送是现代的送货形式,与传统的企业送货有着重大区别,其"配"是为了更好地"送",是按照客户的需求在送之前进行货物的合理分拣和组配。因此,有学者认为,配送其实是集包装、运输、仓储、装卸搬运、流通加工以及信息处理等多个物流活动于一体的集成物流形式。配送中心是以组织配送性销售和供应,执行实物配送为主要职能的流通型物流节点。伴随着国际物流的迅速发展,国际配送(有时也称国际物流中心)也迅速地发展起来了,并且在国际物流管理中处于非常重要的地位。国际配送中心是从供应者手中接受多种大量的货物,进行分类、保管、流通加工,并按顾客的订货要求经过分拣、配货后把货物送交顾客的组织机构和配送设施。国际配送中心是国际物流配送活动的主要承担者。目前而言,国际配送中心主要从事如下业务:

(1)在某国采购零部件,并在该国的配送中心分类、打包、运到海外进行装配。自20世纪八九十年代以后,许多著名的日本电子产品企业(如索尼等)将一些低端产品的生产外包给中国华南地区(上海、无锡等地)企业,同时将另一部分高端产品零部件生产交给北京、西安等企业加工。然后,将在中国大陆代生产加工的零部件运到香港分公司仓库,在仓库进行拼箱后出口到日本的工厂,最后在日本工厂完成装配合成高端产品。

(2)将在某国采购的成品,在配送中心进行简单的加工、处理、包装后,再发送到海外市场。2001年开始,世界著名家电企业飞利浦公司开始尝试在我国深圳盐田保税区进行国际配送管理业务。飞利浦公司的组合音响交由两家广东企业代为生产加工,一家生产DVD机,另一家生产功放机/音箱。生产完毕后,再将两家企业的产品运至盐田保税区的仓库,将生产功放机/音箱的包装箱打开(已经预留了DVD机的空间);然后将DVD机连同其包装放到其中,组合成一整套家庭影院;最后将最终产品直接运送到目的地市场销售,减少了在目的地的分拣时间及劳动成本。

(3)在某国采购成品,在配送中心进行仓储、加印条码、拼箱等,然后按销售进度发往境外销售点。以往,美泰公司将在中国广东出口加工企业生产的玩具直接运到美国的配送中心,再分送到经销商处。后来它发现,其在美国仓库的许多玩具要存放一个多月以等待销售季节的来临。为了降低仓储与流通成本，美泰公司开始利用深圳盐田保税区便宜的保税仓库，将其外包生产的玩具进行存储及拼箱，直到销售季节来临时再运往美国市场或其他市场。

（4）通过海外采购，汇总后集中运输到配送中心。很多跨国公司委托中国内地工厂进行代工生产、贴牌生产或来料加工时，跨国公司均负责原料、零部件的采购与配送。为了节约成本，发挥统一采购与配送的优势，一些跨国公司将中国大陆一些地区的保税区仓库作为其国际配送中心，把统一采购的原材料、零部件运送到配送中心，完成开箱、分装以及拼箱后，再运到有关工厂。

（5）海外采购成品，通过配送中心汇总后配送至本国。例如，世界零售巨头沃尔玛、家乐福都将其全球采购中心设在中国大陆，将采购来的成品在配送中心汇总后运至其本国市场。

（6）通过国际拼箱，合理规划路线降低成本。目前，已有一些跨国公司将在中国采购的物品与在其他国家和地区采购的物品均运至配送中心，进行仓储、拼箱、加印条码等，然后运送到世界各国市场。

9.3.3 国际化物流信息管理

国际物流信息是国际物流活动的反映，也是组织、调控国际物流活动的重要依据。就跨国供应链/全球供应链系统的内部构成而言，资金流、物流、信息流是其整体运作中密不可分的"三流"，它们互为依存，又各自具有不同的性质、结构、作用和约束条件，各自有其特征和运动规律。其中信息流是指信息在供给方与需求方之间的流动与交换过程，在国际物流组织和管理中具有独特的重要作用。

1. 国际化物流信息的特点

与国内物流中的信息流相比，国际物流中的信息流具有如下特点：

（1）国际物流中的信息多而复杂。国际物流不仅表现为地域和空间的广阔，而且涉及的内外因素更多，物流过程延续的时间更长，其直接后果是信息的复杂性和信息处理的难度增大。

（2）国际物流中的信息具有更强的时效性。国际物流流程相对较长，这种连续的过程必须在对多种因素的预测基础上进行。各种政治、经济、交通、自然、社会关系等环境因素都会对国际物流产生影响，而这些因素变化的信息传递对国际物流运行、停滞与变更具有重要的时效性。

（3）国际物流信息具有明显的动态回馈性。国际物流跨地域作业，其运作环节多而复杂，只有取得各有关国家和地区的各个物流环节之间的协助与配合，才能使整个物流过程顺畅进行，这就需要相关的信息跟踪和反馈。这种信息的跟踪和反馈就形成了动态的信息流。这样，既可以根据事态的变化，及时采取应对和防护措施，将环境和条件变化所造成的损失降低到最少，又可以合理配置人力、物力和设备等物流资源，以达到最大限度地降低国际物流总成本，提高经济效益的目的。

（4）国际物流要求信息高度标准化。国际物流运作所面对的物流环境非常复杂。信息标准化可以保证不同国家和地区的人们对同一信息的统一认知和理解，保证国际物流流程中信息的准确传递，从而保证国际物流的正常运行。

综上所述，国际物流信息管理是紧密围绕着均匀、流畅、及时、准确的信息流进行的。这种信息流跟踪必须依靠计算机及网络技术建立的国际物流信息管理系统，企业管理者可以对相关信息进行及时的处理和分析，从而有效地管理国际物流的业务流程。

2. 国际物流信息管理系统

国际物流信息管理系统是针对国际物流信息的计算机化管理而开发的软件系统，该系统的硬件由微机网络或中、小型机组成。它能够代替手工操作所无法胜任的、对繁乱复杂的国际物流信息的处理工作，及时、准确地提供管理和决策需要的各类动态信息资源。通常来说，国际物流信息系统主要借助以下技术手段实现。

（1）电子数据交换技术。电子数据交换技术（electronic data interchange，EDI）是指通过一系列的标准和规则将电子信息进行处理，再通过事先确定好的网络传递方式进行信息传递的一种交流方式。电子数据交互技术具有速度快、信息量大、损耗低等特点。

在国际物流管理的应用中，EDI 首先利用存储转发的方式将订货单、发票、提货单、海关申报单、进出口许可证、货运单等数据进行标准化并通过网络技术和计算机技术进行信息的处理、传递、交换以及分析，取代了烦琐的人工收发函件、接听电话、整理单据等，使整个过程变得更加安全与简化。

（2）条码技术。条码技术是基于条码发展起来的新型快速识别通信技术。条码是一种由相同长度、不同宽度、不同间隔，以及不同反射率的竖纹组成，各条竖纹之间的相互组合和排列均有不同的信息，即条码语言。首先，企业应对需要配送的货物包含的信息进行整理并绘制含有以上信息的条码，贴在或印在该货物上，当货物经过每个配送中心时利用相关设备扫码即可获取该货物的全部信息，以便于进行下一步的操作。条码技术在信息的收集、识别、整理等多方面均有相当的积极作用，相对于传统的人工识别登记信息的方法，条码技术仅需要一台识别设备就够了。

（3）射频技术。无线射频识别（radio frequency identification system，RFID），简称射频技术，是一种非接触式自动识别技术。该技术的主要原理是事先将货物的所有信息存储到一个小型电子芯片上，该芯片体积轻巧（通常不足 1 立方厘米），易于植入货物内部，通过相关设备扫描即可扫描出芯片中的所有信息，信息内容包括货物名称、货物数量、货物配送地点、货物配送方式等。与条码技术不同的是，射频技术所需的电子芯片无须在货物表面，在货物内部隔着包装即可完成扫描。

（4）GIS 技术。地理信息系统（geographical information system，GIS）是多种学科交叉的产物，它以地理空间数据为基础，采用地理模型分析方法，适时地提供多种空间的和动态的地理信息，是一种为地理研究和地理决策服务的计算机技术系统。该技术的基本功能是通过对物体时时追踪获取相应的动态位置信息，再与收集到的与该物体相关的其他状态信息相互融合，形成内容丰富的地理信息模型。GIS 应用面很广，具体可以涉及勘察勘探、采矿、测绘等多个领域。

在物流管理领域，GIS 技术也有其用武之地，利用 GIS 技术丰富的地理信息数据和强大的地理信息数据处理能力可以有效地分析整个物流系统的时时运转情况，此外可以定时定点对各个运输点进行详细跟踪。完成上述功能需要借助专门的 GIS 物流分析软件，该软件主要有车辆路线模型、最短路径模型、网络物流模型、分配集合模型和设施定位模型等。

（5）GPS 技术。全球卫星定位系统（geographical position system，GPS）是一种先进的导航技术，它由发射装置和接收装置构成，发射装置由若干颗位于地球卫星静止轨道、不同方位的导航卫星构成，不断地向地球表面发射无线电波。在物流领域应用 GPS 技术可以做到货物的快速有效跟踪。美国联合包裹服务公司（UPS）通过全面利用 GPS 技术和 GIS 技术，能够对每日运送的 1 300 万个邮件进行电子跟踪；UPS 的每个司机都会携带一块电子操作板，可同时利用网络开拓新的综合商务渠道。由此可以看出，GPS 技术的应用给企业带来了巨大财富。

本章小结

进入 21 世纪后，随着经济全球化趋势的日益增强，越来越多的企业将供应链系统延伸至国外甚至整个世界范围，跨国供应链与物流管理成为其经营管理的关键战略和重要领域。目前，跨国供应链主要包括国际供应商、国际营销与配送系统、离岸加工以及全球性供应链四种形式。全球性供应链是跨国供应链发展的最高阶段，在这种供应链体系中，供应链的成员遍及全球，生产资料的获得、产品生产的组织、货物的流动和销售以及信息的获取都是在全球范围内进行的。

全球供应链战略管理的典型模式主要有：戴尔模式、沃尔玛模式以及利丰模式等。这些成功模式的共同经验在于：第一，注重发挥核心企业对整个供应链的组织、协调及集成作用；第二，采用合理的一体化库存管理机制及有效的实施策略；第三，运用先进的信息技术整合供应链的资源。

国际物流管理是跨国供应链管理或全球供应链管理中涉及领域最多，管理难度最大且重要程度最高的核心部分，也是跨国乃至全球供应链管理的重头戏。国际物流采购管理是国际物流管理的重要环节，众多国际企业在开展跨国经营时首先考虑的就是采取国际化采购战略来有效降低采购成本。国际化配送主要有三种模式：独立配送模式、共同配送模式以及集团配送模式。国际配送中心是集众多物流活动（包括仓储、装卸搬运、包装、流通加工、信息处理等）于一身的重要物流节点。它往往是从多个供应商手中接收多种大批量的货物，进行分类、保管、流通加工，并按顾客的订货要求经过分拣、配货及组装等作业后把恰当的产品组合以最合理的方式送交顾客。国际物流信息是国际物流活动的反映，也是组织、调控国际物流活动的重要依据。国际物流信息管理是紧密围绕着流畅、及时、准确的信息流进行的，这种信息流跟踪必须依靠计算机及网络技术建立的国际物流信息管理系统，从而使企业管理者可以对相关信息进行及时的处理和分析，以实现对国际物流具体业务流程的有效管控。国际物流信息系统可以借助的技术手段有：电子数据交换（EDI）技术、条码技术、射频技术、GIS 技术以及 GPS 技术。

关键术语

跨国供应链　全球性供应链　全球供应链战略管理　国际物流管理　国际化采购　国际物流配送　国际物流信息管理

复习思考题

1. 论述跨国供应链与物流管理的形成与发展。
2. 试析跨国供应链与物流管理的类型。
3. 论述全球供应链战略管理及其主要的典型模式。
4. 试析国际化配送管理的主要模式。
5. 国际物流中的信息流特点有哪些?

 应用案例

惠普的全球供应链战略管理

在宏观层面,惠普公司采用全球供应链战略,而在供应链的各个环节上,惠普公司针对市场的变化做出了一系列的改变,建立了符合自身特点的供应链系统。采用灵活的供应链管理原则,惠普在自身领域取得了飞速的发展和可喜的成就,最明显的例子莫过于2001年与康柏公司的合作。

1. 五种优化的供应链

供应链的建立和健全是惠普公司取得如今成功的另一个法宝,当然惠普公司建立的并不是传统意义上的供应链,而是在全新的理念下经过优化的供应链。目前,惠普主要有五种优化供应链:第一种是直接供应链;第二种是低接触率模式,主要用于打印机;第三种是简单配置的供应模式;第四种是针对高附加值的复杂供应链以及保证其有效运行的措施;第五种是供应链管理服务业务。

惠普公司产品覆盖面广泛,包括打印机、墨盒、照相机、笔记本电脑、PC、打印纸等多种产品。惠普公司的这五种经过优化后的供应链可以有效地对公司的所有产品进行科学合理的分配和运输。针对客户的需求,这五种供应链也可以有效的快速反应。比如对于销售商,他们更关心的是惠普公司的产品供应是否能及时有效完成,另外当某一商品的销售量猛增的时候,惠普公司能否快速响应迅速补充货源,而不是采用何种方式运抵。针对销售商这一特定群体,惠普公司在进行供应链管理时就会在产品运输速度和保证措施上加大力度,加快产品的调度规划力度,建立快速反应型供应链;加强信息技术在供应链管理上的应用,实时追踪已发出订单并向各个销售商显示产品实时位置的动态信息。同时,专人专职进行市场行情的监测,当发现某一产品的销量有较大波动时马上通知总公司,公司马上开始市场行情分析并做出增大供货或减少供货的决定,使产品一直保持在售不至于脱销或积压。

以上五种经过优化的供应链,在反应速度、配送速度、客户满意度等多个方面取得了令人欣慰的成绩,通过供应链的科学管理,惠普公司建立了良好的商业信誉,另外总成本的降低和销量的上升也为惠普公司带来了丰厚的利润回报,成为全球最大的数码产品生产商之一。

2. KeyChain 解决方案与电子采购

在保证产品质量的前提下,不断降低产品成本是惠普公司的经营理念之一,在企业的整个运作流程中,惠普公司采取了多种的降低成本的方式,其中惠普公司针对协作建立的 KeyChain 解决方案是所有降低成本方案中最重要的方案之一。

惠普 KeyChain 解决方案包括五个核心组件。其中,电子资源、竞拍与处理分析使得在使用电子资源方面实现了 10%~40% 的成本节省,平均 80% 的过剩材料得到挽救,利用动态价格每年节省数百万美元，在产品短缺期间保证业务流与客户满意度，产生新的模式与服务；信息与分析组件则用来降低成本与风险，利用企业采购之能量，管理合同文件，进行风险管理，通过提升对供应链的保障能力提高营业额；购买与销售组件通过价格保护，使合作伙伴能够灵活购买惠普的产品，惠普各个业务集团能够利用惠普全球资源优势，在整个供应链中确保快速支付；采购订单与预测协作组件帮助与合作伙伴实现自动交互流程，减少周转时间，降低风险，使双方的沟通实时、无阻，同时，对订单进行实时监控，与后台系统完美结合；而库存协作组件则可以更有效率地管理外包运作与库存，向供应商提供统一界面、同步沟通，通过实时的采购价格降低，以更高的运作效率来降低成本。

采用这一方案的意图很明显，就是要加强供应链管理和流动资金的核心竞争力，通过业界领先的流程和自动化系统，产生数亿美元的价值。显然，KeyChain 并没有让惠普失望，通过这一方案进行的电子采购和电子供应链管理及制造外包，使得采购成本下降了 17%，库存周转率提高了 60%，客户订单运作的周期缩短了一半。

3. 惠普的"价值协同网链"理念

基于对全球制造行业的深刻理解与把握，惠普提出了"价值协同网链"（Value Collaboration Network，VCN）的发展理念。惠普"价值协同网链"致力于在供应商、客户、合作伙伴等价值链成员之间建立起协同业务关系，提升了产品与服务的效能及企业的核心竞争力，帮助制造业客户建立以客户为导向的扩展型业务系统。VCN 通过协作与价值创新全面满足了用户需求，将外包服务供应商、业务流程与系统、贸易合作伙伴完美地结合在一起。其基础流程包括 ERP/供应链优化、用户/合作伙伴关系管理、产品生命周期协作三个方面，帮助用户建立一个强大、集成、灵敏的供应链，围绕制造设计流程连接所有合作伙伴，在适当的时间开发最适合的产品。

4. 供应商管理

供应商管理一直是惠普公司重点管理的对象之一，供应商管理的成败直接决定着整个供应链管理的效果。供应商管理主要包括供应商的识别、供应商的筛选、供应商合作管理、供应商长期合作管理等内容。

惠普公司编制了一款名为"Pre-Merger"的程序，该程序是一款专门的供应商管理程序，通过将供应商的相关信息输入该程序，借助计算机技术快速地查找和筛选，借以实现快速有效的供应商管理的目的。目前该程序已经收录了 50 家关键的供应商和服务提供商，而惠普公司每年在这些供应商和服务提供商的采购金额占到了总采购额的 90% 以上。

惠普公司内部设有专门的供应商管理部门，该部门的主要任务是收集各个供应商的信息并筛选出产品质优价廉的供应商，确定后与它们建立长期的战略合作伙伴关系。另外，该部门的高层领导每年与各个供应商负责人至少会晤两次，通过商业会谈的形式对当下市场需求情况进行分析，供应商与惠普公司相互交流确定今后一定时间的供应计划。双方在合作上进一步加强，有利于共同应对市场的不确定性，已达到互利共赢的最终目的。

资料来源：豆丁网．惠普的全球供应链战略管理．http://www.docin.com/p-302747337.html

讨论题

1. 惠普公司采取了哪些方式进行全球供应链战略管理？
2. 加强对全球供应链的战略管理对我国企业有何意义？

参考文献

[1] 宋华.现代物流与供应链管理[M].北京：经济管理出版社.2002.

[2] 王金圣.供应链及供应链管理理论的演变[J].财贸研究，2003（03）：64-69.

[3] 寇亚明.全球供应链—国家经济合作新格局[M].中国经济出版社，2006.

[4] 梁岩松，杜梅.全球供应链管理的挑战与对策[J].管理科学，2004（04）：38-42.

[5] 陈元志，夏健明，供应链管理战略模型的建立与运作[J].财经研究，2004（3）：75-84.

[6] 谭宇，散长剑.论外贸企业的虚拟经营[J].国际贸易问题，2005（05）：25-29.

[7] 瑞格斯比.发展战略联盟[M].贺痴，雷小兵，译.北京：机械工业出版社，2003.

[8] 日本综合研究所供应链研究部.供应链管理[M].李建华，译.北京：中信出版社，2001.

[9] 罗伯特B罕非尔德，小埃尼尔斯特L尼科斯.供应链管理导论[M].王小征，译.北京：社会科学文献出版社，2003.

[10] 鲍尔索克斯，等.供应链物流管理[M].李习文，等译.北京：机械工业出版社，2004.

[11] 吴清一.物流系统工程[M].北京：中国物资出版社，2004.

[12] 唐渊.国际物流学[M].北京：中国物资出版社，2004.

[13] 黎孝先.国际贸易实务[M].北京：对外经济贸易大学出版社，2000.

[14] 中国国际货运代理协会.国际货运代理基础知识[M].北京：中国对外经济贸易出版社，2003.

[15] 理查德L达夫特.组织理论与设计[M].宋继红，薛清梅，孙晓梅，译.大连：东北财经大学出版社，2002.

[16] 张建新.物流——第三利润源[M].北京：新华出版社，2005.

[17] Martin Christopher. Logistics Supply Chain Management [M] London: Prentice Hall, 2003. 126, 137-144.

第10章
国际企业营销和品牌管理

学习目标

- 掌握国际营销战略的内涵及其相关内容。
- 掌握企业进行国际营销所使用的策略。
- 理解国际品牌的内涵与功能。
- 掌握国际品牌的管理策略。
- 理解中国企业国际市场开拓过程中的关键挑战和解决途径。

开篇引例：苹果与三星的品牌价值塑造

据福布斯中文网报道，根据福布斯的计算，目前苹果品牌价值1 453亿美元（约合人民币8 877亿元），比2014年增长17%。2015年是苹果连续第5年登顶福布斯全球最有价值品牌排行榜（见表10-1），其品牌价值是其他任何一个品牌的近两倍。2014年第四季度，苹果销售了7 480万部智能手机，增长了49%，是自2011年以来苹果智能手机销量首次超过三星。2014年第四季度，苹果利润高达180亿美元（约合人民币1 100亿元），比上年同期增长33%。

表10-1　2015福布斯全球品牌价值排名10强

排名	品牌	品牌价值（亿美元）	一年价值变动	品牌营收（亿美元）	公司广告支出（亿美元）
1	苹果/Apple	1 453	17%	1 823	12
2	微软/Microsoft	693	10%	933	23
3	谷歌/Google	656	16%	618	30
4	可口可乐/Coca-Cola	560	0%	231	35
5	IBM	498	4%	928	13
6	麦当劳/McDonald's	395	-1%	878	8.08
7	三星/Samsung	379	8%	1 878	38
8	丰田/Toyota	378	21%	1 711	38
9	通用电气/General Electric	375	1%	1 291	—
10	Facebook	365	54%	121	1.35

英国品牌价值咨询公司 Brand Finance 的统计数据显示,2015 年韩国三星公司品牌价值增加了 15 亿美元,达到 832 亿美元,名列全球十大最具价值品牌排行榜第三名(见表 10-2),推动 2016 年三星品牌价值增长的因素包括可靠性、创新更快和产品线更宽泛。然而,苹果的品牌价值依然表现强劲,由于 iPhone 6 和 iPhone 6s 的成功,苹果的品牌价值同比增长了 14%。同时,2015 年是苹果连续第四年被 Brand Finance 评选为价值最高的品牌,苹果拥有强大的品牌,评级为 AAA,其与众不同之处是利用品牌创收的能力。例如,尽管其他厂商在 iPad 问世前就推出了平板电脑产品,但 iPad 使得平板电脑发展成为一个真正的产业。

表 10-2 英国品牌价值咨询公司 Brand Finance2016 年品牌价值排名 10 强

2016 年排名	2015 年排名	品牌	行业	国家	2016 年品牌价值(百万美元)	2016 年品牌评级	品牌价值同比变化	2015 年品牌价值(百万美元)	2015 年品牌评级
1	1	苹果	科技	美国	145 918	AAA	13.7%	128 303	AAA
2	3	谷歌	科技	美国	94 184	AAA+	22.8%	76 683	AAA
3	2	三星	科技	韩国	83 185	AAA	1.8%	81 716	AAA-
4	8	亚马逊	科技/零售	美国	69 642	AA+	24.1	56 124	AAA-
5	4	微软	科技	美国	67 258	AAA	0.3%	67 060	AAA
6	5	Verizon	电信	美国	53 116	AAA-	5.5%	59 843	AAA-
7	6	AT&T	电信	美国	59 904	AAA+	1.8%	58 820	AA+
8	7	沃尔玛	零售	美国	53 657	AA	−5.4%	56 705	AA+
9	11	中国移动	电信	中国	49 810	AAA-	4.0%	47 916	AAA-
10	15	富国银行	银行	美国	44 170	AAA-	26.5%	34 925	AAA-

数据显示,苹果的广告开支相对较少,仅占其营业收入的约 1%,而三星的广告投入要高出许多。2014 年,三星广告费用高达 40 亿美元(约合人民币 244 亿元),而苹果仅为 12 亿美元(约合人民币 73 亿元),不及三星的 1/3。在宣传产品方面,苹果更依赖其粉丝和产品本身而非广告。

在过去的 5 年中,三星的广告开支每年都高于苹果。尤其是 2012 年,三星的广告开支达到惊人的 40 亿美元,是同期微软广告投入的两倍以上,是苹果的四倍左右。虽然 2012 年是三星的丰收年,首次战胜强劲对手苹果成为业界的龙头老大,高昂的广告费用使三星旗下 Galaxy S3 和 Galaxy Note2 的销量达到数千万部,但过高的营销投入明显拉低了公司智能手机业务的利润率。由此可见,三星取得成功的重要原因之一是其愿意不断增加营销投入。

【请思考】
1. 广告作为营销策略中促销的重要形式对于跨国企业的重要意义?
2. 结合案例谈谈跨国企业国际化经营过程中如何提升品牌价值。

国际市场营销极大地拓展了企业的市场边界及需求空间,有利于企业利用国际资源提升竞争力并实现自身发展。在错综复杂的国际经济、文化、政治、法律、技术等环境的影响下,营销者要把国际市场的整体特点和发展、变化规律与各个目标市场所在地的不同特点和变化规律结合起来考虑,确定企业的营销目标,制定合适的营销战略和选择合适的国际市场进入方式,在国际竞争中取得良好的效益。而国际市场的竞争实质上是品牌的竞争,正如美国营销学者劳瑞·莱特对营销趋势进行预测时所指出的:"未来的营销是品牌的竞争。拥有市场比拥有工厂重要得多,而拥有市场的唯一途径是拥有具有市场优势的品牌。"拥有强势品牌就意味着拥有高利润、高市场占有率以及强劲的竞争力。

10.1 国际市场营销战略

国际市场营销简称国际营销,是指企业向一个以上的市场提供产品或劳务,在满足市场需求的基础上实现更大经济利益的跨越国界的经济活动。国际营销是在市场营销的基础上发展起来的,也是一国国内市场营销在空间上的扩展,是企业进行跨国界的市场营销活动。

基于市场细分的 STP [1] 市场营销战略是现代战略营销的核心,包括市场细分、目标市场和市场定位。市场细分是战略营销活动的基础,也是营销战略成败的关键所在,之后要对所有细分市场进行有效的评价,并选择目标市场,之后更为重要的一个环节便是市场的定位战略。

10.1.1 国际市场细分

市场细分这一概念最早是由美国市场学家温德尔·史密斯(Wendell R. Smith)于 20 世纪 50 年代中期提出来的。所谓市场细分(market segmentation),就是企业根据总体市场的不同消费者明显的需求特征、购买行为和购买习惯,把它们细分为彼此有区别的子市场的市场分类过程。

国际市场细分,是市场细分理论在国际营销领域的运用和深化,即企业按照一定的细分标准,把整个国际市场细分为若干个需求不同的子市场,任何一个子市场的消费者具有相同或相似的需求特征,企业在子市场中选择一个或多个作为国际目标市场,然后针对目标市场的需求开展市场营销活动,使企业经营的产品更符合各国不同消费者阶层和集团的需要,从而提高竞争力和市场占有率。据安德鲁·德斯勒(Andrew Tessler)对英、法、德 360 家出口大企业的调查,它们出口的 90% 集中在少数目标市场,而利润较其他无目标市场的企业高出 30%~40%,调查结果证明,成功的出口只要选择好目标市场,产品在市场上站得住脚,就能逐渐扩大市场占有率。由此可见,国际市场细分的重要意义。

1. 国际市场细分的依据

任何产品都表现为一组属性的集合,但不同的消费者对同类产品的不同属性赋予不同的重视程度。根据对同类产品不同属性的重视程度及需求偏好的差异性,可以把消费者的需求偏好分成三种类型:①同质型偏好,是指市场上所有购买者的偏好大致相同。因此,可以预见,存在的品牌具有相近的属性,产品定位一般都在偏好的中心。在这种情况下,销售者必须同时重视式样和质量两种属性。②分散型偏好,则是在另一个极端,购买者的偏好可能在空间平均分散,而无任何集中现象,这表示购买者对产品的偏好有所不同。③集群偏好,市场上不同偏好的购买者会形成一些集群。比如,有的购买者偏重于式样,有的购买者偏重于质量,各自形成几个集群,称为"自然分市场"。

---

[1] STP:分别是 segmenting、targeting、positioning 三个英文单词的缩写,即市场细分、目标市场和市场定位的意思。

2. 国际市场细分过程

由于国际营销不同于国内营销的特点，国际市场细分需要两个层次的工作（见表10-3）：第一层次是企业在进入国际市场之前，首先按照某种标准（如经济、文化、地理位置等）将不同的国家或地区分组，同一组的国家或地区具有基本相同的营销环境。企业结合自身资源和能力特点，选择进入某一个（或某几个）国家或地区。这一层次的市场细分是宏观意义上的市场细分。第二层次是对企业选取的目标国家或地区市场的进一步细分。这是因为，即便是一个国家的市场，消费者的需求也是千差万别的，企业不可能满足该国所有顾客的需求，而只能将其再细分为若干子市场，以满足其中一个或几个子市场的需求。这种含义上的国际市场细分属于微观细分，也称为一国之内的市场细分。

表 10-3 国际市场细分标准/变量

国际市场宏观细分	国际市场微观细分	
	消费者市场细分	生产者市场细分
地理因素	地理因素	用户地点
经济因素	人口因素	用户行业
文化因素	心理因素	用户规模
	行为因素	

10.1.2 国际目标市场的选择

企业在对整体市场进行细分之后，要对各细分市场进行评估，然后根据细分市场的市场潜力、竞争状况、本企业资源条件等多种因素决定将哪一个或哪几个细分市场作为目标市场。企业营销的目标市场是整个大市场中的一个子市场，企业服务于该市场营销活动的结果应当比其他企业更能有效地满足该市场的需要，更充分地利用企业的资源。因此，企业选择国际目标市场是十分必要的。

1. 目标市场的选择标准

选择国际目标市场的总体标准是要能充分利用企业的资源，以满足该子市场上消费者的需求。具体有以下标准：

（1）有一定的规模和发展潜力。企业进入某一国外市场的目的是获取利润，若市场需求不大、规模小，企业进入后难以获得发展，则不宜轻易进入。考量市场的规模，现有需求容量是一个方面，而潜在需求容量即市场发展潜力也不容忽视。一般来说，多数企业都会考虑选择规模大的市场作为目标市场，但"多数谬误"带来的后果是某些需求因供应者过多而过度竞争，而某些需求又被冷落而得不到满足，浪费社会资源。若某一细分市场虽然目前规模不大，但却有一定的潜在需求可挖，且与企业的资源能力及经营目标相贴合，则仍然是极具吸引力的市场。一般来说，一个国家经济发展比较快，其政治稳定，应该是一个较好的潜在市场。以中国为例，近30年来国民经济平均增长速度非常快，21世纪的前10年里，中国经济增长率仍保持在7%以上，是一个潜力巨大的市场。正因为如此，国外企业纷纷看好中国，世界500强中的许多跨国公司，在中国市场都有业务开展。

（2）细分市场结构对企业有足够的吸引力。有一定规模和发展前景，有时也未必就是理想的目标市场，因为从经济效益或盈利的角度来看，该市场或许企业难以进入，或许企业无法占有预定的市场份额，因而缺少内在的吸引力。一个细分市场的吸引力可以用波特的五力模型来分析。此外，里兹克拉（Elins G. Riakallah）使用组合法从国家潜量、竞争力、风险三个方面选择国际目标市场（1980）。在这种组合法中，国家潜量是指企业的产品或服务在一国市场上的销售潜量。其基础包括人口、经济增长率、实际国民生产总值、人均国民收入、人口分布、工业生产消费模式等数据资料。竞争力决定于内部因素和外部因素两方面：内部因素包括企业在该国市场上所占份额、企业资源和设施，以及企业适应该国特点的能力和优势；外部因素包括该行业中竞争对手的竞争力、来自替代产品行业的竞争，以及国内外的行业结构。风险是指企业在该国面临的政治风险、财务风险和业务风险（如消费者偏好的转移）以及各种影响利润、资金流动和其他经营结果的因素。

（3）符合企业目标和能力。理想的目标市场，企业还必须结合自身的目标与能力来考虑，某细分市场也许有较大的吸引力，但不符合企业的长远目标，因而只能放弃。因为这部分细分市场本身可能具有吸引力，但是却不能推动整个企业实现自己的目标，甚至分散企业的精力，使之无法完成主要任务。

同时，企业还必须考虑自身是否拥有在该市场获胜所需的技术和资源。无论什么样的细分市场，企业要在其中取得成功，都必须具备某些条件。如果企业在该市场中的某个或某些方面缺乏必要的能力，并且无法获得必要的能力，那就只能放弃这个市场。有了必要的能力，企业还要发展其优势，以击败竞争对手。如果无法在该市场创造某种形式的相对优势地位，就不应该贸然进入。

2. 目标市场营销战略

目标市场营销是指企业在市场细分的基础上，选择一个或若干个子市场作为目标市场，并相应地制定营销策略的过程。在进行市场细分之后，究竟选择哪些国家作为目标市场，企业可以在下述三种策略中进行选择（见图10-1）。

（1）无差异性市场营销战略。无差异性市场营销战略是指企业将整个国际市场视为一个目标市场，关注消费者需求的共同点，忽略需求的差异性，设计标准化的营销组合策略。无差异性市场营销策略适用于全球一体化程度较高的行业（电脑、飞机、药品、家用电器、饮料等），而且要求企业具有较为雄厚的实力（研发、投资规模、全球制造、国际分销渠道）。这种策略的优点是产品可实行规模生产，从而降低成本，节省营销费用；其缺点是难以满足消费者可能存在的需求差异性。无差异营销的理论基础是成本的经济性。生产单一产品，可以减少生产与储运成本；无差异的广告宣传和其他促销活动可以节省促销费用；不进行市场细分，可以减少企业在市场调研、产品开发、制定各种营销组合方案等方面的营销投入。这种策略对于需求广泛、市场同质性高，能大量生产、大量销售的产品比较合适。

（2）差异性市场营销策略。差异性市场营销策略是基于国际市场的差异性将其划分为若干细分市场，针对不同的细分市场制订不同的营销组合方案。差异

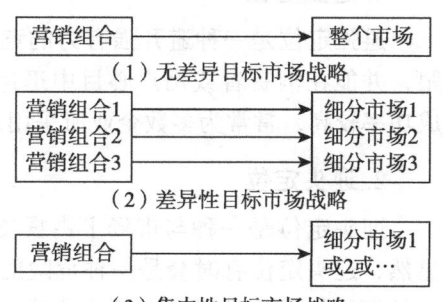

图10-1 选择目标市场的三种战略

资料来源：菲利普R凯特奥拉，玛丽C吉利，等. 国际市场营销学[M]. 赵银德，等译. 北京：机械工业出版社，2013.

性营销策略的优点是：针对不同的国际细分市场通过提供差异性的产品或服务，提高企业在各个市场的竞争力。另外，由于企业是在多个细分市场上经营，在一定程度上可以降低经营风险；一旦企业在几个细分市场上获得成功，有助于提高企业的形象及提高市场占有率。差异性营销策略的不足之处主要体现在两个方面。一是增加营销成本。由于产品品种多，管理和存货成本将增加；由于公司必须针对不同的细分市场发展独立的营销计划，会增加企业在市场调研、促销和渠道管理等方面的营销成本。二是可能使企业的资源配置不能有效集中，顾此失彼，甚至在企业内部出现彼此争夺资源的现象，使拳头产品难以形成优势。

（3）集中性市场营销策略。实行差异性营销策略和无差异营销策略，企业均是以整个国际市场作为营销目标，试图满足所有消费者在某一方面的需要。企业的资源和能力有所不同，这也会制约企业的营销战略，集中性营销策略则是集中力量进入一个或少数几个国际细分市场，实行专业化生产和销售。实行这一策略，企业力求在一个或几个国际子市场占有较大份额。集中性营销策略的指导思想是：与其四处出击收效甚微，不如突破一点取得成功。这一策略特别适合于资源力量有限的中小企业的国际目标市场选择。中小企业由于受财力、技术等方面因素制约，在整体市场可能无力与大企业抗衡，但如果集中资源优势在大企业尚未顾及或尚未建立绝对优势的某个或某几个细分市场进行竞争，成功的可能性更大。集中性营销策略的局限性体现在两个方面：一是市场区域相对较小，企业发展受到限制；二是潜伏着较大的经营风险，一旦目标市场突然发生变化（如消费者兴趣发生转移，或强大竞争对手的进入，或新的更有吸引力的替代品出现）就有可能使企业没有回旋余地而陷入困境。

10.1.3 国际目标市场定位

市场定位（positioning）是由艾·里斯（Al Reis）和杰克·特劳特（Jack Trout）于1972年提出的一个重要的营销学概念。所谓市场定位通常也被称为产品定位或竞争性定位，是指企业对其产品或服务以及企业形象进行设计的，以便在目标顾客的心目中占有独特的地位。市场定位的目的是为本企业产品创造独特的卖点，或为企业塑造一种独特的形象，从而在目标市场建立竞争优势。市场定位的手段是差异化，其实质是使本企业与其他企业严格区分开来，从而在顾客心目中占有特殊的位置。下面分析三种主要的定位方式。

1. 避强定位

避强定位是一种避开强有力的竞争对手的市场定位。其优点是能够迅速在市场上站稳脚跟，并能在消费者或用户心目中迅速树立起一种形象。由于这种定位方式的市场风险较小、成功率较高，常常为多数企业所采用。

2. 迎头定位

迎头定位是一种与市场上占据支配地位的，即最强的竞争对手"对着干"的定位方式。显然，迎头定位有时会是一种危险的战术，但不少企业认为，这是一种更能激励自己奋发向上的可行的定位尝试，一旦成功就会取得巨大的市场优势。在国际市场上，这类事例屡见不鲜，如可口可乐和百事可乐之间、肯德基与麦当劳之间持续不断的竞争等。企业实行迎头定位，必须知己知彼，尤其应清醒估计自己的实力，不一定试图压迫对方，只要能够平分秋色就已是巨大的成功。

3. 重新定位

企业在进入国际市场时，通常可能需要对产品或品牌进行再定位。所谓再定位，就是根据产品自身特点和当地市场的竞争状况，重新调整在市场中的预期。例如，海尔电器在中国本土市场享有非常高的声誉，因此，其价格往往高于很多其他本土品牌。但在美国市场，海尔电器就不得不重新调整自己的市场定位，调整为物美价廉、性价比很高且质量过硬的家电产品。因为在美国市场，其本土品牌和日本品牌多年来已经形成了比较牢固的市场优势地位。

10.2 国际市场营销策略

营销组合策略通常包括四个基本变量，即产品、价格、分销和促销，即"4P"组合策略。国际市场营销组合是一个复合结构，又是一个动态组合，每一个因素都在不断变化之中，所以企业要不断强化营销组合策略。

10.2.1 国际市场营销的产品策略

1. 标准化策略

国际产品的标准化策略是指企业向全世界不同国家或地区的所有市场提供相同的产品。执行产品标准化策略的前提是市场全球化。随着时代的发展，社会、经济和技术的发展使得世界各个国家和地区之间的交往日益频繁，相互之间的依赖性日益增强，消费者需求也具有越来越多的共同性，相似的需求已构成一个统一的世界市场。因此，企业可以生产全球标准化产品以获取规模经济效益。

产品标准化策略可使企业实行规模经济，大幅度降低产品研究、开发、生产和销售等各个环节的成本从而提高企业利润。在全球范围内销售标准化产品，有利于树立产品在世界上的统一形象、强化企业的声誉，有助于消费者识别企业产品，从而使企业产品在全球享有较高的知名度。产品标准化还可使企业对全球营销进行有效的控制。国际市场营销的地理范围较国内营销扩大，如果产品种类较多，则每个产品所能获得的营销资源相对较少，难以进行有效控制。产品标准化一方面降低了营销管理的难度；另一方面集中了营销资源，企业可以在数量较少的产品上投入相对充裕的资源，对营销活动的控制力更强。可口可乐是公认的采取产品标准化策略的典范。多年以来，可口可乐公司在国际市场推出同样的产品，甚至采用同样的包装，推行同样的广告诉求，这使得可口可乐公司无须频繁更换产品配方和包装，降低了大量成本。

2. 差异化策略

国际产品的差异化策略是指企业向世界范围内不同国家和地区的市场提供不同的产品，以适应不同国家或地区市场的特殊需求。如果说产品标准化策略是由于国际消费者存在某些共同的消费需求的话，那么产品差异化策略则是为了满足不同国家或地区的消费者由于所处不同的地理、经济、政治、文化及法律等环境，尤其是文化环境的差异而形成的对产品个性化的需求（见图10-2）。尽管

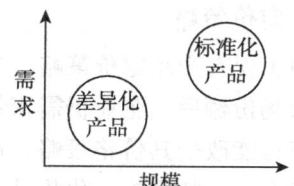

图10-2　产品策略矩阵

资料来源：谢琼，吴明杰. 国际市场营销 [M]. 北京：北京理工大学出版社，2011.

人类存在着某些基本需求共性，但在国际市场上不同国家或地区消费者的需求差异仍很明显。在某些产品领域，特别是与社会文化的关联性强的产品领域，国际消费者对产品的需求差异更加突出。企业必须根据国际市场消费者的具体情况改变原有产品的某些方面，以适应不同的消费需求。为了适应中国市场的需要，快餐巨头肯德基推出了油条等独具中国特色的早餐产品，以吸引更多本土消费者惠顾。这正是肯德基推行产品差异化策略的一个重要体现。

执行产品差异化策略，即企业根据不同目标市场营销环境的特殊性和需求特点，生产和销售满足当地消费者需求特点的产品。这种产品策略更多的是从国际消费者需求个性角度来生产和销售产品，以更好地满足消费者的个性需求，有利于开拓国际市场，也有利于树立企业良好的国际形象，是企业开展国际市场营销的主流产品策略。然而，产品差异化策略也对企业提出了更高的要求。首先要鉴别各个目标市场国家消费者的需求特征，这对企业的市场调研能力提出了更高的要求；其次要针对不同的国际市场开发设计不同的产品，要求企业的研究开发能力跟上市场特征；最后是企业生产和销售的产品种类增加。其生产成本及营销费用高于标准化产品，企业的管理难度也加大。因此，企业在选择产品差异化策略时，要分析企业自身的实力以及投入产出比，综合各方面的情况再做出判断。

10.2.2　国际市场营销的价格策略

1. 国际市场的商品价格构成

一般来说，国际产品价格较国内产品价格增加了以下几项构成。

（1）关税。进出口关税及其附加是国际产品价格的重要构成。关税税率的高低、最惠国待遇、关税减免等直接影响国际产品的价格。例如，现阶段的关贸总协定或1995年后的世界贸易组织成员与非成员，分别享受不同的关税税率，决定着其国际产品的价格高低。

（2）国际中间商成本。商品分销渠道的延长必然导致增加中间商的成本。分销渠道的长短和营销方式因国别或地区而异，进入国际市场可采取多种多样的方式，所以没有统一的国际中间商加成标准，这使得出口商无法控制其产品在国际市场上的最终售价。

（3）运输和保险费。出口需要把商品运至异国，这就增加了运输成本，诸如运费、保险费、装卸等费用，而且许多国家的进口关税是按到岸价计征。

（4）汇率变动。国际贸易合同中的计价货币是可以自由选择的，而实行自由浮动汇率的今天，谁也难以预测一种货币的未来实际价值。如果在长期合同中不考虑币种的选择和汇率的变化，企业可能会在不知不觉中遭受10%~20%的损失或获得同等的意外收入。雀巢公司因汇率变动曾在6年中损失了100万美元，而美国惠普公司因汇率变动曾获得近50万美元的额外收益。

2. 定价策略

（1）现有产品定价策略。当从事国际营销的企业成功地进入了某国的市场，并且占有一定的市场份额后，企业仍需密切关注该产品的定价策略，其原因有以下几方面：①竞争对手随时有可能改变其价格策略，冲击现有的市场格局；②市场需求随时可能发生变化，尤其是时尚性产品，如服饰、化妆品等；③企业自身营销策略的变化。企业现有产品的定价策略主要有三种：一是保持价格不变；二是降价策略；三是涨价策略。

（2）新产品定价策略。对于国际市场营销，新产品是指企业在国外目标市场首次推出的产品，它既可以是企业新开发的产品，也可以是改进型产品，或者是已经在国内畅销的产品。定价策略主要包括：

1）撇脂定价策略。撇脂定价策略是指企业在将产品投放市场时，制定较高的价格，以期在竞争对手以低价进入市场之前，尽可能地获取市场利润，收回产品开发的成本和投资，就好像从牛奶中撇取奶油一样。

2）渗透定价策略。渗透定价策略与撇脂策略相反，即在新产品投入市场之初，就制定一个较低的价格，以便迅速占领市场，排斥竞争对手，取得领先地位。

3）跟进定价策略。跟进定价（follow-the-leader-pricing）是指企业紧跟行业内主要的竞争对手据以确定产品价格，以与之保持一致。这是一种被动的定价方法，这种策略要求行业内不同的企业在定价时要相互协调。但是，许多工业化国家和一些发展中国家通过反托拉斯法和反垄断法对这种定价上的协调加以禁止。如果没有这种立法存在，价格上相互协调的行为时常见的现象，在供大于求的行业尤其如此。

（3）折扣价格策略。折扣价格策略是指根据国际市场上需求和产销的具体情况，对基本价格进行调整，主要是适当降低价格以促进销售。在国际营销活动中，企业为了实现其整体营销目标，就必须在定价时考虑所有中间商的利益及最终用户的价格水平，以刺激他们的购买热情。

（4）心理定价策略。心理定价策略是指企业营销人员运用心理学原理，根据不同顾客购买产品时的动机和情感反应来制定价格，以扩大销售的价格策略，多是在零售领域针对消费者使用，常见的有以下几种具体形式：尾数定价、声望定价、参照定价和促销定价。

3. 国际转移定价

许多跨国公司都把国际转移价格作为国际市场营销的重要定价策略，实际上都把国际转移价格定得偏离正常的国际市场价格，以实现其利润的最大化。常用方法如下：

（1）当产品需要从 A 国向 B 国转移时，如果 B 国采用从价税，且关税较高，则采用较低的国际转移价格，以减少应纳的关税。

（2）高进低出的转移价格。当某国的所得税较高时，转移产品到该国则把价格定高；而将产品转出则把价格定得较低，降低跨国企业在该国的利润，在该国少纳所得税。

（3）当某国出现较高的通货膨胀率时，如向该国子公司转移产品，也可采用高进低出的转移价格，避免资金在该国大量沉淀。

（4）在实行外汇管制的国家，跨国公司转移产品进去时采用高定价，而在转移出来时则采用低定价，降低在该国的利润；既可以避免利润汇出的麻烦，又可以少纳所得税。

10.2.3 国际市场营销的分销策略

商品进入国际分销渠道依国际营销的不同阶段可分为国际渠道和国内渠道两部分，前者是指企业进入国际市场的渠道，后者是指企业在各国国内的分销渠道。企业经过一定的国际渠道将产品输入到某个国家后，再依据该国市场特点、销售渠道结构、竞争状况以及法律规定等因素选择合适的国内分销渠道，以最低的销售成本进行销售（见图 10-3）。

从事国际分销活动的中间商种类很多，其组织形式和名称在各个国家不尽相同，但是总的来说，从经营进出口业务的角度来分类，可分为进口组织和出口组织两大类。其中，进口组织主要包括进口商、国外代理商、批发商和零售商；出口组织主要包括厂家自设的出口机构、出口商、出口代理商以及出口经纪人等。国内生产者可以通过位于国内和国外的各种中介机构，将产品间接销售到国外，也可以直接销售给国外的最终用户。

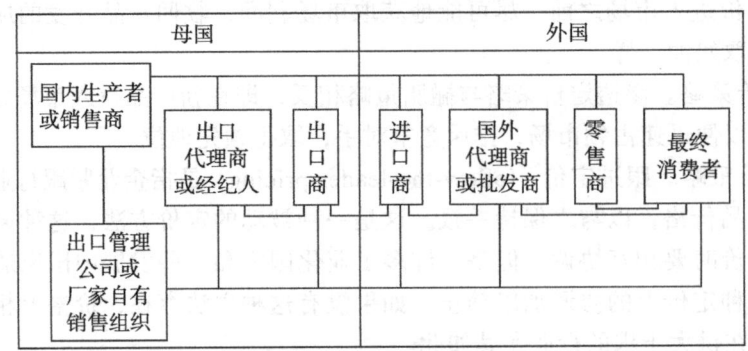

图 10-3 国际营销渠道

资料来源：徐子健，朱明侠. 国际营销学[M]. 2 版. 北京：对外经济贸易大学出版社，2007.

1. 国际分销渠道策略

国际分销渠道具有一定的长度和宽度。一个企业出口产品，不仅要考虑使用多少层次的中间商，即渠道有多长最为合适；还要考虑在每一层次上使用多少渠道成员，即渠道宽度是多少最为有效，而国际分销渠道策略就是研究分销渠道各层次中需要多少渠道成员。国际分销渠道策略主要有以下四种。

（1）宽渠道策略。宽渠道策略，又称广泛性分销渠道策略，是指出口商品在国际市场上各个层次的环节中尽可能多地选择中间商来推销其产品的分销渠道策略。这一策略的特点是：中间商之间形成强有力的竞争，有利于该商品进入更广阔的国际市场。但是，中间商一般都不愿承担广告费用，而且产品的最终市场价格不易控制，部分中间商削价竞销，会损害该产品在国际市场上的形象。

（2）窄渠道策略。窄渠道策略，又称为独家销售特定商品或劳务的渠道策略，买卖双方的利益、权利和义务由协议明确规定。这一策略包括独家包销和独家代理两种形式。独家包销是双方在互惠的前提下，把专卖权与专买权作为交易条件加以明文规定，产品的所有权发生实质性转移，即产品买断，包销商自负盈亏。独家代理则是卖方把产品交给代理商代销，双方是委托与被委托的关系，代理商只收取佣金而不承担国际风险。窄渠道策略有利于鼓励中间商开拓国际市场，并依据市场需求订货和控制销售价格，但独家经营容易使中间商垄断市场。

（3）长渠道策略。长渠道策略，又称多环节渠道策略，是指出口商在国际市场上选用两个以上环节的中间商为其推销产品的渠道策略。国际市场营销由于受到国际政治、经济、社会文化和地理等因素的影响，其分销渠道都较国内市场营销渠道长。这一策略的特点是商品能进入更广阔的市场地理空间和不同层次的消费者群，但容易形成该商品较大的市场存量，并增加销售成本，导致最终售价上升。

（4）短渠道策略。短渠道策略指出口商在国际市场上直接与零售商或该商品用户从事交易的渠道策略。这一策略包括两种形式：

1）出口商越过中间环节，直接与大物资经销商、大百货公司、超级市场、大连锁商店等从事交易，降低交易成本，让利于零售商和消费者。

2）出口商直接在世界各地建立自己的直销网络，让利消费者，以低价策略开拓国际市场。出口商自营直销网络常常受企业的人、财、物的规模限制，只有少数跨国大企业能够采用。

2. 国际分销渠道的管理与控制

（1）国外中间商的选择与管理。企业在进行国际分销时，首先要经过各种途径与国外中间商建立初步联系，然后就是在众多的国外中间商中选择出最适合于从事本企业产品在一定区域分销的中间商。在进行国外中间商的选择时，不仅要了解其经营范围、财务状况、信用状况，还要考察其经营历史、市场覆盖率、声誉以及未来销售增长潜力等情况。企业制定了分销渠道策略、选定了国外中间商之后，即开始进行产品的国际分销活动。在这个过程中，企业要对渠道成员的工作、渠道的结构系统不断地进行监督管理，激励中间商更出色地完成任务，定期修改渠道结构使之适应市场新需求。

（2）国际分销渠道的控制。将产品委托给中间商后，出口企业应当对其进行适当的控制。中间商作为独立的商业机构，往往同时销售很多家企业的商品，它们关心的是高利润、快周转。它们完全可能不重视某个企业产品的销售，从而可能使该企业丧失市场机会。所以加强对中间商的控制，对企业来说是很重要的。另外，企业还应从渠道成本、覆盖率以及持续性三个方面对国际分销渠道进行控制。

3. 国际分销渠道的新趋势

全球化趋势的蔓延和网络技术的发展正在改变经济结构的各个层次，包括分销结构。传统的渠道结构逐渐被一些新的分销形式所替代。直销、特大型专业市场、折扣商店、商场、邮购和电子商务等销售方式日趋发展和完善，为企业提供了更多元化的分销渠道选择。传统的渠道正受到来自互联网的挑战，在过去的十年中，电子商务零售商如亚马逊、戴尔、eToys 和 eBay 由于分销渠道的优势，取得了长足发展并不断向全球扩张。网络分销渠道具有成本低廉、覆盖范围广泛的优势，大多数企业在已经或正在尝试搭建电子商务分销平台，大数据时代的到来，更是为企业构建基于互联网的分销模式提供了便利和机遇。

10.2.4 国际市场营销的促销策略

促销是企业与消费者进行的沟通，企业将产品或服务的有关信息进行传播，帮助消费者认识商品或服务所能带来的利益，诱发消费者的需求，激发他们的欲望，促进他们采取购买行动，最终实现销售的目的。

1. 国际广告策略

（1）国际广告的标准化或差异化策略。国际广告活动究竟应采取有差异的个性化广告，还是无差异的标准化广告，应根据产品或劳务的性质、各国市场的同质性、各国政府的限制和社会文化差异大小等来决定。绝对的标准化广告策略或绝对的个性化广告策略都是不正确的。标准化广告策略，是指把同样的广告信息和宣传主题传递给各国市场。这种策略要求撇开各国市场的差异性，突出基本需求的一致性。其特点是可节约广告费用，有利于保持企业和产品的统一性。随着经济国际化的发展，越来越多的广告信息趋于标准化。个性化广告策略，是指同一产品在不同的国家和地区传递不同的广告信息，突出各国市场的差异性。其依据是不同的国家和地区，在政治制度、法律、自然地理、经济发展状况等方面存在着巨大的差异，广告信息的传递应对这些差异做出调整。这一策略的特点是针对性强，广告促销效果较好。

（2）国际广告媒体选择策略。国际广告媒体种类繁多，如印刷媒体、电视、广播、电影、直邮和户外广告牌等，各有其特点和不同效果。国际营销应根据产品的性质和各国市场的特殊性，选择不同的广告媒体传递商品信息。

（3）国际广告控制策略。随着广告费用的增加，对国外分销商或子公司的广告活动进行评估和控制在广告促销中日趋重要。国际广告的控制策略主要采用三种方法：①高度集中管理国际广告，控制营销成本；②分散管理广告，国外分销商或子公司按销售额的一定比例提取广告费，开展个性化广告促销；③按广告职能的不同，分别采取分散或集中的国际广告管理。

2. 国际市场人员推销策略

国际市场营销中，人员推销最易受到目标市场国家的社会、文化和语言等因素的制约。人员推销在缺乏广告媒体的外国市场或工资水平较低的发展中国家作用较大，特别是在生产资料的销售中。

（1）销售人才来源策略。首先，选择目标市场国家中能熟练使用两种特定外语的当地人，特别是那些具有销售经验的人才，既可利用他们在当地的社会关系资源，又能减弱国际企业在当地的外来形象。其次，选择母公司所在国移居到目标市场的人才。他们懂得两国的语言和文化，只需学习推销技术和公司的政策，就可能成为优秀的销售人员。再者，选择母公司所在国具有外语基础，并愿意到国外工作和生活者。他们最好能具有销售技能和懂得目标市场的社会文化、政治法律等环境因素。这类人才易与母公司沟通，忠诚度高，会在市场上加强公司的外来形象。

（2）销售人员培训策略。企业在招聘销售人员后，必须在母国和东道国组织人员培训，如社会文化和语言培训、市场营销技能培训等，通过培训和组织学习促使销售人员熟悉当地的风俗习惯、消费行为和商业惯例。对外籍人员的培训则重点是了解企业的情况、产品性能以及熟悉技术资料，以便向顾客提供咨询和技术服务。

（3）销售人员激励策略。激励是促销管理的重要环节。常用的激励方法有两种：第一，固定薪金加奖励，推销人员实行固定酬金，完成任务较好则发给一定的奖金；第二，佣金制，根据推销人员完成的销售额或利润额的大小支付一定比例的报酬（国际一般规定，完成基本任务可按 5% 抽取佣金）。

3. 国际公共关系

在国际营销中，公共关系促销策略的地位越来越高。现代跨国企业为了进入目标市场国家应用各种公关策略，如与政府官员、当地名人、工会、社团、教育界等人士交往，为其产品进入市场领取钥匙。

4. 国际营业推广策略

在国际促销活动中，除广告、人员推销、公共关系以外，所有鼓励最终用户购买产品、提高零售商和中间商推销能力并改进其合作态度的市场营销活动，都属于营业推广。广告对消费者购买行为的影响往往是间接的，营业推广则刺激消费者立即做出购买决策。

企业在国际市场营销实践过程中，广泛使用以下三种营业推广策略。

（1）争取政府支持开拓国际市场。许多国家的政府都帮助本国企业在国际市场上开展促销活动。各国驻外使馆一般都为本国企业提供一般性的当地市场信息；积极参加政府组织的贸易代表团，参加并赞助有关的国际研讨会，参与组建海外贸易中心或出口开发办事处等；积极争取政府制定有利于本国企业开拓国际市场的外交和外贸政策。

（2）积极参加与本企业有关的综合性和专业性国际博览会。国际博览会是一种很好的促销方式，它的主要作用是：把产品介绍给国际市场，树立企业和产品的良好国际形象；利用各种机会，就地开展交易活动。

（3）积极参加或主办国际巡回展览，向目标市场国家消费者介绍企业的情况和产品信息。

国际营销中，促销可说是与文化联系最为紧密的一环。各个国家的市场环境存在着很大的差异，因此，企业在国际市场开展促销活动，需要充分考察当地市场的文化特点和风俗习惯。

10.3 国际品牌概述

国际品牌是指在国际市场上知名度、美誉度较高，产品辐射全球的品牌。尽管可能因国家而异，品牌的版本不同，但都有一个共同的目标，就是一个相似的标识。国际品牌具有以下特性：较高的国际知名度、极高的国际信誉度、巨大的经济价值、较高的国际市场占有率和市场全球化程度、品牌文化和产品文化的高度国际融合性。经营国际品牌的益处在于能够让本地顾客感受到高品质和威望，吸引潜在雇员和海外伙伴，跨文化交流学习，有效降低营销战略和国际市场进入设施的成本。

10.3.1 国际品牌的界定及其动因

1. 国际品牌的内涵与功能

品牌国际化作为一个独特的名词最早出现在20世纪80年代莱维特（Levitt）的《市场全球化》一书中。国际品牌是指在品牌名称、标识、包装、广告策略、品牌定位、品质等方面保持全球一致，以达到信息传递的标准化，最大限度地节约成本。国际品牌是世界范围内统一的定位和形象，地域分布广泛，消费者认知程度高。国际化品牌通常被理解为在多个地区或国家享有较高知名度，并且被各个市场中的消费者认同和接受的品牌，如苹果、可口可乐、微软、麦当劳、奔驰等。这些品牌在不同的国际市场上保持一致的或相似的品牌定位、品牌个性和市场营销策略。通常来说，国际品牌具有以下功能：

（1）国际品牌是产品和服务的标记。品牌是跨国企业使自己产品和服务与竞争者产品和服务区分开来的符号集，这是品牌最基本的功能。任何品牌都需要一组标识自身个性的特殊符号，从而与其他竞争者的产品和服务予以区别。成功的品牌符号能够强化消费者对品牌的认同感，在消费者心中留下美好而深刻的印象，进而成为品牌成功的良好基础。

（2）国际品牌是企业文化的公开展示。品牌是跨国企业经营管理活动的结果，代表企业给予消费者品质、服务、价格和便利性等方面的承诺和保证，这些承诺体现在组织日常经营管理中所进行的具体活动之中。知名品牌是卓越品质、优质服务和良好信誉的综合象征。

（3）国际品牌是企业价值的象征。品牌是一个跨国企业最具价值的无形资产。品牌价值不是由跨国企业自身而是由社会（主要是消费者）所决定的。社会对跨国企业的评价决定了品牌资产价值的高低。国际品牌是企业实力的象征和产品质量的保障,是企业开拓国际市场的关键决定因素和结果。

2. 品牌国际化的动因

跨国企业要在全球化过程中获得竞争优势,必须在世界范围内建立并发展自己的品牌。以下因素成为推动国际品牌发展的主要力量:

(1)全球性传媒的出现。全球性传媒的迅速发展为品牌全球化提供了技术条件。

(2)人口因素。全球性年轻人的出现以及普遍的人口趋势(如全球职业女性比例增加),为品牌全球化提供了市场条件。

(3)贸易壁垒的减少。世界范围内贸易壁垒的减少,促进了商品在各个国家之间的流动以及消费者共同的消费观念和价值观的形成。

(4)共同价值观念的驱动。共同价值观念的存在,是许多全球品牌赖以建立的基础。

10.3.2 品牌国际化的影响因素

从企业自身角度出发,影响企业品牌国际化战略具体实施的要素主要包括了产品特征与企业特征两个方面。

1. 产品特征

(1)目标市场。品牌国际化是一种以满足相对统一的需求和兴趣的有效的手段。奢侈品品牌,如百达翡丽(PATEK PHILIPPE)、路易·威登(Louis Vuitton)、希思黎(SISLEY)在世界范围内均面向相同的市场群体,并且从中获益。

(2)产品市场整合程度。产品市场整合程度也是影响企业品牌战略的一个原因。这不仅反映在不同国家市场的消费者是否具有相同的购买需求和兴趣爱好,还反映在目标市场是否存在提供相同产品的竞争者。高度整合,国际市场存在竞争者的企业通过国际品牌可以建立竞争区别。

(3)文化嵌入性。很多案例反映了影响企业品牌战略的关键因素是产品文化嵌入程度。需求相对一致的市场,无论从企业层面还是产品层面都更容易发展国际化品牌。具有高度文化嵌入性的企业更倾向于建立当地品牌。而另外一些案例中,也会有为市场特殊需求而专门生产的产品。

2. 企业特征

企业内部条件方面,在品牌国际化战略过程中,企业层面对品牌国际化战略发挥促进作用的因素主要有:

(1)管理传统。企业的管理传统对其品牌国际化战略是至关重要的。像索尼、西门子这样的企业,具有集中的组织战略和国际产品部门,更加倾向于发展国际品牌。大多数日本公司采取了强调其产品质量和稳定性的企业品牌战略,产品线在世界范围内除了针对特定市场进行的样式以及特点的变动外,实现典型的标准化。具有高度分散运作传统的企业,各地区可以在执行品牌国际化战略的时候进行适当的创新,因此更加倾向于发展出适合于当地的知名品牌。

(2)品牌识别。品牌识别被看作是影响品牌战略的一个重要因素。很多公司以强调其品牌识别的方式使得消费者以及分销商认为作为产品后盾的该企业是值得信赖的。因此,像花王集团这样拥有化妆品、多元化产品的公司,无论是清洁剂、个人护理产品、食品还是化学制品,都统一使用公司品牌。

(3)扩张战略。企业所拥有品牌数量以及构成在很大程度上受到企业扩张战略的影响。如果企业通过兼并当地企业进行国际化扩张,当被兼并企业拥有的品牌在当地市场上具有较高的知名度和顾客忠诚度的话,即使企业最初的目的是获得营销渠道,也会相应地获得本地品牌。而企业需要考虑的是如何在此市场上更加强化其品牌战略。当企业主要依靠延伸本地品牌来进入国际市场时,则更倾向于产品层面的战略。例如,宝洁公司推出了一系列个人护理产品品牌(像海飞丝、帮宝适等)进入国际市场,由于整个世界范围内,顾客需求都能够与产品本身属性相匹配的,因此也成为最有效的一种品牌战略。最后,有些企业也通过国际战略联盟来进行优势互补,获得自己所欠缺的各种资源、市场等,从而提高自身在国际市场上的竞争力。

(4)产品多样性。如果企业产品依赖于相同的核心技术以及竞争力,这样的企业更倾向于强调企业自身品牌。而当企业拥有多种针对不同顾客群体的产品时,往往更加倾向于根据不同市场特征、消费者需求来发展各个独立品牌识别。

另外,很多学者也针对哪些企业因素能影响品牌国际化战略决策进行了深入研究。一些研究认为,企业声誉、质量评价等无形及有形维度都是影响品牌国际化过程的重要因素。也有学者认为,企业要想建立强势品牌,三项任务至关重要:①选择适合的企业和品牌名称;②建立正确形象;③强化质量认知。另外,企业可以通过与当地政府建立良好的公共关系来获得双方的共同利益。同时,根据品牌领导模型的观点,在品牌国际化过程中,品牌管理的组织形式可以划分为全球性品牌小组、企业管理小组、全球性品牌经理和品牌团队领导者等形式,全面负责品牌在国际市场范围的管理与运营。当然,发展国际化品牌并不容易,企业必须学习如何管理品牌在不同国家的经营以及产品生产,并且需要决定谁来负责品牌的监管及营销,即专门的品牌营销机构。

国际市场中,随着零售商逐渐增加掌控权,企业经营者也感受到,打造能使消费者在世界任何地方都可以购买品牌是现阶段国际品牌管理的当务之急。而另一个促进品牌国际化的因素是,消费者在购买行为中所表现出来的越来越高的一致性。国际品牌通过提供更高质量的产品或者强化消费者时尚、流行方面的自我意识来为消费者提供增值服务。从国际市场环境来看,随着生活水平的提高,消费偏好多样性,消费者追求个性化、时尚化成为一种发展趋势,消费者往往从具有独特个性的品牌中寻找自己需求的东西。因此,具有广泛影响力的国际化品牌在市场上越来越被消费者关注。

10.4 国际品牌管理策略

对大部分企业而言,国际品牌的一般管理,包括三个方面:国际品牌定位、国际品牌延伸和国际品牌维护。

10.4.1 国际品牌定位策略

国际品牌定位是指在国际市场上建立或塑造一个与目标市场有关的品牌形象的过程与结

果。品牌定位是国际品牌战略实施过程中最重要的决策之一。实现国际品牌定位的关键是要在多样化的消费文化和消费行为中找到一个准确的、清晰的、被"全球顾客"普遍认同的价值，据此准确选择的"全球品牌定位"将突破那些表面差异而直抵"全球顾客"的真正需求渴望。例如，宝马的品牌定位是享受驾驶的乐趣；可口可乐公司的"雪碧"的广告定位是各国年轻人在快乐的场合下解渴的饮料，朴实无华的雪碧广告表明，"形象并不重要，口渴的感觉最要紧，释放自己的感觉"，从而使雪碧品牌得以成功地在全世界迅速流传。

进行准确的国际品牌定位，可以从以下几个方面展开。

1. 进行国际市场调研

在当今市场经济条件下，以消费者为导向的营销观念已被大部分实施品牌本土化发展战略的跨国公司所采用。只有深入了解当地市场的文化、经济、政治、技术等宏观环境，以及当地消费者的消费习惯、购买能力和购买心理特征等微观环境，才能准确地进行品牌定位。对当地市场进行深入调研已成为跨国公司实现本地化最基础的工作之一。

2. 传递品牌核心价值

传递品牌核心价值是品牌定位能否贴近本土的关键。品牌核心价值是品牌的精髓，一个品牌最独一无二且最有价值的部分通常会表现在核心价值上。海尔的核心价值是"真诚"，品牌口号是"真诚到永远"，其星级服务、产品研发都是对这一理念的诠释和延伸。我国企业要实施品牌国际化战略，就应对当地文化、消费心理等进行研究，确定和建立本企业独有的、能使当地消费者认知的品牌核心价值，并采取种种措施来延展这一核心价值。

3. 树立独特的品牌形象

一个具有特色的品牌，一般来说，都有一个好的名称和一个能与之相对应的视觉符号，富有深厚的文化底蕴。对于新产品来说，它可以使消费者产生对此产品的好感，激发尝试的冲动；对于老产品而言，它可以培养消费者对此品牌的偏好和忠诚。随着感性消费时代的到来，消费者越来越注重品牌传播的文化信息所带来特色的满足。因而，品牌有无竞争力，能否为消费者接受，并不完全取决于物理性能方面的差异，还在于其品牌是否有丰富的文化内涵和特色。品牌形象受到众多因素的影响，其中特别受跨国公司关注的一个因素是原产地效应的影响，如今在全球市场竞争的企业在世界范围内组织产品生产，产品生产地会影响消费者对产品质量和品牌形象的感知。因此，努力挖掘民族文化内涵，运用各种本土化、特色化、通俗化的传奇故事与典故给本土品牌披上文化的盛装，以提高品牌的文化附加值，可以弥补技术上的缺陷，引导一种新的、健康的消费方式和观念，使品牌具有鲜明的特色。

10.4.2 国际品牌延伸策略

国际品牌延伸，是指企业借助原有的已建立的品牌战略地位，将原有品牌资产应用于新进入国际市场的其他产品或服务（包括同类和异类的），以及运用于新的细分市场之中，以达到使用较少的品牌传播成本占领较大市场份额的目的。

依据行业的不同，品牌延伸可以分为同行业延伸和跨行业延伸；按照品牌延伸的方向不同，可以分为水平延伸和垂直延伸；按品牌延伸后品牌的内涵主成分是否有一定的变化，品牌延伸可分为内涵不变式延伸和内涵渐变式延伸；按照延伸后品牌名称的不同，可以分为直接冠名、间接冠名与副品牌式延伸。

具体而言，企业为实施科学的国际品牌延伸战略主要应关注以下方面。

1. 适宜的品牌宽度

当某一产品在市场上取得一定的领导地位，发展到一定规模时，这一产品品牌相对而言就成了市场上的强势品牌，在消费者心里有了特殊的形象、地位，甚至成为某种产品的代名词。如果将这一品牌进行延伸，由于受"近因效应"影响，有可能对强势品牌的形象造成加强或减弱的作用。因而拥有强势品牌的企业将品牌延伸到相关性较高的行业产品上时，其原有的品牌优势可能会得到加强，延伸的成功率就会比较高。

2. 合适的品牌延伸时机

在产品市场刚开始发展的时候，风险较大，一旦产品失败，品牌延伸就会影响到母品牌的形象。因此，在市场初期进行品牌延伸，获得的市场份额远比不上新品牌获得的份额，品牌生存的可能性也比较小，品牌延伸的优势得不到体现。如果在市场相对成熟的情况下再进行延伸，可以在一定范围内避免市场上不确定因素带来的风险，避开品牌形象淡化、心理冲突等品牌延伸的陷阱，这方面不乏成功的案例。

3. 维护品牌核心价值

品牌核心价值是品牌资产的主体部分，它让消费者明确、清晰地识别并记住品牌的利益与个性，是驱动消费者认同、喜欢乃至爱上一个品牌的重要力量。所以对品牌的延伸应该在不影响品牌核心价值的前提下来进行。

10.4.3 国际品牌维护策略

品牌维护是指企业针对外部环境的变化给品牌带来的影响，所进行的维护品牌形象、保持品牌市场地位的一系列活动的统称。品牌维护是国际品牌战略顺利实施的有力保障。一个品牌的建立，往往需要耗费大量的资源，但是由于外部环境的不断变化，或企业经营过程中的失误，就可能使辛辛苦苦创建的品牌毁于一旦。所以，品牌创建者必须树立品牌维护的意识，采取各种策略来维护品牌的形象，保持品牌的市场地位，提高品牌的知名度和美誉度。

品牌维护是实施品牌战略的一项重要工作，具体表现在以下几个方面。

1. 品牌维护有利于巩固品牌地位，防止品牌老化

随着企业经营环境的变化和消费者需求的变化，品牌的内涵和表现形式也要不断发展，以适应社会经济发展的需要。品牌维护所采取的一系列维护品牌形象、保持品牌市场地位的活动，是克服品牌老化的唯一途径。

2. 品牌维护有利于保持和增强品牌生命力

消费者是企业品牌经营者的最终的服务对象，以市场为中心，也就是以组合消费者需求为中心。消费者的"口味"是不断变化的，这就要求在同一品牌下要进行产品更新，品牌内容要随之做出相应的调整。几乎每一个知名品牌都在不断变化着，以满足消费者的品位与偏好。所以品牌维护使得企业要根据市场上消费者需求的变化情况，及时调整自己的品牌战略，更好地满足消费者的需求。

3. 品牌维护有利于抵抗竞争者的攻击

当前，被称之为"黑色经济"的假冒伪劣商品几乎无处不在。而品牌作为品牌战略实施的基础，需要进行有效的保护，这就必须引入法制轨道，通过立法、司法和商标等法律手段来对品牌进行维护，以防止竞争者的恶意攻击。

4. 品牌维护有利于预防和化解危机

随着消费者维权意识的不断高涨和公众舆论监督程度的不断深入，品牌面临着越来越多的危机事件。企业的品牌运营活动是在变化着的市场环境中实现的。如果企业运营实践中运营策略的选择、管理制度的制定和实施等不能与外部环境相适应，那么，企业的品牌运营就可能陷入品牌危机。品牌维护要求品牌产品或服务的质量不断提升，有效地防范由内部原因而引起的品牌危机，同时根据市场的变化，加强品牌的核心价值，进行理性的品牌延伸和品牌扩张，从而有利于降低危机发生后的波及风险。

品牌维护是保持品牌核心价值的重要途径，而只有保持品牌的核心价值，企业才能在不断变化的国际环境中保持竞争优势，才能在国际市场中不断地发展与壮大。品牌的维护包括法律上的维护和经营上的维护。法律上的维护主要是指企业要借助法律手段对品牌进行维护，从而避免在商标、专利及其他知识产权使用方面发生纠纷。企业不仅应该采取法律手段以确保品牌资产不受侵犯，更应该积极采取经营维护手段使品牌资产能得到充分利用，并使品牌价值得以不断提升。品牌的经营维护主要包括产品质量提升、品牌创新、防伪打假与品牌秘密保护等活动，同时还包括对品牌危机的防范与处理。

10.5 中国企业国际市场开拓

在经济全球化浪潮来临、新兴市场发展、国际分工深入和通信技术进步的背景下，每一个企业对外部环境的依存度也越来越高，部分生产经营活动需要在区域国际市场或全球范围内展开。中国企业要取得更大的发展，就必须积极参与国际市场竞争，在全球范围内确立竞争优势，以获得更大的收益。

10.5.1 中国企业进入国际市场的诱因与特征

1. 中国企业进入国际市场的诱因

进入 21 世纪以来，中国企业进军国际市场的数量和质量不断提高，其原因主要有以下六个方面。

（1）国内市场日趋饱和且竞争呈现白热化。企业要生存与发展，必然要寻找新的市场，拓展国际市场就成为我国企业的重要选择。

（2）寻找新的经济增长点以实现整体经济效益最大化。企业走向国际市场获得的不仅是市场，同时通过兼并重组，还可以获得先进的品牌、管理经验和技术等。通过整合国内外各种资源，企业的各项运营成本与研发费用可以大大降低。

（3）延长我国企业产品的生命周期。同一产品在不同国家市场上的竞争地位存在差异，一种产品在发达国家已经上市，在其他欠发达国家可能无人知晓；在发达国家处于成熟期或衰退期时，在发展中国家可能刚刚进入萌芽期。

（4）我国政府的出口鼓励政策助推企业走向国际市场。我国已经形成了一整套较为完整的出口鼓励政策体系。出口鼓励政策具有两个层面的含义，狭义的出口政策指的是政府对待出口的政策导向；广义的体系则包含财政、金融等各个方面的出口鼓励措施。

（5）规避国际贸易壁垒及应对贸易保护主义的需要。中国企业通过在海外建立生产和销售公司、跨国并购以及与外方建立战略联盟等方式在全球发展，有利于企业增加国际市场份额并且绕过各种贸易壁垒，使企业能更有效地开展国际市场营销活动。

（6）科技的飞速发展为我国企业的国际营销活动提供了保障。信息技术发展推动交易的全球化、交易的直接化和便捷性，快捷的运输网络使我国与世界各国的时空距离大大缩短，减少了跨国经营的时空障碍。

2. 中国企业进入国际市场的主要特征

纵观我国企业国际化的进程，中国企业国际市场进入可划为四个阶段，即技术引进、消化、吸收阶段，产品出口阶段，建立战略联盟阶段和"走出去"阶段。我国企业的国际化进程具有以下特征。

（1）渐进发展是我国企业国际市场进入战略选择的一个显著特征。渐进发展的主要原因是由于缺乏对于海外市场竞争情况的了解，以及资金和人力资源的匮乏。具体而言，又可以进一步归结为以下两条演变路线：一是市场区位的演变，国内市场→周边及发展中国家市场→发达国家市场；二是经营方式的演变，技术引进→出口→战略联盟→走出去。现实中，我国的许多成功企业在国际化的进程中也都无形中遵循着这一过程，例如海尔的国际化战略历程，即由国际贸易为先导，然后再分阶段、分步骤地将生产、销售和研发环节向外拓展。

（2）国际市场进入是一个双向国际化的过程。这一过程包括内向国际化和外向国际化两个层面，其中：内向国际化活动主要包括技术引进、三来一补、国内合资合营等；外向国际化活动主要包括出口、技术转让、国外合资合营、海外子公司和分公司等。当然，企业内向国际化与外向国际化之间并不是割裂的，而是存在着全过程、多渠道、多方式的联系，这种联系不仅仅发生在初期的技术设备引进阶段，出口和跨国战略联盟阶段实际上也都体现出内向与外向国际化之间的紧密联系。

（3）我国企业国际市场经历了一个从比较优势向竞争优势的变迁过程。这一变迁过程常常是以产品市场的突破表现出来，即产品从走出国门，进入国外市场，到占领当地市场，再到全球资源的优化组合和相关行业的发展。改革开放初期，我国企业首先以资源比较优势参与国际贸易；然后以各种方式引进技术、引进装备，按照国际技术标准，以新比较优势在更高层面上参与国际市场竞争；最后是重组改制，进入国际资本市场，在更深层次上参与国际市场竞争。

10.5.2 我国企业的国际市场营销现状

1. 中国企业国际市场进入方式选择的适应性

企业选择进入国际市场的方式是否合适，首先要考虑的就是国际市场各种进入方式的主要优缺点，其次还可以根据产品的生命周期、特性，企业的经验、实力，以及东道国的具体环境作为参考准则。总体来说，出口进入方式风险小、灵活性强，控制程度低；对外直接投资则正相反,即风险高、灵活性差,控制程度高;而非股权经营在风险程度、灵活性和控制程度等方面都较适中。

中国企业在选择国际市场进入方式时,基本上都采取了"先易后难,逐步升级"的战略,即大多数企业是通过与独立代理商合作办理第一批出口业务的,通常是向心理距离较近(即语言、社会风俗、传统习惯较为接近)的国家出口。如果初战告捷,企业就会雇用更多的代理商向其他国家扩展,并成立出口部专门处理与代理商的关系。如果出口市场潜力巨大,它们就会在这些国家成立销售子公司以替代代理商,这样虽然增加了它的投资与风险,但也增加其利润潜量。同时为了管理这些公司,它们往往要成立国际营销部以取代出口部。

如果海外市场继续稳定发展,或者东道国要求当地生产,公司就可能实施本土化战略,通过投资在当地建厂生产,并通过设立国际事业部对世界各地投资进行管理。直接投资具有明显的优势:第一,企业能够获得廉价的劳动力和原材料,可以获得当地政府鼓励投资的优惠政策,能节省运费;第二,由于可以增加东道国的就业机会,因而可以树立良好形象;第三,由于接近当地市场,可以按照当地需求改进其产品,更好地适应当地的营销环境;第四,可以通过实施本土化战略,克服市场进入壁垒,保证进入市场的通路。当然直接投资的最大缺点在于企业必须承担巨大风险。

随着国际性投资项目的增加,公司也就逐步演变为全球性公司,经理人员和技术骨干可以从其他国家聘任,零部件及其他原材料可以在世界上任何价格最低的地方采购,投资在世界上预期能获得最大收益的地方。

此外,企业进入市场的方式还受到企业自身所拥有的资源禀赋和拟进入的国际市场情况的影响。英国学者邓宁(John H. Dunning)提出的国际生产折中理论认为,企业选择进入国际市场方式的决定因素或依据,可概括为"三优势模式",即"OIL paradigm":"O"即所有权特定优势,是指一国企业所拥有的国外竞争者所没有或无法获得的资产及其所有权,尤其是专利、专有技术和其他知识产权。"I"指内部化优势,其含义是企业能独占其无形资产或其他中间产品在内部交易并应用,克服外部市场失灵的障碍,使交易成本趋于最小,并获得内部化的其他利润。"L"指区位优势,是指"那些对任何规模、任何国籍的厂商都适用,只与特定地区有关而且必须在这些地区才可以加以利用的因素,它主要包括三个方面:一是要素禀赋,如廉价的劳动成本以及其他具有比较优势的要素;二是政府政策影响,包括税收政策、外汇政策以及有关外商投资的政策等;三是社会文化环境等。

对于开拓国际市场的我国企业而言,仅具有所有权优势时可采用许可贸易方式;同时具备所有权和内部化优势而不具备区位优势时,这就意味着缺乏有利的海外投资场所,因而企业只能将有关优势在国内加以利用,而后依靠商品出口方式来供应当地市场;只有同时具备三种优势时,才可选择对外直接投资方式。

2. 我国企业国际市场营销中存在的问题

目前,我国已成为世界制造大国,多种产品在世界市场的销售看好,但距离成为世界制造强国的路途依然遥远,究其原因,我国多数企业的国际营销策略存在着各种各样的弊端,它们影响着我国产品将来在世界市场上的发展。

(1)对市场调查的重要性认识不足。长期以来,我国一些企业不重视市场调查,主要原因是在计划经济体制下,产品从投产到销售完全由政府主管部门负责,市场调查对失去自主权的企业来说已毫无意义。改革开放以来,许多企业虽然花了很大的精力进行广告宣传,但对市场调查仍重视不足。如果把现代企业营销看作是一个完整的经济链条，市场调查就是其中最基本的一环，它将直接影响产品的开发、生产、销售甚至售后服务，不了解市场行情就不可能建立合理、顺畅的营销体系。更为严重的是产品积压，不仅会影响企业资金周转、企业经济效益，而且关系到企业的生死存亡。

（2）分销渠道不顺畅且出口产品竞争力不强。目前，在我国出口产品中附加值低、加工程度浅、技术含量低的劳动密集型产品仍占较大比重，加上我国产品向来重质量、轻包装，这将严重影响我国出口产品的形象。我国企业的产品出口层级太多，分销渠道通路长，由此产生了较高的分销费用，很多企业商品的出口都要借助于专业性的外贸公司，没有自己的销售渠道，这是一种典型的产销分离渠道。专业外贸公司没有实体相依托，生产企业又缺乏必要的销售渠道，两者的作用均受到限制。外贸公司为垄断出口常常封锁信息，这对生产企业不利，进而对外贸公司自身造成更大影响，严重影响出口产品的竞争力。

（3）缺乏科学的产品质量观。产品竞争力最终取决于产品的质量，一些企业缺乏科学的产品质量观。科学的产品质量应包括核心产品的优质化、形式产品的高质量和多样化、优质的服务，企业往往以生产技术质量标准作为产品的代用质量标准，常导致核心产品质量下降。我国一些企业出口产品的质量问题突出反映在忽视后两方面的质量内容。例如，作为我国出口强项的机电产品，由于售后服务未跟上而直接影响到该类产品的出口。除了以上问题外，有些企业在国际营销中还存在着诸如异国文化的适应性较差，企业间开展国际营销活动时缺乏支持、配合等问题。

（4）品牌管理缺乏品牌国际化战略。虽然我国很多企业已经认识到了品牌的重要性，开始有意识地进行品牌管理，但由于缺乏专门的品牌国际化战略，往往不能从战略层次考虑品牌的建设和维持，不能把品牌的核心价值、品牌的定位、品牌的延伸范围等列入企业发展的远景中，品牌的附加价值低，缺乏自主知识产权，竞争力不强。我国商品出口以劳动密集型、低端产品为主，附加值不高，高新技术产品比重较小。以往企业出口增长依靠的是我国劳动力成本低的比较优势，重商品出口，轻品牌建设，造成企业产品品牌附加值低，国际认可度不高。此外，部分品牌缺乏国际知名度，致使国际市场的顾客忠诚度较低。

10.5.3 我国企业国际营销面临的任务与责任

我国企业在国际营销中存在的问题是体制上、观念上等多方面复杂因素相互作用的结果，要解决这些问题，需要政府和企业共同努力采取相应的对策。

1. 树立全球化营销观念

观念创新是企业营销的先导，我国企业不能仅满足于树立市场营销观念，而应追求与环境相适应的新的营销观念。一些实力雄厚的跨国公司早已把全球市场置于自己的营销范围内，以一种全球营销观念来指导公司的营销活动。例如，可口可乐公司在世界几十个国家占有生产据点，在100多个国家拥有市场，成为一个总部设在美国的全球化公司。只有树立了全球化营销概念，我国企业在世界市场上的份额才会不断扩大。

2. 加强产品创新以提高产品的国际竞争能力

提高产品竞争力主要是提高产品市场占有率和获利能力，从我国出口产品状况分析，即要提高产品的国际竞争力。确立整体产品观，提高产品质量，加强产品创新是提高产品国际竞争力的关键。产品创新应从产品整体概念出发，包括产品标准创新，产品品种、花色、样式创新，产品包装创新，产品品牌创新，产品服务创新等。狠抓产品质量，确保核心产品优质化。另外，企业应不断吐故纳新，确保产品形式的多样化，其重点是做好产品包装工作；要结合我国实际，切实做好包装、装潢的标准化、多样化；加强出口产品的售后服务工作，不断改进和提高服务水平和服务质量，不断推出新的服务项目和服务措施，力图让消费者得到最大的满足。

3. 加强市场创新以扩大市场发展空间

随着我国买方市场的出现，企业之间的竞争也步入商界的战争时代，面对愈演愈烈的营销战争，企业是拼力争夺已有的市场，还是去寻找消费者的需求尚未得到满足的潜在市场，或创造一种新的需求市场呢？有的企业面对强大的竞争压力，采用让利不让市的低价位策略苦苦支撑已有的市场，结果往往是得不偿失，而高明的企业则把视野投向新的市场。以洗衣机为例，城市洗衣机市场饱和了，海尔就拓展农村洗衣机市场，当海尔总裁获知四川等地农民用洗衣机洗地瓜、土豆时，立即组织研发力量开发出能洗地瓜、土豆的洗衣机，备受当地消费者的青睐。另外，企业应增强品牌意识，重视商标的地域性，注意商标注册工作，并制定以质取胜、以科技为基础的名牌发展战略。

4. 增加出口渠道并做好促销工作

国际营销中的促销手段很多，针对我国企业的具体情况，首先应做好企业宣传工作，主要是提高企业知名度，企业可通过广告进入国际互联网等手段来宣传自己。其次，企业可利用中国在国际政治舞台上越来越大的影响力实行官方促销。我国企业应从目前的工贸分离逐步走向工贸一体化，使工贸有机结合，推行代理制，逐步完善外贸领域价格体系，消除工贸之间利益分配不合理的现象，允许生产者根据供求关系自由定价，并根据市场价格安排生产规模。

本章小结

由于实施营销计划的环境不同，决定了国际市场营销比之国内市场营销具有更大、更多的差异性、复杂性和风险性。成功开拓国际市场，企业需首先确定国际营销战略，即开展国际市场细分、选择目标市场、进行目标市场定位。其中目标市场营销战略主要包括三大类，即无差异性市场营销策略、差异性市场营销策略和集中性市场营销策略；可采用的市场定位策略主要包括：避强定位、迎头定位和重新定位。

国际市场营销组合是一个动态的复合结构，每一个因素都在不断变化之中。国际产品决策中主要考虑应采取标准化抑或是差异化策略；国际市场价格策略方面，企业应考虑对于现有产品和新产品的定价策略的差别，以及如何合理运用折扣定价和心理定价策略，以及国际市场环境下特殊的国际转移定价；国际市场分销渠道的管理远远比国内市场复杂得多，传统渠道模式下应关注如何根据国际和国内渠道的不同特点选择相应的渠道策略并对渠道商进行管理和控制，同时应关注互联网和经济全球化背景下的新兴渠道模式；国际促销通过广告、营业推广、人员推销和公共关系活动来完成，广告主要应考虑标准化或差异化策略的运用，公共关系可帮助国际营销者突破东道国市场壁垒。

国际品牌的形成是多个特定因素综合作用的结果，品牌的国际化战略需要从产品特征和企业特征两个方面入手。国际品牌的管理应全面关注品牌的定位、延伸和维护策略。其中定位策略应从国际市场调研、传递品牌核心价值、树立独特品牌形象为切入点，延伸策略应关注确立适宜的品牌宽度，寻找合适的品牌延伸时机以及维护品牌核心价值。

中国企业在经济全球化的背景下加入国际市场竞争，在国际市场开拓的过程中表现出独特的国际化特征，同时我国企业的国际营销策略仍存在多种多样的弊端，为了更好地在国际市场上发展和竞争，有必要正视存在的问题，并从树立全球化营销观念、加强产品创新、强化市场创新和增加出口渠道和促销工作方面切实强化我国企业的国际市场竞争力。

关键术语

国际营销　国际营销战略　国际营销策略组合　品牌国际化　国际品牌定位　国际品牌延伸　国际品牌维护

复习思考题

1. 国际市场细分的概念及国际目标市场的选择标准是什么？
2. 国际市场的定位方式包括哪些？
3. 国际营销策略组合主要包括哪些内容？
4. 国际品牌的概念和驱动因素是什么？
5. 有哪些因素会影响国际品牌的形成？如何有效利用这些因素？
6. 国际品牌战略模式包括哪几种？分别有什么特点？
7. 国际品牌的一般管理包括哪些内容？

应用案例

"华为"品牌国际化的启示

华为技术有限公司是一家总部位于中国广东省深圳市的生产销售电信设备的员工持股的民营科技公司，于1988年成立于中国深圳，是专门从事通信网络技术与产品的研究、开发、生产与销售的民营的高新技术企业，1996年开始实施国际化战略，根据华为2015年年报，全球销售收入3 950亿元，海外收入占比58%。华为正以独特的经营策略和自己的领先技术行走世界，像掌门人任正非当年的豪言——华为将和西门子、阿尔卡特三分天下，成为世界品牌。"深圳华为"成为国际化品牌的历程带给人们什么启示呢？

1. 清晰的战略规划

1988年成立的华为，有运营商网络、企业业务和消费者业务三大业务部门，从1993年就开始了国际化的思考。1996年，国内已经实现数亿元销售收入的情况下，任正非明确提出企业"国际化"的战略规划，开始了在全球的布局，先后推出了"东方丝绸之路""东方快车"等品牌计划呼应企业的国际化战略。1997年，启动与IBM的合作项目"IT策略与规划"，华为拥有了和世界顶级电信运营商沟通的能力。2000年左右，华为要解决的是认知问题，当时采取了"请进来、走出去"的方式，"请进来"就是尽可能地邀请客户和合作伙伴访问中国，"走出去"就是要把产品、服务带出去。2009年华为在世界CDMA市场占据第一把交椅。华为现在全球100多个国家发展业务并且成为第一个进入Interbrand全球最佳品牌百强榜单的中国品牌，品牌价值 49.52 亿美元。华为有清晰的战略，并且以战略规划为核心在市场开拓中不断调整自己的策略，为获得持续的竞争力而不断进行主动筹划、策略和计划。

2. 客户导向，坚持差异化的营销策略

在华为营销部总裁张宏喜看来，面对挑战最重要的是做好内功，真正地把客户放在心上，将核心价值观传递给客户、合作伙伴、员工，使其能够真正地认知、认可，能够被体验到，这是做品牌的核心。

在华为的员工组成里，研发人员和市场营销人员的比重最大，原因就是研发人员的研发保证了企业技术的领先和产品的领先，而营销人员则是把企业产品推向市场的桥梁，华为公司一向注重"客户需求第一"，为了更好地服务市场，建立品牌形象，华为成立了海外需求调研部、国际融资部、全球技术支援部，并在各个大区域设立培训中心和合资厂，推出了一系列的个性化服务方案，为客户量身定制产品和服务，满足市场需求。

华为除了坚持在经营中客户导向，还在经营上坚持差异化的目标市场策略。首先在市场定位上，华为在欧美洲市场的定位是"以优质的产品和超群的服务优先满足客户需要"，在亚太市场的定位是"以优质的产品，最好的性能价格比，争取更多客户的认可"，在中东和非洲细分市场定位是"为客户服务是华为存在的唯一理由，客户需求是华为发展的原动力"……，从市场定位上，就可以看出华为的差异化营销策略，每个市场各有侧重。

在产品策略上，华为公司采取产品差异化与产品标准化的一个组合策略，即根据产品差异化程度和产品标准化程度的不同，选择产品差异化与产品标准化的组合策略。

在定价方面，华为公司在欧美发达市场的定价目标定位是"不以价格战扰乱市场，而要以质量服务取胜，实现公司长期收益的最大化"，采取委托中间商和自行建立销售机构的渠道模式；而在发展中国家，其定价目标则是强调更高的性价比，更强调对渠道的管理和控制，以谋求公司和中间商之间的相互支持和友好合作。

在促销方面，华为公司目前在国际各大细分市场采取了不同的促销策略。总之，华为通过实施差异化目标市场策略，最大限度地满足目标市场的需求，巩固了其在业界的品牌优势。

资料来源：刘红燕. 深圳华为品牌国际化对我国企业的启示 [J]. 中国商贸，2014（13）.

讨论题

1. 华为的国际化发展历程有何值得借鉴之处？
2. 华为在国际市场的品牌策略对于我国企业开拓国际市场有何启示？

参考文献

[1] 沃伦 J 基根，等. 全球营销管理 [M]. 6 版. 傅慧芬，等译，北京：中国人民大学出版社，2015.

[2] 菲利普·凯特奥拉，等. 国际营销（英文版·第 16 版）[M]. 崔新健，改编. 北京：中国人民大学出版社，2013.

[3] 郭国庆. 国际营销学 [M]. 2 版. 北京：中国人民大学出版社，2012.

[4] 蒙牛："国际化＋数字化"驱动中国乳业全球化品牌建设 [J/OL]. 新华网. [2016-08-21]. http：//news.xinhuanet.com/food/2016-08-21/c_1119426617.htm.

[5] 秦朔. 供给侧改革样本与中国品牌的全

球化 [J/OL]. 人民论坛网, [2016-03-21]. http://www.rmlt.com.cn/2016/0321/420898.shtml.

[6] 海尔发布厨电全球化战略:为不同人群提供不同解决方案 [J/OL]. 新浪科技, [2017-07-08]. http://tech.sina.com.cn/e/2016-07-08/doc-ifxtwitr1709143.shtml?cre=sinapc&mod=g&loc=18&r=0&doct=0&rfunc=35&t=none.

[7] 中国企业国际化背后:品牌是核心 [J/OL]. 中国经营网, [2016-05-10]. http://biz.cb.com.cn/jiadian/2016_0510/1200806.html.

[8] 中华人民共和国商务部. 2016年全球最具价值品牌百强公布, 15家中国品牌上榜. [J/OL]. [2016-06-06]. http://www.mofcom.gov.cn/article/i/jyjl/m/201606/20160601338725.shtml.

PART 5 第五篇

国际管理活动

国际企业的全球价值创造和竞争力获取,不仅依赖于产供销的有形价值创造环节,更依托于使其有序、高效、动态运转的组织管理单元。这恰恰是企业在异质性人员、资源、利益环境中面临的巨大挑战。本篇包括国际企业的组织、国际人力资源管理、国际企业财务管理、互联网时代的国际经营管理新动向四个内容。

第 11 章
国际企业组织设计

学习目标

- 了解企业法人组织形态。
- 理解组织结构及其类型。
- 掌握国际企业组织结构基本形式的特征、适应条件以及优缺点。
- 掌握国际企业组织的控制方式和协调体系。
- 了解中国跨国公司的组织发展。

开篇引例：雀巢集团的组织结构

雀巢集团是世界上最大的食品制造商，也是最大的跨国公司之一。它于 1867 由年亨利·内斯特莱（Henri Nestle）创建，总部设在瑞士日内瓦湖畔的沃韦。从一个生产婴儿食品的乡村作坊发展成今天领先世界的食品公司，雀巢走过了 140 多年的发展历程。它以生产巧克力棒和速溶咖啡闻名遐迩，而且雀巢集团拥有丰富的适合当地市场与文化的产品。

一家优秀的企业的成功必然离不开其自身合理的组织结构设计，雀巢集团亦不外如是。总体来看，雀巢集团的组织结构是典型的 M 型矩阵结构：在横向上，组织按照职能和产品划分为多个事业部；在纵向上，则是根据全球化战略划分，分为 EUR、AMR 和 AOA（Asia-Oceania-Africa）三区（其中 AOA 区分为大中华区、中东区、大洋洲和非洲区）。这样就构成了一个典型的多分部矩阵结构。其具体结构如图 11-1 所示。

雀巢的 M 型组织结构使各分部业务既相互独立又相互联系，使得内部组织之间能够进行有效的沟通和交流，这与企业发展的一体化战略相适应。

此外，为了适应变动的国际市场环境和日益发展的网络技术，在雀巢集团的模块组合营销的基础上，造就了网络型组织结构，也使雀巢集团具有了网络化的特点：一是用特殊的市场手段代替行政手段来联系各个经营单位之间及其与集团总部之间的关系。网络制组织结构中的市场关系是一种以资本投放为基础的包含产权转移、人员流动和较为稳定的商品买卖关系在内的全方位的市场关系。二是在组织结构网络的基础上形成了强大的虚拟功能。处于网络制组织结构中的每一个独立的经营实体都能以各种方式借用外部的资源，对外部的资源优势进行重新组合，创造出巨大的竞争优势。

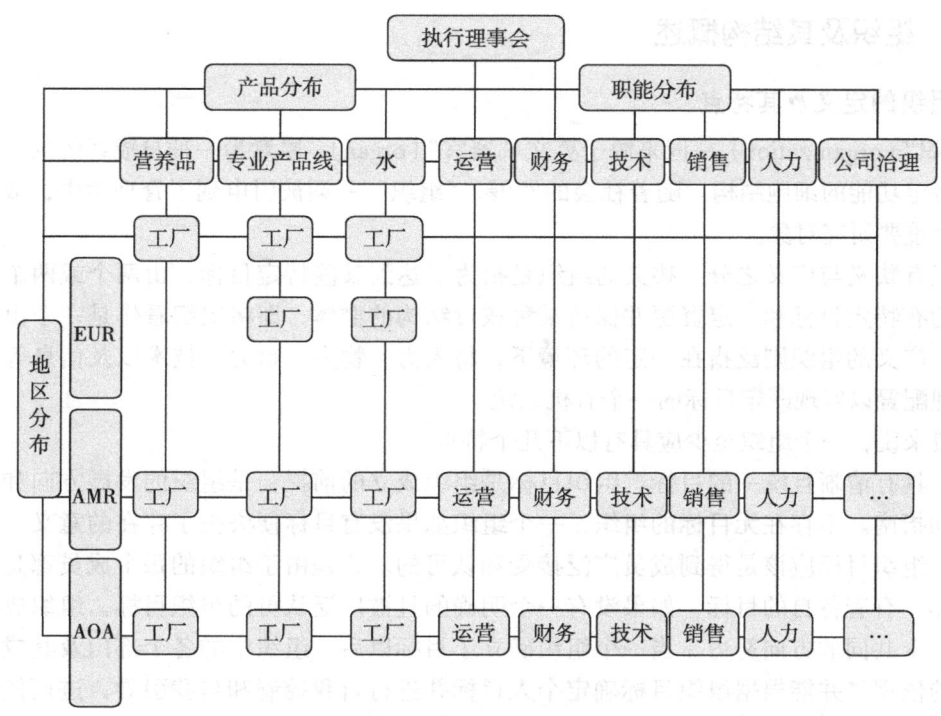

图 11-1 雀巢集团的多分部矩阵结构

资料来源：周烽. 雀巢集团的组织结构浅析与预测. 豆丁网. http://www.docin.com/p-1497783989.html.

【请思考】
1. 雀巢集团组织结构与企业一体化经营战略之间有什么关系？
2. 雀巢集团组织结构设计的优势是什么？对其他国际企业有什么借鉴意义？

作为一个特定的社会经济组织，企业需要有一个清晰、明确的架构，以便更好地整合与配置企业的资源，进而促进组织目标的实现。这个架构就是企业的组织结构。企业的组织结构是一个企业有序、稳定运行的前提，是提升组织资源使用效率的保障。对于国际企业来说，它们所面对的政治、经济、文化和法律环境更加复杂多变，一个合理的组织结构对于这些企业国际业务的开展就变得尤为重要。然而，企业的组织结构不是一成不变的。特别是进入 21 世纪以来，越来越多的国际企业开始调整其原有的组织结构以适应新的市场环境。学习和了解国际企业的组织结构模式及其变化趋势，对于指导我国企业在跨国经营中选择恰当的组织结构类型具有十分重要的现实意义。

11.1 国际企业组织概述

国际企业是一种与现代化大生产相适应的企业组织形式。国际企业需要动态地反映外在环境变化的要求，且要在全球范围内对组织资源进行合理的调配，这无疑加大了企业组织结构设计的难度。而国际企业要设计一个适合自身发展的组织结构，首先要明确组织和组织结构的本质。

11.1.1 组织及其结构概述

1. 组织的定义及其特点

"组织"（organization）一词来源于英文"器官"（organ），原意为一种自成系统的、有序的且具有特定功能的细胞结构。随着社会的发展，"组织"一词被引申到了管理学中，成为管理学的一个重要研究对象。

组织有狭义与广义之分。狭义的组织是指为了达到某些特定目标，由两个或两个以上的人组成的有特定目标和一定资源并保持某种权责结构的群体，即将组织看作是一个由人组成的群体。广义的组织则泛指在一定的环境下，将人力、物力、财力、技术以及信息等资源组合并合理配置以实现既定目标的一个有机系统。

一般来说，一个组织至少应具有以下几个特点：

（1）具有清晰且统一的目标。组织目标是组织成立的前提，是组织的发展方向和组织成员的行动指南。不存在无目标的组织，一个组织如果没有目标便失去了存在的意义。值得注意的是，组织目标应该是得到成员广泛接受和认可的。这是由于组织的每个成员都是一个独立的个体，有着各自的目标，如果没有一个明确的且被广泛认可的组织目标，组织成员便无法朝着一个共同的方向努力。当一个组织确立了目标以后，组织中的各个部门及其成员就有了工作的依据，并能根据组织目标确定个人目标并进行自我控制和自我引导，进而使整个组织自动地运转起来。

（2）具有实现目标所需要的资源。资源是维持组织生存与发展的基本要素，包括人力、物力、财力以及其他组织能够获取且能够对组织起到增值作用的所有资源。而在所有的组织资源中，人力资源是最重要也最难以掌控的。这是由于人是组织的主体，是知识、技术、信息等对组织至关重要资源的掌握者，是组织创造力和竞争力的源泉。管理大师彼得·德鲁克曾经说过："企业只有一项真正的资源——人。管理就是充分开发人力资源以做好工作。"对于组织而言，想要用有限的资源获得最大的收益，归根结底还是应落在对于人力资源的开发与利用上。

（3）具有明确的权责结构。组织是一个有机整体，由多个部分组成，每个部分既有明确的分工，又有密切的协作。与此同时，组织的每个部分也具有相应的权利和责任，体现在组织运营过程中的任务分工、利益、风险以及组织内部各项资源的分配与管控等各个方面。需要注意的是，组织权责的分配必须保证对等的原则，即权力有多大，相应的责任也应该有多大。如果有权无责，部分成员会有恃无恐，滥用权利；如果有责无权，部分成员则会畏首畏尾，难尽其责。由于权责不对等，有成绩时成员会争相邀功，有责任时则会互相推诿。因此，明确的权责结构是组织正常运营的必要条件。

2. 组织结构及其类型

（1）组织结构的概述。组织结构是组织内部各构成要素相互作用、相互联系而形成的一种组织模式，表明了组织各要素的排列、空间位置以及状态等。它是组织管理系统的主要框架，通过组织结构不仅仅体现组织各部门的构成、岗位设置、权责关系、业务管理流程、内部协调控制体系，更进一步能够将组织成员组织起来，实现组织共同目标。

组织结构是组织资源分配的主要载体，在企业的发展和变革中起着关键的作用，因此对组织的分析首先要从组织结构开始。

对组织结构的研究是从 20 世纪泰勒提出在组织中设置计划部门开始的，并且随着对组织的研究逐渐发展。组织结构理论经历了古典组织结构理论、新古典组织结构理论、现代组织结构理论的发展，通过具体的实践管理逐渐形成了一系列的组织结构类型。

（2）组织结构的类型。组织结构的类型主要有两种：一种是传统的组织结构，如直线型、职能型、直线职能制、事业部制、矩阵制组织结构等；另一种是随着时代的发展形成的新型的组织结构，如网络型结构、流程型组织、持股型组织等。

1）组织结构的传统类型。具体如下：

一是直线型组织结构（单线型组织结构）。它是最古老、最简单的一种组织结构类型。直线型组织结构是组织各部门实行从上到下的垂直领导，下属部门只接受一个上级的指令，各级主管负责人对所属部门的一切问题负责（见图 11-2）。厂部不另设职能机构（可设职能人员协助主管人工作），一切管理职能基本上都由行政主管自己执行。

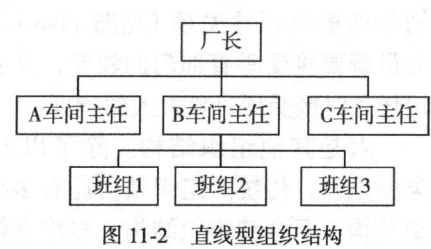

图 11-2　直线型组织结构

二是职能型组织结构（多线型组织结构）。职能制组织结构中各部门除了主管负责人之外，还有其他职能机构。例如，在厂长下面设置职能机构和人员，协助厂长从事职能管理（见图 11-3）。该结构要求上级主管部门将相应的职责和权力划分给相关职能机构，各机构在自己的业务范围内进行管理。下级部门负责人除接受上级部门指挥外还要接受上级各职能机构的领导。

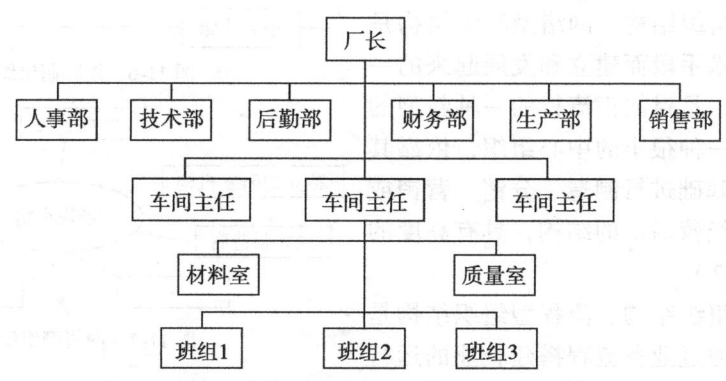

图 11-3　职能型组织结构（多线型组织结构）

三是直线职能制（生产区域制、直线参谋制）。直线职能制组织结构是在直线制和职能制的基础上相互借鉴形成的一种组织结构（见图 11-4）。这种组织结构将企业管理机构和人员分为两种，一种是按照命令统一的原则形成的直线领导机构，另一种是按照专业化原则划分的职能管理机构。直线领导机构对自己部门工作负全责，而职能机构只进行业务指导，不对直接部门发号施令。

四是事业部制。事业部制是 1924 年由美国通用汽车公司总裁斯隆提出的，也称斯隆模型或联邦

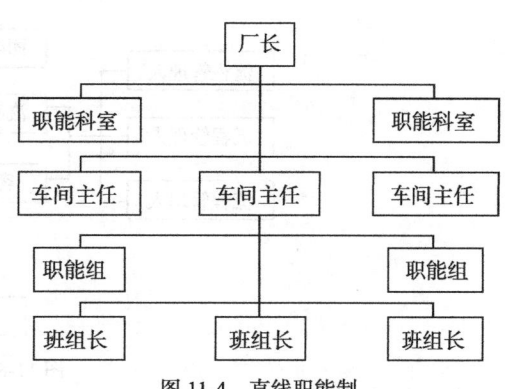

图 11-4　直线职能制

分权化。它是一种高度（层）集权下的分权管理体制，在一个企业内对具有独立产品市场、独立责任和利益的部门实行分权管理。在最高层管理者的领导下，按地区、市场或商品设立事业部，各事业部有相对独立的责任和权利，依据企业的战略方针和决策实行分权化的独立经营，但各事业部不是独立的法人，只是总部的分支机构（见图11-5）。

五是矩阵制组织结构。矩阵制组织结构将个人或单元横向归类为小组，并由小组处理正在进行的战略事务。矩阵型组织结构既有按职能划分的垂直领导系统，又有按产品（项目）划分的横向领导关系（见图11-6）。因此每个成员既要接受垂直部门的领导，又要在执行某项任务时接受项目负责人的指挥。

六是其他组织结构。除了以上组织结构类型之外，传统的组织结构还有多维立体型组织结构、混合型组织结构。多维立体型组织结构，即在矩阵型组织结构的基础上再增加部分内容形成一种多维的立体结构。目前，很少有企业采用单独的一种组织结构类型，大都是采用多种类型的混合结构，因此混合型组织结构也是传统的组织结构的一种。

2）组织结构的新类型。具体如下：

一是网络型组织结构。网络型组织结构是利用现代信息技术手段而建立和发展起来的一种新型组织结构，是目前正流行的一种新型的组织结构。它是一种很小的中心组织，依靠其他组织以合同为基础进行制造、分销、营销或其他关键业务的经营活动的结构，具有高度的灵活性（见图11-7）。

二是流程型组织结构。流程型组织结构是以客户为导向，通过业务流程搭建企业的运行秩序（见图11-8）。企业价值创造活动以及价值形式都体现在业务流程上，相对直线型、职能型等传统组织结构形式而言，流程型组织结构更加适应多变的市场环境。

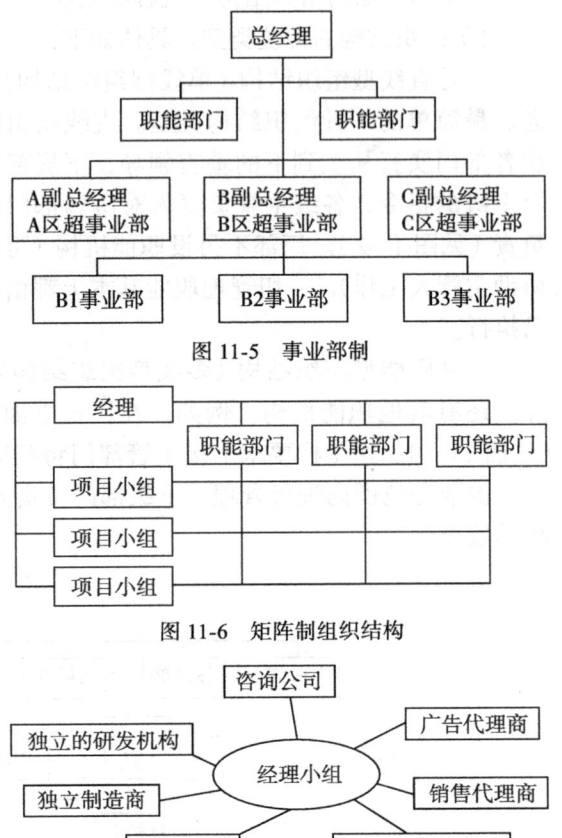

图11-5 事业部制

图11-6 矩阵制组织结构

图11-7 网络型组织结构

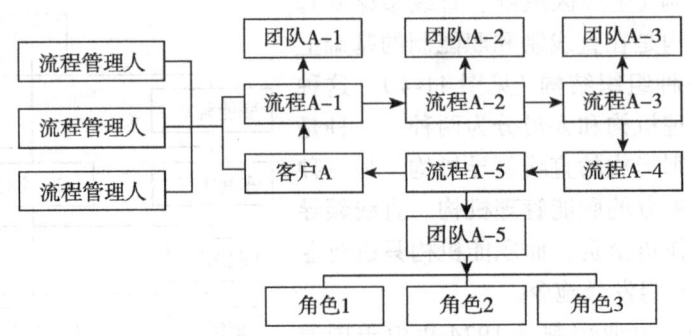

图11-8 流程型组织结构

三是控股型组织结构。控股型组织是在非相关领域开展多种经营的企业所常用的一种组织结构形式（见图11-9）。由于经营业务的非相关或弱相关，大公司不对这些业务经营单位进行直接的管理和控制，而代之以持股控制。这样，大公司便成为一个持股公司，受其持股的单位不但对具体业务有自主经营权，而且保留独立的法人地位。

组织结构是组织发展的重要组织部分，但是组织结构没有好坏之分，只有合适与否。企业在发展过程中要根据自身状况、所处环境等选择合适的组织结构，保证组织工作的顺利开展，实现组织目标。

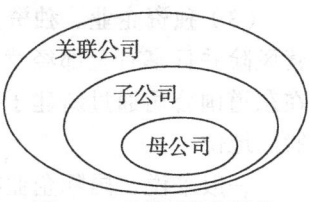

图11-9　控股型组织结构

11.1.2　企业法人组织形态

在市场经济条件下，企业是法律和经济上独立的经济实体，任何一个企业都要依照法律的要求建立。因此，投资者创建企业时，都要面临企业的法律形式选择的问题。企业法人是指具有符合国家法律规定的资金数额、企业名称、组织章程、组织机构、住所等法定条件，能够独立承担民事责任，经主管机关核准登记取得法人资格的社会经济组织。

跨国公司法律形式选择的核心实际上就是产权（所有权和控制权）在跨国公司中合法性配置问题。依据国际商法的通行准则，可根据企业产权控制形态关系不同，将跨国企业的法人组织形态主要分为两类：一是产权水平联结的法人组织形态，它包括了合作企业、合资企业和独资企业三种形式；另一种是产权纵向控制的企业的法人组织形态，主要有母公司与子公司、总公司与分公司几种形式。

1. 产权水平联结的法人组织形态

（1）合作企业。中外合作经营企业是由中外双方合作者根据《中华人民共和国中外合作经营企业法》的规定，在合作企业合同中约定投资或者合作条件、收益或者产品的分配、风险和亏损的分担，经营管理的方式和合作企业终止时财产的归属等事项的企业。

在国际企业的海外发展中，合伙企业主要是指国际企业的母公司与东道国的企业之间的合作。这种合作主要是小规模的实验性投资，或者是通过在东道国设立代表处、销售处等对产品进行进口组装等技术性含量较低的工作。

通过与东道国企业合作的方式取得一定的市场，获得一定的资源是国际企业在东道国发展的第一步。通过这种方式，跨国企业能够在较快的时间内回收投资成本，获取收益，而且并没有涉及技术含量高的技术、投资额比较小，所以投资的风险也比较小。

（2）合资企业。在国际企业的发展中，合资企业不仅是指中外合资企业，更多的是国际企业与东道国企业合资形成的企业，即国际企业以及其想要发展的东道国的企业之间共同出资、共同经营、共负盈亏、共担风险的企业。

在合资企业中，国际企业在东道国通过直接投资、技术转让等方式与能够提供场地、劳动力、设备等的东道国企业共同出资，并获得一定的股权和控制权，从而与东道国企业共同管理企业。

合资企业是国际企业在东道国发展的必然，通过这种方式能够获取东道国更多的资源，以及其他互补性的资产，进而降低企业经营成本。在中国，合资企业是中国法人，受中国法律的管辖和保护。它的组织形式是有限责任公司，而且合资企业不能发行股票，而采用股权形式，按合营各方的投资比例分担盈亏。

（3）独资企业。独资企业是指由个人出资经营、归个人所有和控制，而且由个人承担经营风险并且享有全部经营收益的企业。在国际企业组织形式中，独资企业主要是指国际企业在东道国公司通过新建子公司或者是并购东道国公司的形式进行投资控股，从而享有完全控股的地位。

一般来说，国际企业在东道国通过合作或者是合资的方式经营一段时间之后，在当地已经有了自己的信息网络渠道和产品渠道，不需要再借助东道国企业的独特的优势之后，会通过一定的方式对企业进行独资控股，从而降低成本，获得利益的最大化。

2. 产权纵向控制的法人组织形态

（1）母公司与子公司。母公司是指拥有另一个公司一定比例以上的股份或通过协议方式能够对另一个公司的管理经营具有实际控制权力的公司。母公司对其子公司不一定要拥有半数或半数以上的股份，而只需成为持股最多的股东以便其在董事会和股东会上发挥主导作用即可。一般来说，如果母公司持有子公司半数及以上股份，则称为"绝对控股"；如果母公司持有子公司股份高于其他股东但不足半数，则称为"相对控股"。在国际企业中，大多数母公司对其子公司通常都是"绝对控股"。母公司扮演的是计划者、控制者、关键资源和能力提供者的角色，它需要对子公司的重大经营活动下达必要的指示，并通过对子公司组织机构的控制来实施。另外，母公司是一个独立的企业法人，它的横向法人形式既可以是有限责任公司，也可以是股份有限公司，对外独立承担民事责任。

子公司是与母公司相对应的概念，是指一定比例以上的股份被某一个公司持有或通过协议方式受到其他某一公司所管理、控制的公司。子公司也是一个独立的企业法人，不但拥有自己的公司名称、公司章程以及股东会、董事会和监事会等组织机构，还拥有自己的资产负债表，自负盈亏，对外也独立承担民事责任。子公司虽在一定程度上必须受母公司的控制，但在其主要营运决策项目中也拥有一定的参与决策范围，具体包括生产决策权、营销决策权、人力资源决策权、财务决策权、战略决策权和研发决策权等。子公司参与决策的范围越大，其自主权就越大。

（2）总公司与分公司。总公司又称本公司，是指管辖公司全部组织的总机构。总公司通常先于分公司而设立，在公司内部管辖系统中，处于领导、支配地位，其本身具有独立的法人资格，能够以自己的名义直接从事经营活动。总公司对公司系统内的业务经营、资金调度、人事安排等具有统一的决定权。

分公司是与总公司相对应的概念，是指总公司由于业务需要而在其他地区或国家设立的不具备独立法人资格但可以独立经营的分支机构。分公司通常与总公司使用相同的名称，并以总公司的名义对外从事各项活动。作为总公司的附属机构，分公司经营活动的所有经费均由总公司承担，没有独立的资产负债表，经营业务的盈亏并入总公司统一核算，由总公司对外承担其所有债务责任，其自身对外不独立承担民事责任。总公司对分公司拥有完全控制权，分公司的生产活动、经营战略、人事调配等均由总公司决定。

3. 国际企业法人组织形态的比较

在国际企业中，不论是水平联结的法人组织形态还是垂直联结的法人组织形态，各自都有不同的特点，也适应不同的情形。

（1）国际企业水平联结法人组织形态比较。根据水平联结分类，国际企业法人组织主要分为合作企业、合资企业以及独资企业。虽然都是国际企业与东道国企业之间的关系，但是在不同类型的企业中，国际企业对企业发挥的作用不同（见表11-1）。

表 11-1　国际企业水平联结法人组织形态比较

	合作企业	合资企业	独资企业
特点	规模小，灵活性强，技术性低	共同承担风险和盈亏	完全控股
优缺点	优点：国际企业投资回收期短；投资风险小；灵活性强 缺点：简单的加工，小规模的投资使得企业的发展受到一定的限制，不能在东道国企业立足	优点：合资企业是东道国企业获得渠道和信息优势的重要方式，受到政府的支持；与东道国企业资产互补，发展前景好 缺点：缺乏对企业的掌控权	优点：通过国际企业的独资控制，降低母子公司之间的交易成本；提高管理的有效性；有利于获取更多的资源 缺点：对国际企业资源控制能力和内部协调能力要求较高；加剧国际企业的垄断
适用情形	东道国经济发展较慢，基础设施建设落后，投资环境较差	政府支持引进外资，东道国投资环境较好，资源充分	国际企业具有完全的管理和经营优势，熟悉东道国的状况，有良好的产品和信息渠道

其实，国际企业在东道国的发展过程中，由于环境、资源以及关系网络等的变化，可以按照合作企业、合资企业以及独资企业的方式进行。由于地区限制以及不同国际企业经营目标的差异，国际企业在进行跨国投资经营时需要按照自身现状选择合适的组织形态。

（2）纵向控制的法人组织形态的比较。当一个企业要在国外长期开展国际业务时，它就需要在当地有一个附属机构。无论是通过收购东道国企业，还是创建新企业，它都面临着组织形式上的选择问题，即通过对外投资而设立的组织机构是分公司还是子公司的问题。母子公司和总分公司设置各有其优缺点（见表11-2）。

表 11-2　国际企业纵向控制的法人组织形态比较

	母子公司	总分公司
特点	母公司只需成为持股最多的股东即可，子公司是一个独立的企业法人，有独立的资产负债表，自负盈亏，对外也独立承担民事责任	总公司对分公司拥有完全控制权，分公司不具备独立法人资格，没有独立的资产负债表，由总公司对外承担其所有债务责任，其自身对外不独立承担民事责任
优缺点	优点：经营范围灵活；享受东道国优惠；母公司对海外子公司只以出资额为限承担有限责任，可降低母公司承担的风险 缺点：设立程序复杂；结构复杂，成本高；公司有自己的资产负债表，母、子公司分别纳税，设法减轻母公司税务负担	优点：设立程序简单；结构简单，成本低；所有利润和亏损都由总公司统一核算，可减轻总公司的税收负担 缺点：无法享受东道国的优惠政策；经营范围受限；债务均由总公司偿还，可能使其总公司陷入债务危机
适用情形	海外附属机构初设时，通常为亏损状态，选择分公司的形式可以通过合并财务报表冲抵总公司的利润，降低税务的缴纳	如果预期海外附属机构设立后能在较短时间内实现盈利的话，选择子公司的形式更为有利

集团公司在设立附属机构时应根据自身情况，如企业声誉、资金储备、管理能力以及组织目标等各个方面，分析两种组织形态各自的优势和劣势，并结合东道国的法律法规，选择更适合自身业务发展的组织形态。

11.1.3 国际企业组织结构设计概述

国际企业在发展过程中面临的问题不尽相同，因此在组织结构选择和设计方面也存在差异。

1. 国际企业组织结构设计的内涵

国际企业组织结构设计主要是指为了提高国际企业的运行效率以及经济效益，根据企业国际化经营程度和其所处的内外部经营环境等，对构成企业组织的各个要素进行有效的组合和排列，明确各部门之间的职责和权利，使组织能够进行有效运作的一种活动。

企业在进行国际化的过程中，对企业组织结构进行设计即对组织的变革。它把企业的任务、流程、权责等重新进行组织和协调。根据环境的变化，进行组织结构设计或者组织结构变革，大幅度地提高国际企业的运行效率和经济效率。

2. 国际企业组织结构设计的目标

国际企业组织结构设计的目标主要是让企业组织能够适应不断变化的国际企业经营环境，进一步保证生产产品高效能和制造过程的合理化，降低企业的生产成本，提高竞争优势，在此基础上促进先进技术在企业间的转移，保证国际企业组织的资源实现有效配置。

具体来看，国际企业组织结构设计的目的，即创建一个能够反映并适应外部环境变化的组织，在组织成长过程中能够有效地积聚和配置资源，能有效地协调和控制组织内部各部门的关系、人员与任务的关系等，保证组织活动的顺利开展。

3. 国际企业组织结构设计的影响因素

企业在国际化经营过程中，受到多种因素的影响，既包括了国际市场经营环境的动荡，东道国政治、经济、文化等的制约，也包括了国内市场的影响以及企业内部资源配置、各部门之间协调和控制的影响等，使得国际企业在组织结构设计方面产生一定的困难。由于在下节中存在对组织结构影响因素的具体论述，因此在此处不多加描述。

企业的组织结构不是一成不变的，要随着企业战略的变化不断调整。因此在组织结构设计时，企业除了要充分考虑到各方面的影响因素外也要具有一定的弹性，使组织结构适应变化，具有竞争优势。

11.2 国际企业的组织结构形式

国际企业随着其国际战略目标的变化、公司规模的扩张、经营地域范围的扩大，人员异质性不断增强和沟通关系网络的复杂化，其跨国组织管理结构也在不断变化。

11.2.1 国际企业的组织结构演进

国际企业的组织结构不是一成不变的，是随着企业海外生产经营活动的增加与扩大、市场环境的变化、国际企业战略发展的变化等不断地演进。国际企业的组织结构演进主要是从在国内企业销售部中设置专门管理海外业务的出口部开始，然后经由国际化初级阶段、国际业务部阶段、多国经营阶段以及全球性阶段等发展而来。

1. 国际化初级阶段

在该阶段，企业的国际化经营尚未开始或者是刚刚起步，这时主要是凭借出口的方式进入国际市场。这时依靠国内企业销售部中的出口部就能够完全应付企业的出口业务。而且初期企业不是自营出口，主要通过国内外进出口商或代理商进行。随着企业规模的扩大，企业开始在海外建立生产机构并在当地进行产品或零部件的销售，出现了关税壁垒和非关税壁垒的限制，这时出口部结构不再适应国际化发展，出现了国外子公司，母子结构的出现标志着企业成为真正的国际企业。

2. 国际业务部阶段

在企业国际化发展的早期生产阶段和标准化阶段中，由于企业规模不断扩大，海外子公司的数量不断增加，企业的经营出现多元化，各子公司之间出现利益冲突，母子结构已经不能适应发展的要求。为了解决企业国际化发展过程中出现的问题，要求企业在国内组织结构的基础上设置一个相对独立的部门来管理子公司的经营活动，协调子公司之间的关系，这就出现了国际业务部，它作为一个独立的部门专门负责为企业开拓跨国经营业务。

3. 多国经营阶段

在这一阶段，企业的国际化经营已经进入标准化时期，企业经营范围不断深化，海外产品的种类和数量都不断增加。单独地依靠国际业务部对不同国家和地区的业务进行管理和协调变得十分困难。因此，企业需要对组织结构重新设计和调整，按照企业生产经营活动的地区或者生产的产品等设置相应的组织机构进行管理，提高管理的有效性，保证产品的创新性。

4. 全球性阶段

在全球性阶段，企业的国际化经营已经变得十分成熟，其生产的产品种类繁多、企业所占的国内外市场进一步扩大，各地区各部门之间的组织协调存在一定的困难。在这一阶段，企业需要采用合理的结构进行全球性生产经营活动的管理。因此全球性的组织结构成为该阶段解决企业发展问题的有效方式。

其实，国际企业在发展的过程中并不是严格地按照这几个阶段进行，不同的企业根据自身的发展状况以及国际化战略等经历不同的阶段。国际化进程慢的企业经历的阶段较少，只能根据前几个阶段来进行组织结构的设计，而国际化发展较快的企业经历的阶段比较多，其组织结构的设计完整，对企业国际化发展具有重要的作用。

11.2.2 国际企业组织结构的基本形式

与组织结构发展阶段相对应，传统的国际企业组织结构的基本形式依次为出口部结构、母子公司结构、国际业务部结构和全球组织结构，每一种结构形式都有其各自的优缺点，企业可以根据组织目标和自身实力选择相应的结构形式。

1. 出口部结构

在企业国际化初期，海外业务主要以出口销售为主，产品出口量占企业总销售量的比重较小，因此只需在市场部下设立出口部，或直接设立一个与市场部平级的出口部开展海外业务（见图 11-10）。出口部一般通过与海外代理商或分销商建立合作关系从而进行产品销售，其主要任务是寻找代理机构或分销机构以扩大产品销路。出口部结构适合规模较小的企业或不熟悉海外市场情况而初期试水的企业。

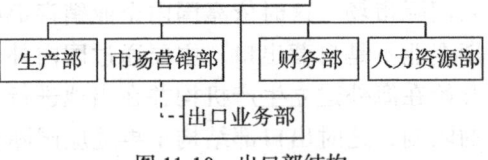

图 11-10　出口部结构

出口部结构的优点：

第一，由一个专门的部门负责海外业务，组织结构简单，任务清晰，便于统一管理和协调。

第二，只与海外代理机构或分销机构打交道，节省了时间、人力和物力成本。

第三，开展海外业务的同时可以收集海外市场情报，积累海外销售经验，为进一步扩大海外市场做准备。

出口部结构的缺点：

一是出口部只是一个小的部门，权力有限，难以开展进一步的海外业务。

二是资源的有限性可能导致出口部与母国公司本部发生利益冲突。

三是受东道国进出口政策、关税壁垒等影响，出口部的经营范围和出口规模都会受到很大的限制。

2. 母子公司结构

母子结构是在海外投资设立子公司，母公司给予海外子公司较大的经营自主权，只在公司发展方向或重大决策等方面给予一定的控制，关系较为松散（见图 11-11）。母子结构适用于规模不大、海外分公司较少、海外业务仅占公司整体业务的一小部分的企业，这些企业建立国外子公司的主要目的是为了保住既有的海外市场，企业的重心仍为国内业务，海外业务收入不是企业的主要收入来源。

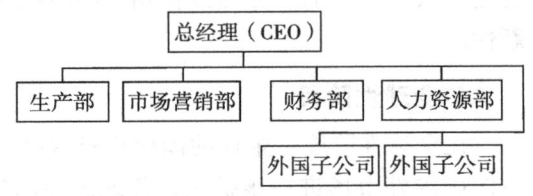

图 11-11　母子公司组织结构

母子公司组织结构的优点：

第一，自主权大，熟悉东道国文化与风俗，更了解东道国消费者的需求，能根据东道国市场变化迅速调整经营策略。

第二，具有独立的法人资格，享受东道国政府对当地企业的优惠政策。

第三，更有利于吸收当地资本投资，从而扩大东道国市场。

母子公司组织结构的缺点：

一是母公司可能由于不了解子公司所在国的具体情况而做出错误决策。

二是各子公司之间可能会存在利益冲突，相互竞争会损害母公司的利益。

三是子公司往往只会从自身发展出发，不顾公司的整体利益。

3. 国际业务部结构

当国际企业的海外业务发展到一定程度时，由于海外子公司数量多，母子结构的形式难以管理与协调，就会造成整体的效率低下。这时，国际企业就需要成立一个专门的国际业务部，管理和协调各国子公司的组建、生产、经营等各项活动以及子公司之间的合作与关系（见图 11-12）。国际业务部结构适合从事多国性生产经营不久、海外业务较为集中、产品标准化的国际企业。

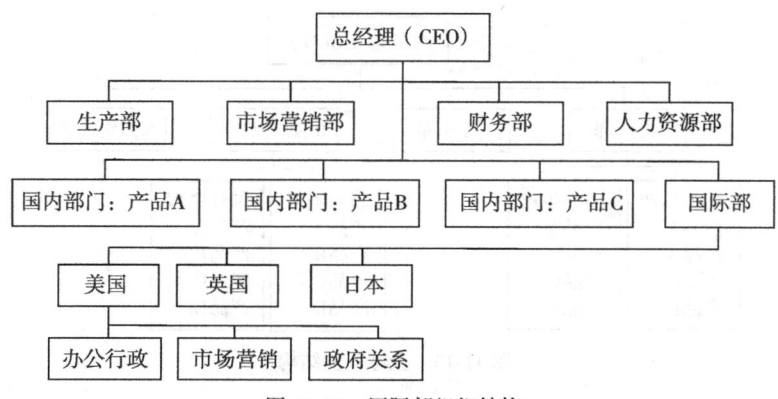

图 11-12 国际部组织结构

国际部组织结构的优点：

第一，统一的管理有利于子公司之间的协调与合作，降低子公司之间的冲突，使各子公司的目标与母公司保持一致。

第二，设立正式的国际部，表明海外业务已成为公司战略的重要一环，对于各子公司可以起到激励的作用。

第三，国际业务部可以为公司培养一批优秀的跨国管理人才。

国际部组织结构的缺点：

一是资源的有限性可能会造成国内部门和国际部门间为争夺资源产生矛盾。

二是统一的指挥对于子公司而言容易造成决策延迟，不能迅速对市场变化做出反应。

三是由于各国经济、文化的不同，国内和国外业务部在经营理念与目标上必然存在一定的差异，这就容易造成二者不能有效地整合各自的优势，无法朝着共同的目标发展，进而导致公司整体的效率低下。

4. 全球组织结构

随着国际企业海外业务的不断发展以及全球竞争的不断加剧，国际业务部结构已经无法满足企业全球化发展的需要。国际企业要想大规模地开展海外业务，就需要一种可以在全球范围内整合、配置资源并组织生产和销售的组织结构形式，这种结构称为全球组织结构。全球组织结构包括全球职能结构、全球产品结构、全球地区结构、全球混合结构以及全球矩阵结构等。

（1）全球职能结构。全球职能结构是指在原有的职能部门下设立该职能部门的国内分部和国外分部，且由各部门自己负责自己内部的国内外分部的日常运营，如生产部负责企业全球的生产活动，市场营销部企业负责全球营销活动（见图 11-13）。全球职能结构适应于：①产品线少、产品标准化且市场需求量较为稳定的国际企业；②产品原材料供应地单一的国际企业。例如，石油、采矿等行业较多采用此种形式。

全球职能结构的优点：

第一，职能分工明确，职责清晰，避免了职能机构的重复设置与职责不清引起的责任推诿。

第二，结构简单清晰，便于母公司总经理集中控制，统一协调，降低了管理成本。

第三，有利于各专业人才各司其职，在相应的岗位上最大限度地发挥其知识与才能。

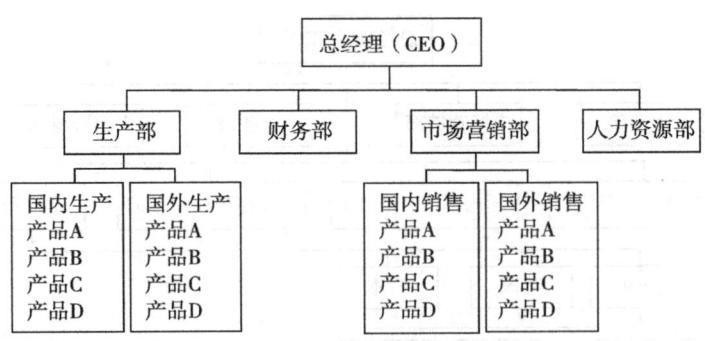

图 11-13　全球职能结构

全球职能结构的缺点：

一是各子公司要接受来自不同部门的指令，容易造成任务冲突。

二是部门之间缺乏沟通，本位主义可能会造成不同部门只考虑本部门利益而不顾公司整体利益，因此生产和销售部门往往难以协调。

三是总部的权力过于集中，海外子公司自主权小，难以调动积极性，不能根据东道国的市场情况灵活应变。

（2）全球产品结构。当企业的产品种类增多时，企业可根据产品类型设立产品分部，各产品经理负责该产品在全球的生产与销售。在这种结构形式中，企业的总目标由母公司制定，各产品分布根据总目标和各自产品在全球的市场需求情况安排分部目标（见图 11-14）。全球产品结构适应于：①规模较大、产品种类多且生产技术要求高的国际企业；②需要将产品设研发、生产、营销统一起来的国际企业，如日化用品公司、办公用品公司。

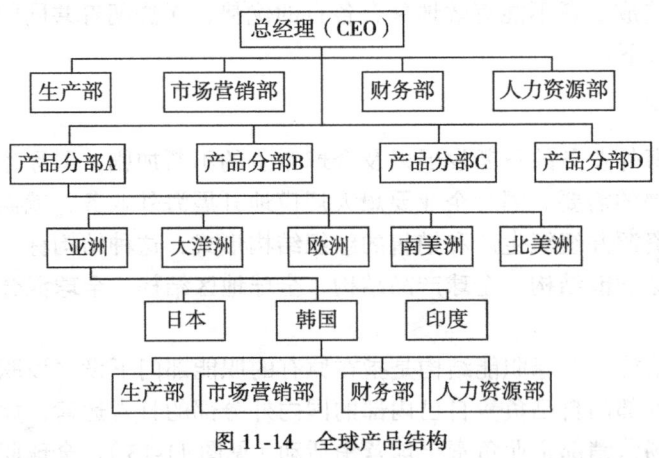

图 11-14　全球产品结构

全球产品结构的优点：

第一，以产品为核心开展海外业务，可以根据产品属性、功能、需求的不同采取最合适的经营策略而不影响其他产品，更具灵活性。

第二，能够快速响应市场变化，充分利用资源，促进产品创新，从而提高企业的竞争力。

第三，将经营重心放在产品研发与生产上，避免了出现国内业务和国外业务由于资源争夺而发生冲突与矛盾。

全球产品结构的缺点：

一是由于职能部门是根据产品的划分而分别设立的，因此造成了职能部门大量重叠，给企业带来不必要的浪费。

二是每个产品作为一个利润中心，各分部可能只关心自身的利益而忽略企业的总体利益。

三是同一地区的不同产品分部之间难以沟通与协调，甚至可能相互竞争。

（3）全球地区结构。全球地区结构是根据地区划分企业海外分部，母公司制定总目标和全球经营战略，每个分部负责该地区所有的生产、销售、财务等日常运营活动（见图11-15）。全球地区结构适应于：①产品数量有限、生产技术成熟的国际企业；②产品呈现出明显的地区差异化且地区较为分散的国际企业，如汽车制造企业、食品企业、制药企业等。

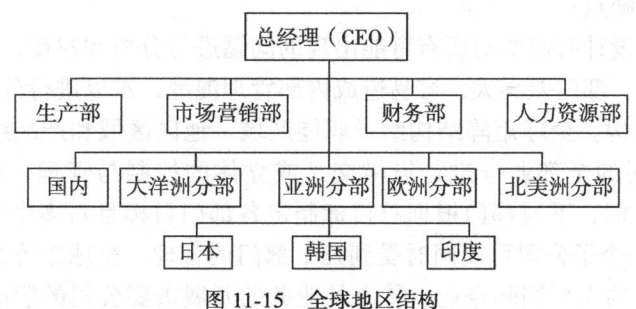

图 11-15　全球地区结构

全球地区结构的优点：

第一，以地区为单位，子公司能够及时了解东道国顾客的喜好，有针对性地调整或改善产品以适应当地顾客的需求。

第二，各地区作为一个利润中心，地区内子公司集中控制管理，目标一致，有利于加强各子公司之间的沟通与协作。

第三，各地区分部拥有较大的自主权，能根据该地区的市场变化及时做出反应。

全球地区结构的缺点：

一是不同地区之间难以沟通与协调，不利于生产技术与管理知识的跨地区交流，容易产生本位主义思想。

二是各地区作为一个独立的利润中心，均设置了一套完整的职能机构，机构重叠增加了管理成本。

三是总公司难以根据公司总战略协调各地区分部的分战略，因此无法实现各分部的协同效应。

（4）全球混合结构。由于上述各结构类型均存在各自的弊端，因此一些国际企业开始尝试采用全球混合结构。全球混合结构根据扬长避短的原则，将职能结构、产品结构、地区结构等有机结合起来，以适应不同业务的不同需求（见图11-16）。全球混合机构适应于：①规模大、产品种类多的国际企业；②经营地域广的国际企业，如通用电气。

全球混合结构的优点：

第一，根据企业的具体情况，将职能结构、产品结构和地区结构结合起来，扬长避短，灵活性强。

第二，兼顾总公司与各子公司的利益，有利于在各子公司之间实现协同效应。

第三，有利于充分利用公司资源开拓海外市场。

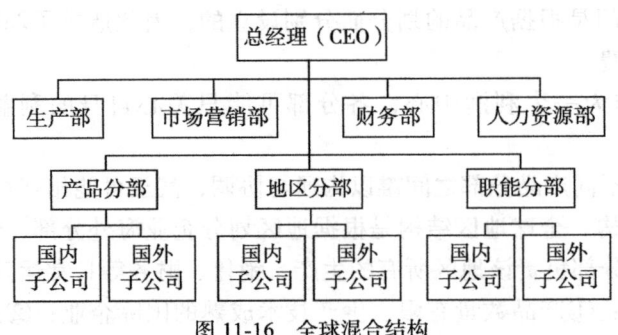

图 11-16　全球混合结构

全球混合结构的缺点：

一是在进行结构设计时需要对所有可能出现的问题进行分析和权衡，难度较大。

二是结构不规范，部门差异大，容易造成内部管理混乱，难以进行分部的协调与合作。

（5）全球矩阵结构。全球矩阵结构给予职能区域、地区区域和产品组二维或三维因素以同等的权利，对公司的全部业务进行纵横交叉或立体的控制与管理。在全球矩阵结构中，总公司制定总经营目标，下属部门根据总目标制定各部门目标且对多个子公司实施管理（见图11-17）。因此，一个子公司可能同时受到几个部门的管理。全球矩阵结构适应于：①经营产品多、地域分布广的大型国际企业；②海外业务的开展需要公司的职能部门、地区部门和产品部门同时做出响应的国际企业，如IBM公司。

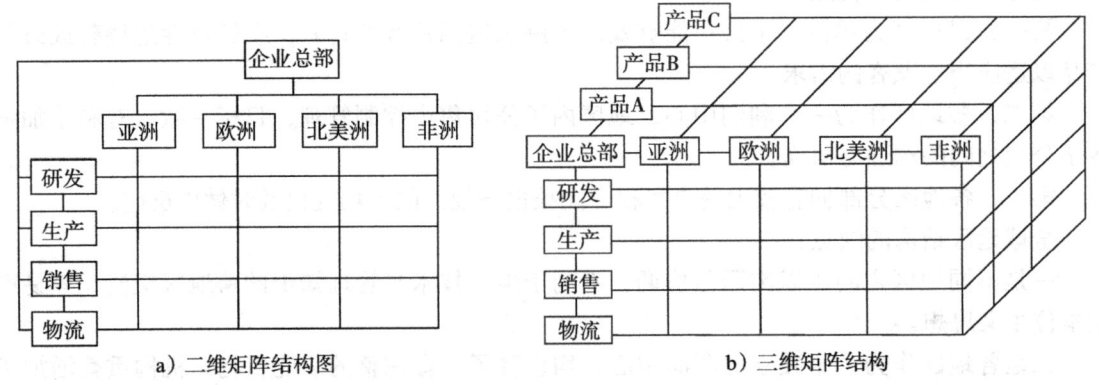

a）二维矩阵结构图　　　b）三维矩阵结构

图 11-17　全球矩阵结构

全球矩阵结构的优点：

第一，能够迅速响应国际市场的变化，在全球范围内灵活调配资源，及时抓住各地市场机遇。

第二，加强了横向沟通与纵向沟通，各部门与各子公司能够更好地协调与合作，有利于实现协同效应。

第三，既能对市场需求做出反应，又能对共同目标做出反应，从而更好地实施企业的全球战略。

全球矩阵结构的缺点：

一是子公司面临多重领导，当不同职能部门的经理不能及时进行有效沟通时，容易造成决策延迟，管理效率低，成本高。

二是各部门间可能由于权利的争夺产生矛盾，造成总公司内耗。

11.2.3 国际企业组织结构选择的影响因素

国际企业的组织结构多样,但是由于其经营环境的特殊性,各企业在进行组织结构选择时考虑的问题存在差异。通常看来,影响国际企业组织结构选择的因素主要包括国际企业的经营战略、企业国际化发展程度和经营历史与经验、企业所处的地区环境差异等。

1. 国际企业的总体经营战略

企业的经营战略是企业根据内外部环境、资源以及条件等各方面要素综合考虑而形成的,用来指导企业未来发展方向的规划。战略在国际企业发展中起着决定性的作用。因此,企业选择组织结构时要充分考虑到是否与企业的经营战略相一致。而且随着国际企业战略变化与发展,企业的组织结构也需要调整。若企业实行防御型战略,以低成本或者是高质量来保护或者巩固现有的不宽泛的经营领域,则易偏向集权的职能型组织结构。但是企业如果想要开发新产品、开拓新市场则需要分权型的组织结构。

2. 企业国际化发展程度

企业的国际化发展程度和国际化经营历史与经验是影响其国际化经营组织结构选择的另一个因素。在企业国际化经营的不同阶段,出口产品的多样化程度的高低、国际业务在企业业务中所占的重要程度等都会影响企业的发展情况。具有国际化经营经验、熟悉国际经营业务团队的企业在对组织结构的选择和调整上比没有过国际化经营历史和经验的企业更专业。

3. 国际企业的规模以及企业产品市场的特点

企业的规模以及企业的产品市场的特点与其内部结构的选择有密切的关系。具有较大规模的企业才会具有专业化组织结构。例如,当国际企业的业务主要是在国内时,则一般选择出口部结构;而企业业务大多数在国外时则一般选择国际部结构或全球组织结构。企业的产品市场也会影响组织结构的选择。如果国际企业主要侧重于消费品市场,则会选择能够发挥子公司灵活性和反应能力的分权结构;如果企业是侧重于技术密集型产品的市场,则更需要的是权力集中的组织结构。

4. 国家或地区差异

由于不同国家的文化背景不同,因此即使是同样规模、发展阶段相同甚至是技术水平相同的企业,在选择组织结构时也存在差异。因此,企业在国际化经营时要充分了解分部所在国家或地区的文化背景,了解当地的经营习惯和方式,选择合适的组织结构。例如在印度、土耳其等权力距离较大的国家,采用垂直型的组织结构易取得成功;在权力距离较小的国家则选择扁平的机构效果更好。

5. 信息技术和网络的发展和普及

互联网时代的去管理化、组织结构追求扁平化、从注重业务职能转向注重业务流程等特点,将价值创造贯穿于组织活动始终,使企业管理模式水平化。互联网时代的新要求使得企业在进行国际化经营时需要根据互联网时代发展的要求,转变思维,注重工作团队的流程导向、去边界化、注重信息技术的共享,开始借助虚拟团队等新的方式来实现企业经营目标。例如,海尔企业采用的"倒三角"结构,既避免了组织的惰性,又能给员工提供更大的发展空间。企业管理者利用网络能够迅速地发现经营过程中出现的问题，提高工作效率等。

总之，为了加强对企业的管理、控制与协调，国际企业在选择组织结构时一定要充分考虑到企业当前所处的环境，根据国际企业的战略、发展阶段、企业经营环境等综合条件，选择出适应企业发展需要的组织结构。

11.3 国际企业组织的控制与协调

国际企业海外经营面临着复杂的文化、人力和市场难题，同时还有天然的地理和主权区隔，这对国际企业总部对海外机构的放管结合的组织协调带来巨大的挑战。

11.3.1 国际企业组织控制与协调的必要性

国际企业主要是以本国为中心，通过设立分公司等方式进行多国经营。因此它面临着众多的经营和管理问题。

第一，从地理位置来看，国际企业中母子公司的距离较远，这种地理位置上的分散式的母子公司之间的沟通与协调存在一定的障碍。

第二，国际企业跨国经营时，由于当地文化与市场规则的差异、经营环境的差别等会阻碍企业在当地竞争力的获得，从而影响企业的发展。

第三，随着国际企业海外业务的扩大、子公司数量的增加，各子公司之间经营的产品类别存在一定的差异，这些对企业内部的组织机构的协调和控制要求提高。

第四，由于互联网的发展，资源的获得以及信息的传播等速度加快，对国际企业在国际经营提供了便利，但是这也对其提出了新的挑战。如何获取优势资源并有效地利用资源，如何在变动的环境中获得良好的人力资源并进行有效的管理等都成了国际企业在互联网情境下经营不可忽视的问题。

为了解决国际企业在国际经营过程中存在的地理位置、外来者劣势、经营的多样化导致的协调问题以及互联网情境下为企业带来的新问题等，国际企业需要对其组织加强控制和协调；做好集权与分权，采用多种方式协调母子公司、子公司之间的关系；加强企业内部联系、实现企业国内外业务的高效运行，保证增强国际企业以及其国外子公司的竞争优势。

11.3.2 国际企业组织的控制机制

在企业的运营与管理过程中必然会涉及权力的分配问题，权力分配的合理与否也影响着企业经营的效果。在国际企业中，权力分配问题直接关乎海外公司经营策略的制定，决定着其对于东道国市场的反应能力和适应能力。

1. 集权与分权

集权与分权是企业经营管理权限的分配方式，集权管理与分权管理一直是企业经营管理中十分重要却又无法调和的一对矛盾。集权管理是指经营权限特别是决策权集中掌握在企业最高层手中，其下属管理层只拥有日常业务的决策权，主要任务是严格执行上层领导的决策进行日常的生产经营活动。分权管理是指企业最高层只保留关系企业全局利益和重大问题的决策权，将其他决策权下放给下属管理层，使其在日常的经营管理中有充分的自主权。

（1）集权与分权程度的主要标志。要判断一个企业是采取集权式管理还是分权式管理，可以从以下几个方面进行考量：

1）决策的数目。在一个企业中，较高管理层次制定的决策数目越多，集权程度越高；反之，较低管理层次制定的决策数目越多，分权程度越高。

2）决策的幅度。企业较高管理层次制定决策的范围越宽，涉及职能越多，集权程度越高；反之，较低管理层次制定决策的范围越广，涉及职能越多，分权程度越高。

3）决策的重要性。企业较高管理层次制定的决策对企业越重要，影响面越广，集权程度越高；反之，较低管理层次制定的决策对企业越重要，影响面越广，分权程度越高。

4）对决策的控制程度。如果企业中较低管理层次做出决策后需要立即向上级报告，则该企业的集权程度越高；反之，如果较低管理层次做出决策后不需要向上级报告，则该企业的分权程度较高。

（2）影响集权和分权程度的主要因素。企业集权和分权的程度受到多方面因素的影响，且这些因素会随着环境的变化而变化。一般来说，影响集权和分权程度的主要因素包括：

1）决策的代价。若某项决策对于企业来说至关重要，如果决策失误会给企业带来巨大损失，那该项决策应由高层管理者做出，而不适合授权给下级；反之，可适当授权给下级进行决策。

2）组织的规模。当组织规模较小时，一般企业都采取集权式管理；随着企业规模的不断扩大，职能部门增多，需要决策的项目也相应增多，这时企业应采取分权式管理。

3）管理人员的素质与数量。在管理人员素质不高、数量欠缺的情况下，企业宜采取集权式管理；反之，在管理人员素质高、数量充足的情况下，企业可采取分权式管理。

4）组织的发展阶段。在组织成立初期，内部运行机制尚不完善，企业此时应采取集权式管理；当组织发展到一定程度时，内部运行机制趋于完善，企业则可以采取分权式管理。

5）控制的可能性。企业实施分权管理的前提是高层有能力对其下属的工作保持一定的控制。当高层管理者不能很好地对下属的工作保持控制时，应采取集权式管理以保证企业日常业务的有序进行；反之，若高层管理者有能力对下属的工作保持控制，则可以采取分权式管理。

（3）企业如何实施集权或分权管理。由于所采取权力分配的方式不同，集团总部需要根据集权与分权不同的特点，采取相应的管理实施方式，以保证集团总体战略的实施和总目标的实现。

1）集权式管理的实施。具体如下：

第一，总部设立集团决策支持机构。在集权式管理模式下，整个集团的大小决策均由总部制定，为了增强决策的正确性与合理性，在集团最高决策机构下还需设立战略管理委员会、预算管理委员会、投资管理委员会、薪酬与考核委员会等专项委员会作为集团决策的支持机构，从集团的各职能入手制定恰当的战略决策，将集团总决策细分为更为具体的分决策，便于各部门执行。

第二，系统的管控制度与流程。严格的管控制度与合理的流程是集团生产经营计划得以顺利实施的保证。例如，管控制度有分子公司管理办法、年度经营计划管理办法、财务管理办法、内部审计办法、员工激励办法等；流程有战略规划制定流程、年度预算编制及审批流程、分子公司业绩指标考核体系制定流程等。

第三，健全的人才管理机制。集权式管理需要统筹集团总部和各分子公司的人力资源发展规划，对于分子公司的核心管理人员和专业技术人员进行统一调配。因此，集团需要建立健全的人才管理机制，同时需要有充足的人才储备，便于为各分子公司输送优秀可靠的人才。

2）分权式管理的实施。具体如下：

第一，建立运营监控体系。在分权式管理下，权力下放给各分公司、子公司，集团总部则需要建立起一套监控体系，对分公司、子公司日常运营活动进行监控，当发现分公司、子公司的运营活动不利于集团总目标的实现时可以对其进行适时的干预，以维护公司整体利益。

第二，构建风险管理体系。为了降低或避免分公司、子公司的经营决策给集团带来的风险，集团需要建立多级风险预警机制，对潜在的或已形成的风险进行识别和评估，并结合风险成因和风险承受能力，建立相应的风险应对策略。

第三，加强集团文化建设。企业文化是连接企业各部分之间的无形纽带，集团总部需要加强文化建设，建设价值观体系，并在各分公司、子公司推行和落实，确保分公司、子公司员工与集团总部的价值观保持一致，从而提高分公司、子公司对总部的忠诚度，降低"本位主义"。

2. 国际企业组织控制方式

在国际企业中，无论哪种组织结构形式都要涉及权力分配的问题。企业集权与分权的程度是反映该企业组织控制程度的一个重要的衡量指标。按照国际企业母公司与子公司之间在集权与分权程度上的不同，可以将国际企业组织的控制方式分为母国中心组织控制模式、多元中心组织控制模式和全球中心组织控制模式。

（1）母国中心组织控制模式。母国中心组织控制模式是指母公司对海外子公司实行集权式管理，海外子公司在经营管理方面没有自主权，其供、产、销、人、财、物都按照母公司的决策执行，接受母公司统一管理。在母国中心组织控制模式下，母公司建立一整套严格的组织控制机制，统一制定集团的国际和国内经营方针、年度计划、发展战略和投融资计划，指导、协调和监督子公司的重大生产经营活动，对子公司财务核算实施统一管理，编制合并会计报表。子公司须严格执行母公司的决策，按照母公司的指令进行生产经营活动，定期或不定期地接受母公司的检查。母国中心组织控制模式的优点是有利于确保各海外子公司目标与集团总体目标保持一致，将组织的人力、财力、物力集中到组织重点发展项目，避免了利益冲突造成的内部损耗，提高了组织的整体效益。该模式的缺点在于不利于海外子公司发挥主动性，降低了积极性，面对复杂多变的市场环境无法做出及时有效的决策。

（2）多元中心组织控制模式。多元中心组织控制模式是指母公司对海外子公司实行分权式管理，海外子公司在经营管理方面拥有自主权。在多元中心组织控制模式下，母公司通常不直接管理子公司的生产经营活动，而是只对子公司进行必要的监督与宏观调控。子公司可根据自身以及所在国的具体情况自行制定经营目标，独立核算本公司的利润，在研发、采购、生产、销售、成本控制和人员安排等方面均可自行决策而不受母公司干涉。多元中心组织控制模式的优势是可以充分调动子公司的积极性和主动性，也有利于子公司根据东道国的市场环境及时做出战略调整。该控制模式的缺点是人力、财力、物力的调配困难，无法集中优势资源，甚至造成子公司的本位主义，只顾本公司的利益而忽略了集团利益。

（3）全球中心组织控制模式。当企业发展到一定规模时，随着总部职能部门的增多及各地分支机构的增加，管理的难度也越来越大，遇到的问题也越来越多。上述两种组织控制模式都存在着不同程度的利与弊，因此越来越多的国际企业开始采取集权与分权相结合的管理模式，这种模式被称为全球中心组织控制模式。在这种模式下，一方面，母公司给予子公司一定的自主权，允许子公司在集团总目标的范围内自主经营；另一方面，母公司对子公司实行必要的监督与控制，以便当子公司的经营行为损害到整个集团的利益时能够及时制止和纠正。

11.3.3 国际企业组织的协调体系

对国际企业来说，协调即把各子公司有效地整合进整个公司的系统。国际企业的子公司遍布各地，控制和协调国内外子公司之间的关系以及合理分配资源等对企业的可持续发展具有重要的作用。一般来看，国际企业的协调主要分为母公司与子公司的纵向协调以及各子公司之间的横向协调。由于两种协调方式存在相同之处，本文主要从正式协调和非正式协调机制来分析国际企业子公司之间的协调方式。

1. 正式机制

国际企业的正式协调机制主要是指标准化的协调方式，适应范围比较广，但是受到市场环境等变化的制约。国际企业的正式协调机制主要包括日常文书、直接联系、联络官角色、任务组（团队）机制、矩阵结构机制和网络结构机制等形式。

（1）日常文书。日常文书作为一种重要的信息交流平台，能够使国际企业的其他子公司了解到该子公司的经营活动的重要信息。随着互联网的发展、国际企业网络组织的完善，日常文书对信息的传递更加便捷，特别是对于横跨多个国家和地区的国际企业来说，电子的日常文书作为重要的协调工具意义重大。通过正式的日常文书不仅可以实现国际企业内部信息的全方位流动和共享，而且能够提高信息沟通的效率。

但是这种正式的电子沟通系统也存在一定的局限性，首先形成标准化的内部沟通系统需要较高的成本，其次电子信息繁多使得筛选有用信息的难度增大，最后由于它属于正式的沟通机制，因此对默会知识的传递具有一定的局限性。

（2）直接联系。直接联系的协调方式主要应用于各子公司之间协调任务不重的情况下，各子公司之间通过直接联系的方式来沟通、协调、解决相关问题。直接联系的协调方式能够使各子公司之间定期联系，加强沟通与互动，避免子公司与母公司之间的分裂，提高内部信息的流动。但是直接联系不适用于协调任务比较重的国际企业，否则会带来较高的协调成本。

（3）联络官角色。联络官机制是为了适应各子公司之间日益增强的联系次数而设立的，子公司通过设立联络官或者是专门的联络人来负责与其他公司之间的沟通、联络与协调等。一般来说，联络官角色是公司经理的一部分工作职责，专门联络人不同于联络角色，协调好本公司与其他子公司甚至是母公司之间的工作是其唯一的职责。因此，联络官机制有利于增强子公司之间联络的有效性，提高协调的效率。

（4）任务组（团队）机制。国际企业不断发展壮大，各子公司之间的经营与合作日益密切、沟通与协调的要求日益提高，国际企业通过抽调不同子公司的相关人员组建临时的任务组或者是永久的任务团队等来进行组织的协调。这种任务组的形成是为了解决具体的问题，它具有很高的权威,能够促进各子公司之间协调的发展。此外,来自不同地区和公司的人员组成的任务组或团队能够起到互补的作用,有利于提高组织绩效。

(5)矩阵结构机制。矩阵结构机制的出现主要是国际企业实行全球化的战略以及各子公司之间协调需要进一步发展,使得国际企业必须转向多维度的协调需求而产生的。这种协调机制能够适应国际企业地区、产品、职能等维度一体化发展的趋势。这种协调机制下,在进行关键的业务决策时,必须将母公司与子公司的相关负责人联系在一起,保证协调和决策的有效性。

(6)网络结构机制。随着网络等的发展,国际企业组织结构不断的网络化,因此相比于矩阵结构机制,网络化的结构机制在互联网时代更能够为国际企业接受。网络组织也是适应当前知识信息经济以及组织创新要求的新型组织形式,通过网络结构机制能够使企业更好地适应外部环境的变化。国际企业通过设立各种正式机构(产品总部、地区总部、管理职能总部等)与非正式机制来共同协调各子公司的发展。

2. 非正式机制

随着国际企业的发展,各子公司之间依赖性不断增强,母子公司、子公司之间的知识流动不断加强。有时候正式的协调机制无法满足企业发展的需要,因此非正式的协调机制在国际企业的协调中开始发挥作用。与协调的正式机制相比,虽然非正式协调机制具有较强的环境应变能力,但是它也必须依赖于正式的协调机制,两者共同作用才能发挥更大的功效。

(1)管理人员网络。管理人员网络是一种重要的非正式的协调机制。信息技术的发展以及国际企业内部人员的流动制度等促进了管理人员网络的形成,它能够提高国际企业信息交流与协作。管理人员网络中包含了很多与企业经营发展相关的信息,如竞争者、供应商、客户以及技术信息等方面,因此国际企业的各公司管理者可以通过非正式的沟通和交流及时了解企业经营的相关信息,提高企业的经营发展水平。

(2)社会化(或组织文化)协调机制。由于国际企业横跨不同的国家和地区,因此各国或地区的文化存在一定的差异,这为国际企业的协调带来了一定的困难。强硬的手段无法达到有效协调的目的,因此需要一种强有力的文化来协调不同国家和地区子公司之间的合作与交流。这种强大的组织文化能够在各子公司之间形成共同的价值观念,为了公司总体利益而努力,保证公司战略目标的实现。因此这种建立自身组织文化并将文化渗透到各子公司的社会化协调机制能够建立非正式的社会关系网络,有利于国际企业更加频繁的交流与协作。

除此之外,非正式的协调机制还包括通过奖金激励或者非行政的经济机制,通过奖金和绩效的激励,将各公司之间的业绩联系在一起,有利于促进子公司之间的交流与合作;通过提高企业的资源共享,将各公司之间的业绩联系企业,激励管理人员参与到企业的交流与合作中,提高企业的总体效益。

11.3.4 国际企业组织控制的影响因素

国际企业组织控制主要受到多方面的影响,具体包括母国民族文化因素、东道国市场因素、子公司管理能力和产品或服务因素等。

（1）母国民族文化因素。如果母国的民族文化推崇专制，那么该国际企业对海外子公司会更多地采取集权式的控制模式；反之，如果母国的民族文化推崇民主，企业则更倾向于采取分权式的控制模式。

（2）东道国市场因素。当东道国市场竞争激烈时，采用集权式的控制模式可以调动集团的人、财、物到当地以增强子公司的竞争力开拓当地市场；反之，当东道国市场竞争较小时，则可采用分权式的控制模式。

（3）子公司管理能力。如果子公司管理能力较弱，采用集权式的控制模式对子公司进行统一管理可以避免子公司决策失误造成的损失；反之，如果子公司管理能力较强，母公司则可采用分权式的控制模式，放权给子公司以达到激励的目的。

（4）产品或服务因素。当企业生产经营的产品相对单一、提供的服务多样化程度低时，采取集权式的控制模式有利于产品或服务的标准化且降低了成本；反之，当企业生产经营的产品较多、提供的服务多样化程度高时，采取分权式的控制模式则可以灵活应对不同地区的市场需求。

11.4 中国跨国公司的组织发展

国际企业的组织经历了从初级阶段、国际业务部阶段、多国经营阶段之后，为了适应企业国际化进程，基本上选择了全球性的组织结构。由于中国与西方国家经济、政治制度的差异，企业国际化选择的组织结构也存在多样化。

11.4.1 中国跨国公司组织概述

改革开放以来，中国企业的国际化不断发展，跨国企业的数量不断增加。1971年11月，中日第一家合资公司——京和股份有限公司设立，拉开了中国跨国公司发展的序幕。

1. 中国企业国际化发展概述

中国跨国公司的发展主要经历了三个阶段，第一阶段是1979~1983年，在这一阶段，受到国家政策的激励，少数的企业开始寻求国际化发展的途径，因此企业的规模都比较小，主要是少数的中央直属的大型外贸企业。1984~1992年是我国企业国际化发展的第二个阶段，在这一时期，企业国际化经营的范围逐渐扩大，而且数量开始增加，除了中央直属企业之外，地方企业、大中型的企业开始对外直接投资，并且成为跨国公司。在1992年之后，中国跨国企业的数量进一步增加，连中小企业、乡镇企业以及一些民营企业都开始进行国际化探索，中国企业国际化经营进一步扩大。

截至2013年，中国1.53万家境内投资者在境外设立了2.54万家对外直接投资企业，分布在全球184个国家和地区。中国企业"走出去"对外直接投资从2000年的不足10亿美元增长到2013年的1 078.4亿美元，增长了100多倍。到2014，中国对世界直接投资净额1 231亿美元，对世界直接投资存量为8 826亿美元。迈入2016年，中国的"一带一路"倡议的贯彻执行，使得中国企业的发展前景更加广阔，越来越多的企业开始实施国际化战略。

2. 中国跨国企业组织结构选择的特点

从当前发展状况来看，我国跨国公司主要是分为四类：一是外贸专业公司和大型贸易集团；二是生产性企业或企业集团；三是大型金融保险、多功能服务公司；四是中小型企业，如乡镇企业、国有以及集体所有制中小企业等。虽然我国大多数的跨国公司选择了全球性的组织结构，但是中国的组织结构模式还是与西方国际企业组织结构模式存在差别，具有多样化和多层次的形态。

中国跨国企业组织结构的模式具有多样性、独特性、多层次性。

在多样性上，一是有些企业是在未获得行业领先地位或者是垄断时就开始对外直接投资，这种国际企业规模不大，多元化程度有限，因此管理也比较简单。这样的企业需要的组织结构主要是职能附带国际部结构、职能附带产品分部结构、产品事业部附带国际职能结构以及产品事业部结构等。二是受到对外投资地域的限制，中国跨国企业主要选择地区职能部门结构、地区事业部的结构安排。三是受到中国企业管理水平的影响，中国跨国企业需要解决很多国际化经营的问题，如产品种类问题、经营地区增加等，使得企业在地区事业部的基础上增加产品分部、地区分部职能结构，在地区事业部基础上增加产品分部、全球矩阵等结构模式。

在独特性上，与西方存在的产品事业部结构、地区事业部结构相比，中国跨国公司的组织结构模式只是体现了西方组织结构的一部分。中国跨国公司的组织结构模式正是在西方组织结构的基础上根据企业经营发展环境等不断地改进形成的，具有中国特色。

在多层次性上，由于在国际市场上的中国企业参差不齐，既有大型企业集团，也有具有一定实力的企业，还存在一些中小型企业，因此在组织结构的选择上具有层次性。

11.4.2 中国跨国公司组织发展中的问题

中国跨国公司经过几十年的发展，在跨国经营方面取得了良好的成效。但是在企业的组织结构方面仍然存在一定的问题，使得企业组织结构与企业的发展不平衡。这就要求我们重视对跨国公司组织结构的研究，选择合适的组织结构，保证企业的发展。

1. 中国跨国公司组织结构与企业发展之间的问题

中国国际企业与西方企业不同，其发展背景、积累的经验以及发展的方式具有自身的特点。因此，在企业的跨国经营发展中存在一些问题。

（1）组织结构的选择缺乏全球化的视角。我国的跨国企业组织结构大多是在国内组织结构发展的基础上加入国际部门来实现的，企业所表现出来的是产品的国际化和企业组织结构的本土化相结合，这在一定程度上会阻碍企业的国际化发展，使企业缺乏全球化的视角，难以制定全球化经营战略。

（2）企业对组织结构重视程度不足。组织结构在企业发展中起到了重要的基础作用，但是在企业的国际化发展中，中国的一些跨国企业主要重视的是能够改变企业经营效益的因素，如企业产品的生产、融资、经营管理以及人力资源等因素，对企业的组织结构重视程度不足，没有认识到组织结构在企业国际化经营中的地位。而且企业组织结构在发展中起到的作用难以衡量，因此企业在跨国经营中可能会忽略组织结构与企业发展相适应的问题，阻碍企业的发展。

(3)当前的组织结构中存在控制和协调的问题。中国企业在跨国经营中,由于经营业务、地区范围的扩大,使得国内公司与国外子公司之间的协调和控制出现一定的问题。企业的组织结构缺乏有效的协调和控制机制,母子公司之间、各子公司之间在资源的分配以及业务协作方面并不顺畅,这就为企业海外市场的扩大产生了一定的阻碍作用,影响企业的发展。

(4)组织结构与环境的适应性问题。中国企业国际化经营中,企业选择的组织结构需要适应环境的要求。当前信息技术的广泛应用,资源的获取和利用效率提高,使得跨国经营环境变幻莫测。中国一些跨国公司的组织结构缺乏应对动荡环境的经验,因此难以灵活地调整组织结构以适应环境的变化。

2. 针对中国跨国公司组织结构问题的相关建议

针对中国跨国公司在国际化经营过程中组织结构出现的问题,结合国外跨国公司组织结构选择和发展的经验,为了进一步提高中国跨国公司的经营水平,获取国际竞争力,中国的跨国公司需要遵循以下几个原则。

(1)组织结构的选择需要全球化与本土化相结合的原则。中国跨国公司在国际化发展进程中要注重全球化与本土化相结合。按照全球化的标准和要求进行生产经营活动,满足国际市场的需求。在此基础上,要根据不同的经营地区存在的差异提供不同的产品和服务,使企业的组织结构呈现出全球化与本土化相结合的经营方式;保证中国跨国企业在具备了全球化经营视角的基础上具体实施跨国经营战略;在不同地区实现资源的有效配置和利用,获得整体的经营效益。

(2)组织结构设置的合理、灵活与高效原则。不存在一个普遍的组织结构适应所有的企业,不同的跨国企业自身定位和要求的不同,组织结构也不相同。企业要根据市场需要和自身实际要求,合理地选择和调整组织结构,实现成本、质量、技术和市场的最佳组合,提高生产效率,获得规模效应。同时,企业的组织结构要具备灵活性,对市场竞争和环境的变化做出及时有效的反应。组织机构设置得合理、灵活和高效使跨国公司的产品和市场有机结合,资源得到合理运用,提高企业的竞争力。

(3)组织结构变革与企业发展相适应原则。随着中国跨国公司国际业务的深入,企业原有的组织结构与企业发展现状之间存在一定的差距,因此需要及时对组织结构进行变革、调整。但是组织结构的变革一定要适应企业的发展,根据企业发展的要求,对企业组织结构进行扁平化、网络化等调整,根据中国跨国企业的特点选择合适的全球经营的组织结构,提高企业的经营效率。

(4)组织结构的跨文化适应性原则。文化对企业发展的影响是全面的,贯穿于整个经营过程中。中国国际企业在世界各地进行生产和经营,因此涉及不同地区、不同民族的文化、风俗和习惯,不同的文化背景决定不同的经营战略和业务操作模式,这就对中国跨国公司的组织结构提出了新的挑战。中国跨国公司一定要了解不同地区的文化差异,在此基础上选择合适的组织经营结构与战略,保证在不同地区经营活动的有效开展。

本章小结

组织有狭义和广义之分。狭义的组织被看作是一个由人组成的群体;广义的组织则被定义为在特定的环境下,为实现组织目标而对组织所拥有的各种资源进行整合配置的一个有机系统。组织的特点包括：具有清晰且统一的目标、具有实现目标所需要的资源、具有明确的权责结构。组织结构有两类划分方法：一类是包括直线型、职能型、直线职能制、事业部制、矩阵制组织结构等在内的传统组织结构；另一类是包括网络型结构、流程型组织、持股型组织等在内的新型组织结构。根据企业产权控制形态关系不同，跨国企业的法人组织形态主要分为两类，一类是产权水平联结的法人组织形态，它包括了独资企业、合作企业和合资企业三种形式；另一类是产权纵向控制的企业的法人组织形态，主要有母公司、子公司、分公司和控股公司几种形式。

国际企业的组织结构随着企业国际业务的开展以及全球经济环境的变化而不断地演进，先后经历了国际化初级阶段、国际业务部阶段、多国经营阶段以及全球性阶段等几个阶段。与组织结构发展阶段相对应，国际企业组织结构的基本形式依次为出口部结构、母子公司结构、国际业务部结构和全球组织结构。各种结构适应的条件各不相同，且没有好坏之分。此外，企业在进行结构选择的过程中还受到企业的经营战略、企业国际化发展程度和经营历史与经验、企业所处的地区环境差异等因素的影响。因此，国际企业在开展跨国经营的过程中要根据实际情况进行结构形式的选择，并随着环境和目标的变化进行持续的改善和变革。

面对内外环境所带来的各种不确定性，国际企业需要采取一定的方式对其组织实施控制与协调。其中，国际企业组织的控制机制包括母国中心组织控制模式、多元中心组织控制模式和全球中心组织控制模式；国际企业组织的协调体系分为正式机制和非正式机制两种。同样地，国际企业组织的控制也会受到一些因素的影响，具体包括母国民族文化因素、东道国市场因素、子公司管理能力以及产品或服务因素等。

自改革开放以来，中国企业逐渐走上国际舞台，开启了国际化经营的新时代。但中国跨国公司在组织结构的选择方面存在着诸多问题。我国的企业要想在国际市场上赢得竞争力，就必须及时找出自身结构中存在的问题，使企业在瞬息万变的全球经济环境下能够做出迅速地反应。

关键术语

组织　组织结构　企业法人　集权　分权　直线型组织　流程型组织　合资企业　全球组织结构　母国中心组织控制模式

复习思考题

1. 国际企业组织结构的基本形式有哪些？
2. 试述不同组织结构形式各自的优缺点及其适用条件。
3. 影响国际企业组织结构选择的因素有哪些？
4. 简述国际企业组织的控制机制。
5. 简述国际企业组织的协调机制。

应用案例

从海尔自营体看组织架构进化

进入21世纪，互联网新技术发展迅速，自2006年以来，在新技术催化下，组织变革迎来新一轮进化高潮。在此背景下，中国海尔集团构建了"自主经营体"，全面改造了海尔集团的组织运营模式，促使各部门围绕客户需求，自主经营、快速反应、引导消费时尚，在传统经营体系的基础上更进一步。自海尔集团采用自营体运作模式以来，业绩连年攀升，2013 年，海尔实现全球营业收入 1 803 亿元，利润总额突破百亿大关，达到 108 亿元，同比增长 20%，成为互联网 3.0 时代传统企业生存的典型样本。

1. 自营体划分标准

所谓的海尔自营体，即海尔自负盈亏的业务部门，根据性质不同分为三级：最靠近客户需求的部门为一级经营体，直接按"单"（客户需求的产品或服务）定制、生产、营销，该层级又可分为研发类、用户类和制造类经营体；二级经营体是为一级经营体提供资源和专业服务的平台，主要包括人力资源管理、供应、市场营销、质量控制、战略管理等部门；三级经营体主要由经理层组成，其主要职能是参与企业战略制定、负责经营体间的管理协调、创造商业机会等。

从纵向划分模式来看，海尔各经营体之间独立核算，一级经营体处于企业最前线，直接接触客户，它们根据客户需求，"购买"二级经营体提供的资源和服务，是海尔组织的中心部门，而二级经营体属于支持平台，三级经营体则是战略平台，其生存基础就是为一级经营体提供服务。

从横向划分模式看，海尔有一套严格的一级经营体划分制度。以冰箱产品为例，企业根据产品型号将经营体划分为六门冰箱、三门冰箱和单开门冰箱三类经营体，这三类经营体之间不能从事其他产品的相关业务，因而消除了内部的恶性竞争。

2. 管控的四个关键点

人单合一：在海尔，每个自主经营体和员工都是价值创造过程中的一个节点，每个节点都要明确自己的顾客，把顾客需求转化成自己的"单"，然后根据"单"的完成情况获得薪酬。因此，每个经营体和员工都有一张"人单酬表"，有能力者将获得较高的收益，而低水平的自营体和员工则被淘汰。

平等竞选：海尔采用竞选体长、竞单上岗和"官兵互选"的方式为员工提供平等的机会。除战略经营体体长即高层管理者保持相对稳定外，其他两级经营体体长均采用竞聘方式由专门的委员会选拔产生。经营体长上任后即发布"单"的具体要求，员工据此制订方案，并接受体长的考察，"竞单上岗"。

价值导向：为避免各经营体分立导致相互竞争、各自为战，海尔提出以共同的价值导向解决经营体矛盾问题。不同经营体之间互为客户，每个经营体既服务于其他经营体，也享用其他经营体的服务。双方相互承诺、资源协同、利益捆绑，以价值为导向，按单而聚，单毕而散。

开放系统：海尔的经营体是一个开放的系统，是"一个开放的人才漏斗"，吸引顶尖人才的同时，又保持组织活力，避免僵化。海尔在全球各地的研发人员大多是当地人，这些人不都是雇员，而是契约关系。海尔的开放系统追求正反馈循环，即引进高水平的人才，使组织从无序到有序，创造出更高的市场目标；更高的市场目标会继续提高人才的能力，或将有能力的人整合起来，能力更高的人再创造更高的市场目标，从而形成一个良性的循环。

3. 自营体带来的管理变革

海尔自营体的推行，不但改变了传统的组织运行模式，更让组织管理的新理念深入人心，最突出的就是反向管理和能动管理理念。

（1）实现反向管理。海尔的自营体管理模式实现了"正三角"向"倒三角"的转变，顾客被置于组织的最顶端，和顾客直接联系的是一级经营体，二级经营体处于中端，而战略经营体处于最底端。海尔经营体机制将原来企业员工听经理的转变为员工听用户的，企业和经理听员工的。

（2）实现能本管理。海尔经营体提出"能本管理"理念，即以创新能力为核心，最大限度地体现人力资本的价值，将被管理者转为特定领域的管理者，实现了"人人都是CEO"。

海尔自营体适应时代发展，将"大象组织"改造成"蜂群组织"，经营体充分发挥能动性，既提高了管理效能，又丰富了事业部制管理思想，不失为大型生产型企业可参照标准的组织架构和管理样本。

资料来源：杨香豹.从海尔自营体看组织架构进化[J].人力资源，2014（04）.

讨论题

1. 试分析海尔为何要进行组织结构变革？现行组织结构的优势在哪里？
2. 试论述通过阅读材料，你有何感受？（从组织结构创新的角度）

参考文献

[1] 曹洪军.国际企业管理[M].北京：科学出版社，2006.

[2] 刁爱华.企业组织结构设计影响因素分析[J].商业时代，2009（21）：37-38.

[3] 车建飞.中国企业国际化战略组织结构研究[D].大连：大连海事大学，2007.

[4] 郑连勇.中国跨国公司组织结构模式选择研究[D].重庆：西南财经大学，2008.

[5] 关涛，薛求知.中国本土跨国企业组织结构优化设计框架[J].科学学研究，2012（06）：877-885.

[6] 苏超.华为战略导向下的组织结构设计[J].科技创业月刊，2011（08）：73-74.

[7] 谢光亚，王宇.中国企业国际化成长组织结构的现状、问题及对策研究[J].科技管理研究，2008（04）：118-120，124.

[8] Chandler, AlfredD. Strategy and Structure: Chapters in the History of the American Industrial Enterprise [M]. MITPress, Cambridge, Mass., 1962.

第 12 章 国际人力资源管理

学习目标

- 掌握国际人力资源的内涵与特征。
- 理解国际人力资源的选拔和培训发展。
- 准确理解国际人力资源的薪酬体系和激励方式。
- 了解中国企业国际化过程中人力资源的现状与问题。

开篇引例：三星 Note7 事件后的员工"下跪门"事件

2016 年对于三星手机而言或许就是多事之秋，在遭遇电池爆炸门的质量问题后，其在中国的员工工作行为管理中又发生"下跪门"事件。

10 月 29 日，自称"Note7 爆炸亲历者"的网友"不老的老回"网络发帖（见图 12-1）称，"为了让经销商多订货，三星员工集体下跪？@三星电子 你们这什么企业文化？这是在中国，男儿膝下有黄金。也太不把员工当人了。"

图 12-1 三星"下跪门"事件网络发帖图

从图 12-1 来看，舞台背景上有三星的标志，以及"石家庄金秋订货会"等字样，左边有三星新款 Galaxy C9 Pro 手机图案。一众疑似三星高管在舞台上跪着，方向是底下的座位区。

三星中国一名负责对接媒体的人士对澎湃新闻解释称："这次是区域性的经销商订货会，人力资源部门之前并不知道，后经了解，尽管受 Note 7 爆炸事件的影响，经销商对三星还是很支持，现场还是下了很多订单，这让三星韩国高管非常感动，按照他们的礼仪'下跪'是对经销商表示感谢，三星中国高管同样很感动，也下跪行礼了。"

中国人的礼仪是"男儿膝下有黄金，跪天跪地跪父母"，因此，"三星让中国高管跪经销商"一说在网络上引起轩然大波。有中国网友评论道："能不把员工当人，也不难理解为什么不把中国消费者当回事""有什么理由集体下跪，奴性文化？"，更有甚者认为韩国人欺负中国员工，让三星滚出中国。

不过，三星负责对接媒体的人士认为："韩国的'下跪'在他们的文化里其实是'行大礼'，就是很感激对方，很尊重对方，他们并不知道中国文化的差异。"

资料来源：澎湃新闻. 强迫中国员工跪经销商？三星称韩国高管先跪，中国高管被感动. http：//www.thepaper.cn/newsDetail_forward_1552023

【请思考】
三星公司韩国管理层与中国员工一起向经销商下跪可以解读出哪些跨国人力资源管理的信息？你如何看待这个事件？

人力资源是任何企业的核心资源，也是企业跨国经营中最为宝贵的资源，无论是从母国外派人才，还是从东道国当地招募人才，抑或是从第三国选派人才，跨国公司都应十分清楚地意识到国际人力资源管理的复杂性、多元性，从战略到实践做好国际性人力资源管理的政策规划和运行。

12.1　国际人力资源管理概述

人力资源是第一资源，人力资源管理的水平决定企业在未来竞争中的成败。跨国公司的人力资源无论从战略导向、招聘来源与要求、开发与利用等方面都与单一国内企业的人力资源管理有所不同。

12.1.1　国际人力资源管理的定义

一般来说，人力资源管理是指组织为有效利用其人力资源所进行的各项活动，包括人力资源规划、员工配置（招聘、选拔、安置）、绩效管理、培训与发展、薪酬与福利、劳资关系。而当人力资源管理走向国际化时，上述活动会产生怎样的变化？摩根（Morgan）开发的模型（见图 12-2）可以帮助我们认清这个问题。

摩根模型将人力资源管理活动划分为获取、

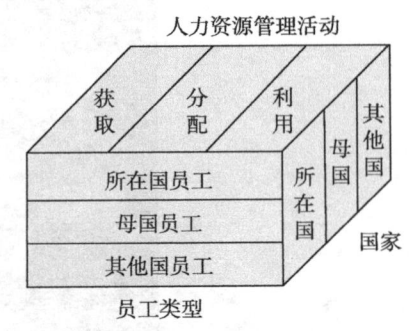

图 12-2　国际人力资源管理的模型

资料来源：P.V.MORGEN. International Human Resource Management：Fact or Fiction [J]. Personnel Administrator, Vol. 31, 1986（09）.

分配与利用三大职能，有别于传统人力资源管理的六大职能。这并不是否定人力资源的六大职能活动，而是更为简练、清晰地指出了国际人力资源的三大任务：获取适于不同国家市场工作的异质性人力资本，并做好人力资本和价值的分配，促进异质性人力资本的开发和有效利用。进一步，这一模型说明了国际企业人力资源来源的多元性：东道国员工、母国员工和其他国员工，因而从本质上讲，国际人力资源管理所从事的是与国内人力资源管理相同的活动，不同的是国内人力资源管理只考虑一国范围内员工的问题。当一个公司进入国际舞台后，人力资源管理的所有基本活动仍然保留，但却以更复杂的情形出现。对管理者而言，导致这种复杂性的因素主要有两个：一是跨国组织涉及不同的国家，其雇员队伍是不同国籍的雇员组合；二是国际企业必须调整公司的人力资源管理政策，以适应公司经营所在国的风俗文化、商业规则和社会制度的要求。

综上情况，国际人力资源管理可以理解为国际企业根据国际战略经营目标，并适应东道国人力资源管理环境，对公司国际化人员的获取、分配、利用的过程。

12.1.2 国际人力资源管理与国内人力资源管理的差异

国际企业人力资源管理在员工队伍的来源、构成、工作地点及流动范围等方面具有许多特殊性。国内企业的员工来源基本上比较单一且具有相同或相近的文化背景，而国际企业的员工队伍则具有来源、国籍和文化背景多样化的特点；国内企业即使拥有多样化的员工队伍，员工的工作地点和流动仍局限于一国范围，而国际企业员工的工作地点则分布在不同的国家，而且员工在公司内的工作流动可能是在不同的国家，甚至是地区范围或全球范围的流动。因此，面临着不同的语言文化环境、法律政治环境、经济物质环境等，即离开母国的外派员工进入异国他乡会直接面对陌生的工作与生活环境。

因此，区分国内人力资源管理和国际人力资源管理的一个关键变量是后者在不同国家中运营并招募不同国籍的员工所面临的复杂性，而非两者在人力资源活动上的差异。

1. 更多的人力资源活动

在国际环境中经营，人力资源部门必须从事许多在国内环境中无须涉及的活动，如国际税收、国际调动和培训、入职引导、为外派人员提供行政性服务、与东道国政府的关系以及语言翻译服务等。

外派人员必须遵守国际税收规定，通常要承担母国和东道国的双重纳税义务，因此，必须制定平等纳税政策以保证对于任何一项具体的国际认知不存在纳税方面的损失。

国际调动和入职引导包括：赴职前培训安排，提供出入境及行程详细资料，提供关于住房、购物、医疗、娱乐、学校等方面的信息，完善待遇细节，诸如向国外汇寄薪水、确定各种国际津贴以及国际税收条款。

为外派人员提供行政性服务经常是耗费时间的复杂活动，因为政策和程序并不总是清晰流畅的，也有可能与当地环境发生冲突。当某一行为在东道国被视为合法和可接受的，而在母国却是不道德不合法的时候，就会出现伦理问题。

与东道国政府的关系是人力资源部门的一项重要活动，尤其是在发展中国家，一旦跨国公司经理与相关的政府部门官员建立了良好的私人关系，工作许可和其他关键性条件就可以轻易得到，维系这种关系有助于解决由模棱两可的资格条件以及相应文件（如工作许可证）所引发的潜在问题。

2. 随着外派员工与当地员工的融合而转移中心

随着海外经营日益成熟，各种人力资源活动的重点发生了重大变化。例如，随着对母国员工和其他国员工需求的下降，同时训练有素的当地员工队伍不断壮大，原先投入在诸如外派人员纳税、国际调动和入职等方面的资源，就要转向对当地员工的甄选、培训和管理发展等活动上来。随着发展活动可能会要求建立一个项目，将富有潜质的当地员工送到企业总部，承担发展性的任务。随着海外子公司的成熟，要求改变人力资源管理的重点，这显然扩大了当地人力资源活动的责任范围。

3. 更多的外部影响

影响国际人力资源管理的主要外部因素包括：外国政府的类型、经济状况以及该国普遍接受的商业运作模式。例如，东道国政府可以规定企业的招聘程序。在20世纪70年代，马来西亚政府要求外国公司遵守许多法律条文，以便向人口占多数的土著马来西亚人提供更多的工作机会。因为与华裔马来西亚人和印裔马来西亚人相比，土著马来西亚人在工商企业领域和专业雇员群体中并不具有优势。该国要求所有外国公司雇用土著马来西亚人情况的统计数据都必须提交至有关部门。许多外国投资者对此表示强烈反对，认为这是干预了公司独立经营和管理权，属于政治权力打压经济民主。最后，马来西亚政府修改了部分不合理条款。

发达国家的劳动力比欠发达国家的劳动力更昂贵，但能得到更好的组织。政府要求企业遵守劳资关系、税收、健康与安全等方面的指导方针，这在很大程度上影响了外国子公司的人力资源管理活动。在欠发达国家，劳动力区域低廉并缺乏组织，政府的规定普及度不高，因此在这方面费事较少。外国子公司的人力资源经理必须花时间去学习和领会当地的工商管理方法，理解当地人的行为方式，如赠送礼品。外国子公司的人力资源经理可能会更多地管理由跨国公司提供或者承担的福利事物，如住房、教育和其他受当地经济水平制约而不容易得到的设施等。

12.1.3 国际人力资源管理的一般模式

跨国公司实施国际人力资源管理的模式有很多，其中最有代表性的有以下四种：民族中心主义模式、多中心模式、地区中心模式和全球中心模式。

1. 民族中心主义模式

民族中心模式是指海外子公司很少拥有自治权，战略决策几乎都由企业总部制定，国内外运营单位的关键职位由总部人员担任，子公司所有主要的管理职能都由母公司国际公民担任。这是企业跨国经营初期常常采用的人力资源管理模式。

在民族中心主义模式下，国际企业只是简单地把母公司使用的人力资源惯例和政策转移到海外子公司，由母公司派出的经理来管理海外子公司，公司总部对子公司保持着严格的控制。

采取民族中心的人力资源管理模式有以下两个商业原因：缺乏能够胜任子公司所在国的当地管理人员；需要与公司总部保持良好的沟通、协调和控制等方面的联系。

进一步，对于处于跨国经营初期公司来说，民族中心主义模式的人力资源配备能降低可觉察到的风险。例如，当一家跨国公司在另一国收购一家公司时，它可能希望在开始时使用母国人员来代替当地的管理者，以保证新的子公司服从总公司的整体目标和政策，也可能是由于当地的员工还没有具备所要求的能力素质，因此，对有经验的跨国公司来说，民族中心主义模式对特定的国外市场来说可能相当有效。让你信任的自己人去做正确的事情，能降低国外活动中可觉察到的风险，这就是"控制中的派遣"。

民族中心主义模式作为跨国公司海外经营试水的重要模式，其优点主要有如下几个方面：

第一，子公司主管人员与母公司不存在文化差异。海外子公司的高级主管几乎都由母公司派出，他们对公司的经营理念、组织文化、管理制度都十分清楚，到了海外开展工作后，这些母公司的文化知识和行为模式，也很容易转化为海外子公司的文化和行为模式。

第二，母公司的控制地位可以在海外子公司得到更好的体现。由于海外子公司的人才由母公司派出、海外子公司的资产受母公司节制、子公司的经营管理文化与母公司趋同性高，因而，母公司对海外子公司有较强的控制力。

第三，有利于经营活动中专有技术的保密和母公司核心能力的继承等。海外子公司的人力资源、领导层和产权都受母公司影响非常大，甚至被母公司高度控制，因而，母公司的技术、专利、核心能力都可以较好地在子公司得以复制并具有较强的对外隔离性。这对于高科技大型跨国公司增强和保护其竞争力是极为有利的条件。

不过，随着跨国企业国际化经营的进一步深入，民族中心主义模式的局限性逐渐显露出来，具体体现在以下几个方面：

第一，这种模式不利于海外人力资源管理晋升激励机制的形成和发展，可能引起员工士气降低和离职率升高。例如，公司总部派出的驻外经理人员，在海外工作时间久了之后会意识到，为公司从事海外服务可能会使他们丧失跻身于总公司高层的机会。

第二，这种模式的成本高昂，因为外派员工的额外津贴、家属和本人在国外工作和生活等都需要高于国内的资金投入。

第三，母公司的管理风格和母国文化进入子公司后，可能引起与当地经营文化的摩擦或冲突。例如，子公司的高级管理人员对当地人不重用，会打击当地管理人员的积极性，子公司的高级管理人员生搬硬套母国的管理观念和方法，会造成文化上的偏见，导致不受欢迎。

第四，驻外经理需要花相当长的时间去适应东道国的环境，在此期间，母国人员经常犯错或做出不当的决策。

第五，母公司人员和东道国人员的待遇差别过大时，东道国人员可能认为是不公平的，他们可能会采取消极行动来妨碍公司经营的效率或效果。

2. 多中心模式

在这种管理方式中，母公司与子公司基本上是相互独立的，各个子公司实行适合当地特定环境的人力资源管理政策，人力资源管理人员也由当地员工担任。在这种情况下，子公司的人力资源经理有很大的自主权，因此工作起来就比较简单。然而，从长远看，采用多中心模式的国际企业，其经营管理活动较为分散，母公司对子公司的控制也较无力，甚至会成为独立的各个子公司的"简单集合体"。但多中心模式弥补了民族中心模式的一些缺陷，其优点如下：

第一，聘用东道国人员可以消除语言障碍，避免驻外经理人员及其家庭的适应问题，而且避免了昂贵的文化适应等培训开支。

第二，聘用东道国人员可以使跨国公司回避一些敏感的政治风险。

第三，聘用东道国人员费用不高，及时增加一些额外费用吸引当地的高层次的人才，费用也不高。

第四，聘用东道国人员可以保持子公司管理的连续性。这种方法避免了重要的经理人员离职，而民族中心主义模式却难以避免这一点。

当然，尽管多中心模式更适应东道国的地区经营和文化环境，能降低母公司跨国人力资源投入，但缺点也是很明显的：

第一，扩大了子公司经理人员和母公司总部经理人员之间的距离。语言障碍和国家忠诚的冲突以及一系列文化差异，如个人价值观、管理态度的差别等，都可能导致公司总部与子公司之间产生隔阂。这样，跨国公司就可能成为众多独立子公司的"简单集合体"，造成子公司和总部之间只有名义上的从属关系。

第二，子公司和母公司经理人员的职业生涯问题。子公司的经理很少有机会到国外获得国际经验，也无法晋升到子公司之外更高的管理层。母公司的经理也只是获得很有限的国际经验，较少获得海外锻炼机会。由于总部的管理职位仅由母公司员工担任，所以高层管理团队与国际子公司的接触有限，长期下去将制约企业战略决策的制定和资源分配。

在某些情况下，子公司的当地政府会要求由其本国人担任关键的管理岗位。同样，考虑到公司的本土化战略，跨国公司有时可能也愿意被视为一家本地企业，并愿意让当地人员来担任子公司高层的管理职位。实施多中心模式必须以能够找到担任海外子公司管理的合适的东道国职员为前提条件，而这往往比较困难，除了语言还有文化差异的困难。

3. 地区中心模式

在这种模式中，子公司按照地区进行分类，如欧洲区、大中华区和北美区等，各个地区内部的人力资源管理政策尽可能地协调，子公司的管理人员由本地区相关国家的员工担任。在这种模式中，地区内部的协调与沟通的程度很高，而在各个地区与公司总部之间的沟通与协调是非常有限的，这反映了跨国公司的地域战略和结构。和全球中心模式一样，地区中心模式以一种有效的方式利用更多的经理资源。员工可以轮换到其他国家工作，但是必须是在特定的区域范围内。区域经理一般不能晋升到总部，但是有一定的区域自治权。

地区中心模式可以将跨国公司在地区内国家的经营资源和战略有效整合起来，其主要的优点表现在：

一是促进地区子公司调动到地区总部的高层管理人员与任命到地区总部的母国人员之间的互动。

二是反映出对地方条件的灵敏适应，因为地区子公司已全部配备了当地人员。

三是地区中心模式是跨国公司逐渐由纯粹民族中心主义模式或多中心模式转向全球中心模式的一条途径。

但是，地区中心模式也存在缺点：

第一，容易产生以区域为本位的"联邦主义"，而不是以母国公司为立足点，同时，地区中心模式还会阻碍公司从全球立场看问题。

第二，虽然从企业整体层面看这种方法的确在国家层面上能提供员工的职业生涯前景，但它仅把障碍移至地区层面，人员能晋升到区域总部但很少能升到母国总部。

4. 全球中心模式

全球中心模式是指跨国公司从全球经营的需要出发实施人力资源管理战略，管理的目标要与总部和所有海外子公司组成的全球网络的战略目标相适应，而且同时被应用于这个全球网络的任何一个组成部分，即国际企业的任何事务都由最适合于该工作的人选来管理，而不论他是哪国人的模式，伴随着全球性综合业务的开展，能力得到强调，而国籍被淡化。全球中心模式有以下三个主要的优点：

一是它赋予跨国公司发展国际管理团队的能力，有助于发展全球性的实战，并促进全球组织范围内人力资源的开发。

二是克服了多中心模式导致的"简单集合体"的缺陷。

三是有助于合作以及部门间的资源共享。

不过，迄今为止，跨国企业采用全球中心模式选拔海外经理的并不多见，相对于其他人员配置方法，全球中心模式的自身缺陷如下：

第一，东道国政府为了实现国民的高就业率，即使没有足够的拥有技能的人可录用，政府也可能通过限制移民来迫使跨国公司使用适合条件的东道国当地人，或者要求跨国公司对暂不具备资格的当地人进行培训，让他们来取代当地的外国员工。

第二，大多数西方国家要求那些想聘用外国人而非当地人的公司提供大量文书证明，这种做法耗时、耗资，有时甚至是徒劳的。

第三，由于培训和重新安置成本的增加，全球中心模式的政策实施起来很昂贵。其高成本的一个重要体现就是需要根据标准的国际基本工资设计薪酬计划，这可能比许多国家的本国工资水平要高很多。

第四，为了支持全球中心人员配置政策，大量的母公司人员、其他人员和东道国人员需要被派遣到国外以建立和维持国际管理人员团队。为了成功贯彻全球中心模式的人员配备政策，需要人员配置过程中花费较长的时间并对人员配备过程采取更集中的控制。这必然会降低子公司管理的独立性。这种自主权丧失可能会遭到子公司的抵制。

12.2　国际人力资源选拔与培训发展

企业跨国经营所面临的陌生文化环境和复杂的市场环境，必然要求跨国公司拥有一批既具备娴熟的业务能力与技巧，更具备高度适应能力的跨国经营人才。这是所有跨国公司跨国战略经营落地和战略目标实现的关键。而如何选拔和培养跨国经营人才又是关键中的关键。

12.2.1　国际员工的主要来源与选择

国际企业在选拔国际员工时通常有三种人才来源：一是从母公司选拔适合驻外工作的员工；二是从东道国招聘符合条件的员工；三是从第三国选拔合乎条件的跨国人才。一般来说，国际企业的上层主管，尤其是高层管理人员主要由母公司派出，必要时也会从第三国调任，中下层管理者从东道国或第三国选拔，而基层员工则基本上从东道国配备。从不同来源选拔国际员工的方式各有其优势和不足。

1. 从母公司选拔驻外人员

从母公司选拔管理人员到海外公司工作，是许多国际企业开拓国际经营初期的常见做法。母国公司外派的员工对母公司的经营管理理念、国际化战略、母公司企业文化都有非常到位的理解和执行力,其与母公司的沟通也比较顺畅,有利于母公司和海外子公司之间的联系。但是,外派员工对于海外工作环境、商业环境的适应能力,外派员工与东道国员工之间的文化冲突,以及外派员工自身工作意愿都是挡在母公司外派员工和外派效果中的一堵墙。此外,外派员工的薪酬通常是母公司同岗位员工的3倍以上,由此带来的高昂的薪资成本,也是许多跨国公司外派时必须考虑的因素。

2. 从东道国选拔员工

对大多数国际企业而言,从当地招募员工使国际企业的员工本土化是国际企业人力资源选聘的主要形式,也是大多数东道国对国际企业入境开拓市场的准入要求。比如,墨西哥法律规定,在墨西哥的国际企业90%的员工必须从该国选拔。事实上,从东道国招聘员工也有许多优势。比如,东道国员工内部不存在语言和文化障碍,减少了跨文化培训费用和海外子公司内部的沟通成本,也有利于公司内部更顺畅地组织管理。东道国雇员对本国的文化、政治、法律、市场非常熟知,这大大有利于国际企业融入当地社会文化和商业环境,加速国际企业对当地市场的开发和竞争地区的确立。此外,东道国员工的工资较之于外派员工的工资要低得多,这有利于国际企业降低用人成本。

不过,东道国员工的大量使用也会给母公司带来许多难题。比如,与母公司员工相比,东道国员工对母公司的经营理念、组织管理风格、经营战略的理解以及对母公司管理者的信任等方面都存在明显的差异或差距。这些将导致母公司的经营战略和组织控制很难在东道国得到较好的执行或运作。

3. 从第三国选拔员工

随着世界市场和跨国企业规模的扩大,国际企业在海外的分支越来越多,跨越的东道国越来越多,这时,当国际企业在东道国开设新的子公司需要招募人员,特别是重要岗位的人才时,它的可选择范围可以不受母国、东道国限制,可以更加自如地考虑从第三国选拔合乎条件的人才作为其国际员工。使用第三国国际人才的好处是,这类员工一般精通母公司和东道国国际的语言,并且对东道国的风土人情、法律和制度比较了解,对母公司的经营管理文化也非常熟悉。这些优势让第三国员工能更好地衔接母公司和东道国子公司之间的经营管理理念,更好地做好两者之间的沟通。比如,许多跨国公司在刚刚进入中国内地时,往往会选聘来自新加坡、中国台湾、中国香港地区的人和海外华人作为它们在内地公司的管理者。

不过,从第三国选拔人才也有很多限制或遇到不少难题。这主要是因为能够熟知母公司、东道国情况,又愿意承担这一工作的人才非常稀缺。这样的人才一般多是母公司自己在第三国培养出来的,而培养的过程花费的时间其实不比从母国内部培养外派人员花费的精力少。此外,第三国选拔的人才对东道国的政治、文化、商业和法律的了解和运作能力未必能和母公司的预期相符合。

国际企业招聘海外公司工作的员工还必须十分重视如下原则:

第一,遵守东道国的劳动立法和员工保护政策制度。许多国家对国际企业的员工招聘在年龄、性别、最低工资、工作待遇、工作条件、休假、解聘等方面的法律要求是不一样的。一些发展中国家还要国际企业必须尽可能多地使用当地员工,包括对缺乏技能的当地人员先招聘后培训。所以,国际企业在进入不同国家经营前一定要对选拔东道国员工可能会遇到劳动立法、工会制度约束做较为充分的研判。

第二,要注意东道国的宗教民族和社会传统的影响。种族、民族、宗教和社会习俗通常是困扰国际企业海外子公司人力资源的主要的问题来源之一。但又是国际企业在人员招聘和使用中必须面对的问题。因此，国际企业在人员选拔时应当考虑这些因素。比如，在印度，其种姓等级制度，使得低社会等级的管理者管理高社会等级的员工变得不可行。在伊拉克、伊朗、埃及等国家，不同穆斯林派别的员工不适合招聘到一起工作，否则极易引发教派斗争。

第三，员工本地化是一种趋势和要求。几乎所有国家法律和招商引资政策，都要求国际企业尽可能多地雇用和提拔当地人，甚至要求国际企业优先招聘和培养东道国的人员。另一方面，当地员工招聘特别是管理层的选拔也利于公司融入当地的经营管理环境，便于公司业务的开展。

12.2.2　国际人才选拔的标准

在国际员工的招聘中，国际企业尤为关注的是海外经营管理和技术人才的选聘，他们的选拔和任用是否得当直接关乎跨国经营战略落地和实施成败。因此，无论是母公司外派、其他东道国子公司外派还是进行人才国际猎头都应当把握好人才选拔的标准和方法。国际人才选拔的标准除了关注技能、经验、背景、身体条件外，跨文化的适应能力在某种程度上是更重要的基础。参考跨国公司人才选拔经验和相关研究结果，以下五条准则是比较重要的选拔参考标准。

1. 技术与管理技能

国际人才在海外的主要任务就是执行公司海外业务和组织的战略经营管理，实现海外经营目标，着力解决海外公司运营当中的关键问题。其在海外子公司中承担比母公司任职更大的责任，也相应具有更大的决策管理权限。因此，海外人才必须具有良好的技术能力和领导管理才能储备，并且，海外人才应具有比母公司同岗位管理者更强的领导与组织管理才能，以应对复杂多变的跨文化情境。

2. 语言能力

语言是影响选择的一个重要因素，这是由环境决定的，语言能力对驻外工作非常重要。能用东道国的语言听、说、读、写有助于国际人才海外任职的成功。如果不能使用非英语的东道国语言进行工作沟通，那么熟练的英语技能就是母语为非英语的海外人才选拔的重要标准，因为大部分跨国公司，无论有意识还是无意识，都采用英语作为通用的工作语言。能精通和使用东道国的语言将大大提高沟通的效率，减少误解，增进国际人才与当地员工和客户的了解和情感。

3. 跨文化的适应能力

驻外人员的文化适应能力是决定他们成功的重要因素。除了显而易见的专业能力和管理之外，驻外人员还需要跨文化的适应能力，使其能在新环境中更快地熟悉人员、制度惯例、生活习惯，更有效地针对陌生环境进行主动反应，提高工作效率。跨国公司在另一个国家是否成功在很大程度上依赖于驻外人员适应那个国家文化的能力。这些能力包括：文化移情能力、环境适应能力、外交能力、灵活应变能力、乐观态度、感情的稳定和成熟度等。

4. 海外工作的成就动机

在陌生的异国环境中工作，国际管理者不仅发挥专业和管理专长面向当地或全球市场开展业务经营与管理工作，更为重要的是他们必须在文化差异和复杂变化的情境中开展经营管理，他们往往需要打破定势重新学习与构造经营管理技能。而国际经营的绩效目标、竞争对手的行动和客户需求的变化又要求海外经营者必须快速应对。由此可见，海外任职压力一般要明显高于国内任职。此外，海外工作，还意味着国际人才需要国际管理者离开亲友家人、熟悉的人际圈和习惯的生活环境，由此而可能导致的孤独感、无奈感、无助感也是一般人体会不到的。因此，能承担国际经营重任、长期在海外的任职者，应具有高度的成就动机和使命感，有追求成为国际经营领袖的抱负和并对海外工作生活经历有兴趣。

5. 家庭状况

国际人才选拔还需要重视潜在任职者家庭状况、家庭结构、家人支持、家庭社会资源、家庭保障等会影响潜在任职者在海外工作的专注度。一般来说，影响国际人才海外任职的家庭因素包括：家庭成员生活保障能力强、家庭成员社会资源较多、家庭成员愿意到海外生活工作的程度、子女的教育与生活适应因素等。

上述的国际人才标准既适合于从国际人才市场选拔国际人才，更适合于从母公司内部选拔"外派人才"。如果按照标准选拔出合适的外派人才将大大增强跨国公司在海外开疆拓土的能力与进度，减少母公司与东道国之间的沟通障碍，降低跨国经营的文化风险、社会风险、市场风险、生产风险等国际经营的风险。不过，从许多跨国公司人才外派实践来看，外派成功的案例大大低于外派失败的案例，其最明显的标志是驻外人员，任期未满而提前返回。在众多外派失败的例子和归因中，外派人员选拔失误是主要原因之一。因此，国际企业对国际雇员尤其是领导者的选拔不可不慎。

12.2.3　员工的培训与职业发展

培训是改变雇员的行为与态度，使其更好地实现工作目标的过程。管理开发是使管理人员得到必要的技能、经验及态度，以便继续成为成功领导者的过程。这两个环节是紧密相连的。

员工的培训与职业发展的职能包括计划有效的学习过程、组织发展和职业发展。跨国公司的培训并不是集中而是分散的。集中化的培训在总部进行，参与的对象是各地子公司的培训师或高管，而后培训师们回到各自分公司，开展分公司的学习与培训，确保总公司政策的传达。值得注意的是，这种培训师必须具备将总公司培训方案与分公司所在地情况相结合的能力，这样才能确保政策的通畅施行。

1. 有效的外派培训

有关出发前培训项目的重要构成因素的研究显示，有助于向国外职位平稳过渡的培训项目包括文化意识培训、初步访问、语言培训、实际帮助等。

（1）文化意识培训。为了有效地完成任务，外派人员要学会适应东道国，而且不被东道国孤立。设计完备的文化意识培训项目可以帮助培养外派人员对东道国文化的好感，以使外派人员能选择恰当的方式从容应对在异国发生的事件。若没有对异国文化的理解，外派人员将面临国际交流的困难，因此，文化意识培训是出发前培训中最普遍的一项。

为了理解影响驻外人员出发前培训的各种变量，有学者提出了一个应急结构以确定培新的性质和严密程度。其中有两个起决定性作用的因素：一是东道国文化的相互作用程度；二是外派人员的本国文化与新文化之间的相似性。如果外派人员与东道国人员之间的预期相互作用较低，外派人员的本国文化与东道国文化之间的差异程度较低，那么培训重点应放在与任务和工作相关的问题上，而不是放在与文化相关的问题上。有效培训所需要的严密程度相应较低。如果外派人员与东道国人员之间的预期相互作用较高，不同的文化之间存在的差异性较大，那么培训应着重于跨文化技能的开发和新的任务，而且培训的严密性应适当提高。

（2）初步访问。指导外派人员的一个有效的方法是将他们派往到东道国做初步的访问。计划周全的海外旅行可以给候选人及其配偶一个亲身体验的机会，使他们可以判断自己对外派任职的适合性和兴趣。这样的旅行还有助于向驻外候选人介绍东道国的企业环境，并帮助他们在出发前做好充分的准备。当将其作为出发前培训的一部分时，对东道国的访问可以帮助驻外人员实现初期适应。当然，如果把初步访问和文化意识培训结合起来作为出发前培训项目的有效组成部分，初步访问就可以取得更好的结果。

（3）语言培训。语言培训是出发前培训项目中一个必要的组成部分，外派人员如果具备讲一门外语的能力，便可以提高他的工作效率和谈判能力，因此，语言能力对工作绩效和文化适应非常重要。在外派人员语言培训中，英语一直作为当今跨国公司比较通用的工作语言，作为母语非英语国家的外派人员的必修语言。除了英语外，许多跨国公司还会结合东道国的语言文化特征，对外派人员进行第二外语的培训，让外派员工在短时间内熟悉东道国工作和生活常用语。不过，需要指出的是，语言培训在外派培训中不应作为第一位重要工作，其重要性不应超过跨文化技能方面的培训。并且，语言培训最好与东道国的文化技能培训结合起来，效果会更好。

（4）实际帮助。出发前培训的另一个组成部分是向外派人员提供更多的关于子公司东道国的信息。实际的帮助可以帮助外派人员及其家庭更好地适应新环境，让外派人员对东道国发生的一些负面事件和信息，不能产生消极心理反应和对未来工作失去信心。目前，许多跨国公司利用专家来提供实际帮助，如为外派人员寻找合适的住处、学校交往社群等。此外，进一步向外派人员及其家庭提供语言培训也很重要，尤其是在出发前没有进行过这种培训的情形下。通常，公司人力资源管理人员、派遣的部门经理以及国外人力资源部门之间应保持联络，以确保向外派人员提供实际帮助。

2. 通过国际委派进行员工开发

国际委派可以与工作轮岗和管理开发等工具相媲美，这样的工具就是去寻找机会帮助员工增强他们的能力，因此，其隐性的假设即国际委派是有管理发展潜力的。除了期望的经济收益，职业提升经常是接受国际委派的初期目的，这点尤其在更少的人口增长的经济国家中体现得更为明显（如荷兰、瑞典和新西兰）。在这些国家中，相对小的地方经济不够强大以产生增长率和在国际活动中提供收入增长的机会。在这样的条件下，员工都明白国际经验对职业晋升的要求。不过，仍有许多员工不接受国际委派这种职业生涯发展方式，其原因可能是跨国公司员工对国际背景的职业开发没有兴趣和动机，或者对自己在国内和国外工作的历练对比中，更愿意选择在国内熟悉的环境中经历。

此外，国际委派不只是对外派人员的职业发展开发，实际上也包含了对外派人员团队的开发。国际委派通过将雇员委派到各种各样的全球组织中来达到建立团队的目的。外派人员在完成任务之后，也发展了继续存在的地方网络。这些先前行程的非正式网络可以在日后的工作中激活，如提供项目团队的人员。

12.3 国际人力资源的薪酬与激励

激励问题是关系企业健康运营的关键问题，一直以来受到中西管理学家的广泛关注。社会发展到现今的阶段，人们的需求也变得越来越多样化，员工在满足基本的物质层面上的需求后，更多地转向了追求精神上的愉悦，追求工作的成就、实现自我的价值。这使得公司的薪酬计划必须紧密贴近员工的实际，尽可能以效用最大化的方式去激励员工。而对于跨国公司而言，其子公司的薪酬设计又必须在符合公司战略大背景的情况下，一定程度上与当地实际相结合，反映出当地的文化环境、经济水平、大众偏好等。

考虑到制定报酬方案的目标，一方面，跨国公司希望能招募到最有能力的雇员；另一方面，它们又要控制成本以增加盈利。有时这两个目标不能兼得，这就需要我们仔细考察外派人员报酬的各个组成部分，制订一种最优化的方案。

12.3.1 国际薪酬管理

从根本上看，国际薪酬是复杂的，因为跨国公司必须满足三类不同人员的要求：母国人员、其他国人员和东道国人员，而且在制定薪酬的过程中还要考虑国别差异、员工差异和驻外期限差异。这里主要以外派或驻外人员的薪酬结构为例来说明国际薪酬管理的结构特征。

1. 薪酬构成

（1）基本工资。基本工资是与雇员所任职务相联系的基本报酬，它是整个薪酬制度的核心，因为薪酬构成的其他内容都是以基本工资为基础而确定的。

驻外人员出国服务时的基本工资有不同的含义。对于他们而言，基本工资是整个薪酬计划、各种报酬和津贴的基本组成部分，许多津贴直接与基本工资挂钩，如出国服务津贴、生活津贴、住房补贴等，以及在职期间的福利和退休养老金。驻外人员的薪酬计划是否有差异，要看母国人员或其他国人员的基本工资是以母国标准还是以国际标准来支付。

（2）出国服务奖励或艰苦补贴。母国人员通常会收到一份奖金作为接受出国派遣的奖励，或作为对在派遣过程中所遇到的艰苦条件的补偿。在这些情况下，艰苦的定义、领取奖金的资格、支付的金额和时间等都必须予以规定。但根据拉夫（Ruff）和杰克逊（Jackson）所述，如果将各国间的生活费用相比较就会产生许多问题，这类报酬一般支付给母国人员，而不支付给其他国人员。如果采用出国服务奖励，一般以工资的百分比形式支付，通常为基本工资的5%～40%，并且随任职、实际艰苦情况、税收情况以及派遣时间长短而变动。此外，还要考虑一些差异情形，例如，如果在东道国工作的时间比在母国工作的时间长，就要采用差别支付的办法来代替加班费，而这种差别支付通常不会支付给母国人员或其他国人员。

（3）海外任职津贴。公司在制定一个整体薪酬政策时，津贴问题会变得非常具有挑战性，部分原因是公司已经存在着各种形式的津贴。"生活费津贴"（cost-of-living allowance，COLA）通常最受关注，它涉及对母国和东道国之间支付差额的补偿费用，如用于解决通货膨胀造成的差别。这种津贴通常很难确定，公司可利用一些服务机构定期向客户提供全球性的最新生活费津贴的信息。生活费津贴也可以包括对住房和水电费等设施、个人所得税或自己选定项目的支付款项。

提供住房津贴的目的是使驻外人员能够保持在母国时的生活水平，或者在某些情况下是使他们得到与提供给同类外国员工或同事相同的居住条件。这些津贴经常根据估计的或实际的情况来支付。其他的替代方法包括公司提供强制性的或者选择性的住房、固定住房津贴，或者按收入的比例估价，制定正式的政策就显得尤为必要和有效。许多跨国公司为驻外人员出售或出租原来的住房提供财务帮助和保护。银行和金融业的公司显得最为慷慨，它们向驻外人员提供出售或者出租住房的帮助，支付离家费和出租管理费，并提供租金保护和财产保护。在这些方面，其他国人员获得的福利通常少于母国人员。

有些公司还提供迁移津贴。许多跨国公司支付每年一次或多次返回母国的旅费。支付这些旅费是为驻外人员提供机会与其家庭和生意伙伴联系，使他们避免在国外任职结束回国时出现不适应的问题。

为驻外人员的子女提供教育津贴也是国际薪酬政策的一个组成部分。教育津贴包括学费、学习语言课程的费用、入学费、课本和文具用品费、交通费、食宿费以及校服费等。对那些在异地受教育的驻外人员子女，能够为他们提供的教育水平、当地是否有合适的学校以及交通是否方便都会成为跨国公司考虑的问题。

（4）福利。与薪酬相比，国际福利的复杂性经常会造成更大的困难。由于各国的福利管理实务之间存在很大的差异，所以很难应对从一国到另一国的养老金计划，医疗费和社会保险费的可转移性也使实际操作十分困难。因此，跨国公司在考虑福利时需要确定很多问题：是否让驻外人员享受母国的福利计划，尤其在公司不能从中获得税收减免的情况下；公司是否应该有选择地让驻外人员在工作东道国享受福利计划并补足差额部分；驻外人员是在母国还是在工作东道国获得社会保险福利。

由于各国管理福利的法律规定不同，所以跨国公司的操作方式也存在差异。通常，跨国公司为母国人员退休制订合理的计划，但对其他国人员在这方面就差一些。此外，跨国公司还提供休假和特殊假期作为驻外人员定期休假的一部分，每年的探亲福利中包括家庭成员回国的机票费。并且，公司还要制定应急条款以处理家庭成员死亡或生病等突发事件。在艰苦地区工作的驻外人员经常能获得额外的休假费用和疗养费用。

2.国际薪酬的计算方法

跨国公司对海外经理人员的报酬通常采用综合性的支付方式，即对其按一定比例用两种或两种以上的货币分别支付。计算国际薪酬的方法主要有两种：现行费率法（又称为市场费率法）和平衡表法（有时称为累积法）。

（1）现行费率法。现行费率法的国际任职的基本工资与工作东道国的工资结构挂钩。跨国公司通常首先从当地的薪酬调查机构获得信息，然后决定是以东道国人员、相同国籍的驻外人员，还是所有国家的驻外人员为参考标准。例如，在纽约开业的一家日本银行需要决定是以美国当地的工资标准、在纽约的其他日本竞争对手的标准、还是以在纽约经营的所有外国银行的标准作为参考点。如果在低工资国家使用现行费率法，跨国公司通常在基本工资之外还提供额外福利和支付。

国际任职人员薪酬的现行费率法的特点如下：①以当地的市场费率为基准；②以调查比较结果为基准；③当地人员（所在国人员）；④相同国籍的驻外人员；⑤所有国家的驻外人员；⑥薪酬以选定的调查比较结果为基准；⑦低工资国家，在基本工资和福利之外提供额外支付。

现行费率法的主要优点是：驻外人员能够得到当地人员平等的待遇（如果工作东道国的工资高于母国工资，该方法能够有效地吸引母国人员或其他国人员）；该方法简洁明了，易于理解；来自不同国家的驻外人员待遇平等。

但是现行费率法也存在着一些缺点。首先，同一人员的不同派遣之间会产生差异，派遣到发达国家和发展中国家之间的差距最为明显，而且在发达国家之间也存在差距，如果采用现行费率法，管理工资和当地税收的差异会显著地影响员工的薪酬水平。通常情况下，驻外人员本身对此问题非常敏感。其次，国家相同但派遣地不同的驻外人员之间会有差异。严格应用现行费率法会导致驻外人员争相要求被派遣到待遇优厚的地方，而不愿意去那些被认为待遇缺乏吸引力的地区。最后，倘若工作东道国的工资水平高于母国，由于驻外人员回国时工资要恢复到后者水平，那么，现行费率法会对员工的回国造成麻烦。这种问题不仅出现在发展中国家的企业中，而且在许多发达国家的公司中也会发生，因为那里的当地管理者的工资比母国低很多。

（2）平衡表法。平衡表法的基本目标是：从驻外人员总体上考虑（使驻外人员的薪酬与其在母国的同事保持一致，并赔偿国际任职费用），使他们维持本国的生活标准，并通过经济激励使薪酬计划具有吸引力。

国际任职人员薪酬的平衡表法的特点：①基本目的是保持与本国（即母国）相同的生活水平，外加财政奖励；②本国支付款和福利是本方法的基础；③通过调节本国的薪酬计划来平衡工作所在国的额外支出；④以增加物质激励的方式使薪酬计划具有吸引力；⑤跨国公司最常用的系统。

此方法将母国人员和其他国人员的基本工资与相对的本国工资结构挂钩。该方法的主要假定是，跨国任职的驻外人员不应因工作调动而蒙受物质损失，而实现该目的的方法通常被称为平衡表法。根据雷诺兹的定义：用于国际薪酬的平衡表法是使居住在国外和国内且职位水平可比的人员具有同等的购买力，并且提供奖励来补偿不同派遣地之间的生活质量水平。

若因派遣到工作东道国造成的花费超过在母国的花费，企业和驻外人员要共同支付这些费用以确保达到与母国相同的购买力。

平衡表法的优点主要有三个：第一，平衡表法向在不同国家任职的相同国籍的驻外人员提供了平等待遇；第二，由于驻外人员的薪酬与母国的薪酬结构挂钩，强调了待遇平等，这使驻外人员的回国安排变得容易；第三，该方法便于沟通和理解。

平衡表法的缺点主要有两个：第一，该方法可能会在不同国籍的驻外人员之间、母国人员和东道国人员之间产生相当大的距离。由于本国基本工资不同，在工作东道国做相同或类似工作的跨国员工获得的收入不同，由此产生许多问题。

第二，该方法在其他方面也会导致员工不满情绪的产生和待遇的不平等。虽然按照平衡表法，驻外人员的薪酬应与母国挂钩，是因为根据母国情况来制定收入的方法有助于驻外人员的回国安排，但关于公平理论的研究发现，员工们并不总是以公平和理性方式评价薪酬问题。

此外，尽管这种方法在理论上偏于员工理解，但在管理上则会变得相当复杂。其复杂性表现在税收、生活费用以及母国人员和其他国人员之间的待遇差异方面。

12.3.2 激励

根据世界经理人管家戴维·利克斯的调查，随着全球经济一体化趋势的加强和跨国经营的蓬勃发展，不同文化背景下产生的文化差异成为一个影响管理者管理效果的重要因素，从而给管理者的管理增加了难度。来自不同国家、民族的员工具有不同的文化背景，员工的价值观、需要、态度、行为等具有相当的差异，企业内部存在的这种文化上的差异必然会引起文化冲突。同时，由于文化差异，各国的管理理念、管理制度和管理方法也不尽相同，导致企业内管理人员之间的管理理念和管理方法也不断产生冲击与碰撞。而跨国企业处于不同的文化背景和地域环境中，必然面临各种文化差异。因此，跨国公司的文化差异背景下的激励政策就值得我们学习和探讨。

1. 跨国公司员工的特点

（1）多文化性。跨国公司整体来讲是一个多文化的组织，是多元化文化的载体。在这个载体中容纳了来自各个国家的精英，他们都是跨国公司的重要员工。

（2）带有本族文化特征。人是文化的载体，跨国公司的核心员工来自许多不同的国家，在他们的身上自然带着本民族的文化。虽然他们受母国公司的公司文化的影响，但是他们本民族的风俗文化是不容易改变的。正如美国著名的文化人类学家莱斯利·怀特所说的那样："行为是文化的函数。"文化以一种非理性的方式持续地影响和控制着人们。

（3）高能力性。跨国公司的员工是企业核心竞争力的重要载体，其重要性在很大程度上体现在他们的能力特征上。跨国公司的员工拥有与跨国公司需求相匹配的知识、技能或其他资源。而且他们在这些领域比一般性的员工研究得更为透彻和深刻，其所掌握的知识、技能或其他资源是企业的核心竞争力。

（4）独立性强，工作自主性高。跨国公司的员工在企业中具有较强的独立性和自主性。核心员工通常都有较高的文化教育和知识水平，他们有比较强的获取知识、信息的能力和处理、应用知识和信息的能力，因此，员工通常希望在工作中拥有更大的自由度和决定权。这种独立自主性表现在工作态度上，就是较为自觉和主动；表现在工作方式上，则较有主见和想法，不愿意被他人或传统的做法所左右，更不愿意受到较多的控制和约束，但同时也重视来自企业的必要支持；表现在工作环境上，则要求较为灵活的工作场所、工作时间和宽松的组织氛围；在工作内容上，工作内容多变，不拘于系统化。

（5）不稳定性。跨国公司自身人力的特色就是高流动性。作为掌握特殊技能的员工更是如此。他们往往具有极高的市场价值，同行业的竞争对手，以及猎头公司往往对他们"虎视眈眈"，他们经常受到外界的诱惑，不稳定因素很多。如果跨国公司没有一套良好的核心员工管理机制，没有给其应有的尊重和福利待遇，则其萌生去意的可能性是很大的。

（6）难以替代性。在现代工业社会中，同种的劳动力具有很强的替代性。然而在信息时代，跨国公司员工拥有对企业产品服务的质量、效率和特色具有决定性意义且能创造很高商业价值的关键技能，由于核心员工掌握着企业所需的核心资源，控制着企业的关键资源，如销售经理的客户和渠道资源等，有些资源普通的员工是无法接触到的，有的甚至不能通过后期的学习和培训获得。例如，美国跨国公司某些员工所具有的特殊才能在很大程度上是在长期工作学习和实践的基础上积累起来的，难以被别人模仿，具有很强的不可替代性，这是美国跨国公司保持长期竞争优势的源泉。这使得在一定的程度上，企业离开了他们就无法正常的运转，在某些方面，这些核心员工具有不可替代性，或者培养出一个相似的核心员工需要投入巨大的时间、金钱和精力成本。

2. 跨国公司员工激励理论概述

尽管跨国公司的员工文化差异较大，但在员工激励的基本原理方面，跨国公司与国内公司的员工激励并没有本质的不同。并且当前的研究也并没有能提出适用于跨国公司的激励原理。由此，在跨国公司人力资源激励中，我们仍然应在内容型激励、过程性激励、行为改造激励三大类型激励理论（见表12-1）中，获得跨国公司员工激励的灵感。

表 12-1　三大类激励理论的特征和代表性理论

激励理论类型	特　　征	理　　论	组织观策略
内容型	与激起、开始或最初激发动机的行为因素有关	需要层级理论双因素理论；生存–关系–成长理论；成就动机理论	满足个人金钱、地位及成就的需要，激发个人的动机
过程型	不仅与激发行为的因素有关，而且也与行为类型的方向或选择有关	期望理论；公平理论；目标设置理论；VIE 理论；绩效–满意模式	通过厘清个人对工作的输入、绩效表现及报酬的知觉，激发个人动机
行为改造型	与增加所想要的行为的因素有关	强化理论；社会学习理论；归因理论	对于个人所想要的行为给予报酬，激发人的动机

资料来源：范国睿. 学校管理的理论与实务[M]. 上海：华东师范大学出版社，2003：492.

值得一提的是，美国的行为科学家家爱德华·劳勒和莱曼·波特在三大类型激励理论基础上，结合他们对激励与工作绩效关系的研究，提出了波特–劳勒综合激励模型（见图12-3），这对跨文化背景下的国际企业员工激励具有综合启发价值。这一理论告诉我们，不要以为设置了激励目标、采取了激励手段，就一定能获得所需的行动和努力，并使员工满意。要形成激励→努力→绩效→奖励→满足并从满足回馈努力这样的良性循环，取决于奖励内容、奖惩制度、组织分工、目标导向行动的设置、管理水平、考核的公正性、领导作风及个人心理期望着多种综合性因素。

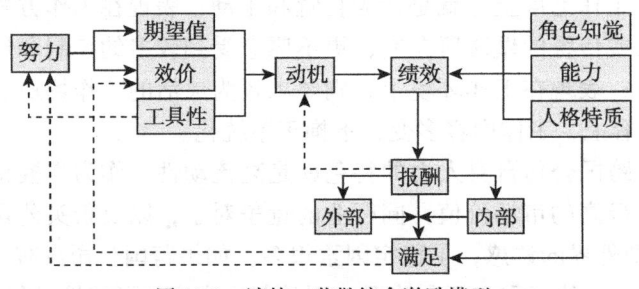

图 12-3　波特–劳勒综合激励模型

资料来源：陈春花，曹洲涛，等. 组织行为学——互联时代的视角[M]. 北京：机械工业出版社，2016：73.

3. 跨国公司应用的激励机制

（1）薪酬激励。薪酬是留住核心员工的重要因素，一套科学公正的绩效评估及薪酬体系不但可以起到留住核心员工的激励效果，而且有利于公司健康稳定的发展。美国的500强公司都有自己独特的评估及薪酬体系，根据跨国公司的评估及薪酬激励体系的一系列研究成果可以得出以下几条共性：

第一，绩效评估与薪酬挂钩。美国跨国公司的薪酬是以绩效评估为标准的，而非按资历或职位来评定。这样的薪酬体系有利于发挥各个职位核心员工的积极性，有利于公司健康稳定的发展。绩效评估与薪酬的结合使薪酬更具有透明性，更加具有公平性。

第二，薪酬体系考虑的方面周到。美国跨国公司的绩效评估与薪酬体系更具有个性特点，不但各行业之间、各公司之间也具有差别，就连同一个公司的各岗位之间也有较大的差异性。依据不同岗位的自身特点制定评价和薪酬体系更加具有人性化，更能体现核心员工的价值。

第三，薪酬在市场上具有竞争力。美国跨国公司的薪酬是相当具有竞争力的，这也是为什么他们能笼络一大批优秀人才的重要原因。薪酬具有竞争性吸引了一大批行业中的核心员工，创造了更大的价值，然后再提供更高的薪酬，如此往复便形成了一个良性的循环。

第四，不以学历为评价标准。不以学历和专业为评价标准是美国跨国公司薪酬体系最重要的特点。美国跨国公司更注重核心员工的能力和潜力等内在的素质而非学历。这就使那些真正有能力的核心员工有表现的机会。

（2）非薪酬激励。除了薪酬激励这样的硬件激励措施以外，跨国公司更加注重一些非薪酬激励措施。这些非物质激励对核心员工的影响会更大。这些激励软件的构造能体现公司在人力资源上的特点，对于激励核心员工这样具有更高需求层次的员工身上会更具有效果。不同的跨国公司有不同的非薪酬激励措施，以下是被不少跨国公司所认可的具有典型代表意义的非薪酬激励措施：

1）核心员工继任制。核心员工的继任机制是为了某个关键职位选拔，培养继任人和接班人的机制。其目的是建立起继任人员选择培养的流程化、标准化的制度。通过知识延续评估，找出企业里最不能流失的核心运营知识。

有资料表明，美国跨国公司中，有27.4%注重接班人培养。一旦管理人员意外离职，可由接班人直接接任，对企业的生产运营不会产生巨大的影响。核心员工继任机制不仅可以有效地防范核心员工离职所带来的职位或技术短缺从而产生的损失，还可以激励在职的核心员工使他们具有一种可能被替代危机感，同时还能激励那些具有潜能的准核心员工。美国通用电气公司就被誉为核心员工继任机制应用的典范。

2）岗位轮换制。岗位轮换制（job rotation）如今已成为企业培养人才的一种有效方式，很多成功的诸如IBM、摩托罗拉等美国跨国公司都已经在公司内部或跨国分公司之间建立了岗位轮换制度。尤其是在IBM，没有人会为上司的频繁更换无所适从，因为定期或不定期的轮岗已经形成了一种企业文化，不管是核心员工还是普通员工都已经习惯了在任何上司的领导下都有条不紊地工作。IBM有一个"2-2-3"的规则，即在一个职位上工作2年，上一年的绩效考核是2（即良好）以上，用3个月时间处理完原职位的遗留事务之后，就可以轮岗。

岗位轮换制的价值主要体现在：①挖掘潜在核心员工。通过岗位轮换制，可以挖掘出在某一职位上有特殊能力的潜在核心员工。②保持职位新鲜感，留住核心员工。根据库克曲线理论，核心员工在某个职位做到一定时间就会对所做的工作失去兴趣，使其创造力开始下降，影响企业的发展和员工的情绪。适当的岗位轮换会使核心员工对职位产生新鲜感，使员工始终处于学习阶段，利于公司的发展。③组织动态适应外部变化带来的调整。而组织结构的任何调整势必带来岗位的调整与岗位需求的变化，有时这种变化是剧烈的、不可逆转的。④提高横向沟通度，提升跨部门协作的效能。从形式上看，轮岗可以在部门内进行，也可以跨部门实施，跨部门的轮岗有利于部门之间的协作与沟通。

3）企业导师制。企业导师制是培养员工、规划员工职业发展的重要手段。企业希望核心员工和后备干部能够迅速成长、新员工能迅速进入工作角色，而员工则希望获得成长的空间。导师制恰恰顺应了这种要求，它提倡分享知识与智慧，提倡通过沟通与交流提升企业信任感与忠诚度，也有利于培养后备干部和核心员工的责任感和管理水平，实现了企业与员工的共赢。跨国公司实行企业导师制度不仅是培养员工能力，储备后备人才的一种方式，也是对成为导师的核心员工一种荣誉和地位的激励。尤其是以企业导师团队方式运作的导师制度，成为导师的员工在团队成员的管理、培养、考评、奖励等方面具有相当大的自主权，其工作使命感、荣誉感和地位尊重感将激励企业导师努力工作。此外，成为企业导师的员工，还将获得与导师地位和工作相称的薪酬福利，增加其收入。2006年10月，总部设在加利福尼亚州圣克拉拉的太阳微系统公司（Sun Microsystems）公布了一项关于导师制价值的研究结果。其结果显示："导师制对导师和受指导者都有正面影响，培养出来的员工更加被企业所珍视。"○导师计划给企业导师带来了积极的好处：在参加导师计划的试验小组中，有28%的导师获得工资等级调整，而未参加该计划的对照组中，这一比例仅有5%，导师获得晋升的次数较未参加导师计划者多6倍。因此，成为企业导师所带来的名利双收的效应，将增强员工自我实现的需求，激励更多员工投入工作，成为导师级核心员工。

12.4 国际人力资源的劳资关系

雇员的国际派遣是国际人力资源管理的核心。劳工关系的概念和实践在世界不同地区的差别很大。比如说，最明显的，美国等西方国家的工会势力相当强大，而政府也允许工人罢工游行，但这一点在发展中国家似乎行不通，因为劳工关系主要由政府调控。在处理劳工关系时，跨国公司最明智的做法就是"入乡随俗"，尽量与所在国的政策相适应，避免应劳工关系问题卷入大的冲突之中。

12.4.1 国际企业劳资关系概述

劳资关系主要涉及的是劳动者即员工与资方和管理者之间围绕工作与绩效、工作待遇和职业发展所产生的广泛而复杂的关系，是人力资源管理的核心内容之一。国际企业的跨国经营与管理由于涉及不同国家的员工文化习惯、劳动法律制度、社会组织（比如工会、行业协会）、政府劳工政策等方面国别差异，其劳资关系相比于国内的员工关系更加复杂多样。如果国际企业不能有效地处理好跨国员工管理中的劳资关系，不仅影响企业内部人员凝聚力和工作效率，而且有可能受到东道国工会、法律和政府的多重干预，从而使公司在东道国的经营遭遇重大挫折，且声誉受损。

在跨国员工的选拔、任用、管理和利益考量中，国际企业必须从东道国的人力资源政策、法律和文化环境出发，重点考虑如下问题：一是充分重视和研究东道国的劳工政策、法律和员工文化特征，出台适合当地人员的招聘、任用、薪资、福利和培训方面的人力资源政策与制度；二是充分重视投资方与东道国各级各类工会组织的关系，与之协作沟通处理企业与员工、企业与工会之间的矛盾冲突；三是充分重视东道国本地员工人才的发现和使用，一方面让本地员工充分参与公司的经营管理，发挥其积极性和能动性，另一方面使用本地人才更易于管理东道国员工；四是充分重视选聘东道国劳资关系法律方面的专业人才，或者与这类机构建立长期合作关系，获得其在劳资关系处置方面的法律支持。

○ 沃顿商学院. 用导师制防止人才跳槽[J/OL]. 新浪财经, [2007-06-21]. http://finance.sina.com.cn/leadership/mrlzy/20070621/16123712908.shtml.

12.4.2 工会和国际企业的关系

东道国的工会组织通常是影响企业劳资关系、劳资集体谈判和劳资关系协议商定的主体，因此，了解工会与国际企业的关系十分必要。

1. 工会对国际企业经营的影响

工会对国际企业战略经营的影响主要表现在对员工雇用、工资水平和运营一体化产生影响。

（1）限制跨国公司任意改变雇用员工数量水平的能力。对许多在西欧、日本和澳大利亚等国家和地区运行的跨国公司来说，不能任意改变雇用水平将可能比工资水平带来更为严重的问题。许多国家限制已经立法，限制公司关闭工厂、裁员或者解雇，除非公司能够证明当前的状况显示裁员是不可避免的，而要证明这些的过程常常冗长繁杂。很多国家针对工厂关闭或裁员都做出了明文规定：公司必须以具体的规则来补偿被裁员，如每服务一年提供两周的薪水。许多国家对突然中止雇员合同的补偿是相当大的，尤其是在美国。

工会可能以两种方式影响这一过程：通过游说国家政府进行裁员立法，以及通过孤立经济合作与发展组织对跨国公司进行管制。在战略规划中不考虑这些约束的跨公司管理者可能会发现他们的选择受到了严重的限制。

（2）影响工资水平。虽然劳动力成本与其他成本相比重要性在下降，但是它仍然对决定大多数产业的成本竞争力起着重要作用，因此，工会对工资水平的影响意义重大。例如，2009年法国各工会采用罢工的形式拒绝裁员和减薪，这场由运输工人、汽车制造工人、超市员工组成的罢工，使铁路、航运和商业企业的经营几乎瘫痪。如果跨国企业未能成功管理工资水平，那么它将承受劳动力的成本劣势，从而限制了战略选择。

（3）通过集体谈判影响公司的人力资源管理决策。许多国家的企业和行业工会通常代表员工与企业在处理工资待遇、工作强度、工作歧视、权益侵犯、工作机会等方面存在矛盾和冲突。例如，欧洲的集体谈判是由雇主协会的代表和工会的代表在全国性或地区性的基础上开展的。在瑞典，90%的蓝领工会都加入了瑞典总工会，而总工会的内部权力较为集中，他们与雇主协会处于对等谈判地位，代表会员与资方进行具体谈判。因此，国际企业在投资经营前和投产后，都应当了解和分析当地和该国工会组织对人力资源管理的影响。

2. 跨国公司应对工会的策略

鉴于大型跨国公司的强大权利和影响力，工会领导者们长期以来都将跨国公司的发展视为对劳动力谈判能力的巨大威胁。而跨国公司也极为重视东道国工会对其海外经营的影响。跨国公司对工会和员工利益的影响包括很多方面，肯尼迪（Kennedy）已经证明跨国公司的以下集中特征是工会关注的焦点：

（1）强大的财务资源。它包括了跨国公司能够承担某一外国子公司与当地工会发生纠纷所造成的损失，并且仍然能够在世界范围内保持盈利的能力。工会的谈判实力可能会遭到跨国公司强大财务资源的威胁或削弱。当跨国公司采取跨国业务外包以及产品或零部件的交叉补贴时该现象尤为明显。当地工会能够对某一跨国公司施加的经济压力显然比它对那些业务局限于一个国家的公司所施加的压力要小很多。

（2）供给的可替代资源。跨国公司可能会采取明显的"双重外包"形式来降低任何一个工会罢工给自身造成的冲击，而且用于应对某些行业行为的临时性生产转移已经在诸如汽车产业中得到了一定程度的运用。

（3）将生成设备搬至其他国家的能力。员工和工会所关心的是，如果跨国公司试图在国外生产国内即将或者已经在生产的产品，那么该国的就业安全就会受到威胁。当地的相关优势为跨国公司将技术密集型的劳动安排在当地政策鼓励培训和劳动力成本比较高的国家，相反，半技术性、常规的活动被安排在劳动力成本较低的国家。伴随着工厂关闭或合理化风险，跨国公司对在全球范围内重组生产要素的威胁对国家的劳资谈判产生影响。然而，技术和经济投资将降低跨国公司重新安排设备的倾向。

（4）权利的远离。当很多跨国公司宣告人力资源管理和产业关系的分权和当地化时，工会和劳资联合委员会却声称，跨国公司的决策制定结构不够透明，权利划分也很模糊。此外，员工代表可能没有充分意识到跨国公司的总体组织战略和活动。

（5）实施"投资罢工"的能力。它是指跨国公司拒绝对一个工厂追加投资，从而使得该工厂逐渐荒废，在经济上失去竞争力。

3. 工会应对跨国公司的方式

工会是各国企业员工在民主权利的获得、劳动条件的改善、生活水平的提高方面的主要谈判和抗争渠道。正是在工会的争取、压力和斗争下，许多国家，特别是西欧国家相继构建起一整套制度化、法制化的劳资关系调整机制，从而保障了劳资关系的相对稳定。在全球化的时代，工会一直在探索应对跨国公司劳资关系的方式和方法。

（1）工会设立国际贸易秘书处开展与跨国公司的沟通与谈判。国际贸易秘书处作为松散的联盟，为特定贸易或产业内的国家工会提供全球性联系。秘书处主要为知识交换提供便利。每个国际贸易秘书处的长期目标是：在产业内与每个跨国公司完成跨国谈判。为完成跨国谈判，每个国际贸易秘书处遵循相似的程序：研究和分析信息；召开公司会议；建立公司委员会；公司内的工会和管理层的讨论；协同谈判。总而言之，国际贸易秘书处已经取得了一定的成就。

（2）工会为通过国家立法对跨国公司规制。工会通过影响东道国的议会、法院等立法执法机构提出和施行对国际企业在人力资源管理方面的政策和法律约束。这些人力资源方面的规制政策的内容涉及广泛，包括但不限于：工资福利、产业进入影响就业、集体谈判、童工、奴役劳动、性别和种族歧视、企业内部环保（卫生和安全）、外部环保和企业社会责任等。

（3）工会通过国际组织对跨国公司的规制。工会试图通过国际组织对跨国公司施加影响的努力已经取得了一些成就。通过如各洲工会联合会和国际自由工会联合会等工会联盟，工人运动已经能够成功游说国际劳工组织、联合国贸易和发展会议、经济合作与发展组织以及欧盟。1977年通过的《关于跨国企业和社会政策原则的三方原则宣言》对跨国公司海外经营中的人力资源政策与管理的合规性产生了广泛的影响。

12.4.3 影响国际企业劳资关系的因素

在跨国经营管理过程中，国际企业的劳资关系受到多方面因素的影响，并且不同国家同一因素的影响程度也存在差别。不过，总体而言，影响国际企业劳资关系的因素主要包括如下几个方面。

1. 员工工会化和工会介入的程度

不同国家的劳工工会化程度是相当不同的。例如，瑞典是欧洲员工工会化程度最高的国家，而印度、西班牙、印度尼西亚等国家员工工会化程度就比较低。并且，令人担忧的是近年来多数国家工会的会员人数都在下降。一般来说，工会化程度越高的国家、地区和企业，员工集体与跨国公司进行集体谈判和维护员工个人权益的能力就越强。

另一方面，工会对跨国公司人力资源政策与做法的介入程度是影响劳资关系的更为实际的因素。有的国家和地区的工会更关心维护公司员工工作保障、薪资待遇、工作公平性的具体事务，有的国家和地区的工会更倾向于"问题应对型"介入，即出现冲突问题后被动介入；有的国家和地区的工会不仅是介入具体的劳资关系事务，而且介入跨国公司在当地的产业投资、产业转移等跨国公司影响当地就业的战略性决策。因此，跨国公司处理国际劳资关系时必须审慎关注员工工会化和工会介入程度。

2. 政府介入劳工关系事务的程度

在一些国家，工会由国家直接控制，政府介入跨国公司劳工事务可主要由工会来实现，但许多国家或地区的工会不受国家直接控制，而是相对独立的组织或隶属于工人政党。在后者情况的国家中，东道国往往通过法令或法律来介入国际企业的劳资关系，比如通过立法、政策管制、法规或办法来规范国际企业在当地的劳动就业、雇员招聘、裁员、最低工资方面人力资源政策与做法。

3. 东道国公司在母公司经营的地位

如果东道国公司的生产经营与母公司或母公司其他海外子公司业务联系紧密，产业链一体化程度较强，那么，国际企业在该东道国的劳资关系对母公司的影响就特别重要。如果因为该东道国劳资关系严重冲突导致企业生产经营瘫痪，则容易发生海外经营的产业链断裂，从而影响母公司的全球经营目标的实现和竞争力受损。因此，东道国公司在母公司经营重要性越大，产业链一体化程度越强，则国际企业更应当重视海外子公司的劳资关系的政策、制度的设计与运作。

4. 东道国员工参与公司经营管理的程度

一般来说，东道国员工参与国际企业经营管理的事务越多，其对国际企业的经营管理政策了解得越深入，与管理层接触越多，员工与管理层之间的信任度会更高。同时，员工民主参与国际企业经营管理具体事务多，其知情权的保障度更高，其与管理层的信息不对称性越少，彼此的矛盾误会容易减少。因此，积极让东道国员工用适当的方式参与公司的管理，也是改善国际企业劳资关系的重要方式。

12.5 中国跨国公司的人力资源管理

在 2016 年中国绿公司年会上，TCL 集团董事长兼首席执行官李东生提到，"从中国企业走出去国际化的进展来看，海外业务销售收入增长比中国企业出口 GDP 增长的比例还要大一些。"中国企业"出海"的浪潮随着互联网和共享经济的快速发展似乎更加汹涌，比如最近滴滴在美国上线事件受到业界热议，便让很多企业家再次感到了中国企业国际化的热度。不过，在国际化发展的过程中，中国企业也面临着越来越多不同于中国国内人力资源管理与开发的环境的挑战。中国企业海外经营管理遭遇的劳资关系诉讼、海外人才短缺、海外员工权益保障、国际人才文化冲突问题，目前都是中国企业跨国人力资源面临的重大实践课题。目前，国内有关跨国公司在中国的人力资源管理的实践研究比较多，而研究中国企业海外人力资源管理问题的研究成果非常稀缺。

12.5.1 我国跨国公司跨文化人力资源管理面临的问题

通过总结和分析有关中国企业海外经营涉及人力资源的实践素材，中国企业在海外人力资源管理中主要面临如下人力资源管理模块问题。

1. 员工选拔和配置中的问题

首先，在人才选拔方面，不同的文化背景会使人们对人才的认定标准的不同。例如，西方的思想认为，公司的发展在于技术和产品的创新，产品质量的提高以及经营管理的不断改进和完善。所以，员工只要能在工作中做出成绩，就能得到重用和提拔。西方发达国家推崇公平竞争，招聘模式以评价为中心，以智商测试和能力测量为依据。而中国企业，比较注重德才兼备，对待上级时谦虚谨慎，与同事和谐融洽相处。中国崇尚权力关系，在招聘员工的时候注重权威人士的推荐，会优先考虑那些有关系、有资历的人，同时，受中国封建文化的影响，人们对权力在机构和组织中不平等分配的接受程度较高，承认组织内权力的巨大差别，强调等级有别、遵从统一领导，论资排辈现象较明显。总的来讲，西方强调能力第一，而中国则较多注重背景和资历。其次，在人员配置方面，西方企业和劳动者之间是简单的短期供求关系，没有受过多的权利和义务约束，因此市场机制在人员配置中发挥着基础作用。而在传统的中国企业里，以内部培训为主，人才市场为辅。中国企业为维护稳定倾向优先雇用中方员工，从而忽视效率原则，造成人员冗余。

2. 培训与开发中的问题

跨国经营的活动一般具有很强的专业性和技术性，所以企业招募了合格的人力资源，还必须对其进行培训。当前，绝大多数的中国跨国公司偏重对员工的纯技术培训，而忽视了对员工尤其是管理人员的跨文化培训。首先，对母国管理人员的培训问题。母国管理人员对东道国的劳动法律法规、当地员工的信仰和风俗习惯都不够熟悉，因此需要接受跨文化培训。中国的跨国公司往往忽视和缺乏跨文化培训，不利于母国管理人员开展跨文化的业务工作和管理活动。其次，对东道国员工的培训问题。东道国员工熟悉当地的社会文化、生活习俗、法律法规，对于市场的变化，能做出敏捷的反应，维护公司的利益和提高公司的效益，但对于跨国公司的工作习惯、企业体制、管理方法等，很难马上适应。多数东道国员工会有本民族倾向性，以本民族的眼光看待跨国公司的全球业务，认为跨国公司应该同时学习本国的组织文化，开展本国培训。当跨国公司使他们尽快适应母公司的组织文化、掌握母公司要求的管理技能和工作技巧而对其进行培训时，他们常常认为这种培训是一种文化侵略形式而心生反感，甚至产生对立情绪。

3. 人员考评的问题

绩效考评是激励员工、提高生产效率的一种重要方式，然而跨国公司内部的文化差异会造成人员考评方面的问题。西方文化崇尚个人主义，强调个人的权利和成就，而东方文化强调集体主义，追求和谐氛围，这使得人际关系在集体中的重要性高于个人成就。在人员考评时，西方国家的企业会把生产效率作为主要标准，坚持考评的公平性，强调评估的规范化和定量化，比较客观地衡量个人的贡献和价值，极少做出不公正的评估，并且为了便于监督、改善绩效，会将考核结果公开和对比；中国的跨国公司由于不愿破坏集体的和睦团结，强调对集体绩效的考核，倾向于传统的以经验判断为主的评估办法，习惯于透明度不高的考评体系，一些中方管理人员担心影响与下属的关系而不愿给出差的评价，并对有良好人际关系网络的员工给予较高的评价。

4. 人员薪酬的问题

从薪酬管理方面来看，一个公司工资的内部公平性、外部竞争性以及对绩效的报酬和奖励，是其吸引、保留、激励和开发自身人力资源的基本要求。在人员薪酬方面，工资政策的制定主要考虑工作的内涵以及该工作对公司经营所做出的贡献。不同级别、不同工种、不同岗位，有着不同的职业要求和不同的工资水准。工资水平主要与工作性质挂钩，只有当工作岗位和内容发生变化时，才能调整其工资。在中国企业，工资的制定和调整则强调人的学历、工龄、行政级别等。工资与学历、资历直接挂钩，即工资是对人不对职。在制定奖金分配方面，中国企业认为关系和睦、忠诚比金钱激励更为重要，故多发放基于个人和团体的奖金。外国企业更青睐采用金钱激励和个人奖励。另外，一些中国跨国公司的工资体系没有跟东道国的实际情况相结合，工资标准体系低于当地，则不易招募到当地人才，而且可能导致母公司外派人员流失。

12.5.2 提高中国国际企业跨国人力资源管理能力的对策和建议

1. 将人力资源管理提升到战略的高度

跨国公司的人力资源管理部门并非是一个与企业的其他业务部门没有直接关系的独立的行政管理部门，而应是业务部门的战略性合作伙伴。人力资源部门必须全面参与业务部门的运作，而不是听从业务部门的调遣。现在越来越多的跨国公司将人力资源管理纳入公司的经营战略中，越来越多的人力资源总监在公司决策层中起到重要作用。因此，企业应将人力资源管理部门的职能导向作用转变为战略导向的作用，并在各个方面实现人力资源管理职能的转变。

2. 选拔高素质的国际化人才

由于国内环境与跨文化环境的不同，员工的选拔和招募的标准也有很大的不同，跨国企业的管理人员应有更强的竞争意识和更高的竞争能力，更善于在陌生的环境和强大的竞争对手的市场中不断发展、壮大跨国企业。不适当的员工选拔标准将导致企业跨国经营战略的失败。因此，我国的跨国企业在进行人才选拔时，应该着重考察受聘者的学习能力和适应能力，这两项能力决定了员工在本国及海外工作的成效。我国企业跨国经营中的人力资源选拔的标准，一方面应注重员工现有的技术能力、管理能力、文化素养等基本素质；另一方面应注重员工学习新技能、掌握新技术的能力，以及跨文化的适应能力、业务的适应能力。

3. 重视员工的"跨文化"培训

在选拔高素质的员工之后，企业还应进行一定的"保值、增值"工作。有效的"跨文化"

培训可以提高外派员工的适应能力，也有利于海外分公司的跨文化整合。GM 公司每年投资于教育和培训方面的费用超过其销售收入的 5%，其设有专门的培训机构对员工进行定期的系统的培训。由此可见，杰出的跨国公司，均对培训非常重视。

4. 建立适应国际化发展的激励机制

我国的跨国企业应通过激励机制吸引、开发和留住人才，不断激发员工的主动性、创造性和积极性，完善激励机制吸引优秀的人才到企业来；开发员工的潜在能力，促进在职员工充分发挥其才能和智慧；造就良好的竞争环境，留住优秀的人才。跨国公司提供舒适的工作环境，相当丰厚的薪资，良好的福利保障都是留住人才的基本措施，这些措施使得员工具有公平感、安全感、成就感。因此，完善的激励机制应包括具有竞争力的薪酬福利制度、适当的晋升、良好的企业文化和工作环境，以及针对相应员工的职业生涯发展规划。

跨国经营活动是一个复杂的过程，人力资源在其中扮演着越来越重要的角色。中国作为全球经济的重要参与者，跨国经营正成为一种趋势。因此，借鉴发达国家跨国经营的人力资源开发与管理经验，大力实施国际化人才战略，构建国际化人才体系，努力培养和造就一批精通国际规则、具有国际化经营能力，以及具有世界一流研发水平的专业人才和管理人才队伍，将是中国企业走出国门实施全球化战略的关键。

本章小结

国际人力资源管理可以理解为国际企业根据国际战略经营目标，并适应东道国人力资源管理环境，对公司国际化人员的获取、分配和利用的过程。国际人力资源的三大任务：获取适于不同国家市场工作的异质性人力资本，并做好人力资本和价值的分配，促进异质性人力资本的开发和有效利用。

跨国公司实施国际人力资源管理的模式有很多，其中最有代表性的有以下四种：民族中心主义模式、多中心模式、地区中心模式和全球中心模式。国际企业的人力资管理中人员外派是海外经营中的关键，外派人员的选拔应从专业能力、跨文化适应能力、语言能力和国际企业自身因素等方面进行决策和实施。对于选拔出来的外派人员还需要进行系统的外派培训，尤其是跨文化适应的培训。国际企业海外人力资源管理的核心仍然是如何调动不同文化背景员工的工作积极性，因此薪酬和激励管理是重中之重。

对跨国公司而言，国际薪酬管理和激励是比较复杂的，因为跨国公司必须满足三类不同人员的要求：母国人员、其他国人员和东道国人员，而且在制定薪酬的过程中还要考虑国别差异、员工差异和驻外期限差异。计算国际薪酬的方法主要有两种：现行费率法（又称为市场费率法）和平衡表法（有时称为累积法）。另一方面，国际员工的激励除了要把握激励的一般规律和原则外，还必须充分考虑不同地域文化背景中的员工个体、群体与组织的差异，因地制宜地做出激励的调整。许多跨国公司海外员工激励的成功做法，如核心员工继任、岗位轮换、企业导师制等都值得借鉴。

最后，国际企业的跨国经营与管理由于涉及不同国家的员工文化习惯、劳动法律制度、社会组织（如工会、行业协会）、政府劳工政策等方面国别差异，其劳资关系相比于国内的员工关系更加复杂多样。国际企业应当从员工工会化和工会介入的程度、政府介入劳工关系事务的程度、东道国在公司海外经营中的地位、东道国员工参与公司经营管理的程度等方面妥善处理好海外劳资关系。

中国企业的海外人力资源管理和中国企业走出去一样仍然是一个学习者的角色，在员工选拔与配置、培训与开发、薪酬激励等方面还存在许多误区，亟待改进。

关键术语

国际人力资源管理　国际人力资源管理模式　现行费率法　平衡表法　激励　劳资关系管理

复习思考题

1. 国际企业与非国际企业人力资源管理有哪些不同？
2. 试分析国际人力资源管理的四种模式。
3. 外派人员选拔的关键有哪些？
4. 国际人力资源薪酬的计算方法有哪些？
5. 跨国公司人力资源激励应当注意哪些方面？
6. 国际企业跨国经营面临的劳资关系问题有哪些，如何妥善处理？

应用案例

苹果利润下滑的祸：iPhone 工人背后

据国外媒体报道，来自"中国劳工观察"（China Labor Watch，CLW）的一份报告显示，随着苹果的销量和利润的下滑，iPhone 生产线上的中国工人正在承受着随之而来的苦痛。

2015 年 5 月～2016 年 5 月，CLW 通过走访以及对比超过 2 000 名和硕工人的工资单发现，随着苹果的吸金能力下降（2015 年 7 月，苹果称第三季度利润为 78 亿美元，而去年同期为 107 亿美元），苹果供应商们承受了巨大的压力，iPhone 工厂的环境更加恶化。

报告对准苹果供应商之一的和硕，这是一家在全球仅次于富士康的第二大电子产品合同制造商。CLW 指出："为了分担来自苹果的压力，供应商和硕采取了一系列办法，把压力转嫁给工人。"

这样的情况让一直以来努力改善劳工环境的苹果十分头疼。实际上，近几年，特别是在库克的带领下，苹果在劳工环境改善方面取得了很多进步。苹果对供应商规定，工人每周工作时间不超过 60 小时，并且每周至少休息一天。然而，CLW 发现，其工人一周工作时间超过 80 小时，违规加班现象在这家工厂十分普遍。

该报告称，因为他们获得的小时工资较低，和硕的工人被迫加班。和硕与苹果 CEO 库克的政策一直在推动工人基本工资下降。

通过对比近两年的工资条，CLW 发现，虽然中国平均工资已经上调，但是和硕砍掉了工人的一些福利，工人们实际上没有去年（2015 年）挣得多。

报告显示："2015 年，工人时薪 1.85 美元，2016 年，工人的时薪提升为 2 美元。然而工厂削减工人的福利和保险待遇来调整工资，工人的时薪实际只拿到 1.6 美元。"

对此，苹果发言人拒绝回应，和硕方面也暂未对此予以回应。

2016 年 4 月，彭博社曾实地探访了和硕在上海开设的一家大型工厂，报道了工厂引进了一系列高科技面部识别软件和管理系统，防止工人超时工作。一名工人称："我们从来没有工作超过 60 小时。"但是另一名和硕工人说，底薪意味着一些人想要争取加班。

针对彭博社的报道，CLW 指出，"记者看到的现象只是和硕希望你看到的。"之后，CLW

通过检查工资条发现，工人加班的现象很普遍。

CLW 是一家总部位于美国纽约的劳工权益组织，自 2013 年起，该组织每年都会发布针对和硕工厂环境的报告。和硕联合是第二大 iPhone 供应商，仅次于富士康，后者在员工待遇上也存在很糟糕的历史纪录。

苹果是在 2013 年将部分 iPhone 供应链从富士康转移至和硕联合，此前，富士康几乎垄断了苹果 iPhone 的生产。

讨论题

1. 中国劳工观察在和硕有哪些发现？
2. 苹果公司的劳资关系管理是否恰当？
3. 如果你是工会组织代表，你会怎么做？

参考文献

[1] 马伟超. 国际人力资源管理人才培养途径研究[J]. 现代商业，2011（18）：186-188.

[2] 弗雷德·卢森斯，乔纳森 P. 多. 国际企业管理：文化、战略与行为[M]. 周璐璐，译. 北京：机械工业出版社，2015.

[3] 姜平，李丹，刘程程. 国际人力资源管理理论体系探究[J]. 投资与合作：学术版，2010（9）：81.

[4] 张明. 国际人力资源管理的差异性及其战略[J]. 当代经济管理，2012（11）：73-77.

[5] 曹洪军. 国际企业管理[M]. 北京：科学出版社，2006.

[6] P V MORGEN. International Human Resource Management: Fact or Fiction [J]. Personnel Administrator，1986，31（9）.

[7] 许晖. 国际企业管理[M]. 2 版. 北京：北京大学出版社，2015.

[8] 王朝晖，朱云霞. 国际企业管理[M]. 北京：北京大学出版社，2013.

第 13 章
国际企业财务管理

学习目标

- 了解企业资金管理的特点、方式。
- 熟悉国际企业的融资方式。
- 掌握外汇风险管理的战略与策略。
- 掌握转移价格的含义及作用。

开篇引例：西门子公司的财务管理战略

西门子成立于 1847 年，经过近 170 年的发展，业务已遍及世界 190 多个国家，是目前世界上最大的电气和电子公司之一，业务涵盖信息与通信、自动化与控制、医疗器械、家用电器产等多个领域。

如此庞大的西门子集团最初的资金管理业务全部集中在集团财务部（又称"中央财务部"，CF），1997 年，西门子将除集团金融政策制定职能之外的全部资金财务及金融业务职能完全从集团财务部分离出来，成立了西门子财务公司（siemens financial services，SFS），作为负责集团具体金融业务动作的职能部门。2000 年 4 月，SFS 又从职能部门进一步发展成为集团 100% 控股的独立法人，以适应金融市场及自身发展的需要。

资金管理是财务管理的重要内容之一。全资财务公司构筑了强大的资金管理体系，为西门子公司的经久不衰提供保障。

第一，现金管理与支付业务。西门子集团规定，所有成员企业之间的交易，必须通过 SFS 支付和结算；成员企业的所有交易应最大限度地通过内部账户进行（在新兴市场的可除外）；成员企业必须按照集团要求，实现资金集中，降低资金风险，节约成本。同时，通过强化透支便利、提高支付效率、实施成本控制和账户集中等管理措施，保障公司目标的实现。

第二，风险管理。通过深入分析集团资产负债表、尚未完成的交易合同和未决交易，以及未来三个月的销售或交易计划等，计算外汇净头寸，取得货币敞口。然后，SFS 据此与相关企业签订合同，进行市场交易的匡算。西门子集团规定，成员企业风险敞口的 75% 必须得到避险管理，敞口不得超过 25%。SFS 在资本市场上的交易遵循严格的风险控制程序和管理规定，不仅要实行严格的交易避险分离原则，还要根据风险状况配置资本或资源，以保证全球性风险均可得到规避。

第三，资金集中与资金池管理。西门子集团对其成员企业的资金集中是强制性的，集团要求每一个成员必须按照规定进行资金集中。SFS 则基于成员企业的支付指令统一对外支付。SFS 目前共有60个资金池,与之合作的银行有60家。相关银行账户用西门子总部名义的共有100个,其余都以各自不同的名义开户,但必须是在SFS认可的银行,开户权力集中在SFS。SFS的资金池也分层次管理,根据不同合作银行的分工不同,最终合并到欧元、美元、英镑等几个主要的中心资金池。中心资金池也管理着不同的账户。在同一银行内部,资金池之间可以直接流动,但在不同银行之间,现金流动需要经过更高一层的资金池。

通过具有以上特点的资金管理,西门子集团能够及时实现其资金战略、财务战略和管理战略。财务公司作为独立的法人实体,便于进行资金集中、融资管理、风险管理等专业化的金融服务与工作指导,并且在保障资金流动性和资金安全的情况下,实现信贷、市场投资等资金运作效益的最大化。

资料来源:尤恩.国际财务管理[M].苟小菊,奚卫华,译.3版.北京:机械工业出版社,2007.

【请思考】
    西门子公司财务管理体系的优势是什么?结合案例分析财务资金管理对于跨国企业有何重要意义?

全球一体化步伐的加快对于企业经营提出更高的要求,企业在国际范围经营获得更大市场、更多融资机会,同时也将面临更加复杂严峻的市场环境与风险挑战。国际企业经营的成功与否在很大程度上取决于其庞大的财务管理体系能否有效运行。由于国际企业的生产经营遍及多个国家,使得国际企业的财务管理活动所涉及的范围比一般公司的财务管理范围更广,内容更复杂。例如:币种不同及金融管制导致的资金收支困难;商业法律法规带来的利润分配差异;跨国经营中遇到特有的国际双重征税问题;结合跨国公司财务运作进行税务筹划等。

财务活动为企业其他经营活动提供服务,同时又受制于其他经营活动,因此,如何建立和完善财务管理体系,应对国际环境中的各种风险成为国际经营成功的关键之一。

13.1 国际企业财务管理概述

国际企业财务管理是国际企业经营管理的主要组成部分,它是一种跨国界的财务管理活动,涉及与国外的企业、单位和个人的财务联系。这种财务活动是在多元化的国际环境中进行的,它面临着单纯国内企业财务管理无可比拟的各种复杂风险,但是如果经营和管理得当,国际企业会有更多的选择和获利机会。

13.1.1 国际企业财务管理的概念

1. 国际企业财务管理的含义
国际企业财务管理是指按照有关国际惯例和国际经济法的相应条款,根据国际企业财务收支的特点,组织、指挥、协调和控制企业国际财务活动及其所形成的财务关系的一系列职能性管理活动。

2. 国际企业财务管理的特点
(1)资金流动的国际性。企业的资金在世界范围内流动,国际企业财务管理的范围也会扩展到全世界资金运转的范围内。比如，中国的企业投资了南非的项目，那么资金在南非的使用也要纳入企业的财务管理。

（2）资金筹集和融通的多样性。企业参与到激烈的国际竞争中，那么为了有充分的资金进行扩展规模和开拓市场，它必然是从多方面的途径来筹集资金，创新资金的使用方式，合理化资本结构。例如，中国企业可以通过别国的国债、股票和期权期货来融通自己的资金链。

（3）财务收益的整体性。既然财务管理的范围上升到全球的范围，那么企业的财务管理要包括国内的部分还有国外的部分。只有国内国外统筹好，两者优势互补，协调统一，才能实现企业财务的合理运行，最终实现企业价值的最大化。

13.1.2　国际企业财务管理的内容及目标

随着世界经济形势日益复杂化，国际企业财务管理的内容更加全面，目标更加关注全球的价值实现。

1. 国际企业财务管理的内容

（1）国际筹资管理。国际筹资方式主要有：①国际股份集资，如吸收外商投资入股举办合资企业，或通过在国外的子公司在当地发行股票。②发行国际债券，包括外国债券和欧洲债券。③取得国际信贷，主要是出口信贷和国际银行贷款。④进行国际租赁和补偿贸易等。

筹资决策的任务在于：①正确运用各种方式，选择资金来源，既及时取得企业生产经营所必需的资金，又使企业的资金成本达到最低。②正确安排自有资金和借入资金的比例，使企业既获得充分的财务杠杆利益，又避免筹资的财务风险。

（2）国际投资管理。筹集资金的目的在于运用，国际企业的资金运用是指它将筹集到的资金用于国际生产经营活动，以谋取利益。

国际企业的国外投资可分为以下两种基本形式：①直接投资，直接向外国投资，在国外开设子公司，开办合资企业，或收购外国现有企业，在股票市场上买当地企业的股票，取得一定比例的股权。②间接投资，是从国际金融市场上购买外国的公债、公司债或公司股票，根据这些债券或股票的规定，收取利息和红利。

（3）国际结算管理。企业进行国际筹资、投资和商品进出口贸易等活动，必然发生国家之间的款项收付或债权债务的结算，这些工作是由财务部门通过银行来完成的。

国际结算的原理与国内结算大致相同，但比国内结算更为复杂，因为国际结算是在不同的国家之间进行的，涉及不同国家货币的兑换。国际结算要利用汇票、本票、支票等票据，通过汇款、托收和信用证等结算方式来进行。在财务管理中，要根据具体情况选择适当的结算方式，以便使商品顺利销售和货款及时收回。

（4）外汇资金管理。国际企业在财务活动中涉及许多国家的货币，发生大量的外汇收支，存在着外汇的风险。如果企业有效地进行外汇风险管理，将会避免汇率变动可能造成的损失，增加收益，反之，则可能蒙受巨大的损失。

（5）营运资金管理。营运资金是指企业在短期资产上的投资——现金（包括银行存款）、应收账款和存货等。

营运资金管理包括流动资产和流动负债两方面的管理。其中流动资产管理主要包括：①现金管理。②应收账款管理。③存货管理，在货币易于贬值的情况下，订货和存货水平会远远超过"经济订货量"水平，因为存货被认为可以保值。

（6）纳税管理。税款的计算与缴纳是企业财务管理的内容之一。国际企业设在国外的子公司，其利得先由东道国征税，纳税后的纯收益，如以股利方式支付给母公司，则母公司本国政府再加征税。

国际企业的经营涉及多国，各国政府的税法及税率都有所不同。国际企业为了整个公司的权益，都千方百计地设法避税，以减低税捐的负担。例如，跨国公司利用内部转移价格，达到降低税负、增加利润的目的。

2. 国际企业财务管理目标

（1）国际企业财务管理目标的特点。具体如下：

1）国际企业财务管理目标具有多元性。多元性是指国际企业财务管理目标不是单一的，而是适应多因素变化的综合目标群。现代国际企业财务管理是一个系统，其目标也是一个多元的有机构成体系。在这多元目标中，有一个处于支配地位、起主导作用的目标，称之为主导目标；其他一些处于被支配地位、对主导目标的实现有配合作用的目标，称之为辅助目标。

2）国际企业财务管理目标具有层次性。层次性是指国际企业财务管理目标是由不同层次的系列所组成的目标体系。国际企业财务管理目标之所以具有层次性，主要是因为国际企业财务管理的具体内容可以划分为若干层次。例如，国际企业财务管理的基本内容可以划分为国际筹资管理、国际投资管理、国际营运资金管理、国际税收管理等几个方面，而每一个方面又可以再进行细分。

3）国际企业财务管理目标具有复杂性。国际企业的经营业务遍布在多个国家，国际企业财务管理涉及多种复杂的理财环境和多国财务管理惯例，这就使得国际企业对财务管理目标的选择变得更加复杂。有时，国际企业为了求得一个比较好的理财环境，必须暂时放弃追求"财富最大化"目标。

（2）国际企业财务管理目标的理论分歧。明确国际企业财务管理目标，是搞好国际企业财务管理的前提。但究竟如何设定国际企业财务管理的整体目标，目前在财务管理理论研究上有一定分歧，主要观点有两种：利润最大化和企业价值最大化。

1）以利润最大化为目标。利润最大化目标是指通过对企业财务活动的管理，不断增加企业利润，使利润达到最大。利润最大化观点在西方经济理论中是根深蒂固的，西方许多经济学家都是以利润最大化这一概念来分析和评价企业行为和业绩的。例如，亚当·斯密、大卫·李嘉图等经济学家，都认为企业的目标是利润管理的最优目标。

2）以企业价值最大化为目标。企业价值最大化是指通过企业财务上的合理经营，采用最优的财务政策，在考虑货币时间价值和风险报酬的情况下，不断增加企业价值，使企业总价值达到最大，进而使股东的财富达到最多。

3）对利润最大化的评价。以利润最大化为目标有优点也有缺点，现分析如下：以利润最大化作为国际企业财务管理目标有合理的一面，这是因为企业要想取得利润最大化，就必须讲求经济核算，加强管理，改进技术，提高劳动生产率，降低产品成本，这些都有利于经济效益的提高。

以利润最大化作为财务管理的目标存在以下缺点：第一，利润最大化没有考虑利润发生的时间，没能考虑资金的时间价值。第二，利润最大化没能有效地考虑风险问题，这可能会使财务人员不顾风险的大小去追求最多的利润。第三，利润最大化往往会使企业财务决策带有短期行为的倾向，即只顾实现目前的最大利润，而不顾企业的长远发展。

（3）国际企业财务管理目标的具体内容。结合许多国际企业管理实践情况，企业价值最大化应作为现代国际企业财务管理的最优目标。企业价值最大化的观点，体现了经济效益的深层次认识，因而，它是国际企业财务管理的最优目标。国际企业财务活动是否合理，都要以企业价值最大化作为判别标准，凡有利于增加企业价值的财务决策，都是合理的决策，反之，凡不利于增加企业价值的财务决策，都不是合理的决策。

13.2 国际企业资金管理

国际企业的资金，一方面来自筹资，另一方面来自企业内部。妥善管理企业内部的资金，既可以降低资金成本，又可以提高企业的资金利用效率；同时，寻找资金的最佳安置地点与最佳持有币种，以确保资金安全，避免各种可预见的风险和损失。国际企业面向全球经营，子公司遍布全球范围且数量巨大，因此，国际企业的跨国经营需要特殊的管理手段，这些管理手段主要表现在对资金的管理上。

13.2.1 国际企业资金管理概述

1. 国际企业资金管理的对象

企业财务管理主要包括投资管理、融资管理和营运资金管理。广义的营运资金（working capital）通常是指企业的流动资产，它包括现金、短期证券、应收账款和存货等。而狭义的营运资金是指某时点内企业的流动资产与流动负债的差额。

企业的营运资金与现金流动有着直接的联系，在国际财务管理中占有重要地位。对于国际企业来说，流动资产是其经营的一项巨额投资，具有流动性大、变异性大的特点。在这里，我们的研究主要针对国际企业的营运资金管理。

2. 国际企业资金管理的特点

国际企业资金管理随着母公司和子公司管理方式的不同而不同，如果对子公司实行的是分权管理模式，子公司在财务管理上相应地就有更多的自主权；如果对子公司实行的是集中管理模式，子公司在财务管理上受到的限制也就相对较多。

随着通信工具的更新和互联网的应用，国际企业在资金管理上越来越倾向于集中管理。资金集中管理可以便于母公司掌握更多子公司的财务状况，从全球的角度考虑资金的配置和安放地点，使公司在全球范围内能迅速有效地控制全部资金并使资金的保存与运用达到最优状态。

国际企业与国内企业资金管理的不同体现在以下两个方面：

（1）资金管理的方式不同。国际企业的现金管理涉及多种货币，为了减少货币的兑换成本，一般实行集中管理的净额结算。

（2）资金内部转移具有更大的灵活性。由于国际企业在不同的国家中经营，各国的法律和贸易规则不同，国际企业可以利用国家之间的差别和优惠政策，获得资本更大的收益。比如某些国家税率相对较低，国际企业就可以在此设立资金管理中心，以减少整个公司的税负。

13.2.2 现金管理

现金是企业生产经营过程中的货币资金，主要包括备用金、银行活期存款及各种存单等项目。其特点是流动性极强，但盈利性较差。与国内企业类似，国际企业现金管理的根本目标在于确定现金的最佳持有水平。这在客观上要求国际企业的资金决策和使用，科学决策、合理使用，在保持现金正常流动速度和频率的基础上，做到现金余额最小化，以此降低现金持有成本，提高现金使用效率。

国际企业在进行现金管理时要考虑现金持有与现金转移的各种情况。首先，在现金持有方面，国际企业要找到现金持有适合的形式、时间和币种。其次，在现金转移方面，国内企业的转移过程仅涉及成本和利息损失，但从国际企业角度来看，资金在转移过程中还面临着汇率风险。因此，国际企业必须考虑设计符合全球业务活动需要的现金转移网络，以便能从企业整体利益出发，统一调度现金，使风险降至最低。

目前，国际企业的现金管理方法可分为现金集中管理、净额支付、短期现金预算、多国性现金调度系统等。其中，主要使用的方法是现金集中管理与净额支付。现金集中管理将各分支机构的现金集中于本部，好处在于企业有充足的资金投资于大型项目，抓住时机占领市场。并且，企业高层管理人员能从全局考虑问题，使资金充裕的分支机构的盈余资金被资金短缺的分支机构所吸收，实现企业内部的货币资源的充分利用，更能促进资金管理的专业化、高效化。就净额支付而言，它是通过降低货币兑换发生的管理与交易成本来优化资金流量。比如一家跨国公司在不同国家设有两个子公司，第一个子公司随时从第二个子公司购入商品，它需要用外币来支付。当第二个子公司从第一个子公司购入商品时，它会遇到同样的问题。如果这两个子公司只支付这两笔交易的差额，那么这两个公司就都可以避免（起码减少）货币兑换的交易成本。简单来说，就是它们在规定的期间内计算出全部交易额，并以此确定一个支付净额。

13.2.3 应收账款管理

应收账款是企业在生产经营过程中的应收未收款项。它客观存在于企业经营活动之中，是企业运营资金的重要组成部分。国际企业应收账款主要由以下两种类型的交易产生：一是企业外部无关联企业销售产品或提供劳务而产生的；二是向企业集团内部关联企业销售产品或提供劳务而产生的。对于国际企业应收账款的管理，除了要考虑企业的国际信誉、企业经济风险和东道国政治风险以外，结算币值汇率风险、利率差异等也是关键问题。对于国际企业内部应收账款管理，可以通过提前或延迟、再开票中心、交易币种和付款期限等方式增强对应收账款的管理。

提前或延迟实质上是商业贷款期的改变。如果跨国公司外国子公司东道国政府政局不稳，或面临货币贬值风险，则要求该子公司提前归还贷款；反之，则要求延迟付款。再开票中心则是国际企业资金管理部门设立的贸易中介公司，即一个资金经营子公司（见图13-1）。在各子公司之间进行商品交换时，生产子公司把货物卖给再开票中心，后者再转售（一般以稍高的价格）给销售子公司。实际货物却是直接由卖方子公司运到买方子公司，再开票中心处理的是文件，而不处理实际货物。在交易币种的考量中，如果交易币种汇率比较稳定，且短期内不会贬值，则应收账款发生金额可多一些，时间可长一些；反之则应谨慎行事。而付款期限主要应考虑交易币种、购货方资信等级、企业自身资金状况以及东道国政治状况等因素。

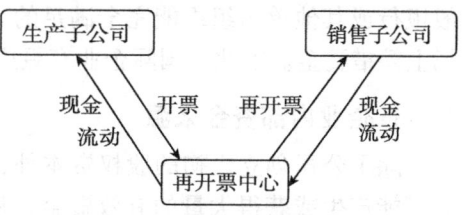

图 13-1 再开票中心的中介价值
资料来源：苗润生.国际财务管理[M].北京：北京交通大学出版社，2011.

13.2.4 存货管理

存货是企业在生产经营过程中为生产和耗用而储备的物资，主要包括原材料、燃料、低值易耗品、在产品、半成品、产成品和商品等项目。

1. 国际企业存货管理的目标

与国内企业存货管理类似，国际企业存货管理仍然以降低存货成本（包括订货成本、存储成本和缺货成本），同时防止缺货成本上升为目标。与此同时，国际企业存货周转经常会跨越国界，涉及不同国家间的法律问题。作为国际范围经营的企业，在存货管理中必须树立全局观念，因为在很多情况下，国际企业在实现集团总体存货管理目标的同时往往会牺牲某些子公司的利益。所以要求子公司在存货管理上，既能实现局部目标，又能以大局为重，树立全局观念。

2. 国际企业存货管理的特色

由于国际企业大多数国外子公司在通货膨胀的环境下从事经营活动，币值变动频繁，并且对资金汇出或剩余资金转换成硬通货存在许多限制条件。在这种情况下，企业就应该预测子公司所在国货币贬值的程度，并相应地增加进口存货的库存数量，即在相关货币贬值之前，累积存货，增加存货储备量，防止存货按当地货币计量的进口成本过分增加。当然，存货提前采购会带来较高的资金占用成本和仓储费用，因此，在提前购置时需要进行具体的成本效益分析。

13.3 国际企业的融资管理

国际企业为了实现理财目标，进入资金成本更优惠的市场，扩大企业发展资金的可获取性，降低资金成本，往往会跨越国界在全球范围内筹措其所需的流动资金和中长期资金。

国际企业与国内单一企业相比，在融资方面既有共同点，又有相异处。就融资的基本原理和它们在单一国内融资而言，两者相差无几；而从它们在国外融资方面来看，却存在着很大的差异，这是由国际企业跨国经营的特征所决定的。

13.3.1 国际企业的融资来源

对于国际企业来说，国际经营业务或在境外设立的分支机构及子公司是其重要组成部分，由于企业经营业务国际化，所以资金的筹集和使用必然国际化。

由于国际企业所需资金较多，因而不是公司集团内部相互融通资金所能解决的，也非一般银行或其他单一组织能完全满足的。通常，国际企业需要跨越国界在地区性市场或国际市场上筹措资金。因此，国际企业有更广泛的资金来源。

1. 企业内部资金来源

除了公司创立之初的股权资本外，国际企业在多国的各个经营实体在日常经济活动中都有可能产生或获得大量的有效资金，从而构成了内部资金的广泛来源。主要包括以下两个方面：一是公司的未分配利润，企业未分配利润是企业资金的一个十分方便且重要的来源；二是各子公司向母公司上缴的利润及划拨的资金。

2. 母国资金来源

国际企业可以利用其与母国经济发展的密切联系，从母国银行、非银行金融机构、有关政府机构、企业甚至个人处获取资金。主要介绍以下三种途径：首先，从母国金融机构获得贷款。这是国际企业从外部获取资金的重要途径之一。而银行金融机构贷款历来是占据重要地位的融资来源。特别是一些跨国银行，通常与其母国的主要国际企业存在着极为紧密的关系，因此它们会以支持这些公司的业务活动作为它们的国际战略目标。其次，在母国资本市场上发行债券筹资。这是国际企业一种传统的筹资渠道。例如，中国银行广东省分行2015年7月份联合中银集团下属券商公司——中银国际证券有限责任公司，为广东省某香港红筹上市地产企业客户成功发行20亿元公司债券。最后，通过母国有关政府机构或经济组织获得贸易信贷这条获取资金的途径，会随着贸易保护主义的增加而日益扩大。

3. 东道国资金来源

当来源于国际企业内部及其母国的资金不能满足生产经营的需要时，国际企业东道国（即母国以外的子公司所在国家和地区）的资金也是重要的补充来源。子公司东道国资金来源主要包括银行、金融机构贷款、发行有价证券、出售债券等。由于各国的经济状况与条件不同，因而国际企业东道国所提供的资金来源可能差异性很大。而在发展中国家和地区由于经济发展相对落后，证券业务起步较晚，一级证券市场尚不健全，更谈不上二级市场，因而通过资本市场筹集的资金相当有限。主要依赖银行业提供资金，但商业银行一般只向国际企业提供中短期贷款，所以子公司在这些地区的东道国融资比较困难。

4. 第三国资金来源

当国际企业向第三国购买货物时，一般可向该国银行获取出口信贷。一般来说，出口信贷的利率都比较低，与信贷保险相结合，同时有专门机构进行管理。比如说，大部分发达国家都有为支持出口，特别是为商品出口提供中长期信贷的官方或半官方机构都会为本国或他国国际企业办理进出口融资。此外，国际企业还可向国际金融机构，如世界银行、亚洲开发银行、国际金融公司等借款，而且这种资金的贷款利率都比较优惠。

5. 资金来源新形态：风险投资

国际企业一般实力比较雄厚，并且拥有经验丰富的管理团队，因此，可以借助国际资本市场筹集资金。近年来，风险投资的模式在美国等西方发达国家的发展日趋成熟，具有正规化、专业化、系统化的特点。它们关注企业的发展前景与资产增值，适用于国际企业在陌生国家投资建立子公司。

作为一种权益投资，风险投资的着眼点在于企业的发展前景和资产增值，以便通过上市或出售达到兑资并取得高额回报的目的。因此，风险投资可作为传统投资机制的补充，为国际企业带来资金支持。

13.3.2 国际企业的融资方式

对于前一节提到的各种渠道的资金，国际企业可以采用不同的方式加以筹措，主要分为两类：国际企业的一般筹资方式和专门筹资方式。国际企业的一般筹资方式主要指传统的筹资方式，包括发行股票和利用债券进行筹资。国际企业的专门筹资方式包括国际贸易融资、国际租赁融资等。由于各国情况不同，融资方式在使用时也各有不同。以下简要介绍几种国际企业主要的融资方式。

1. 国际股权融资

国际股权融资是指国际企业通过在国际资本市场上发行股票向投资者筹集资本的一种方式，也称为国际股票融资。近年来，国际企业的子公司都有在其他国家股票市场融资的趋势，企业根据其不同的需要，可以发行不同的股票。

2. 国际债务融资

国际企业在国际债券市场上筹资，是其重要的资金筹措方式。这种融资活动是一项复杂的综合性理财工作，需要考虑的因素众多、难度较大，需要国际企业充分了解国际债券及国际债券市场的有关问题。

3. 国际贸易融资

国际贸易融资是指外汇银行围绕国际贸易结算的所有环节为进出口商提供的资金和信用服务的总和。近年来，国际贸易融资成为国际企业一种常用的融资手段，对从事国内商品贸易的企业来说，利用商品信用可以自发性地筹集资金；而国际企业从事国际贸易时，更有必要利用国际贸易来融资。

国际贸易融资可分为进口贸易融资和出口贸易融资。其中进口贸易融资方式包括开证额度、信托收据、担保提货、进口押汇、进口代收押汇、进口汇款融资；出口贸易融资方式主要包括打包放款、出口押汇、卖方远期信用证融资、福费廷、保理业务等。

4. 国际租赁融资

国际租赁是指从事经营活动的某单位，以支付租金为条件，在一定时期内向外国某单位租赁物品使用的经济行为。在这种方式下，承租人和出租人分属不同的国家，简称国际租赁或跨国租赁。国际租赁的主要方式有融资租赁、经营租赁、杠杆租赁等。此外，国际租赁一般采用中长期租赁，通常为3年、5年、10年，也可长达20～30年。

5. 互联网融资方式

近年来，随着信息技术与互联网应用的不断发展，出现了许多创新形式的融资模式，如P2P网络借贷、众筹融资、阿里小贷模式、互联网货币等。由于P2P网络借贷是指个人与个人间的小额借贷交易，对于企业来说，选择P2P融资的可能性较小，因此我们主要介绍一下众筹融资。股权众筹，顾名思义是向大众筹资或群众筹资模式，并以股权作为回报的方式。

在传统投资行业，投资者在新股上市（IPO）的时候去申购股票其实就是股权众筹的一种表现方式。在互联网金融领域，股权众筹通过网络较早期的私募股权投资。虽然此类投资的投资人资金有限，但是注重项目的创新点与未来发展前景，因此，该投资方式更加适用于国际企业新兴领域的尝试性投资项目，能够在较短时间内获得资金并且吸引更多投资者的目光。在此，我们通过图13-2来了解一下股权众筹的大致流程。

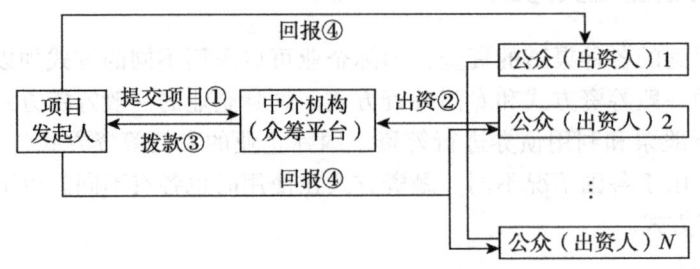

图13-2　股权众筹流程图

13.3.3　国际企业的融资风险管理

国际融资风险是指融资企业在融资过程中由于各种因素导致融资成本变动、融资财务变动和融资信用丧失，使得债务偿还、融资效益出现不确定性。由于国际金融市场相对于国内金融市场的特殊性，作为国际融资主体的国际企业面临着更为复杂的环境和风险。

1. 国际企业融资风险类型

（1）由于国际融资企业所处的融资环境的影响，其融资活动面临的风险有政治风险、外汇风险和利率风险。

政治风险是指由于资金来源国政治局面不稳定导致企业进行的国际融资资金没有到位。而相对于跨国公司进行内源性融资时，政治风险就是指跨国公司在对外投资后，由于东道国政治局面的变动导致投资失败，或者由于东道国的外汇管制等原因，使得子公司不能顺利向母公司汇回资金。

外汇风险是指一个经济实体或个人，在一定的时期内，因其在国际经济、贸易、金融投资等活动中以外币计价的资产或负债因外汇汇价的波动而引起价值上升或下跌所造成的损益。简单来讲，外汇风险就是汇率变动的风险，当国家经济发生变动时会影响货币的供求，导致汇率的频繁波动。

利率风险指的是由于利率的变动，对融资者造成的融资成本变动的风险。会给企业资金的运用造成不同程度的风险。因为利率是资金的时间价值，是资本这一特殊生产要素的价格。利率的变化对金融参与者是一种风险。在实行浮动利率制的金融体系下，由于利率变动直接或间接带来的收益的不确定性就是利率风险。具体而言，如果融资企业采用浮动利率融资，会面临着利率上升时多支付利息的风险；如果采用固定利率融资，会面临利率下降时多支付利息的风险等。

（2）由于采用的融资方式的不同，其融资面临的风险又很具体，有银行借款融资风险、股票融资风险、债券融资风险、租赁融资风险以及项目融资风险等。在此，我们主要介绍以下三种风险：银行借款风险、股票融资风险和债券融资风险。

银行借款风险是指银行贷款到期可能无法收回，造成资金损失的风险。由于国际融资所涉及的资金数量巨大，所以在经营过程当中会有不同期限、不同金额、不同银行的贷款。如果不能合理安排这些资金，到期无法偿还的话，对银行来说是一种损失，那么对借款企业来说也不利于以后继续取得银行贷款，影响正常的生产经营。

股票融资风险一般指的是在发行股票的过程中所面临的风险。因为我们通过这种方式所获得的资金属于权益性资金，没有还本的压力，但是投资人会要求一定的回报率，所以这跟企业经营的好坏直接挂钩。

债券融资风险是在国际市场上，尤其是欧洲债券市场上举债所面临的风险。同国内发行债券一样，在这种融资方式下会面临到期现金支付的风险。在发行的时候由于涉及不同国家的不同币种，会面临汇率波动和利率波动的风险。同发行股票一样，还会遇到发行时机不当、发行条件欠佳的风险等。

2. 避免或降低融资风险的工具

国际企业融资的风险管理主要是控制与防范在对外筹集资金的过程中以及所筹资本在使用和偿还过程中发生的利率和汇率风险。主要运用到以下几种金融保值工具：

（1）货币互换。货币互换（又称货币掉期）是指两笔金额相同、期限相同、计算利率方法相同，但货币不同的债务资金之间的调换，同时也进行不同利息额的货币调换。

（2）利率互换。利率互换是在货币互换基础上逐渐发展起来的，其互换机理与货币互换也很相似，是指两笔货币相同、债务额相同（本金相同）、期限相同的资金，但交易双方分别以固定利率和浮动利率借款，为了降低资金成本和利率风险，双方做固定利率与浮动利率的调换。

（3）利率期权。利率期权是一种与利率变化挂钩的期权，到期时以现金或者与利率相关的合约（如利率期货、利率远期或者政府债券）进行结算。利率期权合约一般以政府短期、中期、长期债券、欧洲美元债券、大面额可转让存单等利率工具为标的物。对于国际企业来说，在国际资本市场上发行债券时可以利用利率互换期权，为债券提前赎回所造成的现金流变化进行套期保值，实现风险转移。

（4）利率期货。利率期货是指以债券类证券为标的物的期货合约。它可以规避银行利率波动所引起的证券价格变动的风险。通常，按照合约标的的期限，利率期货可分为短期品种和长期品种。

13.4 国际企业外汇管理

随着全球经济一体化，越来越多的企业参与到国际竞争之中，企业面临的外汇风险越来越应引起企业的重视，外汇风险管理在企业财务管理中也占有越来越重要的地位。

13.4.1 外汇概述

1. 外汇的概念

外汇有动态和静态之分。动态的外汇是指把一国货币兑换成另一国货币，借以清偿国家间债权、债务关系的一种专门性经营活动。静态的外汇则是指以外币表示的国际支付手段，包括汇票、本票、支票等。人们常说的外汇，实际上是指静态的外汇。

外汇有三种基本类型：自由兑换外汇、有限自由兑换外汇和记账外汇。自由兑换外汇也叫自由外汇，是指可以自由兑换成其他国家货币，或者可以向第三者办理支付的外国货币及支付手段，如美元、欧元、日元等。有限自由兑换外汇是指未经货币发行国批准，不能自由兑换成其他货币或对第三者进行支付的外汇。目前，国际货币基金组织成员的货币有一半以上是属于有限自由兑换外汇。记账外汇又称为双边外汇，是指记载在双方指定银行账户上的外汇，不能兑换成其他货币，也不能对第三者进行支付。

外汇在国际经济关系中具有十分重要的作用。它不仅是国际支付手段，也是国际流通手段和国际购买手段，方便了国家之间的资本流通，促进了国际贸易的发展，更有利于国际企业的发展壮大。

2. 汇率预测

（1）汇率。外汇汇率又称汇率、汇价，是指一国货币单位兑换另一国货币单位的比率或比价，是外汇买卖的折算标准。汇率是关系各国货币制度、结清国家间债权债务的关键。影响汇率变动的具体因素主要有：通货膨胀率、货币供应政策、利率水平、国际收支状况、国际货币储备、相关货币动态、政治因素等。

汇率的标价方法，主要有直接标价法和间接标价法。直接标价法又称应付标价法，是以一定单位（一、百、万）的外国货币为标准，折算为一定数额的本国货币的方法。在直接标价法下，外国货币的数额固定不变，本国货币数额随汇率波动。一定单位外币折算的本币增多，就说明外币升值，本币贬值；间接标价法也称收进报价法，是以一定数额的本国货币为标准，折算成若干单位外国货币的标价方法。在间接标价法下，本国货币的数额固定不变，外国货币数额随汇率波动。一定单位本币折算的外币增多，就说明本币升值，外币贬值。

（2）汇率预测的内容。预测内容主要包括三个方面：一是预测汇率变动的方向，确定某种货币是升值还是贬值；二是预测汇率变动的幅度，确定某种货币升值或贬值的幅度；三是预测汇率变动的时间，确定汇率变动的具体时间。

（3）汇率预测的方法。汇率的预测受很多因素影响，做预测时需要考虑预测的时间跨度、密度（周、月、季度、年）、预测结果的表达形式（如变动方向、点估计、区间估计、概率分布）、预测结果服务对象等。一般情况下，货币汇率预测有三种基本分析方法，即浮动汇率制度下的趋势分析法、掌握国家经济数据的基本面分析法、中长期走势的购买力平价分析。

（4）浮动汇率的预测。在实行浮动汇率制的国家，汇率由市场确定，浮动汇率的预测主要是通过对有关指标（如通货膨胀率、利率和远期汇率）的变动情况进行分析判断后测定。

（5）固定汇率的预测。在实行固定汇率制度下，一般由政府或中央银行管制外汇并制定汇率，对固定汇率的预测主要是预测汇率变动的时间及幅度。

13.4.2 外汇风险管理概述

绝大多数国际企业不仅缺乏完备的外汇风险管理体系和完备的风险监控体系，更是普遍缺乏对外汇风险管理工作进行有效评估的体系。如今，随着全球经济一体化进程的发展，加快了国内外市场的资金流动。即使是一个完全为国内市场服务的企业，也难免受到汇率变动的冲击。因此，外汇风险管理具有重要意义。

1. 外汇风险的概念

外汇风险有广义和狭义之分。广义的外汇风险是指由于汇率、利率变化以及交易者到期违约或外国政府实行外汇管制给外汇交易者可能带来的任何经济损失或经济收益;狭义的外汇风险仅指因两国货币汇率的变动给交易双方中任何一方可能带来的损失或收益。一般而言,外汇风险仅仅意味着交易主体蒙受损失的可能性,但从国际经济交易实际的最终结果来看,风险承担者可能遭受损失,也可能获利。弄清外汇风险的概念,应弄清以下两个问题:

(1) 外汇风险对象。承担外汇风险的不是公司持有的全部外币资产和负债,而只是其中的一部分。这部分承担外汇风险的外币资本通常称为"受险部分""外汇敞口"或"风险头寸"。

(2) 外汇风险的构成要素。一是本币,本币是衡量一笔国际经济交易效果的重要指标,外币的收付均以本币进行结算,并考核其经营成果。二是外币,任何一笔国际经济交易必然涉及外币的收付。三是时间,在确定的期限内,外币与本币的折算汇率可能会发生变化,从而产生外汇风险。

经济全球化和对外贸易的快速发展使国际企业持有大量外币债权和债务。由于货币敞口风险较大,汇价波动会对国际企业经营产生一定的影响。2015年12月1日,国际货币基金组织正式宣布,人民币于2016年10月1日加入特别提款权(SDR),成为可以自由使用的货币。人民币国际化后,国际企业对外贸易和投资可以使用本国货币计价和结算,国际企业所面临的汇率风险也将随之减小,这可以进一步促进国际企业对外贸易和投资的发展。

2. 国际企业外汇风险类型

外汇风险基本上可以分成三大类:折算风险、交易风险和经济风险。

(1) 折算风险(conversion risk)。折算风险也可以称为会计风险。所谓折算是指将国外附属公司的外币会计报表,采用一定的方法,按照一定的汇率进行折算,以母公司所在国的货币来表示,以便汇总编制整个公司的合并会计报表。折算风险就是指由于汇率变动,报表的不同项目采用不同汇率折算,因而产生损失或利得的风险。

折算损益的大小,主要取决于两个因素:一是暴露在汇率变动风险之下的有关资产和负债项目相比的差额;二是汇率变动的方向,即外汇是升值还是贬值。如果暴露资产大于暴露负债,当外汇升值时将会产生折算利得,贬值时将会产生折算损失。反之亦然。

(2) 交易风险(transaction exposure)。交易风险是指一个经济实体在其以外币计价的跨国交易中,由于签约日和履约日之间汇率导致的应收资产或应付债务的价值变动的风险,是汇率变动对将来现金流量的直接影响而引起外汇损失的可能性。

交易风险的产生源于两点:一是期间性,即外币事项自交易发生时点至结清时点相距一定时间,对于交易双方来说,在此期间的汇率变动有可能产生损益;二是兑换性,即指外币事项在收付实现时,将外币兑换为本国货币(或另一种外币)或将本国货币兑换为外币过程中发生的损益。

交易风险表现在:当外币汇率上升时,外币债权或资产因以较高汇率结售而获益,而外币债务或负债因以较高汇率购买外币而遭受损失;反之,当汇率下跌时,外币债权或资产由于使用较低汇率结售而遭受损失,外币债务或负债以较低的汇率购买外币而获益。对于国际企业来讲,只要发生以外币计价的对外销售的交易日与实际结算的收汇日不一致,就会存在由于汇率变动产生的实际多收或少收外币的可能性。

(3) 经济风险(economic exposure)。经济风险是指意料之外的汇率变化对公司未来国际经营的盈利能力和现金流量产生影响的一种潜在风险。

汇率变动通过对公司未来产品价格、成本和数量等的影响，导致企业的收益发生变化，既包括潜在的汇率变化对企业产生的现金流动所造成的现期和潜在的影响，也包括在这些变化发生的会计期间以外对整个企业获利能力的影响。相对于前文所述的折算风险与交易风险对国际企业的经营成果和现金流量产生的短期的、一次性的风险来说，经济风险可谓"实际发生的深度风险"，对跨国经营所产生的影响也最大。国际企业不仅要考虑汇率波动带来的一时得失，更重要的是要考察汇率变动对企业经营的长期动态效应。从长期来看，经济风险对国际企业的竞争力产生直接影响，这些风险足以使国际企业陷入某种困境。

13.4.3　外汇风险管理的方法

1. 外汇风险管理的程序

（1）确定外汇风险管理政策。这能使企业财务人员明确对外汇风险应采取的态度以及外汇风险管理的重点。

（2）确定外汇风险影响的项目及数额。虽然汇率变动会带来外汇风险，但汇率变动不会影响到所有的外汇收支项目。因此，在管理时，国际企业要考虑到外币资产与负债自然抵补的情况，并根据其外汇风险的类型，确定受外汇风险影响的具体项目。

（3）预测汇率变动。汇率变动的幅度与时间是形成外汇风险的关键。为对外汇风险进行管理，企业必须定期预测汇率变动状况。

（4）选择管理外汇风险的方法。在管理外汇风险时，国际企业要根据外汇风险的种类，选择不同的管理方法；同时，还必须对各种方法的性质及成本仔细比较，从中选择最优方法。

2. 外汇风险管理的策略

外汇风险管理的策略是指企业根据自己的利益和具体情况在外汇风险管理方面所采取的对策和谋略。主要分为以下三类：保守策略、冒险策略和中间策略。

（1）保守策略。保守策略是指企业采取措施消除外汇敞口额、固定预期收益或固定成本，避免承担任何外汇风险损失，该策略外汇风险管理费用较高。一般情况下，对于实力单薄、涉外经验不足、市场信息不灵敏、汇率波动幅度的企业而言，采用这种策略比较稳妥。

（2）冒险策略：不采取任何外汇风险管理措施。即任由外汇敞口金额暴露在外汇风险之中，这种情况适合于汇率波幅不大、外汇业务量小的情况。在面对低风险、高收益、外汇汇率看涨时，企业也容易选择这种策略。

（3）中间策略：介于前两种之间的策略，对外汇业务区别对待，有些采取管理措施，有些不采取措施。即企业采取措施清除部分敞口金额，保留部分受险金额，试图留下部分赚钱的机会，当然也留下了部分赔钱的可能。

总之，企业实施哪种外汇风险管理策略，与经营者的追求目标密切相关，企业追求以股东长远利益最大化为目标时，应把对经济风险的管理放在首位，企业追求以近期每股税后收益最大化为目标时，则折算风险和交易风险就变得重要了。

3. 防范外汇风险的方法

针对不同类型的外汇风险，采取的防范措施也是不相同的，每种外汇风险有其特定的管理方法。

（1）交易风险的管理方法。交易风险对企业利润的影响是最直接的。因此，企业对外汇风险管理的重点就放在交易风险的管理方面。对交易风险进行管理，一般可以采取以下方法：选择有利的计价货币；在合同中订立货币保值条款；适当调整商品的价格；在合同中加列汇率风险分摊条款；提前或延期结汇；以远期外汇交易防范风险；以外汇期权交易防范风险；以外汇期货交易防范风险；以外汇掉期交易防范风险；在国际货币市场通过借款和投资防范风险。

（2）折算风险的管理方法。对折算风险进行管理，主要采用资产负债平衡的方法。资产负债平衡法主要是将有风险的资产和有风险的负债进行平衡，当面对风险的资产和面对风险的负债相等时，风险就可以相互抵消。此外，远期外汇合同法以及货币市场借款和投资法也可用于折算风险的管理。

（3）经济风险的管理方法。经济风险的管理目标，是预测汇率变动对未来现金流量的影响，并采取必要的措施。由于经济风险涉及销售、生产、原料供应以及工厂布局等多个方面，因此对经济风险进行管理的重要方法是走多元化道路，不仅是财务方面，更重要的是经营方面的多元化。

第一，经营方面的多元化。具体是指企业可以既在不同业务领域经营（如生产、流通、服务、金融等业务领域，而且在生产领域生产多种产品，在流通领域买卖多种商品），又在不同地区、不同国家经营（如在若干个国家设立工厂、销售机构，从不同国家购买材料、设备等）。

第二，财务方面的多元化。具体是指企业采取筹资多元化、投资多元化，可以将外币应收款与外币应付款进行配合。

13.5 国际税收及其管理

国际企业在税收管理方面具有特殊性。一方面，它在不同的国家或地区从事生产经营活动时，不仅要接受东道国的税收管理，还要遵守其本国的税法规则，一般会比国内企业承受更重的纳税负担。另一方面，由于国际企业，特别是跨国公司的全球性经营战略，使之具有在世界市场调配资源的能力，利用各国税制结构的差异，以及各国税收管理合作方面的困难，把资金投放到最有利可图的地方，谋求股东财富最大化。因此，国际税收管理也是国际企业财务管理的一个重要组成部分。

13.5.1 国际税收概述

1. 国际税收的含义

税收权是国家的主权之一，它是一国政府凭借其政治权力，向其税境范围内的纳税人征税的权利，并与纳税人形成征纳关系。其中，税境是指一国有效行使税收管辖权的范围，保税区、自由港等在税境之外，因此税境与国境不一定重合，它可能大于、等于或小于国境；而纳税人既包括本国公民，也可能涉及外籍纳税人。

国际税收是指两个或两个以上的国家政府在其税收管辖范围内对从事国际经济活动的企

业和个人就国际性收益所发生的征税活动,以及由此而产生的国与国之间税收权益的协调行为,其实质是国家之间的利益分配,是各国政府对跨国公司所得的再分配。

2. 国际税收的特征

一般税收的要件包括纳税人、纳税对象、税率等,这些要件国际税收也会涉及,它们不能脱离主权国家的税收制度单独存在。国际税收作为一个相对独立的税收领域,其特征主要表现在以下三个方面:

(1) 纳税人具有跨国性。国际税收涉及的纳税人通常是跨国从事经济活动、在两个或两个以上国家对同一课税对象同时负有纳税义务的企业或个人,又称"跨国纳税人"。例如,国际企业的海外子公司,其经营所得除了要按东道国的公司所得税法缴纳所得税外,汇回总公司的所得还要按照总公司所在国的所得税法纳税。

(2) 课税对象具有跨国性。参与国际经济活动的"跨国纳税人",所获跨国所得与跨国财产是国际税收的主要纳税对象。这些所得的来源地或财产的所在地与所得或财产的所有者居住国或国籍不属于同一国家。跨国所得或财产可划分为两类,划分标准,即一国的居民或公民的所得或财产来源于该国境内还是境外。无论哪一类,都存在多国的税收管辖权。

(3) 国际税收分配关系具有双重性。国际税收所反映的分配关系具有双重性,体现在各国政府与其管辖范围内从事国际经济活动的纳税人之间的税收征纳关系以及国家与国家之间的税收权益分配关系。

3. 税收管辖权

税收管辖权是国际税收的基本范畴,是一国政府在税收征管方面所拥有的管理权力,不受任何外来因素的干涉和控制。它是国家主权在税收领域里的体现。国际企业的经济活动涉及两个及两个以上的国家,包括东道国和相关联国家,它们往往采用不同的税收制度,而对于国际企业在本国从事的经济活动等,都有征税的权利。

一个国家的税收管辖权可以按属人和属地两种不同的原则来确立。

(1) 按属人原则。根据属人原则,一国政府可以对本国所有的居(公)民(包括自然人居民和法人居民)行使管辖权。按这一原则确立起来的税收管辖权,称为居(公)民管辖权。

在一个实行居(公)民管辖权的国家里,它对本国居(公)民在世界范围内所取得或拥有的收入或财产行使课税权。

(2) 按属地原则。根据属地原则,一国政府可以在其所属领土疆域的全部空间(包括领陆、领海和领空)内行使管辖权。按这一原则确立的税收管辖权,称为地域管辖权。

在实行地域管辖的国家里,它只对纳税人来源于或存在于本国领土内的所得或财产课税,即使这个纳税人是一个外国居(公)民,亦不例外;相反,它对来源于或存在于本国领土以外的所得或财产就不征税,即使这些所得或财产为本国居(公)民所取得或拥有,亦不例外。

4. 国际企业的纳税税种

国际企业的纳税税种,由东道国和关联国家的税收制度决定。综合世界各国税制,以征税对象作为标准,我们将纳税税种分为以下几类。

(1) 所得税类。它是指以纳税人的所得额或收益为课税对象的税收,包括个人所得税、企业所得税和社会保险税等。目前,各国普遍实现的公司所得税制度有三种:①课税制,对公司和股东分别征收所得税；②双税率制，对已分配和未分配利润分别实行不同的税率；③合并制，将公司和股东作为一个整体对待。

（2）流转税类。它是指以商品的流转额为课税对象的税收。国际企业所缴纳的税种主要包括消费税、营业税、增值税、关税等。

（3）财产税类。它是指以纳税人的财产数量和价值额为课税对象的税收。以课征范围为标准，财产税可分为：①一般财产税，即以某一时点纳税人所有财产的总值为课税对象的税收，如财富税、资本税、遗产税等；②个别财产税，是指以某一具体存在的财产为课税对象的税收，如土地税、房产税、车船税。

（4）其他税类。除以上介绍的三大类税种外，还包括一些难以归类的税种，如资源税、城市维护建设税、印花税、车辆购置税等。

需要注意的是，按照国际惯例，包括关税、营业税、消费税、增值税等在内的流转税均属国内税收的范围，国际税收的范围一般只包括所得税和财产税。

13.5.2 国际双重纳税与免除

1. 国际双重征税的含义及基本特征

国际双重征税是指两个或两个以上国家在同一期间内对同一课税对象征收类似的税收所形成的重复征税。

国际双重纳税具有以下三个特点：①征税主体是多元的，即是两个或两个以上的国家；②纳税人是跨国界的，同时对两个或两个以上的国家负有纳税义务；③征税对象是单一的，两个或两个以上国家认为同一所得或事项同时构成各自的纳税义务。

2. 国际双重征税免除的意义

国际双重征税的免除，是指居住国政府通过优先承认跨国纳税人向非居住国政府缴纳的所得税款，借以避免或缓和对其跨国所得的国际双重征税。国际双重征税的免除，符合税收公平原则，有利于促使跨国纳税人负担的合理减轻，有利于妥善处理国家政府间的财权利益关系，并有利于促进国际经济、技术和文化的交流与合作。

3. 避免双重征税的方法

国际双重征税带来的不利影响已为各国所共识，各国政府都希望消除彼此间税收管辖权的冲突，因此制定了许多消除国际双重征税的原则与规定，也建立了许多避免国际双重征税的方法。其中有三种基本方法较为常用，分别为：免税法、扣除法和抵免法。

（1）免税法。免税法是指一国政府对居住在本国的跨国纳税人来自国外并已由国外征税的那部分所得额，在一定条件下，放弃行使居民管辖权，免征国内所得税。免税法承认地域管辖权的独占地位，避免了国际双重征税的发生，受到国际企业的欢迎。

免税法分为全额免税法和累进免税法。前者是指居住国政府对本国居民的外国所得完全放弃征税权；后者则指居住国政府依据本国居民国内外所得总和，使用边际税率来征税。

（2）扣除法。扣除法是指一国政府为了减除国际重复征税，从本国纳税人来源于国外的所得中扣除该所得所付外国所得税款，就其余额征税的方法。这种方法承认地域管辖权的优先地位，而不承认它的独占地位。

（3）抵免法。抵免法是指一国政府在优先承认其他国家的地域税收管辖权的前提下，在对本国纳税人来源于国外的所得征税时，以本国纳税人在国外缴纳税款冲抵本国税收的方法。根据抵免数额有无限制，又可以将抵免法分为：①全额抵免，是指居住国政府对本国居民纳税人已向来源国政府缴纳的所得税税额予以全部抵免；②限额抵免，是指居住国政府允许居民纳税人将其向外国缴纳的所得税税额进行抵免设置数量上限，即抵免额不得超过本国税法规定的税率所应缴纳的税款额。

抵免法在较好地处理了国际税收关系的同时，还维护了居住国（国籍国）的正当权益，起到了消除双重征税的作用，所以被世界上大多数国家所采用。

13.5.3 国际企业税收管理

1. 国际税收管理的概念

国际税收管理是利用国与国之间的税收分配和税收协调关系对国际企业制订合法税收计划的一种管理活动。国际税收管理将税收制度环境扩展到世界范围，在此基础上寻找合法的方法来减轻税收负担，实现其税收总支出最小化。

2. 国际避税

国际避税是指跨国纳税人利用国与国之间的税制差异以及各国涉外税收法规和国际税法中的漏洞，在从事跨越国境的活动中，通过选择合适的经营地点和经营方式等合法手段，规避或减少有关国家纳税义务的行为。国际避税的方法主要有以下几种。

（1）利用国际避税地。国际避税地，又称避税港，是指各国纳税人在那里取得收入或拥有资产，而不必纳税或相对少纳税的地方。

世界上大体有三种类型的"避税地"：

1）没有所得税、财产税、遗产税或赠与税的国家或地区。例如：巴拿马、百慕大、开曼群岛、新赫布里底、格陵兰等，一般被称为纯粹的国际避税地。

2）课征税负较轻的所得税、财产税等世界税种，同时实行许多涉外税收优惠，如安哥拉、巴林、塞浦路斯、以色列、摩洛哥等。另外，如中国香港等只免征境外收入所得税。

3）总体上实行正常税制，而事实上有较为灵活的税收优惠方法，如加速折旧、投资扣除、专项减免税等用来鼓励投资，如希腊、爱尔兰、加拿大、荷兰、卢森堡等。

（2）利用转移定价（transfer pricing）避税。国际企业内部交易定价和利益关联方之间的交易定价，统称为转移定价，由此而来的价格称为转移价格。转移定价主要通过实物交易中实物价格的确定、劳务定价与劳务费用的确定、资金拆借中利率的确定以及无形资产转让价格的确定来操纵利润的转移。在后面一节中，我们将对转移价格进行详细讲解。

（3）利用机构身份避税。由于一个国家的任何一种税收都规定有具体的纳税人和纳税对象，因此，跨国公司常常通过境外机构达到避税目的。例如，就居民管辖权而言，各国执行标准不同，常用管理机构所在地标准、注册地标准和总机构所在地标准三种。跨国公司可在实行管理机构所在地标准的国家注册成立子公司，而把实际管理机构设在使用注册地标准或总机构所在地标准的国家，其总机构则设在实行注册地标准或管理机构所在地标注的国家。这样就避开了有关国家的税收管辖权。

通常，大型国际企业会采用两种避税技巧：第一种是它们将控股公司及资产所在地登记在"避税天堂",然后把利润的大部分归到这些实体名下。第二种技巧是它们采用一种"转移定价"方法,即跨国公司各分部相互之间按照特定的价格进行跨境交易,以达到避税目的。两种方法可以结合起来使用,简单来讲,位于避税天堂的实体可以以很便宜的价格从同一个跨国公司设在其他地区的实体购买某种产品或服务,再高价将其卖出,从而实现离岸免税利润。

公开资料显示,2011年谷歌(英国)营业收入为40亿美元,尽管整个集团利润率高达33%,然而英国分支缴纳的税收仅340万英镑。谷歌通过一个爱尔兰分支输送非美国销售额,从而达到避免英国税收的目的,这样可以允许其以3.2%的税率缴纳非美利润的税收。同样情况,2011年亚马逊英国分支缴纳的税收不足100万英镑,营业收入却高达53亿~72亿美元。亚马逊通过一个卢森堡分支来报告欧洲营业收入,以避免英国税收。这一结构允许其2015年以11%的税率为海外利润缴税,这一税率不足其他主要市场平均税率的一半。

虽然很多国际企业声称"按章纳税",但其实际上存在"过度避税"的嫌疑,造成了各国财政收入的损失,影响到正常的国际资金流转,并且违反公平竞争原则。

3. 反国际避税

虽然国际避税不是一种违法行为,但近年来,其规模有增无减,手段不断翻新,尤其当它与国际偷税漏税结合在一起时,容易造成财富不正当分配,扭曲了国际竞争条件,并且影响高税率国家的财政收入。为此,许多国家纷纷采取各种对策,对国际避税加以防范。

(1)制定反避税法。反避税立法规定纳税人有延伸提供税收情报的义务,对某些交易行为有时限取得政府同意的义务,对国际纳税案有事后提供证明的义务。此外还通过签订双边税收协定来限制国际企业避税。

(2)加强纳税管理。为了有效地同国际避税行为做斗争,各国税务部门必须对国际企业在国外的经济活动有全面的了解,这是相当复杂和困难的事。为此,各国税务部门可通过严格税务调查和税务审计,加强国家间的税收情报交流,并争取与银行开展密切合作等途径落实税收管理实践。

(3)积极开展国际合作。单靠一国之力,很难有效防止跨国纳税人的逃税避税行为,因此必须加强各国政府之间在税务领域的合作。比如,签订国际税收协定,设立国际联合反避税信息中心等。当前,世界经济进入"后金融危机时代",税基侵蚀和利润转移(BEPS)问题越来越严重,受到各国政府的密切关注,随之也迎来更深层次的国际合作。2012年6月,二十国集团(G20)财长和央行行长会议同意加强国际反避税合作,并委托经济合作与发展组织(OECD)开展研究BEPS行动计划;2013年OECD完成方案并获得G20峰会各国领导人签字通过;2015年10月5日,OECD公布了BEPS项目15项产出成果,旨在修改国际税收规则,遏制国际企业规避全球纳税义务、侵蚀各国税基的行为。此外,为防止跨境逃避税,近百个国家和地区承诺在对等基础上实施金融账户税收信息自动交换标准,中国也参与其中。这些国际活动的开展,为恶意跨境避税设下"天罗地网"。

4. 国际税收协定

国际税收协定是指两个或两个以上的国家为了协调相互间在处理跨国纳税人征纳事务方面的税收关系,依照平等原则,通过政府间谈判所缔结的确定其在国际税收分配关系上具有法律效力的书面税收协议。国际税收协定按参加国多少,可以分为双边税收协定和多边税收协定;按协定内容的不同,分单项协定和综合协定;按其协调的范围大小,可以分为一般税收协定和特定税收协定。

国际税收协定是各主权国家之间协调税收关系的重要方式，它对推动国际经济交往和各国经济的发展有着积极作用，主要体现在以下几方面：①主权国家之间相互尊重、平等协商；②避免和减少国际双重征税情况的出现；③解决相关国家之间的利益冲突；④促进经济技术的国际合作与交流；⑤防止国际逃税避税。

自 1923 年以来，国际税收适应全球经济社会的发展走过了近百年历程。如今，随着跨国纳税人税收筹划复杂多样，国际税收面临挑战的同时也迎来更多新机遇。各国家与国际组织，必将顺应世界税收一体化趋势，抓住机遇重塑国际税收新秩序、新规则，在税收征管方面深度合作，努力引导国际企业良性发展。

13.5.4 国际转移价格

转移价格（transfer price）又称划拨价格或转让价格，是国际企业内部母公司与子公司，子公司与子公司之间进行商品、劳务或者无形资产的关联交易所采用的一种价格。转移价格不是独立的买卖双方按照自由竞争的原则确定的价格，其价格决定可不受市场供求关系的直接影响，也不完全取决于交易对象本身的价值量。从根本上讲，转移价格是国际企业用来实现转移资金、降低税负、调节利润水平、逃避东道国限制等全球战略的重要工具。

1. 转移价格的作用

（1）减少税负。国际企业凭借其跨国生产和销售的优势，利用所在国的不同税率水平、"避风港"的优惠及区域性关税同盟等有关法律法规，通过转移价格进行避税，是国际企业利用转移价格所要达到的重要目标。首先，由于各国所得税税率高低不同，国际企业可以利用转移价格将位于高税率国子公司的利润转移到低税率国子公司，从而减少整个公司在世界范围内的总体所得税费用，增加公司利润总额；另一种方式是通过"避税港"减少所得税，国际企业在政府管制较松的"避税港"设立象征性的分支机构，将各子公司的利润收入调拨到"避税港"，以逃避东道国的重税。其次，由于各国关税税率有所不同，国际企业可以利用转移价格来规避关税。通常有两种方法：一种是利用不同国家或地区的子公司，以低价格发货，降低子公司的进口额。例如，某商品的正常价格为 100 美元，在 A 国要交 60% 的从价进口税，则所征关税为 60 美元。现在，以 50 美元的转移价格销售给子公司，那么，进口税则从 60 美元减到 30 美元，每件产品减少关税 30 美元。另外一种方法是利用区域性关税同盟或有关协定逃避关税。

需要注意的是，使用转移价格对于规避关税与所得税的影响正好相反。低价进口，减少关税，必然增加收益，多缴所得税。在两者策略上，规避关税只能采用偏低的转移价格。而规避所得税，则可视具体情况采用市场价格。因此，在减少关税与所得税两者发生矛盾时，需要权衡利弊以决定最优方案。

（2）资金调拨与配置。子公司的东道国往往对母公司从当地子公司调出资金有一定限制，国际企业可利用制定不同的转移价格，将资金从子公司调回母公司，实现公司内部资金的自由调拨与配置。另外，还可通过向子公司提供高利率贷款方式，将资金以利息方式从子公司调出以避开东道国资金限制。

（3）规避经营风险。国际转移价格也是跨国公司为克服国际、国内市场差异所引起的额外风险和不确定性而采取的一种风险规避手段。当公司遇到东道国发生政治剧变并对跨国公司利益产生影响时，跨国公司可以将易被当地政府充公的物资以低价转移到国外，或以高价购买其他公司的物品，达到把大量资金转移出东道国。当东道国遭遇严重通货膨胀时，跨国公司利用转移定价，将资金和利润转移至币值稳定的国家或地区，减少通货膨胀的损失，是明智的选择。当预期子公司所在国的汇率下跌时，国际企业可以通过提高进口价格或降低出口价格的形式，将资金及时转移出去，尽量避免汇率变化对公司造成巨大损失。

2. 制定转移价格的方法

转移价格的确定方法有多种，比如：以市场为基础的定价方法，以成本为基础的定价方法，以完全成本为基础的定价方法，成本加成法，双重定价法，协商定价法等。下面具体介绍几种常用方法。

（1）以市价为基础的定价方法，即国际企业以市场价格为基准确定内部交易的转让价格。该方法的主要优点是：为子公司提供可追求的目标，促使其改善经营提高利润，并且容易区分盈利与亏损公司，简化业绩评价体系。但也存在缺陷：一些中间产品无市场价格，无法进行比较；一些商品的市场价格由于交易双方数量少，可能仅是协商价格，不能公平反映商品价值；以市场为基础的定价方法灵活性较低，难以为公司改变转移价格提供空间。

（2）以成本为基础的定价方法，即国际企业以销售方销售成本为基础，加上一个固定比率的毛利作为商品转移的价格。该方法的主要优点是：数据容易获得，所定价格也是客观的、可以验证的，特别适用以成本中心作为财务管理体制的公司；能够较为灵活地改变转移价格；对内容易取得交易各方的认同，有利于国际企业内部间的相互合作，对外也经得起税务部门的稽查。但由于过于强调成本资料的客观性，该定价方法忽略了通货膨胀、公司竞争战略实施等因素。

（3）协商定价，即在拥有较多自主性的关联公司之间采取自由协商来确定转移价格。例如，上游部门提出转移价格报价及相关交货条件，下游部门可接受或讨价还价争取更低的价格或更好的交货条件，或拒绝并与外部供应商协商购买等。该方法的局限性在于耗时长、成本高，容易导致企业内部矛盾，并且极有可能导致高于机会成本的协商价格。

本章小结

国际企业财务管理包括资金管理、融资管理、外汇管理与国际税收管理等方面。对于跨国经营的企业来说，财务管理的主要目标仍然是实现股东财富最大化与企业价值最大化，但较国内企业而言，国际企业的财务管理更具复杂性。

在对国际企业的资金进行管理时，既要考虑到国际企业资金管理自身的特点，又要考虑到影响国际企业资金管理的因素。现金管理一般实行现金集中管理与净额支付；应收账款管理一般利用提前与延迟付款或者再开票中心；存货管理则需考虑政治因素、通货膨胀、货币贬值等因素。

国际企业的融资渠道相对广阔，融资方式灵活多样，而不同渠道及各种方式筹措资金的代价和风险相异。除常见的股权融资、债务融资以外，还有国际贸易融资、国际租赁融资，甚至互联网模式下的新型融资方式。

外汇风险是由于汇率的变动而使企业收入产生的不确定性。一般来讲，企业面临的外汇风险有折算风险、交易风险、经济风险。企业根据自己的利益和具体情况在外汇风险管理方面采用不同策略，可以是保守策略、冒险策略或者中间策略。

国际税收作为一个相对独立的税收领域，其特征主要表现在以下三个方面：国际税收涉及的纳税人具有跨国性；国际税收涉及的课税对象具有跨国性；国际税收分配关系和国际税法具有双重性。对国际企业而言，正确制订国际税收筹划方案有利于其全球投资和经营战略，同时也要注意不违反国际反避税规则。

关键术语

国际企业资金管理　现金管理　国际企业融资　再开票中心　外汇资金管理
外汇风险管理　国际双重征税　转移价格　国际避税　反避税

复习思考题

1. 简析国际企业财务管理的目标。
2. 国际企业应如何选择合适的融资方式？有哪些新型融资渠道？
3. 国际企业面对的外汇风险有哪些？各有何特点？企业应如何防范外汇风险？
4. 国际企业常用的避税技巧有哪些？面对国际反避税，国际企业应当注意的问题有哪些？

应用案例

吉利控股系列跨国并购与融资

从2006年到2011年的5年间，吉利控股共成功完成了3次跨国并购及融资。

吉利控股集团在系列跨国并购过程中，成功地探索出融资创新"I-A-I"模式：内部资本市场—战略联盟—金融创新，同时也引发了是否存在财富转移、后续高投资等难题。

1. 吉利汽车并购英国锰铜与澳大利亚DSI的融资路径

在并购英国锰铜和澳大利亚DSI过程中，吉利控股聘请著名投资银行洛希尔公司为并购顾问，通过上市公司吉利汽车这一融资窗口，在香港资本市场增发新股融资。2007年2月16日，吉利汽车在香港股市实现配售现有股份及认购新股份6亿股，从而为并购锰铜融资6.36亿港元，然后出资约4.2亿港元现金控股合资公司上海英伦帝华；并购DSI交易资金为5 400万美元，后续流动资金为1 800万美元。吉利控股最初试图通过在澳大利亚进行两个债权银行融资，但澳大利亚当地银行提出超过10%并购贷款利率的苛刻条件。吉利控股随即通过吉利汽车在香港股市迅速成功融资。如果吉利控股在中国内地融资，融资后再换成外币，那么所有审批的程序至少耗费2～5个月。2009年5月20日，吉利汽车以先旧后新配售8亿股普通股，共筹集资金1.39亿美元（约合9.5亿港元），不仅及时有效地完成了DSI并购项目，而且还利用3.66亿港元提早赎回了2006年发行的5年期可转股债券余额。

2. 吉利控股并购沃尔沃的融资路径

从2007年开始，吉利集团董事长李书福就为收购沃尔沃着手进行融资准备，首先，他将吉利控股多年赚取的利润慢慢存起来，没有再用于吉利控股的滚动发展，而吉利汽车发展所需的资金，也通过引入高盛的投资来实现。2009年9月，高盛通过认购可换股债券和认股权证向吉利汽车注入 25.86 亿港元，这笔钱被吉利汽车用于济南、成都、杭州等多个项目的新建、扩建。2010 年 8 月 2 日，吉利控股终于完成对沃尔沃的全部股权收购。2 亿美元票据加上 13 亿美元的现金，吉利控股最终按照调减机制支付了 15 亿美元（约合人民币 102 亿元）并购交易价格，比先前签署股权收购协议时少了 3 亿美元。其中，有 11 亿美元来自吉利控股、大庆国资和上海嘉尔沃，其出资额分别为人民币 41 亿元、30 亿元、10 亿元，股权比例分别为 51%、37% 和 12%；2 亿美元来自中国建设银行伦敦分行，另有 2 亿美元票据为福特卖方融资。

什么是创新？李书福表示，创新就是对资源的重新组合，形成新的竞争力，形成新的经济效益。吉利正在摸索的"1+1+1"的合作模式，就是把中国的成本、市场、地方政府的政策和支持，把外国的技术、质量、资金、人才，通过资本及法律的纽带，形成利益关系，形成新的竞争力。这个过程中创新和转型升级是根本。

资料来源：江乾坤，雷如桥. 吉利控股集团系列跨国并购融资创新案例研究 [J]. 会计之友旬刊，2013（12）.

讨论题

1. 试分析吉利控股利用国际资本市场所采用的不同融资方法。
2. 吉利控股的并购融资过程为国际企业融资模式的创新带来哪些启示？

参考文献

[1] 苗润生. 国际财务管理 [M]. 北京：北京交通大学出版社，2011.

[2] 孙国辉. 国际企业管理 [M]. 北京：中国财政经济出版社，2012.

[3] 崔学刚. 国际财务管理 [M]. 北京：机械工业出版社，2009.

[4] 金润圭. 国际企业管理 [M]. 北京：中国人民大学出版社，2015.

[5] 顾莹睿. 沃尔玛零存货管理的启示 [J]. 合作经济与科技，2014（16）：88-89.

[6] 郝昭成. 国际税收迎来新时代 [J]. 国际税收，2015（6）：11-15.

[7] 张辑. 跨国公司规避风险的转移定价策略——兼论我国企业跨国经营转移定价规避风险的策略 [J]. 价格理论与实践，2012（12）：81-82.

[8] 吴晶晶. 我国跨国公司运用转移价格的思考 [J]. 合作经济与科技，2009（2）：88-89.

第 14 章
互联网时代的国际经营管理新动向

学习目标

- 掌握互联网对企业国际经营的整体影响。
- 了解互联网时代企业国际化的关键要素。
- 了解互联网时代国际化组织的发展特点和转型创新。
- 了解并学习跨国文化管理的理论与内容。
- 思考互联网思维与企业国际经营的关系。

开篇引例：最大的互联网零售公司在华尔街鸣钟上市

2015年9月19日，阿里巴巴在纽约证券交易所正式交易，开盘价92.70美元，相比发行价上涨36.3%，筹资额近218亿美元，是美国市场迄今为止规模最大的IPO交易。经过多轮询价，阿里巴巴总市值达2 383.32亿美元，成为全球市值排名第四，仅次于苹果、谷歌和微软的高科技大型互联网公司。作为全球最大的互联网零售商，阿里巴巴旗下拥有天猫、淘宝、聚划算等众多品牌，2013年商品交易额达2 480亿美元，2014年仅"双十一狂欢节"一天交易额就超过350亿元，这些"成果"被美国人视为业界奇迹。

阿里巴巴在华尔街上市将再次掀起中国企业赴美上市的热潮。近年来，赴美上市的中国企业多为网络技术与服务型公司，如唯品会、京东、新浪微博等。一方面，美国市场自由开放，允许双层股权结构，资本市场流动性强，企业估值相对有利，美国市场对中国公司吸引力十足。另一方面，当前美国股市呈现强劲态势，中国股市反弹状态明显，外国投资者对中国经济比较乐观，导致市场重现繁荣景象。

阿里巴巴上市对美国本土网络零售品牌而言存在一定的威胁和冲击。亚马逊、eBay等一直是美国网络零售的主要平台，尽管亚马逊和eBay的年交易额之和可能还不及阿里，但两者是真正的全球化公司，已培育了欧美用户的品牌忠诚和消费习惯。而欧美买家不太了解阿里品牌，支付宝平台暂且不支持美国银行卡，并且中国廉价商品容易造成假货困扰。

然而，美国投资者对中国市场的创新能力和消费潜力保持乐观之势。作为全球第二大经济体，中国的互联网用户量已超过美国，互联网给中国商业和人民生活带来深刻变革。同时，中国新兴的互联网公司创新意识和能力较强，在业务模式和竞争优势方面具有突出特点。因此，阿里在华尔街鸣钟上市的壮举，将使具有特色国情、独特创新、潜在庞大的中国市场和消费群体再次受到欧美投资者的关注和追捧。

资料来源：华尔街追捧中国互联网消费 [J/OL]. 人民网，[2014-08-30]. http://news.sina.com.cn/c/2014-08-30/023030767115.shtml

【请思考】
1. 阿里在美国市场有何优势和劣势？
2. 阿里上市是否会冲击美国本土网络零售品牌？
3. 阿里上市对其组织创新有何影响？

"互联网+"给经济社会所带来的变化远远不止代购、微商等新兴电子商务业务的出现，而是对企业经营的整体环境与企业个体行为产生根本性影响。在此背景下，企业的生产经营活动，特别是国际经营管理实践出现了新的形式和思维方式，企业国际化的关键要素、发展特点、组织方式等都出现了不同程度的创新活动，给国际企业的经营发展带来了新的机遇和挑战。

14.1 互联网对企业国际经营的整体影响

互联网作为"科技革命"的中坚力量直接推动了时代变革、经济进步和社会发展，更掀起了"商务革命"的热潮，近十年内依托互联网开展的商务活动蓬勃发展，互联网已经发展为拥有8亿人口、百万企业站点、网络交易规模达到数万亿美元的全球一体化市场。一大批应用互联网与电子商务、发展高新科技产业、追求极致与创新的跨国公司应运而生并迅猛发展。世界著名的高科技公司苹果、谷歌、微软、阿里巴巴、Facebook、IBM、甲骨文、英特尔、亚马逊等，充分借助互联网的巨大优势，实施国际经营，开展跨国业务，成为各类国际化企业和互联网公司学习的典范。

14.1.1 互联网环境对国际企业的影响

1. 扩大市场范围

企业市场范围依托网络技术应用经历了不同程度的规模延伸。最初大规模运用的商务网络是电子数据交换（electronic data interchanges，EDI），EDI的出现克服了信息流动的低效率，促进了母公司和子公司以及各合作伙伴之间的信息联络与交换，推动了企业组织结构扁平化，使企业经营更具竞争力和灵活性。但由于使用成本和技术要求较高，EDI主要在跨国公司内部、外部协作企业和重点经销客户之间使用，中小企业和普通用户难以进入。互联网的出现使商务活动打破了地域和国界限制，摆脱了经济活动中物质、时间和空间对交易双方的约束，任何企业和个人均可以极低的成本方便、快捷地运用网络，互联网逐步成为全球公用的商务网络。在传统经济环境中，企业需要采用循环渐进的方式，通过不断积累经验和持续壮大实力来延伸市场范围并丰富经营形式，从而实现国际化经营。在网络经济环境中，企业借助互联网渠道可直接面向全球市场，直接参与全球竞争，高度发达的网络系统和物流系统使得不同类型的企业均能准确地了解用户需求，快速地与用户进行交易。因此，网络背景下的市场环境可以拓展跨国企业的生存空间，吸引数量庞大、有经济实力、有消费能力的潜在用户。用户的规模增长将进一步带动跨国企业实现规模经济，增强竞争能力，反过来又可以刺激用户的数量增加，形成企业发展的良性循环。

2. 降低运营成本

互联网作为企业沟通全球市场的重要工具和媒介，其突出贡献是降低国际化经营的各类成本。

第一，降低信息搜索成本。为在国际市场生产适销对路的产品，企业在研发、制造和营销之前都要进行市场调研，但调研结论存在滞后性且需要花费大量的人力、物力和财力。而依托互联网企业可以迅速方便地获取东道国文化及偏好信息、用户需求及规模信息、竞争者市场及产品信息、竞争环境及行业趋势信息，有助于减少市场的不确定性和生产的盲目性。

第二，降低采购成本。产品成本与采购成本密切相关。企业可依托互联网将子公司及各部门的采购信息整合汇总，统一向不同供应商批量采购，从而获取价格优势。同时，企业可利用网络系统在全球范围内寻求更便宜的替代原料、更优质的生产配件等供应商，减少供应链环节的成本损耗。

第三，降低交易成本。企业开展国际经营需要在供给国与需求国签订大量的合同和契约，并监督交易顺利进行。而企业依托互联网可实现买卖双方在线交易和视频会议等，有助于减少合同的订约成本和代理成本、会议的组织成本和交通成本。

第四，降低管理成本。企业依托互联网进行日常办公与管理运作已成为经营管理的基本形式，企业管理效率和决策速度大大提高，使得国际经营过程中业务外包与资源重组成为可能。

3. 增强竞争能力

互联网的主要特性是开放性和平等性。互联网提供了越来越多的机会使不同地位的大企业和小企业、发达国家的企业和发展中国家的企业共同平等地参与国际竞争，网络技术的应用也进一步激发了中小企业参与国际竞争的热情和积极性，促进了国际市场、营销渠道、产品范围和服务内容的繁荣和多样性。企业依托互联网参与全球市场的产品竞争，能够极大地改善并增强自身的设计能力、营销能力、管理能力、信息整合与应用能力以及沟通与协作能力等，积累国际化经营的项目实践和管理经验。因此，互联网背景下的竞争能力是一个综合性指标，包括企业在内部管理、外部协作、网络营销、市场拓展、业务延伸和客户服务等方面的改善程度，它代表了企业应用互联网进行国际化经营的能力，也标志着一个企业参与国际化经营的水平和程度。同时，国际化经营中企业的竞争优势也因网络系统的应用而发生巨大变化。在传统经济中，企业借助规模经济或跨国贸易来降低成本并开拓市场，提高核心产品的竞争能力和抵御市场风险的应变能力。在网络经济中，企业要培育快速响应市场的能力和增强创新迭代开发的能力。企业只有快速了解用户信息，快速满足用户需求，才能在激烈的国际经营环境中占据有利地位。

4. 拓展业务对象

目前，用户市场向个性化、多样化、层次化方向发展。用户依托商城社区、在线评论等可以发表对产品质量、性能和型号的意见和想法，促使企业倾听用户的声音，尊重用户需求，企业与用户之间实现双向沟通。用户可结合个人偏好，通过互联网向企业提出个性化的订单，企业则按照用户具体要求灵活地设计生产多样化的产品，最大限度地满足用户需求，从而实现了网络经济下柔性灵活的定制生产方式代替了传统经济中标准批量的定制生产方式。

此外,在互联网未被普及应用前,多数企业开拓国际市场的主要渠道是依托国内的贸易中介或国外的分销公司把产品销售到国外市场,但建立稳定的国外合作伙伴关系需要投入大量的时间和人力成本,中小企业难以顺利发展。随着网络技术的推广应用和网络环境的大幅改善,企业开拓国际业务或实施跨国经营摆脱了传统商业中介的束缚,通过互联网可以快速、低廉地了解国际市场的供求变化并直接从事国际业务,可以更加频繁而广泛地与外商进行交流,降低了企业生产成本和营销成本,改善了以往的国际合作方式。同时,互联网为企业充分利用外部资源提供了条件,企业可以依托互联网直接收集市场信息、寻找合作伙伴并连接最终用户,还可以与合伙人、供应商、经销商甚至竞争者共同建立战略联盟,实现资源共享。图 14-1 展示了随着网络交互方式的转变以及产品消费群体的扩大,电子商务的合作对象由个体商铺到品牌商再到国际品牌的发展历程。

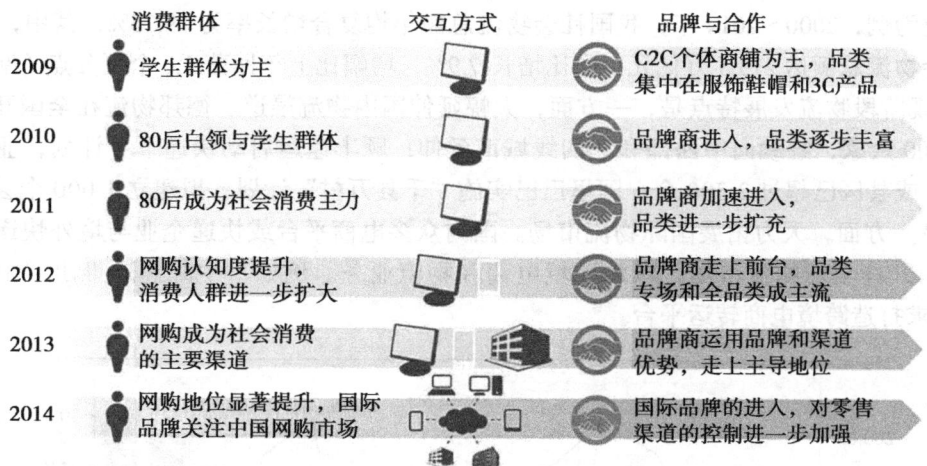

图 14-1　网购消费群体、交互方式及合作品牌的发展历程

资料来源:易观智库,"双十一"电商企业引领的中国"消费盛宴". http://wenku.baidu.com/view/09afzedf65ce050877321336.

5. 改善经营方式

互联网对跨国企业的经营方式产生了多方面的影响。这些影响可以从管理方式、沟通方式、生产方式、营销方式等方面体现出来。

第一,影响企业工作的管理方式。互联网环境促使新的工作方式产生,如弹性工作制度、全球视频会议、现场同步交流等,促使组织结构向扁平化、网络化、虚拟化层面发展,提高了组织效率,加快了决策与反馈速度。

第二,影响企业用户的沟通方式。互联网环境下,企业与用户之间的沟通呈现出成本低、速度快、操作简单、双向灵活、24 小时在线等特点。企业进入国际市场后,用户规模迅速增加,用户需求差异增大,依托网络系统与信息技术能够快速获取用户诉求并及时改善产品。

第三,影响企业内部的生产方式。为了避免信息的不确定性和滞后性所造成的生产的盲目性,企业为适应国际市场的供求关系,促使制造方式由产品驱动型向需求驱动型转变,促使生产方式由规模标准化生产向规模定制化生产转变,降低了生产成本,减少了库存浪费。

第四,影响跨国企业的营销方式。企业在国际经营中依托互联网形成了新的营销渠道和营销方法，如邮件营销、定制营销、搜索营销、整合营销、互动营销和社区营销等。企业与用户借助在线交互实现双向沟通和双向决策，用户真正参与产品的设计制造，加强了其选择的自主性与主动性，拉近了企业与用户的距离。

14.1.2 互联网背景下企业国际化的要素

1. 电子商务

随着信息技术的发展和网络应用的普及，全球范围的贸易活动深受互联网的影响，电子商务的推广和使用在国际商务活动中日益频繁，而跨国公司电子商务的发展加快了世界经济一体化的进程。

首先，互联网环境下的电子商务公司呈现出信息化、集成化、现代化和社会化的特点。以物流业为例，2000~2014年，我国社会物流总额年均复合增长率为19.75%，其中，2014年全国社会物流总额达213.5万亿元，同比增长7.9%，增幅比上年回落1.6个百分点（见图14-2所示）。现阶段物流发展特点是，一方面，大幅延伸国内物流渠道。德邦物流在全国开设直营网点5 200余家，继续向中西部和三四线城市延伸；顺丰速运启动快递下乡计划，业务覆盖的县级市或县区已超过2 300个；阿里巴巴实施"千县万村"计划，拟建立1 000个县级运营中心。另一方面，大力拓展国际物流市场。国内众多电商平台或快递企业与境外快递邮政企业合作，开辟全球物流市场，试水跨境电商和物流业务。例如，中邮速递推出"中邮海外购"，力求打造跨境电商转运平台。

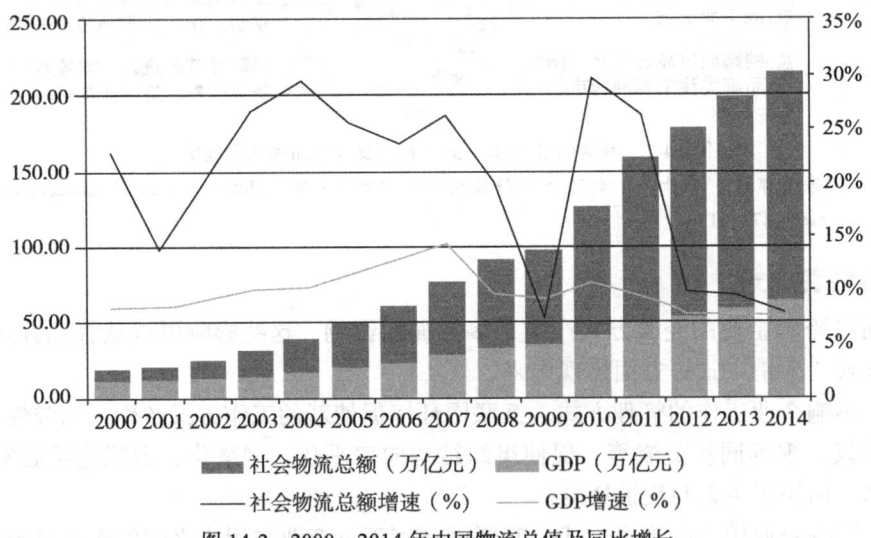

图14-2　2000~2014年中国物流总值及同比增长

资料来源：中国报告网. 2000~2014年中国物流行业发展状况研究报告，2015.

因此，以网络经济为基础的电子商务推动了传统物流管理理念的变革。网络系统可以实时控制线下物流配送，代替了传统的物流管理配送流程，缩短了物流配送周期及配送的持续时间，提高了物流配送效率。网络营销推广可以促使用户购物决策和交易结算过程更加快捷、高效，企业不必设立实体仓库，降低了实体库存和售后服务成本。网络平台可以依托云计算技术完善各项物流服务，实现政府、用户、外部平台与物流服务的有效沟通与良性循环（见图14-3）。

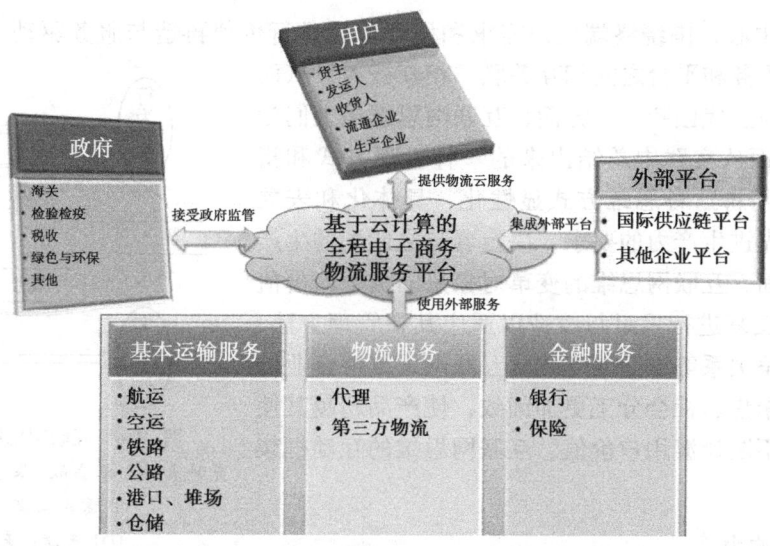

图 14-3 基于云计算的全程电子商务物流服务平台

其次,电子商务与互联网的快速发展,使跨国公司成为国际化战略的重要举措。跨国公司生产和经营的全球化,增强了企业对国际贸易的依赖性,通过实施全球性的营销活动,增加对外贸易流量,加速生产资料供应,延伸国际市场范围。企业可借助互联网完善国际市场的 CRM 系统,为用户提供远距离的咨询服务、问题诊断和配套设施等。同时,跨国公司可以有效协调母公司与子公司之间的关系,通过调整国际投资、控制国外市场以及合理避税,保证跨国公司的国际化战略的顺利实施。

2. 互联网思维

2011 年,小米公司销售额为 5 亿元;2012 年,其销售额达到 126 亿元;2013 仅上半年,其销售额超过 132.7 亿元,预计整年销售额将突破 300 亿元。在新一轮融资中,小米公司估值达 100 亿美元,名列国内互联网公司第四名。2012 年 6 月,三只松鼠店铺在天猫上线,仅 65 天便名列中国网络坚果销售榜冠军;2012 年 11 月,其创造了"双 11"单日销售额 766 万元的奇迹,名列中国电商食品类第一名;2013 年 1 月,其单月销售额超过 2 200 万元,并再次获得 IDG 公司 600 万美元的天使投资。上述两个企业虽然分属行业不同,但都被称为互联网品牌。一个在手机业务上蓬勃发展,一个在食品销售中备受追捧,它们为何能够在传统行业中异军突起?其背后所蕴含的互联网思维到底是什么?⊖

最早提出"互联网思维"一词的是百度公司创始人李彦宏。他在某次大型活动中提到:"我们这些企业家们今后要有互联网思维,可能你做的事情不是互联网,但你的思维方式要逐渐从互联网的角度去想问题。"所谓互联网思维,是指依托互联网、大数据、云计算等高新技术,对市场、用户、产品、价值链和商业生态进行再审视、再设计、再创新的思维方式。互联网思维的核心内涵主要包括以下方面:用户、简约、极致、迭代、流量、平台、跨界、大数据和社会化。互联网思维颠覆传统思维的原动力在于,社会经济发展到一定阶段后,技术革命使得信息传递途径发生巨大变化,商业革命使得价值创造逻辑发生再次调整,从而刺激消费者的观念变革与思维转变。在互联网思维下,产品是用户价值的体现方式,企业整体活

⊖ 互联网思维到底是什么 [J/OL]. 搜狐网,[2015-10-05]. http://mt.sohu.com/20151005/n422601993.shtml

动都以用户为中心，围绕终端用户需求和用户体验进行价值再造与服务驱动。用户、开发、数据、渠道、服务和平台之间相互关联、相互嵌入，从而实现良性循环与迭代创新。一方面，互联网思维是人们为适应技术变革而从实践中总结出来的一种管理方式和指导思想，互联网将这种思维方式显性化、具体化和表象化。其代表着先进生产力的要求，决定着与之匹配的生产关系。另一方面，互联网思维的变革对象是旧的生产价值链，企业需要反复进行重组与改造以适应其在管理方法、考评体系和竞争关系等方面的变化。互联网思维使企业的创新环节更加聚焦、社会分工更加细致，使产品超越其使用价值本身，不断让渡用户价值。互联网思维的互动框架如图 14-4 所示。

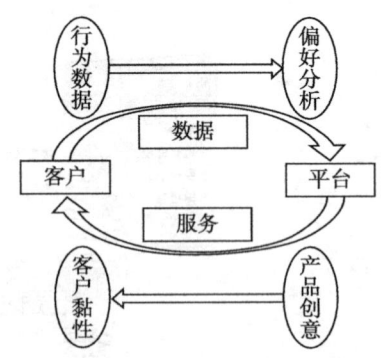

图 14-4　互联网思维的互动框架
资料来源：杜嘉敏.基于互联网思维的用户需求与新产品开发流程研究[D].天津：天津大学，2014.

3. 品牌影响力

企业在国际市场开展成功的线上营销是建立在一定的品牌基础上的，企业自有品牌产品在国际业务收入中所占的比重越高，企业在国际市场上应用互联网开展线上活动的方式越多且力度越大。

首先，国际市场的用户数量庞大且相对分散，网络渠道的应用降低了产品制造商与最终用户沟通的成本和难度，企业可以利用互联网获取需求信息、在线营销、交易结算并提供服务，进而增强了企业的适应能力，形成了产品的竞争优势，增加了海外的业务收入。因此，自有品牌产品对企业国际经营收入的贡献率越大，企业在国际贸易活动中对互联网的依赖程度就越高。

其次，具备完善的信用机制是企业借助互联网开展商业活动的重要保障。由于多数国外市场的用户无法依据网络虚拟空间完全信任外来企业的产品质量，因此外来企业品牌的知名度和影响力将成为其购买决策的关键因素，即在网络环境下，品牌在国际市场的作用显著增强。自有品牌产品对企业国际经营收入的贡献程度，体现了企业在国际市场的经营能力，反映了企业产品在国际市场上被认可和接受的程度。因此，企业要在线下渠道加大自有品牌的推广力度，要在国际市场建立完整的线上价值链，增强企业跨国经营的品牌影响力和美誉度。

4. 大数据应用

大数据是继云计算、物联网之后 IT 行业又一大颠覆性的技术革命。大数据是指无法在可承受的时间范围内运用相关工具采集、处理、整合并传递的数据集合，具有海量数据规模、快速数据流转、多样数据类型和价值密度低等特点。大数据包含了互联网、移动设备、智能设备、非 IT 设备、视频监控等途径产生的数据，将对企业的管理方式、运作理念、组织架构、业务流程、营销模式以及消费者行为等产生巨大影响，将作为新的生产要素影响企业的国际化进入战略、开拓海外市场的方式和渠道、国际化联盟的合作方式以及新产品的技术性能。

由于企业常常借助数据来整合分析市场现象、预测事物的发展趋势，在大数据环境下，企业进行商务决策将更加趋向数据分析而非经验或直觉。其中，大数据营销依托多平台的数据采集，通过大数据技术的分析及预测，迅速找出目标受众，使广告投放更加精准，在创造顾客感知价值的同时给企业带来更高的投资回报率。例如，谷歌子公司 YouTube 每月有 8 亿多访客进行登录浏览，平均每一秒就会上传一段长度在一小时以上的视频；Twitter上的信息量几乎每年翻一番，截止到2012年，每天都会发布超过4亿条信息。这就为挖掘用户偏好提供了大量的数据线索：亚马逊可以定期推荐我们想看的书；谷歌可以为关联网站排序；LinkedIn可以猜出我们认识哪些人。目前，大数据已经渗透到各个行业和各个领域，如疾病诊断与治疗、识别潜在犯罪分子等，并将从新资源发现、新技术应用、颠覆性创新、价值链创造和网络化重构等多方面为企业国际化经营提供驱动力量，而企业对于大数据的应用将推动新一轮生产率增长和消费者盈余浪潮的到来。

5. 大规模协同

互联网作为一种开放性、社会化的工作环境，其所蕴含的大规模协同的运作机理对跨国经营、市场拓展、分工网络及软件应用等产生了多层面的影响。在全球互联的网络背景下，大规模协同是企业为避免经济全球化的冲击，主动参与全球价值链的延伸与转移，积极融入国内市场国际化、国际竞争国内化的发展趋势，以期实现知识创新与价值创造的社会化的新型分工形态。企业在全球一体化的经济环境下，主动调整大规模协同的战略要素与运行机制，实施国际化战略方案，对跨国企业的发展与变革至关重要。大规模协同能够使企业充分利用群体知识激发自组织行为，使用户与合作伙伴共同参与价值创造，降低企业协作成本并实现多元创新。作为网络时代的一种新型分工体系，大规模协同在云计算和智能终端等新兴信息设施以及大数据等新兴生产要素的基础上应运而生，这意味着大规模协作与分工网络的观点正逐渐代替传统的资源依赖观点，跨国企业要加大与其他组织的合作深度，渗透传统产业，创新网络经济，从而实现整体价值增值，提高组织生产效率。

6. 企业价值链

价值链是企业能够创造价值的既互不相同又相互关联的生产经营活动的集合。企业与企业之间的竞争，不只是某个价值环节的竞争，而是整个价值链的竞争。互联网作为一种工具和媒介，其价值在于能够为用户提供信息、交易、沟通的功能而不受时间和空间的限制。而作为整体的信息技术和网络系统的价值取决于其在企业价值链环节中的使用范围和应用程度，进而影响企业实施开发活动与探索活动的能力。由于互联网具有开放性、公用性和全球性的特点，其价值创造过程具体表现为提高双方交易和沟通效率，打破市场范围和边界限制，实现信息共享与整合，并对销售业绩、内部运营和全球采购等企业绩效产生全方位的影响。

由于产品类型不同，企业依托互联网进行国际化存在两种价值链表现形式：一是若产品或服务可数字化，整个国际贸易的价值链环节都在网上展开，如软件、音乐、游戏、网上金融等；二是若产品或服务无法数字化，只有价值链的部分环节在网上展开，如销售推广、在线交互、售后服务等。因此，开发和利用互联网能力是国际经营过程中必不可少的价值创造活动，并且企业价值链机制会对海外收益、国际分工以及经营战略等产生重大影响。

7. 智能化工业

商业时代即将成为历史，工业时代即将再次兴盛，以全球网络和信息技术为依托的互联网工业、智能化工业方兴未艾。在传统工业下，尽管营销领域强调"顾客至上"，但工业环境下的生产制造与物流售后仍使用户处于从属地位。而在互联网工业下，用户提出个性化、多样化和定制化的需求，企业倾听用户需求、增强用户黏性并拉近用户距离，真正实现了"用户至上"。在传统的价值链环节中，研发和营销被视为价值创造的主要环节，并由此形成表示产品附加价值的"微笑曲线"（见图14-5）：从横轴来看，从左至右代表产业的上中下游，左边是研发，中间是制造，右边是营销；纵轴则表示附加价值的高低；从市场竞争角度而言，曲线左边的研发是全球性的竞争，曲线右边的营销是地区性的竞争。但是，价值大小并不是直接在生产制造中产生的，生产制造环节也不是价值增值最大化的环节，甚至其成为产品价值增值的洼地。加工商和代工工厂的低利润和低附加值的生存状态就是这种微笑底部存在的最好注脚。

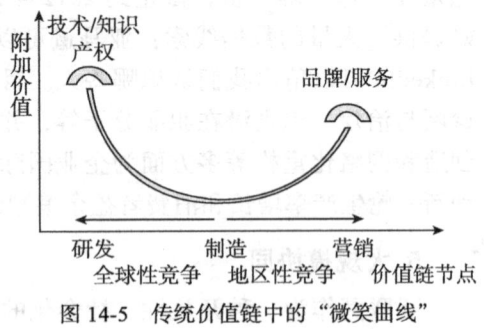

图 14-5 传统价值链中的"微笑曲线"

然而，智能化和工业互联网的产生，或许将改变微笑曲线的"曲面"，甚至颠覆曲线的方向。工业互联与智能技术的应用，将使企业的生产制造具有数字、可视、网络、虚拟、协同、集成、智能等特征。在这种趋势下，一方面，产品的研发和设计越来越呈现平台化、社会化的协同，而营销渠道则更加扁平化、社会化和网络化；另一方面，未来的工业体系中，将更多地通过互联网技术和智能化，以网络协同模式开展工业生产，以开发能够完全适应生产的产品，这种适应性将使企业在面对客户的需求变化时，能迅速、轻松地做出响应，并保证其生产具有竞争力，满足客户的个性化需求。这个时候，制造不再是企业的"闭门造车"而是开放、弹性、互动、智能性的协同设计、制造和生产。生产与需求、生产部门与客户之间紧密贴合超越了研发和营销的信息隔断。因而，其在整个微笑曲线的地位将被抬升。生产制造的智能化程度无疑代表着制造业未来的发展方向，也预示着全球制造行业将迎来技术升级的激烈竞争。

14.2 全球互联与跨国经营转型创新

作为极具推动力和革命性的新事物，互联网的迅猛发展缩短了企业间的距离，推动了企业变革转型，掀起了行业创新热潮。如何发挥互联网在国际经营中的作用、如何制定恰当的国际游戏规制、如何建立全球性的战略联盟、如何实现跨国企业的转型创新，是当前各国际化企业亟须解决的重要问题。互联网的发展带动了一个新产业乃至一个虚拟社会的出现，这个产业具有完全不同的经济特性并促成了企业、国家与世界的融合。由此可知，全球互联的网络环境将使企业在跨国经营与战略转型等方面面临前所未有的挑战。

14.2.1 新跨国方式：跨国电子商务的发展

电子商务作为一种基于互联网，以交易双方为主体，以银行电子支付和结算为手段，以客户数据为依托的全新商务模式，正是为了适应互联网发展趋势而产生和发展起来的。

1. 跨国电子商务概述

跨国电子商务是指依托互联网在开放的网络环境中开展全球性的贸易活动，买卖双方跨国异地进行商业联结、商业谈判、商业交易、在线电子支付以及信息咨询和在线售后等活动的总和。跨国电子商务是一种新型的跨国经营战略，随着双方贸易程度的深化，跨国电子商务的贸易内容也随之不断扩展延伸。最初，跨国电子商务主要用于获取国际市场信息，了解国外用户需求，融入全球竞争环境，如获取供应厂商信息、竞争对手信息、用户需求信息和政府采购信息等。之后，企业可以借助电子商务开展较大范围的跨国贸易活动，在网上完成部分或全部的信息流、商流和资金流的转移。企业采用跨国电子商务形式完成从寻找客户、商务洽谈、签订合同、在线订货、在线付款以及开具电子发票的全过程。更加深入的跨国电子商务还包括实现电子报关、电子纳税、提供电子售后服务等内容。

2. 跨国电子商务的类型

结合不同市场定位，比较常见的跨国电子商务有以下几种类型。

（1）网上商城。这种跨国经营方式要考虑国际市场的用户是否已经接受并认可网上交易，消费习惯和消费心理是否改变。这种方式具有 24 小时在线、无地理区域限制、产品种类更丰富等特点，但要提供安全的网上交易平台和在线支付体系，如 eBay、淘宝等。

（2）网上书店。书籍是标准化的产品，用户无须看到实物即可购买。这种方式具有简化交易、减少库存、降低成本等特点，并可通过建立在线论坛、书籍社区等吸引用户评价讨论，促进国际文化交流，如亚马逊、当当网等。

（3）在线品牌。当国际市场上用户的某种需求尚未培育或未被满足时，跨国企业可以建立网站来宣传自有品牌，通过销售产品或服务树立独特的品牌和形象。当国际市场竞争日益激烈时，可以借助品牌优势，进行相关多元化，快速占领新市场，如凡客等。

（4）专业网站。这种跨国经营方式一般专注于某一特定市场、特定群体或提供特定产品或服务。当企业对某一特定领域非常精通并在国内市场积累了丰富的资源和用户，其在跨国经营中就会优先考虑这种方式，如赛 V 网、麦考林等。

3. 跨国电子商务的实施

跨国电子商务是一项新型的发展模式和复杂的系统工程，企业采用这种方式可以获取无法单独完成的国际订单，联结广阔多变的全球市场，赢得更多的创业商机。组织实施跨过电子商务可参考以下几个切入路径。

（1）构建有效的商业模式。开展跨国电子商务要明确：①自身的产品或服务范围；②目标市场和目标用户；③盈利方式和结算方式；④物流体系和售后服务。

（2）转变传统的发展方式。首先，转变经营观念，不能将国内成功路径照搬复制到国际市场；其次，创新管理方式，实现办公无纸化、业务电子化；最后，培育专业人才，吸引精技术、明管理、视野广的国际化综合人才。

（3）树立网站的品牌形象。网站的品牌形象直接决定着用户的购买决策。跨国企业要注意在线商城的装修和布局，包括语言风格、网站颜色、文化偏好等，并通过链接推广、媒体宣传等吸引潜在用户。

14.2.2 新生产要素：大数据的发展

1. 大数据及数据营销的兴起

真正最早提出"大数据"时代已经到来的机构是美国咨询公司麦肯锡。被誉为"大数据时代预言家"的维克托·迈尔 – 舍恩伯格提出了关于大数据的三个观点：变革思维，要全体不要抽样，要效率不要精确，要相关不要因果；变革商业，数据交叉复用能产生创新价值；变革管理，解决数据安全隐私、信息公正公开等难题。大数据的蓬勃发展是互联网全球化、云计算社会化的结果，人们使用移动数据或网络的痕迹被记忆、存储和转换，由此被企业利用而产生了大数据营销。

目前，大数据营销的发展具有以下特点：第一，通过搭建信息平台，实现数据信息与营销方式相匹配。例如，借助智能手机终端建立用户个人的移动数据库，结合用户的搜索信息和消费偏好向用户精准推送相关产品信息。例如，银泰网上线后，打通线下实体店和线上会员账号，在购物广场中央铺设免费 Wi-Fi。当一位已注册账号的顾客进入实体店，用手机连接上 Wi-Fi 后，他与银泰的所有互动记录都会呈现在后台运行中，银泰就能据此判别顾客的购物偏好。这样不仅可以实现商品和库存的可视化，还可以加强银泰与顾客之间的实时交流与有效沟通。第二，打破抽样，利用碎片化。考虑到地域及成本问题，企业在市场调研过程中常常采用科学抽样来代替全面普查。而大数据环境下能充分挖掘碎片化信息，不用推论即可获取需求信息。第三，转换数据信息，开发数据产品。例如，淘宝通过建立云存储系统，实现数据的产品化，向进驻商家销售数据产品或软件，形成新的盈利模式。

2. 大数据催生的新兴力量

（1）数据成为媒体生存的基础。在信息技术和网络条件的作用下，任何用户在接触媒体时都会留下浏览痕迹，用户偏好及需求习惯等行为都可以被监测，媒体所有的数据信息都将来自用户，这成为互联网环境下媒体生存的重中之重。例如，Facebook 每天有近 40 亿用户访问，每天新增 25 亿条分享记录，每天会采集到多于 500TB 的数据。

（2）出现新型的数据服务公司。由于用户信息可以被有效地记录、监测和统计，通过深入挖掘和分析海量数据，可能会发现新的市场或需求，产生全新的调研方式和业务内容。例如，艾瑞公司依托从 3 000 多家网站和 1 000 多个软件获取的信息，能够提供超过 20 万中国网民的网络行为数据。

（3）出现新型的数据营销机构。目前，媒体数据以及第三方监测数据已经成为媒体广告及营销策略关注的焦点，运用数据挖掘提升品牌厂商的营销效果的数据营销机构应运而生。例如，聚胜万合（MediaV）公司应用数据软件每天观测 4 万多线上订单的营销全程并制定其优化措施，对超过 1 亿次网络宣传广告提供定向判断决策。

3. 大数据引发的模式创新

大数据变革突破了国家和组织的限制，对世界经济和全球市场产生了全方位的影响，改变了跨国企业生存所依赖的资源环境、技术环境和需求环境。因此，企业在参与国际竞争、进行跨国经营的过程中要重新思考"为谁创造价值、创造什么价值、如何创造价值"等商业模式问题。

（1）价值诉求创新。大数据的全面覆盖性和精准指向性不断为跨国企业提供了新的价值诉求。首先，用户的真实需求具有隐蔽性和易变性，而用户在网络中的点击、浏览、评论等行为能直接表明其偏好和意愿，应用大数据能洞察用户的真实诉求。其次，传统的用户细分往往以性别、年龄、阶层、地域等依据，在网络环境下用户的兴趣、消费方式、价值观等可以用数据量化表示，应用大数据能精准地进行用户细分和市场定位。最后，跨国企业与用户反复交互并响应需求一般需要较长的反馈周期，而多来源、多结构的数据分析可以快速获取用户意见并及时动态支持，应用大数据能提供优质服务，创造良好用户体验。

（2）关键流程创新。大数据作为一项技术工具和应用媒介，具有影响关键业务与核心流程、放大其他资源价值的作用。首先，大数据应用可以调整跨国企业的经营模式。跨国电子商务就是电子数据交换取代传统国际贸易流程的结果。其次，大数据应用可以优化跨国企业的组织架构。企业要把大数据活动融入价值创造环节，需要进行组织变革并调整部门结构的设置，吸引专业的数据分析与数据挖掘人才。最后，大数据应用可以改善跨国企业的流程设计。数据的交叉复用能提供解决问题的新思路，提高核心流程的运行效率。例如，北京朝阳大悦城通过分析停车场车流数据来调整基础设施的方位与布局，力争吸引驾车客户。

（3）盈利模式创新。商业模式创新的核心是盈利模式的调整，大数据应用使跨国企业的商业模式在国际市场中更加柔性灵活。例如，软件行业的 App Store 模式，企业利用专业化形成排他性，增强用户黏性，将大型软件分成独立的功能软件，用户可以按需下载。大数据应用也改变了传统媒体广告以播放时间或播放次数为标准的收益模式，力求实现营销成本与营销价值相适应。例如 CPC 模式，企业为每次点击付费；CPA 模式，企业为进行一次下载、注册一个账户、完成一次交易等特定行为付费。

14.2.3 新分工体系：大规模协同的发展

1. 大规模协同的兴起

随着信息基础设施建设日益完善，数据信息逐步渗透进不同产业的各个部门，数据挖掘的应用降低了企业的生产成本和交易成本，推动了经济形态的发展变革，为大规模协同的产生奠定了媒介基础。同时，借助互联网和电子商务的发展热潮，信息技术革命为企业提供了廉价且高效的网络工具，刺激了市场环境的发展变革，为大规模协同的产生奠定了技术基础。这一时期，用户的地位与行为发生了重大转变，经历了从信息缺乏到信息多样、从分散孤立到群体联合、从被动反馈到积极参与的动态变化过程。因此，市场逐步形成以企业产销为导向过渡为以用户需求为导向的格局，以用户为中心、使用户参与、与用户交互的经营方式促使跨国企业调整组织形式，改善合作机制。新兴的分工网络，即大规模协同体系开始涌现。大规模协同通过建立一种灵活的低成本合作方式，涵盖多个组织或个人，跨越了国界与文化，实现了知识创新与价值创造。而随着新国际分工体系的形成，企业集群参与国际垂直专业化分工的程度日益加深，集群企业间的纵向合作关系也愈加密切。

2. 大规模协同的特征

（1）规模巨大。大规模协同中的一方只是价值链上的某一环节，必须与其他参与者联合协作才能实现价值创造。这种庞大规模体现在：众多企业以制造某一产品为核心，高度分工协作；单个企业高度专业化，集中负责某一工艺或工序；企业间协同以协调互换知识流或有机结合多种技术流为基础等。

（2）效率优化。与单个企业的规模经济不同，大规模协同中的效率优化是通过专业化和分工水平实现的，由于外部经济和联合行动而形成的竞争优势使企业赢得效率优化。企业既可以从其他组织经济成果的外溢效应中被动获取外部优势，也可以通过水平或垂直方式的规模协作主动获取联合优势。

（3）响应快速。企业可依托速度优势进行跨国界、跨文化、跨时区的全球互联，快速响应国际市场的需求变化。大规模协同力求实现从提出需求到满足需求每一环节上的时间压缩。

这种响应速度体现在：缩短产品设计周期；加快自主决策速度；整合分散业务流程；利用全球供应链与价值链资源等。

（4）知识整合。大规模协同强调通过组织间的知识合作与交互来加强协同效应。首先，企业的知识管理不再限于隐性知识与显性知识的挖掘，其主要任务是知识再生产与知识再创造。其次，为实现知识价值的分化与执行，大规模协同借助知识的交叉性、集成性、复合性来进一步培育企业的竞争优势。

3. 大规模协同的影响

（1）企业规模小而精。大规模协同机制下，生产外包成为可行性选择，企业不再维持庞大臃肿的组织架构，逐步剔除冗杂低效的价值链环节，逐步融入精简高效的知识创造方法，缩小了企业边界和决策流程，降低了信息成本和交易成本，中小企业规模成为发展趋势。例如，Zara 的产品生产由自有工厂和外部供应商共同协作完成。Zara 在西班牙设有 20 多家工厂，约 50% 的产品都由其自有工厂生产，最大限度保证制造的完整性。Zara 总部周边分布着 260 多家面料供应商，若原布料短缺可直接到供应商仓库中领用，缩短了面料的供应时间。Zara 总部会提前采购原布料和标准化的半成品，拥有染色、裁剪和熨烫等一系列加工装备，缩短了产品的生产周期。Zara 的外部供应商有 400 多家，其中约 70% 分布在欧洲地区的西班牙和葡萄牙，确保供应商在第一时间响应订单要求，缩短了成品的运输距离。

（2）生产与消费融合。大规模协同依托分工网络转化为行业生产力，成为生产制造的新动力，依托数据信息形成柔性资源，推动了 C2B 模式的产生。而不同产业间的相互渗透与社会化协作将带动一批小额批发、跨境电商、规模定制等新兴业态，刺激生产与消费进一步融合。例如，Zara 采用延迟生产策略，其自有工厂会提前采购白坯布和装饰品，保证对染色与加工过程的控制。其中有一半的原布料尚未染色，若染色布料短缺，则可自行加工处理，若染色布料积压，则可减少布料浪费，以此来调整生产供应，降低虚拟库存。同时，Zara 采用多款少量的柔性生产方式，每种产品只生产预计销量的 15%~20%，实体门店中每周上新两次，每种款式的陈列时间基本不会超过 3 周，以此来刺激顾客消费。超过 2~3 周仍未售出的产品，Zara 会集中送往该地区的某一门店处理或返回西班牙总部。

（3）实时协同普遍化。互联网具有全球开放平等、实时查询获取的特点，在信息基础设施完备的基础上，技术手段的增强和数据信息的流动会推动关键流程与核心组织的变革，促使生产方式由传统"工业经济"时代的线性控制向新兴"信息经济"时代的实时协同转变，大规模协同将日益普及。例如，Zara 应用数据库信息系统，时尚资讯、订单信息和顾客数据通过实体门店的掌上电脑实时流向总部办公室的数据库，总部能够迅速汲取流行元素、及时了解产品状况、实时调整生产计划。Zara 的数据库系统强调产品信息的标准化和通用化，通过远程网络定制 CAD 系统实现快速绘图。Zara 应用仓库管理系统，通过综合运作入库业务、出库业务、物料对应、库存调拨、库存盘点和质检管理等实现对库存物流动态的实时追踪，并采取光学读取工具，结合具体订单实现对产品的自动分拣，保证各项订单准确到达相应门店。

（4）工作形式多样化。首先，大规模协同要求以信息基础设施和信息数据为基础，在此条件下，组织与个人之间的沟通协作更加便捷，个人专业技能和工作能力得以强化，工作方式更加灵活。其次，由于考评制度和信用机制趋于完善，企业倾向采用在线网商、业务外包等方式，工作时间和地点更加灵活。同时，为提高信誉和口碑，企业可以为协作方提供设计、翻译等相关增值服务，工作内容更加多样。例如，IBM在2006年8月初举行的有史以来规模最大的在线头脑风暴，吸引了来自104个国家的15万名参与者和来自67个国家的客户。大规模协同通过使用社交网络、Web服务、远程通信和虚拟功能等技术手段，将全球消费者纳入工作内容与工作流程中来，从而实现产品创新的多样化和全球化。

14.3 互联网时代的国际化组织创新

在互联网时代，各种资源要素不断进行高效率配置，组织发展空间不断进行突破式延伸，企业的国际化发展已经成为一种新的常态化现象。而且，这种常态化对国际企业的组织结构及行为也提出了更高的要求，使得国际企业需要通过组织创新来更好地适应这一常态化，从而实现生存与发展。

14.3.1 国际化组织创新概述

1. 国际化组织创新的内涵

随着企业在国际化发展过程中所面临的内外部要素的不断增加，要素变化的多样性与复杂性要求企业根据内外部环境状况适时地调整企业的组织结构，以更好地实现企业的跨国经营战略目标。因此，一旦进入国际化经营阶段，企业势必会依据国际化战略目标对其经营管理方式进行调整，在现有业务和组织层面不断创新，产生新的制度、层级结构和文化观念等，以期在产品生产、流程和管理等经营活动上灵活运用，从而有效占领国内外市场并树立良好的企业形象。

2. 国际化组织创新的结构特点

国际化组织创新具有网络外部性的结构特点。网络外部性是指随着某类产品的用户数量逐渐增多，该类产品对用户的效用也随之增加，包括直接网络外部性和间接网络外部性两种类型。

（1）直接网络外部性是企业在国际化经营活动中由于规模经济的存在而使社会福利增加，从而推动组织网络规模的扩大。从消费者效用角度来看，消费者效用由用户在购买产品时的支付意愿和由网络外部性带来的效用组成，后者与网络规模成正比。从企业收益角度来看，网络外部性可以对企业边际收益与边际成本产生影响，加剧企业间的竞争态势。企业可以从先行者那里获得大量经验，分享技术外溢的成果，共享特殊的知识资源。同时，企业也可能需要承担自身技术外溢的风险，面临技术创新能力下降的难题。

（2）间接网络外部性是市场的中介效应，通常存在于互补品的市场中，由互补品的价格或规模调整而影响该产品的供给。双边用户通过购买平台的产品或服务连接到平台中，在平台上达成双边用户交易从而形成双边市场，这是间接网络外部性的典型代表。网络外部性对双边市场的销售规模产生影响，用户端的规模范围和另一端提供的产品和服务决定了用户端的外部性大小，从而产生交叉的网络外部性。这种交叉的网络外部性所带来的正反馈效应带动了平台的发展，使双边市场所在平台的整体规模和收益不断扩大。

国际化组织创新还具有内部层次性的结构特点。内部层次性是指不同行业的产品或服务，其渠道结构和层次结构决定着产品或服务的传递效率。由于互联网在国际化组织创新中被广泛应用，原有组织的内部层次发生了巨大改变。内部层次性表现为以下方面：

第一，去中心化。互联网可以为产品或服务的流通各方提供多样化的信息，降低由于信息不对称所产生的相关成本，有效提升信息传递的效率。在此基础上，电子商务为买卖双方提供了更多、更快、更有效的信息传递平台，商品交易过程在线上得以完成，诸如零售商和批发商的传统渠道的中间环节受到挤压，呈现出去中心化的零层级渠道趋势。生产商更倾向于直接以终端的消费者拉动上游生产，减少中间环节，及时地满足用户需求。

第二，再中间化。由于用户需求的个性化、规模化和对服务品质的要求提升，分工深化的过程中又产生了以提升服务和效率为主导的互联网中间角色，推动了"再中间化"的兴起。一般而言，只要买卖双方存在信息不对称并导致大量的交易成本，具有中介效应的中间组织就会顺势发展。再中间化的组织可以对信息进行收集、处理和加工，为买卖双方提供系统化、集中化和一体化的信息产品或服务，使双方的交易过程更加简单高效。

第三，强融合化。互联网环境下，市场不断经历着去中心化和再中间化的过程，同时也出现了线上和线下相融合的组织结构，这种新型的组织结构正在迅速进行着国际化的发展与创新。线上、线下相融合可以吸引潜在用户，增强购物体验、提升服务质量，培育品牌忠诚并避免恶性竞争。线上、线下相融合可以有效降低成本，通过提供增值服务并实施差异化战略等方式改善用户关系，拓宽市场范围。

14.3.2 国际化商业模式创新

对于正处于国际化经营阶段的企业，互联网和信息技术的发展使其所处外部环境和活动范围受时空限制的程度大大降低，所涉及的商业模式也发生巨大改变。在互联网时代，国际化企业的股东决策会较少地依赖企业的经营状况，并在新的国际分工体系中不断进行商业模式创新。由于不同学科背景的学者和不同行业中的企业家对商业模式创新的表述莫衷一是，因此，需要从多个角度对商业模式创新进行表述，这便催生了商业模式学科的出现。互联网时代下，国际化组织创新中的商业模式创新具体表现在以下方面。

1. 战略视角

商业模式创新作为国际化企业的一种变革方式，通过颠覆既有规则和改变竞争性质来重构企业现有的经营模式和市场结构，在大幅提升用户价值的同时，实现国际化企业的高速增长。当渐进式变革或产品创新滞后于企业国际化经营的发展策略时，国际化企业就会从战略层面对商业模式创新提出层次更高、为期更长的转型要求。

2. 营销视角

营销活动的核心对象是用户。在主动型市场中，企业关注如何通过发掘用户潜在需求来创造新产品或开发新市场。在反应型市场中，企业只是为了适应市场结构或响应用户需求而反应性地进行创新。因此，商业模式创新应由主动型市场驱动，在国际化经营中，企业通过对两类用户需求进行匹配，覆盖现有用户和潜在用户进行模式创新。

3. 技术创新视角

新技术的出现对原有技术具有破坏性，企业为了适应新技术就需要创新商业模式，进行破坏性的商业模式创新。破坏性的商业模式创新从用户创造价值的视角识别并争取非用户消费群体，分析最不可能购买现有产品的用户群的决策原因。一旦破坏性的新技术可以满足非用户消费群体的需求，企业就可以开拓新的高增长市场，扩大国际市场份额。

4. 商业模式视角

商业模式创新是一种开放的、系统的创新活动，是企业对商业模式的构成要素进行重新配置的过程。进行商业模式创新的企业不再是产业链上的一个环节，而是在顾客价值、营销模式和价值链管理等层面追求新突破。国际化企业通过拓展企业边界、培育竞争优势等来推动商业模式创新，并形成以企业自身利益为核心的商业生态系统。

14.3.3 国际化组织创新的影响因素

1. 组织变革

随着企业国际化经营活动的范围和规模不断扩大，企业所具有的社会资本、关系网络以及学习能力、营销能力等要素影响着企业的绩效水平和国际化组织成熟度。国际化企业的社会资本可以使企业化解进入者劣势，在国际市场中获取关键资源。因此，企业内外部关系网络中的供应商和用户直接影响着企业的经营状况。同时，组织学习模式的不断演进进一步增强了企业的环境适应能力，从而使企业形成更规范的企业制度、更灵活的组织结构、更主动的企业战略和更包容的企业文化。组织变革使企业动态整合和配置优势资源，创造和传递用户价值，从而在国际市场中赢得竞争优势、实现快速响应并形成高效率的决策流程和组织结构。

2. 领导能力

在互联网时代，组织必须拥有更强的创造能力和更多的创新途径才能在复杂多变的国际环境中培育核心竞争力，而领导能力对于发挥组织的创新创造能力至关重要。具有变革精神的领导者或领导团队不仅可以直接推动组织进行探索开发等创造活动，还可以通过诸多中介变量和调节变量间接促使组织进行创新活动。领导者可以借助主动性、责任感、自我实现和个人魅力等领导特质，激发员工创新创造的热情和扎实工作的积极性，还可以依托组织认同带动领导团队的创新导向学习活动，提升组织绩效和个人绩效。此外，领导者的认知和行为是增强企业在国际市场创新创造的关键要素，领导者通过引导员工个体的自我领导意识和开发能力，可以提升员工的环境适应能力，推动企业整体创新能力的提高。

3. 管理方法

企业的管理创新是依托管理方法和企业文化来整合企业内外部资源，以实现既定管理目标的创新活动。其中，应用科学的管理方法能够有效提升组织的学习能力，引导员工自觉地优化整合并合理配置企业的外部条件和内部资源，增强企业的自主创新能力。加强员工素质培训、改善组织协调能力、提高信息管理水平以及增加研究开发投入等都是应用科学管理方法的具体措施，能进一步提高企业的盈利能力和效益水平。例如，对于创新型企业来说，由于创新活动的独特性、一次性和不确定性，利用项目组合管理的方法可以有效改善企业的管理创新活动。特别是在互联网环境下，实现管理方法创新能够促使企业在萧条的国际经济环境中发现机会并重获生机，如日本的丰田生产方式、中国海尔的业务流程再造等。

14.4 全球互联时代的新生代国际企业

新生代企业大多是指创立于1980年之后，充分利用互联网和信息技术等工具实现了企业高速成长，凭借社会资本、关系网络、人力资源和创新活动等要素培育了核心竞争优势，具有多数新生代员工的企业组织。新生代国际企业则是对开展跨国业务、进行国际经营且拥有国际市场的新生代企业的统称。在互联网时代背景下，大多数该类新生代国际企业从创业初始阶段便通过互联网和高新技术手段积极利用多国资源，开展多个跨国经营业务，以寻求重要竞争优势，实现快速成长，天生就具有了国际化经营的特点，这些企业被称为"天生国际化企业"。

14.4.1 天生国际化企业

1. 天生国际化企业概述

天生国际化企业是指从成立之初就通过利用多国资源、面向多国市场并设法向多国用户提供产品或服务，从而获取竞争优势的组织。其特点是从创立之初就开始国际化，之后经过初创、资源积累与成长以及脱离依赖独立发展三个阶段，开辟出新道路和新市场。这类企业在进行国际经营的过程中，企业所具有的技术工艺、人力资源、关系网络和社会资本等组织资源对企业国际化能力的形成与发展起着至关重要的作用。而企业所独有的国际化能力又是其核心竞争优势的来源，企业可以更加灵活地应对外部环境对其国际化能力和国际经营行为的影响，推动企业国际化的发展和完善。

2. 天生国际化企业的特征

利基市场和技术进步推动了具有很强适应性和灵活性的天生国际化企业的出现，该类企业能够凭借独特的产品创意或营销方式开展业务，进而拓宽市场规模，改变市场结构。与传统的国际化企业或跨国公司相比，天生国际化企业具有一些鲜明的特征，具体表现在以下方面：

（1）行业。天生国际化企业多为知识密集型企业，大多出现在新兴行业或高新科技行业，最为常见的是互联网和信息技术行业。

（2）市场。天生国际化企业在成立之初即把全球市场作为战略目标，在世界范围内对研发、生产、营销等活动进行有效协调，而不仅仅是国内市场的简单延伸。

（3）经营。天生国际化企业在很短的时间内就可以迅速销售多种产品或服务，可以选择经营平台或创立品牌的方式存在。

（4）领导。天生国际化企业的创业者或创业团队在融合海外市场经验、增强国际学习能力、整合社会网络资源和实施国际战略决策等方面具有独特的能力和优势。

（5）价值。天生国际化企业的产品或服务在价值链的各个环节以价值增值为目标，并可以在其独特资产的基础上进行持续的创新和发展，价值增值的实现速度快、增值程度高。

（6）无形资产。新兴行业或高科技行业的发展为企业的国际化进程提供了外来优势来源，如人力资源、组织、技术、知识等无形战略资产是企业国际化竞争优势的重要来源。

3. 类型比较

天生国际化企业与传统大型跨国公司在国际化发起、进入路径、资源禀赋、价值创造和战略模式等方面存在许多不同之处。传统企业与天生国际化企业比较情况详见表 14-1。

表 14-1 传统企业与天生国际化企业比较

比较维度	传统企业	天生国际化企业
国际化发起	被动性,对出口订单的被动反应	主动性,寻求海外市场成长机会
国际化特征	国际化步伐缓慢,渐进地实现更复杂模式和更广阔市场	国际化步伐迅速,跳跃式地实现规模扩张
市场进入标准	可管理性,现有业务市场与要进入的海外新市场的差异最小	识别机会,选择最具增长潜力的市场以实现海外规模的最大化
市场进入模式	从低控制模式到高控制模式依次渐进的过程	无固定进入次序,但倾向于采用联盟等联合治理机制
价值创造逻辑	价值创造性资产集中于国内	基于跨国资源整合的价值创造
资源禀赋特点	企业资源和经验知识在国内市场形成,具有国内市场特色	经验知识由国内市场和海外市场共同创造,具有国际市场特色
个人经历与企业知识的关系	个人经历不重要,企业知识比个人经历重要	国际化是由个人经历和企业家远见推动的
企业成长意义	国际化是企业成长与发展到一定阶段的选择	国际化是经济全球化时代企业生存和发展的必要方式

资料来源:朱吉庆,薛求知.天生全球化企业创业机理与成长模式研究——基于中国企业的跨案例研究 [J],2010 (5):82-103.

4. 关键成功因素

天生国际化企业的创立和成长过程,首先从创业者或创业团队的创业动机出发,在分析国际政治、经济、技术等环境因素的基础上,识别出国际市场若干商业机会。其特有的学习能力加快了对资源的搜寻、吸收和利用过程,促进天生国际化企业抓住机会进行国际扩张。其次,其通过搭建、维护和协调网络来获得信息与资源的能力,对天生全球化企业的国际扩张行为有着重要影响。最后,其具有前摄性、风险承担性和竞争主动性的企业家创业导向,能明确企业的国际化目标,进一步通过相应的企业战略来整合利用资源,进而设计、实施行之有效的盈利模式,最终实现企业盈利和持续成长。天生国际化企业成长关键要素思维模型如图 14-6 所示。

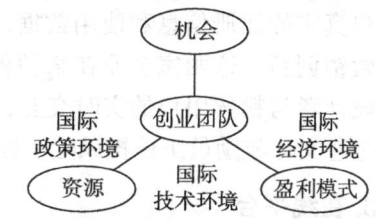

图 14-6 天生国际化企业成长关键要素思维模型
资料来源:张武保.天生国际化企业的战略转型与竞争力提升——基于东莞勤上光电公司战略成功转型的案例分析 [J],2010 (5):80-84.

14.4.2 新生代国际企业的发展与创新

近些年,互联网和信息技术的高效运用的浪潮带动了一大批新生代企业在国际市场中的迅猛发展。例如,国外社交网络平台 Facebook、Twitter,中国网上交易平台阿里巴巴、京东,互联网与实体相结合的小米、华为等。这些具有全球互联特质和信息通信技术的天生国际化企业,凭借其在组织制度、商业模式、经营管理等方面的独特创新,迅速发展成为国际化的大型企业。

1. 合伙制度

阿里巴巴于 2014 年 5 月在美国纽约证券交易所上市，其合伙人制度备受关注。阿里巴巴规定，合伙人享有提名半数以上董事的权利，由此导致的公司现有管理团队能够获取公司上市后的控制权而饱受争议。尽管阿里巴巴对其推行的合伙人制度做了诸多解释，譬如"确保阿里持续创新，完善组织结构，在国际市场中更具灵活性和竞争力""弥补目前资本市场短期逐利趋势对公司长远发展的干扰，给全部股东带来长期回报"等，但是，阿里巴巴提出的合伙人架构与传统公司所奉行的股东本位理念存在不可避免的冲突。其原因在于按照股东本位理念，董事会成员应由股东大会决定，股东通过提名、选举、更换董事进而实现对董事会乃至对整个公司的控制，在多数国家只有坚持股东本位理念的公司才可以在该国证券交易所上市。阿里巴巴由于在公司治理模式中嵌入合伙人制度，其股权相对集中，具有区别于其他公司治理模式的创新优势。首先，公司董事会成员半数以上由合伙人担任，合伙人具有特殊的董事提名权，公司控制权实际上掌握在合伙人手中。其次，监事会由股东代表和员工代表组成，可以避免出现合伙人专断的情况。最后，合伙人制度实现了一定程度的集体领导，有助于激发公司内部员工的积极性和主动性。

2. 用户参与

众所周知，小米手机近几年在国内手机市场屡屡打破苹果、三星在智能手机市场上称霸的局面，成为国内唯一单款手机破百万销量的国产手机。在美国，Facebook 作为社交网站的领军代表，在短短十几年里发展十分迅猛，仅 2015 年 8 月 28 日的单日用户数就突破了 10 亿规模。这两家企业虽然所处行业不同，但都充分利用了互联网的互动性、创新性和虚拟性等特点，将用户参与理念融入企业的产品创新、技术创新、管理创新和营销创新等环节。例如，小米"为发烧而生"的设计理念涵盖一套成熟的粉丝文化机制，充分利用"米粉"的互动参与方式，不断对企业产品进行完善和迭代，从而推动技术创新。与以往互联网站依托网站页面发布广告信息的营销方式不同，Facebook 并没有把广告信息发布在公共页面，而是通过挖掘用户真实的注册信息和使用数据，将不同类别的广告内容精准地投送给目标用户群，从而推动营销创新。这两家企业在某种程度上都是以互联网为基础的创新型公司，小米通过管理层、设计者与粉丝用户的实时交互，实现产品的迭代开发和持续创新，Facebook 通过营造开放的企业文化鼓励员工勇担风险，提高用户黏性并挖掘用户信息，拉近了与用户的距离。

3. 在线平台

互联网环境下的国际企业，其组织结构呈现出去中间化、再中间化和强融合化的突出特点，价值链的各环节呈现出平台化与电商化的发展趋势，拓宽了虚拟市场的规模范围，推动了国际企业的模式创新。例如，阿里巴巴采用 B2B 的商业模式，为所有商家提供在线交易平台，通过集中买方与卖方大幅降低了交易费用，极大地提高了交易效率。淘宝与天猫采用 B2C 的商业模式，为卖家与普通消费者创造了实时交易的互动平台。京东采用"当日购，当日达"的营销模式，实现了购物时间价值的巨大创新。由于互联网和信息技术的发展与应用，国际企业的经营模式、商业模式和管理模式得以不断创新，用户的消费理念和消费方式向个性化、多元化和复杂化方向发展，价值创造的社会分工体系向大规模、协同化和细致化方向转变。为应对这些变化，以互联网技术为支撑的国际企业以用户需求、用户参与为主导，采用互联网思维，联合多边群体，搭建在线平台，从而培育完善的利润渠道并获得持续的竞争优势。

本章小结

在当今高度不确定性日益增强的全球经济环境下,互联网已经由传统的即时通信工具和信息集散平台,转变为经济与社会发展的有力工具和强劲动力。无论是在本土化还是国际化经营的企业中,互联网以及由此产生的新业务、新要素、新工具、新思维、新模式等,对提升企业绩效水平,构建并保持企业持续竞争优势,产生了十分重要的推动作用。互联网时代是快速变化的时代,也是创新成果井喷的时代,更是信息爆棚的时代,这其中既蕴含着极具潜力的市场机会,也潜藏着难以避免的现实挑战。一方面,互联网思维、价值链升级、智能化工业等互联网时代创新手段的运用,有利于国际企业在扩大市场范围、降低运营成本、增强竞争能力、拓展业务对象等环节上建立相对优势;另一方面,跨国电商、大规模协同、大数据应用等新方式、新体系、新要素的出现,对国际企业的经营方式、竞争能力、组织形式等环节提出了新的挑战,要求国际企业在跨国经营和国际化方面进行创新。可喜的是,在当前全球互联背景下,以新生代国际企业为代表的新兴国际企业已经登上历史舞台,并产生了较好的经济价值与社会效应。我们有理由相信,随着全球互联的逐步深入,会有越来越多的新业务、新要素、新工具、新思维、新模式产生,而这势必会进一步提升全球互联的程度与价值,共同创造并分享由此带来的经济价值与社会效应,从而使更多的国际企业真正实现基业长青。

关键术语

互联网　全球互联　国际化组织创新　新生代国际企业　天生国际化　跨国经营转型

复习思考题

1. 互联网对国际企业的影响作用体现在哪些方面?
2. 企业国际化过程中有哪些关键要素?
3. 国际企业的跨国经营转型创新表现出哪些特征?
4. 国际化组织创新的内涵及特点有哪些?
5. 新生代国际企业有哪些创新属性?

应用案例

《捕鱼达人》——陈昊芝

2011年4月末,一款名为《捕鱼达人》的休闲游戏在北美和中国等地的App Store同时上线。该款应用发布不久即获得iPad中国收费应用总榜冠军,免费应用总榜冠军,美国免费游戏应用第2名,以及在20个国家收入总榜第1名。同年7月,《捕鱼达人》的Android版本上线,使这款已经不算新的游戏用户迅速蹿升,其在Android上的下载量几乎与在iOS上的下载量持平。2012年9月,《捕鱼达人2》上线,并在很短的时间内就占据了"中国收入最高的手机游戏产品"的一席之地。在该应用上市期间,其最高月收入为3 839万元,累计收入达5.6亿元。2014年7月17日上线的《捕鱼达人3》表现更为抢眼,当天下载量即突破1 000万,上线42小时Android、iOS双榜第一,第二天当日收入达100万元人民币,首月下载量更是突破了4 500万。

这是一款什么样的游戏,竟然有如此大的魔力?

1. 开发者的"海国图志"

陈昊芝是《捕鱼达人》团队母公司触控科技的 CEO。在创业之初,他和《捕鱼达人》团队就将海外区,特别是消费能力最强的北美区定为《捕鱼达人》的重点盈利区。对于自己的产品非常自信的他们认为,鉴于国内的智能终端普及程度和付费购买习惯,《捕鱼达人》必须走出去赚钱。其最早的《捕鱼达人》版本在国内外的收入比一般为 3∶7,偶尔为 4∶6。

2. 技术为翼造就品质飞跃

纵观《捕鱼达人》系列产品的发展历程,就是一部品质不断飞跃的神话。然而每一步的飞跃,都要依托于引擎的更新换代。正如陈昊芝所说,"我们一直认为游戏业务和引擎开发平台是相辅相成的,并不是各自独立的事情。"例如,在《捕鱼达人 2》新版的"挑战好友"模式中,在每一局游戏结算时,客户端需要将玩家的游戏过程数据与服务器端进行通信;为了解玩家的游戏行为并保证数据没有被篡改,传输的数据包必须小而准,尤其是对 Wi-Fi 信号和 3G 环境的要求更为苛刻。最后,其研发团队通过加大数据采集的优化,改革记录和压缩方式,在保证功能的前提下,将数据包的大小减少到原有的 10% 以下,让玩家的游戏过程更加流畅,减少了用户网络资源的占用。

3. 渠道的全力配合

从《捕鱼达人 2》开始,这款游戏已经变成了多营收型产品。之前做游戏的唯一指标就是看玩家人数,三年之后,这一系列游戏已经形成大量的用户认知,它并不是通过强势的上线营销推动的,而是用户在渠道全力配合的情况下,呈现出高度的下载转换。作为《捕鱼达人》系列游戏的首发渠道之一,360 平台在《捕鱼达人 3》上线后,不仅给予了大屏推荐、特权首发等资源,还精准用户定制玩家活动,增强玩家黏性。由此可见,无论是品质如何过硬的产品,依然少不了渠道的助力推广。

4. 推进触控平台化

在 2014 年,陈昊芝指出,手游世界格局可能会出现两方面变化:一方面是用户的变革;另一方面是渠道的变革。在如今的手机游戏行业,一个优质的平台可能会带来上千万的收入。基于《捕鱼达人》系列的发展来看,触控科技的业务重点已经从寻找这个平台变为努力成为这个平台。

触控科技旗下的 Cocoa China 已聚集了中国最多的 iOS 开发者人群,其聚集效应本身可以实现资源整合与精准传播。陈昊芝的布局是借助社区聚集开发者,而公司的技术引擎可以为自己和周边的开发者提供技术支持,通过游戏导入用户。而开发者所开发的应用又可以共享触控科技开发的游戏所导入的用户。例如,《捕鱼达人》系列游戏本身由于上千万的安装量已经为多款游戏实现导入用户。

资料来源:走进幕后:《捕鱼达人 2》研发团队背后的故事 [N/OL]. 网易游戏. http∶//play.163.com/13/0826/11/976UTK0L00314J6K.html

讨论题

1. "智能终端所塑造的移动互联网新世界,是一个'天生国际化'的市场,恰恰是海外市场而不是国内市场,最有可能塑造第一批新锐的成功者。"请你谈谈对这句话的理解。

2. 陈昊芝指出手游世界格局可能会出现两方面变化:一方面是用户的变革;另一方面是渠道的变革。那么,用户变革与渠道变革之间又会产生何种作用?

3. 众多的互联网企业都在打造属于自己的互联网平台，而且十分重视用户参与的重要性，这两者之间存在哪些必然的联系？

参考文献

[1] 卢森斯 P 多. 国际公司管理：文化、战略与行为 [M]. 周路路, 赵曙明, 等译. 8 版. 北京：机械工业出版社，2014.

[2] 傅贤治, 杜丽燕. 公司管理创新能力评价的变革引擎模型研究 [J]. 科技进步与对策，2012, 29（12）：117-121.

[3] 王千. 互联网公司平台生态圈及其金融生态圈研究——基于共同价值的视角 [J]. 国际金融研究，2014（11）：76-86.

[4] 高啸剑. 互联网情境下的公司国际创业行为影响因素研究——以中国制造公司为例 [D]. 杭州：浙江大学，2015.

[5] 冯芷艳, 郭迅华, 曾大军. 大数据背景下商务管理研究若干前沿课题 [J]. 管理科学学报，2013, 16（1）：1-6.

[6] 李文莲, 夏健明. 基于"大数据"的商业模式创新 [J]. 中国工业经济，2013（5）：83-95.

[7] 曹磊著. 互联网＋：产业风口 [M]. 北京：机械工业出版社，2015.

[8] 吴航. 公司国际化、动态能力与创新绩效关系研究 [D]. 杭州：浙江大学，2013.

[9] 李冠艺, 徐从才. 互联网时代的流通组织创新——基于演进趋势、结构优化和效率边界视角 [J]. 商业经济与管理，2016, 291（1）：5-11.

[10] 程贵孙. 组内网络外部性对双边市场定价的影响分析 [J]. 管理科学，2010, 23（1）：107-113.

[11] 谢莉娟. 互联网时代的流通组织重构——供应链逆向整合视角 [J]. 中国工业经济，2015, 325（4）：44-56.

[12] 闫星宇. 零售制造商的模块化供应链网络 [J]. 中国工业经济，2011, 284（11）：139-147.

[13] 许晖, 王睿智. 公司国际营销能力对管理创新的作用机制研究——以海信为例 [J]. 管理案例研究与评论，2011, 4（6）：432-443.

[14] 胡泓, 顾琴轩, 陈继祥. 变革型领导对组织创造力和创新影响研究述评 [J]. 南开管理评论，2012, 15（5）：26-35.

[15] 王进, 王钰. 领导管理能力提升：基于创新导向学习与组织认同的互释效果研究 [J]. 软科学，2012, 26（9）：102-105.

[16] 罗珉, 王睢. 跨组织大规模协作：特征、要素与运行机制 [J]. 中国工业经济，2007（8）：5-12.

[17] 陈光锋. 互联网思维：商业颠覆与重构 [M]. 北京：机械工业出版社，2014.

[18] 王飞. 浅析 ZARA 引导下的极速供应链 [J]. 经营管理者，2013（11）：171.

[19] 杨晓雁. 供应链管理 [M]. 上海：复旦大学出版社，2005.

[20] 赵大伟. 互联网思维——独孤九剑 [M]. 北京：机械工业出版社，2014.

[21] 金润圭. 国际企业管理 [M]. 2 版. 北京：中国人民大学出版社，2009.

[22] 张武保. 天生国际化企业的战略转型与竞争力提升——基于东莞勤上光电公司战略成功转型的案例分析 [J]. 国际经贸探索，2010（5）：80-84.

[23] 钱海燕, 张骁. 天生全球化企业国际扩张行为特征影响因素研究：基于企业家视角 [J]. 科技进步与对策，2013, 30（17）：92-96.

[24] 温晓慧. 天生国际企业理论研究——以国际化成长过程为视角 [J]. 社会科学家，2011（3）：82-85.

华章文渊系列

课程名称	书号	书名、作者及出版时间	定价
财务管理（公司理财）	即将出版	财务管理（刘淑莲）（2015年）	39
战略管理	978-7-111-32666-3	战略管理（第2版）（"十一五"国家级规划教材）（王方华）（2010年）	38
运营管理	978-7-111-42293-8	生产运作管理（第4版）（陈荣秋，马士华）（2013年）	49
企业文化	978-7-111-44522-7	企业文化（第2版）（"十二五"普通高等教育本科国家级规划教材）（陈春花）（2013年）	35
管理学	978-7-111-37505-0	管理学原理（第2版）（陈传明）（2012年）	36
管理沟通	978-7-111-46992-6	管理沟通：成功管理的基石（第3版）（魏江）（2014年）	39
创业管理	978-7-111-42860-2	创业管理（第3版）（基础版）（张玉利）（"十二五"普通高等教育本科国家级规划教材）（2013年）	29
创业管理	978-7-111-42833-6	创业管理（第3版）（张玉利）（"十二五"普通高等教育本科国家级规划教材）（2013年）	39
会计学	978-7-111-46849-3	基础会计学（潘爱玲）（2014年）	35
统计学	978-7-111-31321-2	统计学（曾五一）（2010年）	35
数量经济学	978-7-111-26575-7	应用数量经济学（"十一五"国家级规划教材）（张晓峒）（2009年）	45
管理经济学	978-7-111-39608-6	管理经济学（毛蕴诗）（"十二五"普通高等教育本科国家级规划教材）（2012年）	45
产业经济学	978-7-111-49568-0	产业经济学（刘志彪）（2015年）	39
组织行为学	978-7-111-39625-3	组织行为学（第2版）（陈春花）（2012年）	39
供应链（物流）管理	978-7-111-45453-3	供应链管理（第4版）（马士华）（2014年）	39

工商管理

课程名称	书号	书名、作者及出版时间	版别	定价
技术创新管理	978-7-111-39167-8	技术与创新管理（第2版）（中国版）（怀特）（2012年）	外版	45
管理学	978-7-111-41918-1	管理学（第7版）（罗宾斯）（2013年）	外版	69
管理学	978-7-111-46255-2	管理学（诺里亚）（2014年）	外版	69
管理学	978-7-111-33777-5	管理学（威廉姆斯）（2011年）	外版	49
管理学	978-7-111-27095-9	管理学（中国版）（希尔、李维安）（2009年）	外版	42
管理学	978-7-111-41449-0	管理学：原理与实践（第8版）（罗宾斯）（2013年）	外版	59
管理学	即将出版	管理学：原理与实践（第9版）（罗宾斯）（2015年）	外版	59
管理学	978-7-111-26447-7	管理学精要：国际化视角（第7版）（中国版）（韦里克、孔茨、马春光）（2009年）	外版	45
管理学	978-7-111-36487-0	管理学原理（第7版）（达夫特）（2011年）	外版	69
管理沟通	978-7-111-24811-8	管理沟通：原理与实践（第3版）（哈特斯利）（2008年）	外版	35
管理沟通	978-7-111-24913-9	管理沟通：原理与实践（英文版·第3版）（哈特斯利）（2008年）	外版	45
管理沟通	978-7-111-32945-9	商务沟通（莱曼）（2011年）	外版	48
管理沟通	978-7-111-43944-8	商务与管理沟通（第10版）（洛克）（2013年）	外版	75
管理沟通	978-7-111-43763-5	商务与管理沟通（英文版·第10版）（洛克）（2013年）	外版	79
行动学习	978-7-111-48114-0	行动学习：理论、实务与案例（高松）（2014年）	本版	45
企业文化	978-7-111-44522-7	企业文化（第2版）（"十二五"普通高等教育本科国家级规划教材）（陈春花）（2013年）	本版	35
企业文化	978-7-111-36805-2	现代企业文化理论与实务（李建华）（2012年）	本版	32
企业管理	978-7-111-39908-7	现代企业管理（第2版）（周荣辅）（2012年）	本版	35
技术创新管理	978-7-111-36731-4	创新管理：获取持续竞争优势（宁钟）（2011年）	本版	68
管理研究方法	978-7-111-44259-2	管理研究（第2版）（席酉民）（2013年）	本版	45
管理学学习指导	978-7-111-44584-5	管理学学习指导（郝云宏，向荣）（2013年）	本版	35
管理学	978-7-111-23215-5	管理基础与实务（朱权）（2008年）	本版	30
管理学	978-7-111-44591-3	管理学（第2版）（卢润德）（2013年）	本版	39
管理学	978-7-111-43793-2	管理学（郝云宏、向荣）（2013年）	本版	39
管理学	978-7-111-35399-7	管理学（李彦斌）（2011年）	本版	35
管理学	978-7-111-33846-8	管理学（王关义）（2011年）	本版	29
管理学	978-7-111-24832-3	管理学：企业的视角（纪成君）（2008年）	本版	28
管理学	978-7-111-38887-6	管理学基础（李立新）（2012年）	本版	35
管理学	978-7-111-37505-0	管理学原理（第2版）（陈传明）（2012年）	本版	36
管理学	978-7-111-37405-3	管理学原理（精品课）（徐碧琳）（2012年）	本版	35
管理学	978-7-111-44254-7	现代管理学（第2版）（"十一五"国家级规划教材）（张英奎）（2013年）	本版	30
管理学	978-7-111-35694-3	现代管理学（蒋国平）（2011年）	本版	34
管理沟通	978-7-111-35242-6	管理沟通（刘晖）（2011年）	本版	27
管理沟通	978-7-111-47354-1	管理沟通（王凌峰）（2014年）	本版	30
管理沟通	978-7-111-46992-6	管理沟通：成功管理的基石（第3版）（魏江）（2014年）	本版	39
管理沟通	978-7-111-48351-9	管理沟通：理念、方法与技能（张振刚）（2014年）	本版	39
工商管理其他专业课	978-7-111-43562-4	大学治理（李维安）（2013年）	本版	49
工商管理其他专业课	978-7-111-48449-3	论语的管理精义（张钢）（2014年）	本版	59
工商管理类专业综合实训	978-7-111-21236-2	工商管理类专业综合实训教程：工商模拟市场实训（精品课）（阚雅玲）（2007年）	本版	22
高级管理学	978-7-111-49041-8	管理学高级教程（高良谋）（2015年）	本版	65

工商管理

课程名称	书号	书名、作者及出版时间	版别	定价
战略管理案例	978-7-111-36186-2	战略管理：竞争与全球化（亚洲案例）（第3版）（辛格）（2011年）	外版	58
战略管理	978-7-111-33531-3	战略管理（第17版）（中国版）（汤普森）（2011年）	外版	39
战略管理	978-7-111-32231-3	战略管理（第3版）（中国版）（巴尼、李新春）（2010年）	外版	48
战略管理	即将出版	战略管理：概念与案例（第19版）（汤普森）（2015年）	外版	65
战略管理	978-7-111-39138-8	战略管理：概念与案例（第8版）（希尔）（2012年）	外版	69
战略管理	978-7-111-37853-2	战略管理：概念与案例（英文版·第18版）（汤普森）（2012年）	外版	69
战略管理	978-7-111-43844-1	战略管理：获取持续的竞争优势（第4版）（巴尼）（2013年）	外版	69
战略管理	978-7-111-44722-1	战略管理：竞争与全球化（概念）（第10版）（希特）（2013年）	外版	49
战略管理	978-7-111-38673-5	战略管理：竞争与全球化（概念）（英文版·第9版）（希特）（2012年）	外版	49
战略管理	978-7-111-29071-1	战略管理：赢得竞争优势（第2版）（希特）（2010年）	外版	48
商业伦理学	978-7-111-37513-5	企业伦理学（第7版）（乔治）（2012年）	外版	79
商业伦理学	978-7-111-32895-7	企业伦理学（中国版）（哈特曼）（2011年）	外版	39
领导学	978-7-111-47356-5	领导学（全球版·第8版）（尤克尔）（2014年）	外版	65
领导学	978-7-111-39776-2	领导学：在实践中提升领导力（第7版）（哈格斯）（2012年）	外版	69
国际企业管理	978-7-111-49571-0	国际企业管理（英文版·第8版）（卢森斯）（2015年）	外版	85
国际企业管理	978-7-111-48684-8	国际企业管理：文化、战略与行为（第8版）（卢森斯）（2014年）	外版	75
管理技能	978-7-111-37591-3	管理技能开发（第8版）（惠顿）（2012年）	外版	98
公司治理	978-7-111-45431-1	公司治理（格尔根）（2014年）	外版	49
战略管理	即将出版	企业发展战略（李杰，滕斌圣）（2015年）	本版	69
战略管理	978-7-111-46855-4	企业战略管理（肖智润）（2014年）	本版	35
战略管理	978-7-111-32666-3	战略管理（第2版）（"十一五"国家级规划教材）（王方华）（2010年）	本版	38
战略管理	978-7-111-41767-5	战略管理（项目教学版）（刘平）（2013年）	本版	35
战略管理	978-7-111-30855-3	战略管理：获取竞争优势之道（张文松）（2010年）	本版	38
战略管理	978-7-111-35475-8	战略管理：思维与要径（第2版）（精品课）（黄旭）"十二五"普通高等教育本科国家级规划教材）（2012年）	本版	38
战略管理	即将出版	战略管理：思维与要径（第3版）（精品课）（"十二五"普通高等教育本科国家级规划教材）（黄旭）（2015年）	本版	39
商务策划管理	978-7-111-34375-2	商务策划原理与实践（强海涛）（2011年）	本版	34
领导学	978-7-111-47932-1	领导学：方法与艺术（第2版）（仵凤清）（2014年）	本版	39
国际企业管理	978-7-111-42234-1	跨国公司经营与管理（卢进勇、陈恩专）（2013年）	本版	39